应用创新型营销学系列精品教材　丛书主编：吴健安

金融服务营销

JINRONG FUWU YINGXIAO

安贺新　张宏彦◎主　编

清华大学出版社
北　京

内 容 简 介

本书从金融服务及其特点入手，以服务营销的基本框架为基础，结合国内外先进的金融服务营销理论与实践，阐述了金融服务营销的战略、策略的制定及其管理等内容。全书共13章，主要讨论三大部分内容。第一部分主要讨论金融服务营销战略问题。主要包括金融服务营销的特点与内容；金融企业对环境机会和威胁的评估与对策；如何分析金融顾客的购买行为；如何细分市场和进行市场定位等。第二部分主要讨论金融服务营销策略问题。主要包括金融服务产品的设计和开发、金融服务品牌的打造与维护，金融服务产品的定价、分销、促销、服务有形展示、人员管理、服务过程管理等，讨论如何运用各种金融服务营销工具实现金融企业的营销目标。第三部分主要讨论金融企业服务管理问题。包括金融企业服务质量管理、金融企业客户关系管理等内容。各章都配有大量的案例分析与讨论、相关专论及实训练习等，有助于读者理解和应用金融服务营销的基本理念、方法和策略，提高操作能力。

本书可供金融企业管理者和市场营销人员作为培训教材，也可供高等院校相关专业的师生作为教材或工具书使用。

图书在版编目(CIP)数据

金融服务营销/安贺新，张宏彦主编. —北京：清华大学出版社，2017（2021.8重印）
（应用创新型营销学系列精品教材）
ISBN 978-7-302-46351-1

Ⅰ. ①金…　Ⅱ. ①安…　②张…　Ⅲ. ①金融市场－市场营销学－高等学校－教材　Ⅳ. ①F830.9

中国版本图书馆 CIP 数据核字(2017)第 021738 号

责任编辑：杜　星
封面设计：汉风唐韵
责任校对：宋玉莲
责任印制：丛怀宇

出版发行：清华大学出版社
　　网　　址：http://www.tup.com.cn，http://www.wqbook.com
　　地　　址：北京清华大学学研大厦 A 座　　**邮　　编**：100084
　　社 总 机：010-62770175　　**邮　　购**：010-62786544
　　投稿与读者服务：010-62776969，c-service@tup.tsinghua.edu.cn
　　质量反馈：010-62772015，zhiliang@tup.tsinghua.edu.cn
印 装 者：三河市天利华印刷装订有限公司
经　　销：全国新华书店
开　　本：185mm×260mm　　**印　　张**：21　　**字　　数**：484 千字
版　　次：2017 年 4 月第 1 版　　**印　　次**：2021 年 8 月第5次印刷
定　　价：49.80元

产品编号：072990-02

前言

自改革开放30多年来，伴随我国经济的不断发展和金融市场的不断开放，各种金融机构在城市和乡村如雨后春笋般地涌现出来。特别是随着金融机构业务综合化改革的深入和互联网金融的发展，金融企业之间的竞争愈发激烈。一方面，金融企业的顾客需求日益多样化；另一方面，同类金融企业增多且业务产品同质化问题凸显。由于金融企业产品是一种典型的无形服务产品，具有不同于一般有形产品的独特性和体验性，同时又具有金融产品独有的风险性，因此，金融服务营销对一个金融企业的生存和发展来说尤为重要。目前，我国金融机构已经开始认识到要关注公共关系，树立良好形象，并且开始重视宣传，进行广告制作，优化金融服务和发展客户群等营销方式。但是，由于我国金融机构商业化时间还比较短，与一些优秀的工商企业和历史悠久的外资金融机构相比，我国金融机构的市场营销水平还处于相对比较低的层次，对金融服务营销的认识也是不系统的、非专业化的。基于我国金融业市场营销的现实，本书以服务营销框架为基础，阐述适合金融行业发展的战略营销体系，以方便金融企业管理者和市场营销人员及高等院校相关专业的师生把它当作教材或工具书来迎接未来市场更大的冲击与挑战。

本书从金融服务及其特点入手，结合国内外先进的金融服务营销理论与实务，阐述了金融服务营销的战略、策略的制定及其管理等内容。全书共13章，主要讨论三大部分内容。第一部分主要讨论金融服务营销战略问题。我们将讨论金融服务营销的特点与基本内容，熟悉金融企业对环境机会和威胁的评估与对策，讨论如何分析金融顾客的购买行为，如何细分市场和进行市场定位等内容。第二部分主要讨论金融服务营销策略问题。我们将讨论各种金融服务营销策略，包括设计和开发金融服务产品，金融服务品牌的打造与维护，金融服务产品的定价、分销、促销、有形展示，服务人员管理、服务过程管理等，讨论如何运用各种金融服务营销工具实现金融企业的营销目标。第三部分主要讨论金融企业服务管理问题。包括金融企业服务质量管理、金融企业客户关系管理等内容。各章都配有大量的实例分析与讨论、相关专论及实训练习等，有助于读者理解和应用金融服务营销的基本理念、方法和策略，提高实务操作能力。

本书具有如下特色：①内容设计合理，体系完整，具有较强的系统性。本书内容根据金融企业服务营销的实际活动程序依次展开，涵盖金融营销服务活动的全过程。本书章节结构设计合理，体系完整，具有较强的系统性。②内容精练，具有前瞻性。本书理论精练，在介绍金融服务营销基本原理的基础上，充分吸收服务营销最新理论研究成果，以带动学生对现实的金融服务问题进行科学的分析，提高金融服务创新的能力。同时，本书注重引导学生从营销管理的视角思考当前的金融服务热点问题，本书的"案例讨论部分"采用了最新的金融服务营销案例。③注重培养学生的国际视野。本书内容不仅涉及本国金融服务发展状况的分析，还涉及其他国家金融服务发展状况的分析，注重培养学生具备金融服务的全球视野和战略思维能力。④本书内容尽可能契合当前金融服务营销的实际状况，可操作性强。本书根据金融、市场营销、工商管理等相关专业的本科生和MBA学生的需求和培养目标来设计内容和体例，每章开篇在简要介绍本章理论要点的基础上导入案例，引导学生进入相应的情境，正文中穿插大量的相关专论和实例，每章后面的练习以实训题为主，并辅以复习思考题和案例讨论题，使学生身临其境地感受所学所知，以培养学生运用所学知识帮助金融企业解决服务营销中的问题，从而提高其竞争能力。

本书由中央财经大学安贺新教授和山西财经大学张宏彦副教授主编，参与本书写作的人员有安贺新、张宏彦、梁枫、张燕、张晶、刘备、聂莹、汪榕、张靖羚、李世强、汪丞基、侯旭鹏、侯慧君、姚伟等。

在本书的写作过程中，我们参阅了国内外大量的优秀文献，从我国金融市场和金融机构中获取了大量的一手资料和二手资料。在此，我们对相关专家、学者、金融机构及相关人员表示衷心感谢！

书中难免有不妥甚至是错误之处，敬请各位专家和读者提出宝贵意见。

安贺新　张宏彦

2016年12月

目
录

第一章

金融服务营销概述

本章理论要点

- 了解金融服务的范围和特点
- 掌握金融服务营销的含义和特点
- 熟练掌握金融服务营销组合的要素

案例导入

上市银行争夺高富帅 招行私人银行户均资产 2 289 万元居首

从私人银行客户数量来看，中国银行有 7.4 万名"粉丝"，成为客户数最多的银行，其后依次为农行和工行在财富金字塔的塔尖，上市银行的争夺更为激烈，目标则是高净值客户。从 2014 年年报的数据来看，招商银行已经在管理资产总规模和户均管理规模两项指标上稳坐头把交椅，江湖地位得到巩固；而中国银行则凭借 7.4 万名"粉丝"，成为客户数最多的单项冠军。

比较有趣的是，与以往银行努力寻求线上发展不同，在财富管理业务的激烈争夺中，互联网公司开始落地并"插足"争夺高净值人群。当拥有强大品牌美誉度的银行和拥有强大客户体验的互联网公司聚首，这场塔尖上的争夺将如何演绎无疑更具看点。

上市银行开打"富人争夺战"

如果说前几年私人银行业务只是少数银行的"专利服务"，那么目前已经可以用遍地开花来形容业务的发展。数据显示，在上市银行私人银行管理资产 2014 年的总规模排名中，招行以 7 526 亿元，首次超越工商银行并夺得行业"一哥"的地位，工行、中行和农行的私人银行管理资产规模紧跟其后，分别为 7 357 亿元、7 200 亿元、6 400 亿元。而且在体现"能效比"的户均管理资产规模指标上，招商银行已经成为第一名，户均资产为 2 289 万元；其后依次是工行的逾 1 700 万元和民生银行的逾 1 600 万元。事实上，目前私人银行业务开展得风生水起的银行不仅包括上述几家，16 家上市银行中有 10 家以上都在年报中将笔墨用于描述私人银行业务。但是，《证券日报》记者注意到，几乎所有的上市银行财报中均未披露私人银行业务的利润状况。对此，有业内人士分析称，"中国私人银行普遍采取大零售模式，只能影子考核，较难计算出准确盈利"。

互联网金融也紧盯"高富帅"

有时候竞争不仅仅来自行业内，银行私人银行所承担的财富管理职能目前遭遇了互联网金融巨头的挑战。4 月 28 日，互联网金融龙头宜信公司打造的财富管理品牌体验店在青岛开业。在媒体提问环节，宜信公司创始人、CEO唐宁不可避免地被问及"与银行的私人银行和其他金融机构的众多的财富管理服务相比，互联网金融公司究竟有何优势?"唐宁的观点有些出人意料，但似乎又在意料之中，"我觉得从财富管理行业的发展来看，目前的管理机构应该说并不是太多，而是太少了。评价一个财富管理机构，应该看它所覆盖的资产类别，所推介的服务的丰富性，如固定收益类、私募股权、另类投资、海外保险保障等覆盖的丰富性，这是非常重要的一个维度"。唐宁指出，"传统的金融服务有很多的权益尊享，包括高尔夫球、机场的红地毯、等待区等，这些其实只属于补充性的作用，更多的客户在财富管理方面的需求是和财富管理、金融、资产配置真正相关"。事实上，紧盯财富管理的互联网公司并不仅仅包括宜信，此前已经有多个互联网企业寻求借助。

资料来源：张歆.上市银行争夺高富帅 招行私人银行户均资产2 289万元居首[M].证券日报，2015-05-05.

当今的金融业处于激烈竞争的态势，谁掌握了有利的营销工具，谁就掌握了可持续发展的动力。有人说金融业发展早已进入了营销时代，所以，制定长远有效的营销战略对金融企业发展至关重要。

第一节 金融服务营销的内涵

一、金融服务概述

金融服务就是金融市场上交易的有金融本质的服务和产品。[①] 在现代社会，多数人离不开金融服务，人们已经习惯把收入存到银行或者进行投资，习惯在商场购物的时候刷银行卡，习惯关注利率、汇率等金融信息，学校会组织学生购买意外保险，老人在安排遗产的时候会想到信托产品，越来越多的人关注互联网理财产品……

金融服务涉及的主体非常广泛，按照大类划分，可以分为金融服务的提供者和金融服务的对象。金融服务的提供者为各类金融机构，如银行、保险公司、证券公司、信托公司、基金公司及贷款公司等。金融服务的对象是金融企业的客户，金融服务涉及的客户非常多，简单地可以分为个人客户、对公客户及其他金融机构。

金融业还可以细分为很多具体的行业，常见的有银行业、证券业、保险业及信托业等。

（一）银行业

银行业是经营货币及货币资金的金融行业。银行业也是金融业的主体，业务类型大致分为三类：资产业务、负债业务和中间业务。资产业务包括贷款、票据贴现、证券投资等；负债业务包括存款和借款；中间业务包括支付结算、代理业务、基金托管、咨询顾问、担保业务、承诺业务、金融衍生业务等。

国际知名的大银行有汇丰银行、花旗银行等，中国规模最大的银行有中国工商银行、中国银行、中国建设银行、中国农业银行、民生银行、招商银行等。

---

① [英]吉莉恩·道兹·法夸尔.金融服务营销[M].2版.北京：中国金融出版社，2014.

（二）证券业

证券业是经营证券产品的金融行业。主要业务是投资证券获取收益，或者代理客户进行证券投资。

证券业的主要机构有证券公司、投资银行等。从事证券业的机构主要在资本市场提供服务，例如，在一级市场进行证券承销、资金募集，在二级市场从事证券交易。

一般的证券公司都会从事传统的证券承销、自营证券买卖和证券经纪业务。而现代意义的投资银行经营面更加广泛，除了传统证券业务外，还会提供企业并购重组服务、资产管理、风险管理及投资咨询等多种服务。在次贷危机之前，西方的投行尤其是美国华尔街五大投行曾经引领金融业创新潮流，但是在次贷危机中，风光多年的五大投行都遭受重创，让人们看到了投行过度创新的风险。

专论 1-1　　华尔街五大投行覆灭

在短短的几天时间里，贝尔斯登、雷曼、美林已相继离去，美国五大投行只剩下了摩根士丹利和高盛互相安慰了。杠杆玩过了头，而且又专注于拓展高风险产品的业务，咎由自取是华尔街投资银行败亡的主因。

昔日那热闹非凡的金融大街荣景不再——华尔街精英们穿着随意的牛仔裤，而不再是正式的工作服；他们怀抱着纸箱子，而不再是夹带着公文包。他们神色黯然。

大势已去，破产和清算资产之期不远。对其他金融机构来说，重点变成如何逃过这场风灾，华尔街众人纷纷确认自己的损失。有专家质疑，美国在滑向经济危机深渊的过程中，为自我保护而巧施“财技”，令包括新兴国家在内的各国为其损失埋单。

源于 1933 年经济大萧条的投资银行模式已经被推翻。

北京时间 9 月 22 日 9 时 46 分，美联储批准摩根士丹利和高盛转变为传统银行控股公司的要求。评论人士认为，摩根士丹利和高盛作为投资银行的结束标志着华尔街大型投资银行主导的历史时代已经过去。

高杠杆、高盈利，一度被神话的投资银行，在次贷危机的浪潮下露出了赤裸的身躯。对中国的投行来说，或许重申资本充足率并反思金融创新显得尤为重要。

158 年的美林、94 年的雷曼、84 年的贝尔斯登，这些经历过大萧条的美国著名投行终究还是倒在了 2008 年的这个秋天。

被神话了的投行已经危在旦夕，为了防止受到次贷危机波及，美国联邦储备委员会(The Board of Governors of the Federal Roserve Systen)宣布，批准摩根士丹利和高盛集团从投行转型为传统的银行控股公司。

来自美国的市场人士评论认为，这是自 1933 年大萧条以来华尔街最巨大的制度转变。性质转变为银行控股公司后，高盛和摩根士丹利将被允许经营商业银行业务，可以吸收存款，以支撑摇摇欲坠的投资银行业务。

“这样，长久以来人们所熟知的华尔街将告终结”，市场人士用这样的话语评论美国五大投行的黯然退场。

资料来源：华尔街五大投行覆灭[N]. 时代商报，2008-12-23.

(三) 保险业

保险业是指通过特定的契约形式集中众多主体的资金,用以办理补偿被保险人的经济利益业务的行业。保险业的主体有保险公司、保险经纪人、保险代理人等。保险公司是专门针对各类金融风险而设立的。

保险公司的业务包括人身保险、财产保险、责任保险等。从功能上来看,保险业务可以分为健康险、投连险、养老险等。

保险业务的保障功能和金融风险管理功能是其他任何一种金融产品无法替代的,所以在风险管理和风险补偿机制方面,保险有独特的优势。

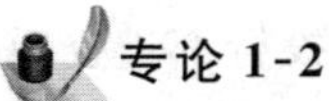
专论 1-2　　保险业的起源

海上保险是开端

海上保险是一种最古老的保险,近代保险首先是从海上保险发展起来的。

共同海损的分摊原则是海上保险的萌芽。公元前 2000 年,地中海一带就有了广泛的海上贸易活动。为使航海船舶免遭倾覆,最有效的解救方法就是抛弃船上货物,以减轻船舶的载重量,而为使被抛弃的货物能从其他收益方获得补偿,当时的航海商就提出一条共同遵循的分摊海上不测事故所致损失的原则:"一人为众,众人为一。"公元前 916 年在《罗地安海商法》中正式规定:"为了全体利益,减轻船只载重而抛弃船上货物,其损失由全体受益方来分摊。"在《罗马法典》中也提到,共同海损必须在船舶获救的情况下,才能进行损失分摊。由于该原则最早体现了海上保险的分摊损失、互助共济的要求,因而被视为海上保险的萌芽。

人身保险的起源和发展

人身保险起源于海上保险。15 世纪后期欧洲的奴隶贩子把运往美洲的非洲奴隶当作货物进行投保,后来船上的船员也可投保;如遇到意外伤害,由保险人给予经济补偿,这些应该是人身保险的早期形式。17 世纪中叶,意大利银行家洛伦佐·佟蒂设计了"联合养老保险法"(简称"佟蒂法"),并于 1689 年正式实行。英国著名的数学家、天文学家埃蒙德·哈雷,在 1693 年以西里西亚的布雷斯劳市的市民死亡统计为基础,编制了第一张生命表——哈雷生命表,精确表示了每个年龄的死亡率,提供了寿险计算的依据。18 世纪 40—50 年代,辛普森根据哈雷的生命表,做成依死亡率增加而递增的费率表。之后,陶德森依照年龄差等计算保费,并提出了"均衡保险费"的理论,从而促进了人身保险的发展。1762 年成立的伦敦公平保险社才是真正根据保险技术基础而设立的人身保险组织。

资料来源:周发兵. 保险业的起源[J]. 保险中介,2013,(6).

(四) 信托业

信托业与银行、证券、保险并称为金融业的四大支柱行业。信托是指委托人基于对受托人的信任,将其财产权委托给受托人,由受托人按委托人的意愿以自己的名义,为受益人的利益或者特定目的,进行管理或者处分的行为。

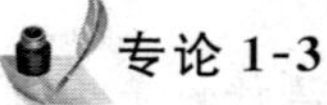
专论 1-3　　信托的设立

设立信托,必须有合法的信托目的。

设立信托,必须有确定的信托财产,并且该信托财产必须是委托人合法所有的财产。

设立信托，应当采取书面形式。书面形式包括信托合同、遗嘱或者法律、行政法规规定的其他书面文件等。采取信托合同形式设立信托的，信托合同签订时，信托成立。采取其他书面形式设立信托的，受托人承诺信托时，信托成立。

设立信托，其书面文件应当载明下列事项：

（一）信托目的；

（二）委托人、受托人的姓名或者名称、住所；

（三）受益人或者受益人范围；

（四）信托财产的范围、种类及状况；

（五）受益人取得信托利益的形式、方法。

资料来源：选自《中华人民共和国信托法》.

信托业务可以简单地理解为“受人委托，代人理财”。信托的当事人有委托人、受托人和受益人。信托业务有以下四个方面的优势。

(1) 产权灵活配置。信托当事人在签订信托合同之后，受托人就拥有了对资产的运用、处分、管理权，但是受托人只能在合同约定的范围内进行运作，这是信托特有的法律保护下的制度优势。

(2) 破产风险隔离。一般各国法律都会规定信托财产独立性，信托财产与委托人的其他财产相区别，与受托人的财产及其他信托财产相区别；而受益人只享有信托合同约定的权益，在信托存续期间不得对信托财产提出其他要求。信托财产独立性是受法律保护的，即使受托人破产，也不会殃及受托财产。

(3) 信托机制具有天生的混业经营优势。信托财产形态具有多样性，可以是金融资产、实体资产、知识产权等。而信托财产在运用上也具有多样化、个性化的特点，既可以进行贷款、租赁、担保，也可以投资证券、实业等。

(4) 信托业务具有个案化、灵活性的特点。信托是以委托人的委托意愿为基础的，每一个委托人的委托目的各有不同。以遗产信托为例，每一个遗产信托涉及的遗产范围不会相同，受益人收益情况安排也会不同。

除了以上几类，金融服务业还包括金融租赁业、资产管理业、消费信贷业、金融理财业、互联网金融业等很多领域。

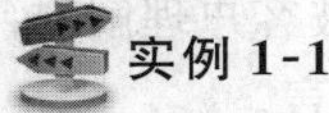

明星与家族信托

近日，有消息称，范冰冰团队人员曾多次向信托公司询问家族信托设立情况，疑似有设立家族信托需求。事实上，范冰冰早已不是第一位对家族信托有兴趣的明星。2013年，曾一度备受关注的李亚鹏、王菲离婚，已成了信托界一个好的营销案例。据悉，与李亚鹏离婚后，王菲出售所有香港物业，将所得 3 800 多万港元为两个女儿设立信托基金。明星的一举一动总是能引发公众的广泛关注，虽然上述消息的真实性有待考证，但毫无疑问的是，家族信托已经过一段发展期，正在受到越来越多的高净值客户青睐。

资料来源：程维妙. 家族信托给个约的理由[N]. 北京商报，2016-01-18.

二、金融服务的特点

金融企业提供服务与其他企业提供产品相比，有自身的特点，这与金融服务本质有关系。金融服务总是围绕资金展开的，总与货币有直接或间接的关系，而货币具有同质性，于是，金融服务就体现出无形性、不可分割性、易模仿性等特点。

（一）无形性

金融服务是活动，而不是一个物品，所以在购买金融服务前客户很难清楚地感知服务的内涵。

金融服务没有物理形态，即使金融企业再多次强调金融服务的概念和功能，客户形成的也是理性认识，而非感性认识。所以西方学者认为商品是“一个物体，一台设备，一个东西”，而服务是“一种行为、一种性能、一种努力”。

金融服务无法触摸，所以它有不可感知的特点，这就使金融营销存在难度，如果客户无法对金融服务进行理性的理解，就会感到金融购买决策的困难和障碍。

（二）不可分离性

金融企业提供的服务无法储存，因为金融服务的生产和消费是同时进行的。金融消费者在服务过程中是合作生产者，金融企业客户要求、行为会影响服务的生产，这就构成了服务过程的一部分。

例如，一个客户到银行要求兑换零钱，他的金融需求有可能随机变化，客户一开始用一张 100 元要求换 10 张 10 元，如果柜员递出的钞票是旧钞票，客户可能突然想要换取新钞票，或者用一张 10 元再要求换 10 张 1 元。从这个过程我们可以很清楚地看到，客户在积极地影响服务生产的内容和流程。

相比之下，假设客户是去商场买一个电视机，如果他希望电视机新增一些功能，那他就无法立刻要求商家提供新功能的电视机。

金融服务中生产和消费的不可分离，导致了客户的参与在金融服务中的重要性。

（三）易模仿性

金融服务一般不存在专利保护的问题，一旦一家金融企业推出一种服务，同行就很容易模仿。如果这种金融服务受到欢迎，就很容易形成跟风。究其原因，是因为金融产品一般没有物理形态，缺乏技术秘密，几乎所有的金融服务表现出来的都是一种制度安排和流程。金融服务的核心价值在于满足客户的某种金融需求，当一种金融服务被客户理解、接受后，就相当于服务的内容公之于众了，在竞争对手面前就没有专利秘密可言。

例如：一个银行发售外汇理财，其他银行就都有可能开始发行；一个保险公司推出了雾霾险，这个概念也很快会被其他保险公司运用。

三、金融服务营销的含义与特点

（一）金融服务营销理论的发展及运用

营销理论被引入金融服务领域的时间并不长，20 世纪 50 年代末，美国的银行业较早地引入营销概念，60 年代美国个人银行业务营销迅速发展。欧洲到了 70 年代银行业开始进行金融营销理论的探讨。近 20 年来，商业银行及其他金融企业对金融服务营销理论的运用和发展有了长足的进步。

到目前为止，发达国家金融服务营销的发展经历了五个阶段：第一个阶段是营销观念萌芽阶段(20 世纪 60 年代以前)；第二个阶段是"友好阶段"(20 世纪 60 年代)；第三个阶段是金融创新阶段(20 世纪 70 年代)；第四个阶段是服务定位阶段(20 世纪 80 年代)；第五个阶段是现代银行营销阶段(20 世纪 90 年代以来)。

我国金融业引入金融服务营销理念比较晚，这和 20 世纪 80 年代之前长期的计划经济有关，我国金融营销发展大概分为两个阶段：第一个阶段是萌芽阶段(20 世纪 80 年代中期至 90 年代)；第二个阶段是初步发展阶段(20 世纪 90 年代中期至今)。

(二) 金融服务营销的含义及特点

金融服务营销是指金融企业为了满足客户对金融服务的需求，实现金融企业经营目标，通过采用营销策略，达成服务交易的各类活动。

金融服务营销是以市场营销为基础的，是服务营销的一个分支，但金融服务营销理论有着自己的特点：

——金融服务营销的对象是金融企业行为和服务环节；

——金融服务营销强调对客户的管理；

——金融服务质量提高着眼于服务过程的控制；

——金融服务营销注重内部管理。

第二节　特殊的金融服务市场营销组合策略

一、4Ps 营销组合策略

早期的营销组合策略是 4Ps 营销组合策略，包括产品(product)、价格(price)、分销(place)和促销(promotion)。

(一) 产品

金融企业的产品实质是金融服务，这是营销的客体，也是金融企业的核心竞争力所在。

银行的产品是存款、贷款、中间业务；保险公司的产品是各类保险；财务公司的产品是资金业务……金融企业的日常工作就是设计金融产品、发售金融产品、经营金融产品。

金融企业的金融创新也主要是围绕着产品创新展开的，通过金融产品创新满足客户更多的金融需求。

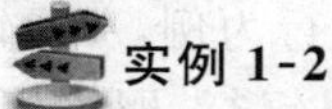

实例 1-2　　保险产品创新层出不穷

2014 年 1—2 月，保险公司围绕"春节概念"，纷纷推出了各种应景的网销产品：华泰财险的"人在囧途险"、苏宁易购的"BOSS 莫怪险"、国华人寿的"吃货险"、生命人寿的"鞭炮险"、安诚财险的"春晚收视率保险"、平安保险的"春运保障险"，等等。这些被视为"奇葩"的保险产品，看似保险责任五花八门，实则多数是在意外伤害保险的基础上"包装"或扩展而成，由于价格低廉、受众有限，因此难以为保险公司业绩带来明显贡献，甚至有些产品只是赔本赚吆喝。

但换个角度来看，相对于传统营销渠道的保险产品，这些“奇葩”产品多少都有一些新奇的卖点，更容易引发市场关注，不是广告却胜似广告，从而直接或间接拉升了保险公司的品牌宣传效应，尤其对在传统销售渠道不占优势的中小型保险公司而言，不失为快速提升人气的便捷途径，同时也可能帮助保险公司积累其他业务的客户资源，因此，其积极意义不应忽视。

资料来源：王朝晖．营销创新层出互联网保险称雄[N]．中国保险报，2015-01-13.

（二）价格

价格是金融营销的重要的要素之一，它关系着金融企业的利润，也影响着客户对金融产品性价比的评价，不同的价格会影响客户的购买心理。并且价格还会影响金融企业的市场定位，长期对某种价格策略的贯彻形成金融企业的对外形象的一部分。

金融产品的定价要考虑多种因素，如竞争者的定价策略、市场环境的特点、资金成本和营运成本，还有产品的价格弹性等。

实例 1-3　中小保险公司将出现 UBI“巨头”400 元优惠足够诱惑车主更换险商

有业内人士预计，未来中国成功应用 UBI 模式的车险公司，将在排名 5～15 名的“非主流”保险公司中出现。

2015 年 6 月 1 日，商业车险费率改革在 6 个地区率先试点。2016 年 1 月，费改的试点地区再次扩大，达到 18 个。而按照保监会 2016 年监管工作安排，2016 年 6 月底前在全国范围内实施车险费率改革。商业车险费改让车险定价更加自由，而“随车”“随人”的定价制度如何实现量身定制，大数据无疑是那把量衣的尺，而 UBI(基于用户驾驶行为定价的形式)正是这场争夺战的焦点。

据了解，目前我国除了三家大型险企的车险业务实现盈利外，其他公司的车险业务均存在不同程度的亏损。因此，中小型财险公司或许可以借车险费改的大势，依靠 UBI 车险实现弯道超车。

资料来源：尹力行．中小保险公司将出现 UBI“巨头”400 元优惠足够诱惑车主更换险商[N]．证券日报，2016-01-28.

（三）分销

分销也称为渠道，是指金融企业通过何种方式把金融服务传递给客户。传统的分销渠道主要是店面销售。为了扩大销售，银行要开更多的分行，证券公司也要设立更多的分公司，用更多的人员和网点延伸服务。但是现代分销方式多种多样。以银行为例，ATM 机、POS 机的铺设，使银行大大减少了人员的占用和网点的设立成本，手机银行、网络银行、电话银行等多种营销方式更是突破了金融业务提供的时间、地点限制。

实例 1-4　自助设备推跨行存款业务

只知道自助设备可以跨行取款，没听说还能跨行存款？广发银行于今年在全行推广了自助设备跨行存款业务，客户可在该行开通了跨行存款功能的自助终端上，将现金存入其他银行的储蓄卡。该业务的上线，结束了银行自助终端仅能跨行取款而不能跨行存款的历史，满足了客户多方位的金融需求。据了解，目前广发银行自助设备跨行存款功能可受理5家全国性银行（中行、中信、兴业、平安和民生银行）和95家区域性银行跨行存款业务，覆盖范围广；对于不支持跨行存款的发卡行，直接屏蔽存款功能菜单，避免客户存入后才发现交易被拒。

资料来源：谷晓丹. 广发银行手机可刷POS机[OL]. 凤凰山东网，2016-03-22.

（四）促销

促销是金融企业促进销售量增长的行为。这是金融企业一项重要的日常工作，也是深度挖掘客户价值的途径。

常见的促销方式有人员促销、广告促销、营业推广及公共关系等。金融企业通过员工与客户交谈来鼓励客户购买金融产品，既可以通过广告吸引客户注意，或者通过短期激励、让利刺激对金融产品的销售，也可以改善与社会公众的关系来提高企业形象，博得公众信赖。

专论 1-4　　五型推销员

日本推销之神原一平认为，每个人都可能成为一名成功的业务人员，但是每个人的销售潜质和资源都是不同的。为此，推销员必须在真正了解了自己之后，才能根据自己的资源来重新为自己定位。在他看来，推销员有以下五种类型。

(1) 欺骗型。欺骗型的主要特征是缺乏吃苦耐劳精神，自以为是，喜欢在工作中弄虚作假，欺骗公司和客户。此种推销员喜欢用形容词，喜欢给注重业绩的领导设计“画饼充饥”的小游戏，而且在每个公司都是“混”三个月或者半年的时间。很多新人或者企业的新员工，在工作一段时间之后，当业务能力或者业绩无法进行有效突破时，在公司推销任务的高压下，也很容易沦为这种类型。

原一平大师劝诫那些刚刚进入推销行业的新人，要成为一名有抱负的年轻人，千万不要在遇到什么挫折或者困难时，便钻“牛角尖”，走上一条永远没有成功和成就可言的不归之路。

(2) 普通型。普通型的主要特征是思维和做事方式比较常规，循规蹈矩，容易受书本知识结构的限制。即使在工作中有创意，也算不上什么创新，但是善于学习和借鉴别人的成功经验。这种推销员只能用于开发“粗线条”的销售网络以及客户维护，对于执行深度或者系统的营销政策是不利的。如果勉强为之的话，往往容易被执行过程出现的一些事务所困扰，甚至迷失执行的方向。

原一平建议，此类推销员要想获得成功就要为自己制订一个升级的计划。应多多参考一些有价值的成功案例、手段等实战知识、技能，多接触一些较为优秀的推销员，定期进行交流。

(3) 执着型。执着型的推销员脚踏实地，有一股不屈不挠的“牛劲儿”。缺点是不善于讲究方法和技巧，业务效率低。

原一平认为,要成为合格的业务人员,光有毅力是不够的,还需要掌握一些业务实战方面的技巧。

(4) 投机型。投机型的推销员主要特征是典型的机会主义者,具有善于观察事物和把握机会的能力,能够大胆设想、审时度势地达成销售目的。他们有业绩时会容易自满,有时也会利用机会故意要挟自己的领导,甚至会自负地以为可以自立门户。实则不然,业务能力强并不等于领导力以及战略管理能力强。

原一平认为,推销员在取得业绩时要虚心,以免被一些缺乏远见的管理者误以为你为难领导,而找理由开掉你。

(5) 资源整合型。资源整合型的推销员主要特征是不拘一格,能够大胆创意,有效策划,并善于整合各方资源和利益,达成一种受到参与各方认同的“共赢”局面。其善于创造全新的需求和有利的销售环境,善于策划具有正面轰动效应的公关事件,善于把握问题的核心并制定巧妙的政策,让参与各方都成为事件的忠实执行者和拥护者。

原一平相信,此类推销员用不了多久便是不可多得的业务领导者。

资料来源:武保卫.“推销之神”原一平:小个子大传奇[N].中国保险报,2014-04-18.

二、7Ps 营销组合理论

4Ps 营销组合理论是基于一般企业产品营销的基础上提出的理论,当然也适用于服务营销,但是服务营销有其自身的特点,4Ps 组合理论无法完全涵盖服务营销要素,也无法完全满足服务营销发展的需求。20 世纪 80 年代,营销学家在 4Ps 组合理论基础上又新增了 3 个适合服务营销的组合要素,人员(people)、过程(process)、有形展示(physical evidence)。

(一) 人员

人员是金融服务的具体提供者,也是与客户接触的具体代表,人员的专业技能、精神风貌、工作态度及职业道德直接影响金融服务的质量和金融营销的效率。

很多客户也把金融企业人员的表现当作服务体验的一部分,例如,银行出纳人员的点钞速度决定了客户等待的时间,理财师是否具备专业素质和经验影响为客户选择金融产品的适当与否。

高素质的员工有利于金融企业树立可信任的专业形象,反之,如果金融企业人员专业素质差,甚至爆出丑闻,则会大大影响金融企业的声誉和行业地位。

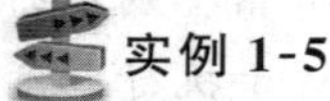

实例 1-5　　高盛的麻烦员工

世界最知名的投资银行高盛(Goldman Sachs),正在遭遇不愿见到的烦恼,因员工获取和泄露美联储机密文件被罚 5 000 万美元、多名分析师考试作弊被清理门户,接连的丑闻使这家以诚信、谦逊著称的机构颇为尴尬。

分析师考试作弊

作为投资银行领域的老大哥,高盛集团成立于 1869 年,是全世界历史最悠久及规模最大的投资银行,在客户和同行中间有着金字招牌,其对于员工有着严格的考核标准,但在最近进行的一次内部考核培训中,却出现了约 20 名分析师作弊的情况。根据美国彭博新闻社的报道，这20名分析师是在内部考核中被发现作弊的，主要来自纽约总部和伦敦分部的证券部门。对于需要诚信才能立足的投行领域，员工考试作弊被认为是难以原谅的，谁触碰到了高压线都将得到惩罚。这20名分析师的结果就是，主动辞职或者被开除，总之是要为自己的行为付出代价，离开高盛。对高盛来说，从来都是以最严格挑剔的方式选拔员工，这一点在华尔街尽人皆知。在2014年，高盛收到了25万份以上的应聘简历，最终只有3%的应聘者得以加入高盛。而在进入高盛之后，需要接受一系列的培训与测试。培训的内容包括基本的金融知识以及相关的监管政策等。基于高盛的规定，每位分析师需要在考试中最低获得70分才能通过。根据美国财经网站Business Insider的消息显示，高盛这些作弊分析师的手法其实非常粗糙，与高盛这样高大上的机构风格“不相匹配”。简单说就是，考试通过电子设备进行，分析师们在上面答题然后交卷，而作弊的20名分析师则是利用设备的搜索功能在互联网上搜索答案，而其搜索的过程被设备完整地记录下来，轻而易举地就被发现。对于考试作弊事件，高盛发言人Michael DuVally在10月表示，这种行为不仅明显违反规则，而且完全违背了高盛培育的价值观。高盛驻伦敦发言人Sebastian Howel同样表示了类似观点：“这种行为不仅明显违反规则，而且完全不符合我们在公司培养的价值观。”

泄密被罚5 000万美元

10月的考试作弊风波还没有完全平息，高盛又遭到了美国相关监管机构的处罚，5 000万美元的罚款虽然对其是九牛一毛，但造成的声誉影响是显而易见的。与上次作弊事件相同，被罚款的消息同样是由彭博社首先予以发布出来。据报道，高盛一名叫RohitBansal的员工，从美联储那里获取了机密文件，并将其分享传阅，从而导致信息泄露，遭到美联储的惩罚。这名员工之所以能够从美联储那里得到机密文件，原因在于其在进入高盛之前曾是美联储的工作人员，而传递给他文件的也是一名时任美联储工作人员。事实上，高盛和美联储之间虽然没有直接的隶属关系，但二者之间人员的流动很常见。无论是从美联储进入高盛还是从高盛跳到美联储，早已司空见惯。泄密事件被曝光后，高盛选择了屈服，与美联储达成了和解。包括高盛将向纽约州金融服务部支付5 000万美元的和解金，并承认其未能对Bansal进行监管。针对泄密，高盛集团在发表的声明中称，发现此事后马上就启动了一项内部调查，并向监管机构发出了警告。作为惩罚，高盛集团为此解雇了Bansal以及他的一名上司。

接连发生的丑闻，虽然高盛都轻松化解，甚至职员作弊被开除，在一定程度上还展现了高盛员工监管的严格，但不可否认的是，类似事件给高盛敲响了警钟，尤其是其一直引以为傲的公司文化。

资料来源：彭俊勇.高盛的麻烦员工[N].新金融观察，2015-12-07.

（二）过程

金融服务本身是一个过程，而且金融企业提供服务和客户消费服务的过程是同时发生的。服务质量好坏，一定程度上决定于服务流程是否顺畅，是否高效。金融企业如果能很好地管理服务过程，就能有效地控制服务质量。

如果过程过于复杂，客户等待时间太长，客户的购买愿望就会被削弱，所以简化过程可以促进客户尽快达成购买意向。但是也有的过程需要复杂化，需要增加一些环节，如信贷审查和审批，增加必要的审查内容，虽然会延长放贷的时间，但是有利于提高信贷资产质量。

（三）有形展示

有形展示是指在金融企业服务过程中，可以传达服务内容和表现企业特色的有形组成部分。金融服务是无形的，所以有形展示就成为有利于金融服务具象化的要素，这有助于把无形服务进行有形化包装，使客户对服务产生更为直观的认识。

例如，金融企业建筑物外观能帮助客户形成对企业的印象，员工的统一工作服可以使客户产生专业形象的认知。

有形展示包括建筑物外观设计、店面的颜色、员工工作服、服务环境设计等。而且有形展示不只是视觉印象，气味、声音也会影响客户的消费体验。

实例 1-6　中行网点改造提速智能化成银行业大趋势

互联网金融的不断发展壮大、电子渠道对物理网点渠道替代率逐年升高，让传统银行不再淡定，纷纷加紧了传统网点智能化改造的步伐。四家国有银行、部分股份制银行和城商行等诸多银行也在网点布局上向智能化转型，银行网点职能正从传统的交易处理型向服务型、营销型场所转变。

传统网点“蝶变”

根据各家银行披露的2014年年报显示，截至2014年年末，全国个人网上银行客户数已超6.65亿人，电子渠道对物理网点业务的替代率均超过80%。而在2015年成立的微众银行等民营银行，更是摆脱了物理网点，将所有业务移至线上。面对电子渠道的强势发展，在布局“互联网+”线上战略的同时，建设高品质、个性化服务体验的智能化网点成为各家银行转型的抓手。

早在2013年，五大国有银行、招商、民生、广发、平安等股份制商业银行以及北京银行等城商行，就已经陆续开始对网点进行智能化改造。然而，面对传统网点内智能自助终端设备扎堆出现的情况，市场上也出现了对网点改造后实用性的质疑，智能银行是否会成为一种噱头？带着这一疑问，近日，记者走访了中国银行天津市分行智能银行旗舰店。

走进天津市分行的营业大厅，首先映入眼帘的是自助引导服务区，客户可以在这一区域迅速地了解网点的业务及办理的流程，以及所有支行网点的信息；进入业务体验区，客户可以在自助填单台的电脑上录入业务申请表格，利用之后生成的一个二维码单到柜面办理业务，柜员即可调入用户填写的电子单据；除此之外，远程VTM、二维码体验墙等设备也加快了客户办理业务的时间。中国银行天津市分行智能银行旗舰店的大堂经理向记者介绍道，在自助填单机上，客户可通过刷身份证完成银行常用的12种表格的自助填写。同时，对于有传统填单习惯的客户，依然可以选择手写单据，自助填单机上已经录入了常用的12种业务表格的模板图片。

记者随机采访了几位体验过自助设备的客户，他们对改造后的网点办理业务的方便快捷性较为认可。刘先生告诉记者：“我每星期要来这家网点一两次，要填写各种单据，使用自助填单机，免去了之前自己手写、柜员二次录入的时间，每次办理业务大概能节省5到10分钟。”中国银行天津市分行渠道管理部总经理向记者提供了几组数据：该网点完成智能化改造后，柜员每项业务平均操作时间缩短5～10分钟；由大堂经理引导客户使用发卡机进行自助操作，比通过柜员发卡节约8～10分钟；在未预约的情况下，高峰时段客户最长等候时间，已由原来的45～50分钟缩短至20分钟左右。除大额取现和外币存取等少数现金类业务外，大部分业务客户都可通过智能设备自助完成。

营业大厅的一位中行工作人员告诉记者，以前该网点业务高峰时可负荷大约200人，智能化以后，现在可达300～400人。

“解放”柜员

中国银行总行渠道部高级经理认为，客户步入智能化网点，“交易”不再是唯一行为。

智能化升级的背后是把柜台业务转移到智能设备，让柜员转换角色走到厅堂，网点人员更多地参与到帮助客户解决金融服务需求、维系客户关系中来，提升用户体验，提高服务质量，增加工作效率。记者了解到，中行通过智能化升级提高网点营销人员的占比，使将近一半的员工不再从事操作类业务，而是解决客户遇到的金融难题。从释放柜台人员的情况来看，智能化网点比非智能化网点平均多节约0.6个柜员。

资料来源：张漫游.中行网点改造提速智能化成银行业大趋势[N].中国经营报，2016-03-07.

第三节　发达国家金融服务发展的状况

20世纪60年代以后，金融国际化及金融创新成为国际金融业的新趋势，西方发达国家的金融企业积极调整经营策略，发展金融理财、混业经营、金融衍生工具等业务，并积极研究营销理论在金融业的运用。很多金融企业在金融服务方面拥有先进的经验值得学习。

一、把握客户需求和消费心理

发达国家金融企业早已提出以客户需求为出发点提供金融服务的观念。一些知名金融企业为了进一步满足客户需求，长期致力于研究客户的金融消费心理和购买行为。

花旗、汇丰这些老牌金融机构都长期支持内部研究人员，对客户购买行为和消费心理进行研究，通过分解购买过程，发现决定客户购买金融产品的关键阶段。日本一个保险公司营销人员在研究了很多不愿意讨论死亡保险的客户心理后，想到了一个有效的推销方式，他用录音机录了一段录音，模仿某人去世后和阎王的对话，因为没有买意外死亡险，家人没有得到足够的经济保障而生活困苦，阎王因此惩罚某人。听过录音的人一般都从看笑话到沉默，最后多数人购买了保险。著名的保险营销人员原一平为了赢得客户好感，每天对着镜子练习微笑。

实例 1-7　　花旗银行(中国)为中国企业海外经营需求提供全球服务

相比中资银行，花旗银行最大的优势是国际网络的平台，为有进出口业务和海外扩张需求的企业服务。花旗银行的商业银行部在全球32个国家和地区都有设立，2009年起，花旗中国开始在境外设立“中国企业海外服务处”，向全球战略性的市场派驻资深的中国客户经理，为中国企业在海外市场拓展业务提供服务。目前，已在中国香港、新加坡、伦敦、纽约、迪拜、约翰内斯堡、尼日利亚、阿尔及利亚、巴西和俄罗斯等国家和地区设立“中国企业海外服务处”。

资料来源：刘洁，朱永康. 花旗银行：以客户需求为中心[N]. 中华工商时报，2014-05-26.

二、服务的全方位

在发达国家金融市场，越来越多的金融企业，致力于为金融消费者提供全方位的服务。德国有混业经营的传统，在德国的银行中，有一些称为全能银行或“金融航母”，在不同的金融领域同时发展业务。这种全能银行不受金融业分工的限制，业务范围涵盖银行、证券、保险等多类金融业务，可以为客户提供信贷、有价证券发行和交易、保险、资产管理等全面的金融服务。

美国从 20 世纪末也开始允许混业经营，有些大型金融机构，已经突破原有的传统业务范围，逐步向综合金融服务转型。高盛原先是一家投行，2008 年起转型为金融公司，近年来又开始尝试互联网金融和贷款业务。

实例 1-8　　高盛进军在线小微贷款领域

据多家外媒报道，华尔街最大的投资银行高盛公司正在转变其商业模式，尝试从事在线小微贷款业务。据英国《金融时报》报道，高盛在 5 月的一份内部备忘录中称，公司从金融服务公司 Discover 招募了一位高管哈瑞特·塔瓦尔来领导公司的新业务——“数字银行服务”，为此项高盛对消费者和小企业提供的在线贷款业务做准备。

媒体报道认为，高盛进入的借贷市场是一个日益充满竞争的市场。自金融危机以来，高盛从一家投资银行转身为银行控股公司以求得联邦政府的保护。这种转变使公司能进入互联网金融领域，和贷款需求者进行更为直接的接触。高盛对这一行业也进行了大量研究。就在 2015 年 3 月，高盛发布报告，详细阐述了金融业的未来前景和技术的影响力。该行还预计，通过网络贷款运营商，将有高达 1.7 万亿美元资金更有效地提供给消费者和小企业。

资料来源：周武英. 高盛进军在线小微贷款领域[N]. 经济参考报，2015-06-17.

三、科学的客户管理系统

发达国家的金融企业会对客户进行分类或者分层，然后提供不同的金融服务。

客户分类的前提是客户信息系统的开发和完善，一些大型的金融企业会花费很多人力、财力在客户信息系统的建设上，然后从客户数据中提取相关数据，对客户进行分类。

客户分层的依据包括职业、收入、年龄、文化层次及对银行贡献度等。分类的意义在于：方便金融企业提供多样化、针对性的服务。国内的金融企业有些在学习发达国家经验基础上，也已经对客户进行了分类，但一般的分类多数只有两类：普通客户和 VIP 客户。

而发达国家的某些金融企业对客户分类更加细化，例如，汇丰银行的客户金字塔，把客户具体分成了7类。

四、高素质金融服务人才培养

发达国家为了培养更高素质的金融服务人才，开发出了多种国际性的金融高级从业人员资格考试。影响范围比较广泛的有CFA(特许金融分析师考试)，CFP(国际金融理财师考试)，FRM(金融风险管理师考试)。以CFA为例，CFA是“特许金融分析师”(chartered financial analyst)的简称，是美国以及全世界公认金融投资行业最高等级证书，也是全美重量级财务金融机构金融分析从业人员必备证书。它是证券投资与管理界的一种职业资格称号，由美国特许金融分析师协会主办，自1963年第一次考试以来，CFA考试已经历经了近50个年头。近年来，参加CFA认证考试的人越来越多。

专论1-5　　卢森堡的金融人才优势

卢森堡43%的人口为外籍人，其中中国人占比在1%左右。每个工作日，来自比利时、法国和德国的10万余人跨越国界涌入卢森堡，成为国际化员工队伍的组成者之一。在银行从业人员方面，根据普华永道2010年年底的数据，有66%的银行从业人员为外籍人士，德语、法语、英语被广泛使用，多元文化的交汇为卢森堡赋予海纳百川的精神。国际劳工是机构参与国际金融时的重要考虑因素之一，语言和文化的认同感对他们来说是有影响的，也是重要的考虑因素之一。虽然卢森堡国家很小，但在私人银行和财富管理方面的银行业务在全球排名靠前。对国内金融界人士而言，卢森堡并不陌生。谈到财富管理、私人银行时，卢森堡是培训中心，此前常有国内银行家、银行从业人员、律师、会计师等去卢森堡考察其私人银行和财富管理业务，学习它们在红酒投资、艺术品投资及产品服务多样化等方面的特色。

资料来源：银行都爱卢森堡[OL]. 环球企业家网站. 2014-01-06.

五、金融服务的国际化延伸

发达国家知名的金融企业往往拥有数十年甚至上百年的国际化经营的经验，使这些金融企业的服务可以跨越地域延伸。

例如，汇丰控股公司从设立之初就开始国际化经营，发展至今，已经成为全球最大的金融服务机构之一。该公司通过四大环球业务：零售银行及财富管理、工商金融、环球银行及资本市场以及环球私人银行，为超过4 700万名客户提供服务。业务网络遍及欧洲、亚太区、中东及北非、北美和拉美，覆盖全球71个国家和地区。

实例1-9　　新加坡星展银行国际化发展战略

一、星展银行国际化的地域战略

星展银行总部设于新加坡，是亚洲最大的金融服务集团之一。自1968年在亚洲建立分支机构开始，该银行在绝大多数分支机构所在国取得了从事提供全面银行服务的牌照。目前，其业务涉及新加坡、中国、中国香港、中国台湾、印度、印度尼西亚、马来西亚、菲律宾、泰国、阿拉伯联合酋长国等15个亚洲新兴市场经济国家及地区。星展银行深刻认识到自己的核心竞争力是深入了解亚洲各国的文化，熟悉亚洲社会的市场特征，而且能够运用这种敏锐的洞察力协助客户处理各种业务。以此为出发点，星展银行积极在亚洲实施区域国际化，广设分销网络，紧密联系传统客户和“新亚洲”投资者，从而获得了“最懂亚洲的外资银行”的美誉。

星展银行利用其“最懂亚洲的银行”的品牌优势，近年来将业务范围逐渐扩展到泛亚洲地区，进一步提升盈利空间。其在阿拉伯联合酋长国成立分支机构，将目光聚焦于那些希望在亚洲地区扩张业务的非亚洲企业，帮助非亚洲企业进一步开拓亚洲市场。其作用不仅仅是为非亚洲企业提供贷款咨询与服务，更重要的是作为一种媒介，丰富并有效地引导开发非亚洲企业在亚洲的投资渠道与方式。

二、星展银行国际化的业务战略

星展银行的业务种类主要包括零售银行、投资银行、资产管理、证券业务、项目融资等。星展银行主营业务是批发银行业务，客户以中小企业为主。目前，其业务收入的一大半来自中小企业贷款，这种发展思路与其出身是分不开的。星展银行的成立初衷就是为中小企业服务的，这一定位也是出于对整个亚洲经济的了解。目前中小企业是多数亚洲国家的经济命脉，在新加坡，有99%的企业属于中小企业。而在星展银行业务量最大的中国香港地区，大约有98%的企业属于中小企业。该银行一直致力于为中小企业和中等资本客户提供服务，并完成了具有独创性的东南亚首个获信贷评级的中小企业贷款证券化项目。

资料来源：高宇曦，赵宇华.新加坡星展银行国际化发展战略对我国商业银行的启示[J].辽宁经济管理干部学院学报，2013，(6).

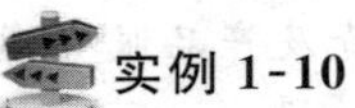**实例 1-10**

世界主要保险市场营销模式

一、保险营销员

(1)“员工制”营销员模式在日本寿险业比较普遍。日本的寿险协会(生命保险协会)每月定期举办一次针对营销员的“一般课程考试”(销售资格考试)，考试合格者，在监管部门登记后，保险公司方可与其签订劳动合同，成为公司的正式员工。

营销员的教育体系，有生命保险协会统一实施的“行业统一教育制度”和各寿险公司独自的教育制度。日本营销员的工资一部分是固定工资，一部分是与营销业绩挂钩的浮动工资，同时享受社会保险、公司各项福利制度。日本对营销员销售行为的管理采取监管部门指导和行业自律相结合的方式。日本的《保险业法》对“保险销售人登记义务、促销宣传材料、禁止非法推销行为”等进行了具体规定。监管当局在对各寿险公司进行指导的同时，要求生命保险协会加强维护保险销售秩序、充实营销员教育制度，提高营销员的整体素质。

(2)“代理制”营销员在美国、韩国的寿险市场上起主导作用。在美国，营销员(即“个人代理人”)须在其开展业务的每个州获得执照。若销售变额保险产品(投资连结型保险产品)，还需符合证券管理委员会(SEC)的相应规定。大多数州要求营销员领取执照前通过不同资格考试，领取相应的执照，如寿险执照、健康险执照等。有些州的营销员执照是永久的，有些则要求定期重新申请；大约1/4的州采纳了保险监督官员协会(NAIC)代理人持续教育法规定的代理人教育模式，要求新领取执照者每年必须完成一系列的课程，或参加相当于至少25课时的研讨会，4年后每年接受相当于15课时的教育。美国的营销员虽不是保险公司的雇员，但许多保险公司迫于工会压力或其他原因，除佣金、奖金、管理津贴外，还为营销员缴纳社会保险金，并提供如补充医疗保险和补充养老保险等福利。韩国的营销员不一定都需要经过资格考试，满足一定条件的人可不经过考试，但都须在行业协会进行注册登记方可进行销售活动。营销员没有签订合同权、代签合同权、收取保费权、接受告知权。

(3) 台湾地区的营销员。台湾地区的产险营销员属"员工制"，寿险营销员须通过寿险同业公会举办的资格考试，在公会登记后方可展业。营销员初到公司时，与公司签订的是代理协议，称为"一般业务员"，所得报酬为佣金，根据其展业情况获得，不享受公司的福利待遇；当营销业绩达到一定水平后，公司与其签订劳动雇用合同，成为公司的员工，享受福利制度，工资为固定工资(最低基本工资)与浮动工资之和。但若营销员在一定期间内业绩持续未达到一定水平，公司也可将其降为一般业务员。台湾地区保险监管部门规定，营销员经所属公司同意，并取得相关资格后，可登记于另一家非经营同类保险业务的公司，同时成为产险及寿险营销员。营销员登记证有效期为5年。营销员自登记后应每年参加所属公司举办的在职教育训练，不参加在职教育训练的，所属公司应撤销其登记证。为进一步提升现有寿险营销员素质，寿险同业公会另举办营销员中级专业课程测验。

日本、美国、韩国和中国台湾地区都在法规中不同程度明确，保险公司对其营销员在公司授权范围内产生的违法行为负直接或连带责任。

二、保险代理机构

(1) 日本的代理机构。日本70%以上的产险保费收入是通过代理机构实现的。代理机构必须根据《保险业法》在监管部门登记。从1952年起，日本开始对代理机构实施评级制度。由财产险协会负责，根据其规模和管理水平，分为初级、普通、高级和特级四个级别。2001年3月，由于其财险市场趋于成熟化，统一的评级制度废止，由各公司自己决定代理机构的级别。对代理机构销售人员的资格考试，1998年前采用财产保险协会统一的试题。

2002年以后，完全由各保险公司自行运作。保险公司必须对其下属的代理机构业务活动进行检查，一旦发现问题，必须严肃处理，可以采取解除授权合同、降级、降低手续费等措施。

(2) 欧洲的银行保险。通过银行销售的产品通常都是一些标准、简单的产品，保险公司须对银行涉及保险产品销售的人员进行培训。保险公司通过与银行电脑系统联网时通过银行销售保险的各个环节进行监控。荷兰规定银行代理销售保险产品须具有通过专门资格考试的人员，并应在社会经济委员会登记注册。法国和意大利银行代理销售保险产品则不需要保险监管部门批准，银行从事保险销售的人员也不需要通过保险资格考试。

银行保险在欧洲大陆的迅速发展主要得益于：①宽松的监管环境，即银行和保险公司可混业经营；②对储蓄型寿险产品的税收优惠。

三、保险经纪人

英国是保险经纪制度最发达的国家。保险经纪人的组织形式可以是个人、合伙企业和股份有限公司。1998年以前，根据《保险经纪人(注册)法》，保险经纪人需通过资格考试或具有规定的工作经历，在保险经纪人注册委员会进行注册，保险经纪人必须购买规定金额的职业责任保险，佣金率由保险人和经纪人协商确定。

1998年以后，英国政府宣布取消《保险经纪人(注册)法》，政府不再把产险的销售纳入新的金融服务管理机关的监管范围，而是要求保险业建立自身的监管体系。现在是由行业建立的普通保险标准委员会负责监管。

资料来源：岩盐辑. 世界保险营销模式分析[N]. 中国保险报，2003-08-05.

复习思考题

1. 金融服务有哪些特点？
2. 金融服务营销的含义是什么？
3. 举例说明常见的金融服务内容大致有哪些。
4. 西方金融服务营销有哪些经验可以借鉴？
5. 如何分析中国金融服务现状？

实训题

提升业绩与坚持职业操守如何兼顾

某银行理财客户经理小李最近遇到一个困扰，近期有新股票基金发售，行长要求每个客户经理在1个月内完成100万元基金销售任务。小李发现，如果仔细向客户说明风险，客户可能就不愿意再考虑购买这类股票基金，但是如果回避风险问题，一味夸大收益率，又担心将来这个基金表现不好会被客户投诉，他该怎样完成销售任务呢？

提示：销售方案和话术既要符合法律和行业规定，又要让客户愿意听下去，并最终购买基金。

要求：形成一份销售策划书和一套话术。

案例讨论

金融服务“雷区”大盘点存款变成理财产品或保险

3·15期间，金融消费投诉增多。大河报金融消费维权平台共收到近500件投诉，我们为广大消费者梳理出了金融消费中最容易遇到的几类问题，希望能对广大读者有所帮助，同时也希望从事金融消费的机构能提升服务质量，更好地为消费者服务。

A. 聚焦银行

【问题1】 存款变成理财产品或保险

【案例】 市民吴先生2014年4月到郑州市二七区一家银行网点存钱，工作人员当时向他推荐了一款“理财产品”，称只需存2万元，5年后的收益比5年期银行定期利息高1倍多。吴先生买了之后才发现，自己买的是保险产品，每年要存2万元，如果退保，还要承担好几千元的损失。

【问题2】 银行理财产品不能提前赎回

【案例】 市民王先生3个多月前投资20万元，在郑州市一银行网点购买了一款半年期的银行理财产品，预期年化收益率为4.8%。近期因家人生病需要动用这笔资金，王先生与银行多次沟通希望提前赎回，被银行拒绝。

【问题3】 银行服务收费乱象多

【案例】 近日，开封市民孔先生需要在开卡行打印一份账户流水明细，银行工作人员称需要收费。按照银监会下发的《关于银行业金融机构免除部分服务收费的通知》，银行业免除以纸质方式提供12个月内(含)本行对账单的收费，超出12个月需收取一定费用。因孔先生需要的对账单没超过一年，该行已免费为其出具了账户流水单。

【问题4】 卡在手里钱没了质疑银行未尽责

【案例】 市民姚先生通过街头广告办理信用卡，对方让其办理一张储蓄卡并预留对方电话号码。2016年2月底，姚先生在郑州一银行网点办理一张储蓄卡，并存入6 000元，预留他人电话号码时，银行工作人员告知其不要把账号、密码等银行卡信息透露给别人。随后卡内6 000元被转走，姚先生无法联系到信用卡代办者，发现被骗，但他认为银行工作人员没有充分提示相关风险。

【问题5】 信用卡分期免息不免费

【案例】 吴小姐刷信用卡分期付款买了一台笔记本电脑，刷卡时才知道，所谓的免息分期付款，利息是免了，但18期分期付款需要交纳手续费1 600余元。

【问题6】 房贷提前还款难手续多

【案例】 刘先生2015年在郑州市购买房屋，向一商业银行申请了57万元房贷。2016年春节后，刘先生申请提前偿还部分房款，却遭到拒绝，银行表示刘先生的贷款时间未满一年，提前还贷将被罚息。

B. 聚焦保险

【问题1】 车损险理赔有“玄机”

【案例】 2016年2月，市民魏先生开了4年多的丰田车遭遇车祸，保险公司出险后，评估的维修费要2.5万元，但保险公司却只肯赔1万元。魏先生质疑保险公司收保费时按照新车价收费，为何按旧车的价格赔偿?

【问题2】 未续交保费　保单失效

【案例】 陈先生1999年通过一家保险公司购买了一份20年缴费期的大病医疗保险，但2015年没有续交保费。2016年陈先生患脑梗住院，找保险公司理赔，工作人员称因为2015年没有续费，合同已终止，所以无法理赔。陈先生家人称其间并没有保险公司人员催其缴费，保险公司也有责任。

【问题3】 销售误导服务打折

【案例】 驻马店李先生在2007年购买了一份保险，年缴500元。保险销售人员当时称交够5年可以返2 500元，但到2012年，李先生要求返还保险金的时候被告知合同上写的是满10年才能返，但其本人毫不知情。李先生买这份保险的原因是“都是邻居，当初他信誓旦旦，说5年肯定能返钱”。不仅如此，从2014年起李先生便无法联系到该销售人员，镇上的保险销售网点也撤了，直到现在，保险公司无人和李先生联系对接后续服务。

【问题4】 投保容易退保有损失

【案例】 周先生向记者介绍，他在2015年年初通过一保险公司业务员曲女士购买了一份分红型保险，拿到保单后周先生却发现，之前说好的60岁返还收益竟拖延到了65岁，并且业务员当初向自己介绍的“交3万返9万”的投资收益变成了3倍的保障。当周先生因此决定退保时却被告知，保单已经超过了犹豫期，6 000元的保单只能返还2 490元。

资料来源：杨春旺.金融服务“雷区”大盘点存款变成理财产品或保险[N].大河报，2016-03-18.

案例讨论题

1. 为什么金融机构会“忽悠”客户？
2. 金融机构靠着追求短期利益能否维持可持续发展？

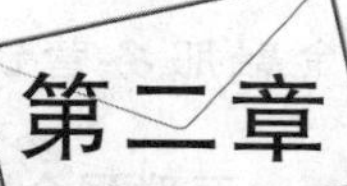

金融服务营销的环境分析

本章理论要点

- 金融服务营销的宏观环境
- 金融服务营销的微观环境
- 金融企业营销环境分析的一般方法

案例导入

互联网金融强势来袭，银行“躺着赚钱”时代被终结

2015 年，中国银行利润“大变脸”

与欧美大行的盈利模式不同，国内银行过去一直被视作“金饭碗”的根源在于其长期躺在“存贷差”上赚钱的惊人优势。2015 年以前，国内银行业几乎一直是每年财报季最耀眼的明星。如 2014 年，A 股最赚钱十强榜上有 8 家是银行，四大行更是囊括前四，一时风光无限。然而，进入 2015 年下半年后却惊现拐点。先是工、农、中、建、交五大行存贷比逼近监管红线，接着四大行跌入零增长时代，30 天存款流失更是达到 4 474 亿元之巨，这几乎撼动了靠“存贷差”躺着赚钱的传统盈利模式的根基。2015 年 11 月，四大行贷款总额环比下降 656 亿元，为 6 年来首次；同月风声鹤唳，16 家上市银行 3 个月出走 228 万户股东，工行、中行拨备率逼近红线，行长排队辞职，超百只银行理财产品提前终止。据观察，在已经公布的 2015 年上半年业绩报告中，已有 12 家上市银行的净利润增幅跌破个位数，五大行净利润增幅最高的也只有 15%，中行第三季度净利润环比甚至出现了下降的情况。股份制银行也未能独善其身，除平安银行保持 13% 的增长外，其他银行增速下降至个位数，仅在 2%～8%，银行总资产首次出现环比下降。而随着经济大环境持续不景气，不良贷款率成为悬在银行头顶的“达摩克利斯之剑”。银监会数据显示，截至 2015 年 9 月末，商业银行不良贷款率达到 1.59%，已持续 15 个季度上升。16 家上市银行不良贷款余额达 9 097.79 亿元，较 2015 年年初新增 2 396.44 亿元，已经接近 2014 年全年新增量。“下半年的数据急转直下，很久没听到好消息了。”数位银行业资深人士感慨，“传统银行留不住人了，尤其是事业攀爬期的中流砥柱”。一家国有大行公司贷款部负责人对《中国经济周刊》坦言，经济不给力，利润预期惨淡，冗员沉重的传统银行面临重大改革，“因为国有企业存在体制上的积弊，许多年富力强的中高层并不看好能够彻底转型，在互联网时代杀出一条血路，所以纷纷离开”。

互联网金融倒逼传统银行业转型

“互联网金融对传统银行业的冲击是多方面的，第一个就是第三方支付的兴起抢占了银行中间业务的份额，以往支付结算、基金代销、保险代销是银行中间业务收入的重要来源，现在第三方支付以更低的费率和更便捷的直销功能打破了既往的销售格局。”一位观察人士对《中国经济周刊》记者说。记者注意到，虽然目前我国互联网支付的规模占全社会支付总量的比重不足千分之二，仅为银行卡消费规模的1/5，但正以180%的年复合增长率飞速增长，估计到2016年年末，市场交易额就会与银行卡消费总额基本持平。

值得一提的是，虽然没有实体账户介入，但目前互联网支付机构所具备的虚拟账户储值、支付结算、转账汇款等业务功能已经与商业银行账户功能十分接近，互联网支付显然正试图摆脱对传统银行的依赖，形成自己的支付闭环，而一旦实现清算划拨及备付金的自我管理，形成新的支付链条，就完全可能抛开现有银行支付清算体系独立运行，其对传统银行支付中介地位的冲击将不可预测。

由互联网金融带来的存款流失更是成为传统银行的心腹之患。因为各种以“宝宝类”为代表的小额资金理财产品横空出世，互联网平台的沉淀资金规模不容小觑，截留银行大量低成本的活期存款，对商业银行基础性存款的分流压力越来越大。

资料来源：劳佳迪.互联网金融强势来袭，银行“躺着赚钱”时代被终结[J].中国经济周刊，2016，(2).

金融服务营销同其他行业的营销活动一样，都是在一定的环境下进行。适应客观环境的需要，对金融服务制订相应的营销计划，从而成功地避开威胁，有效地把握和利用商机，对金融企业是至关重要的。因此，对金融服务营销的环境进行分析也是必不可少的。

第一节 金融服务营销的宏观环境分析

金融服务营销的宏观环境是对金融服务营销活动造成市场机会和环境威胁的主要社会力量。分析宏观营销环境的目的在于更好地认识环境，通过企业营销努力来适应社会环境及变化，达到企业营销目标。鉴于政治/法律、经济、社会文化、科学技术四大要素对金融服务营销的影响较大，金融服务营销宏观环境分析可采用PEST分析法，如图2-1所示。

一、政治/法律环境

政治/法律环境是指企业市场营销外部政治形势和相关法律状况给金融机构的金融服务营销所带来的影响，主要包括政治局势，金融方针政策，法律、法规。金融服务营销若想取得显著成果，就必须充分研究并利用相关外部政治制度和法律法规。

（一）政治局势

政治局势是指当前金融机构营销所处的政局稳定状况。一国的政治局势是否稳定关系到金融机构金融服务营销的成败，安定的政治局势是金融服务营销成败的保障因素。政局稳定、人民安居乐业、金融市场稳定，给金融服务营销创造良好的营销环境；政局动乱、生活秩序混乱，则会影响经济发展和人民收入的增长，从而影响人民的投资活动，给金

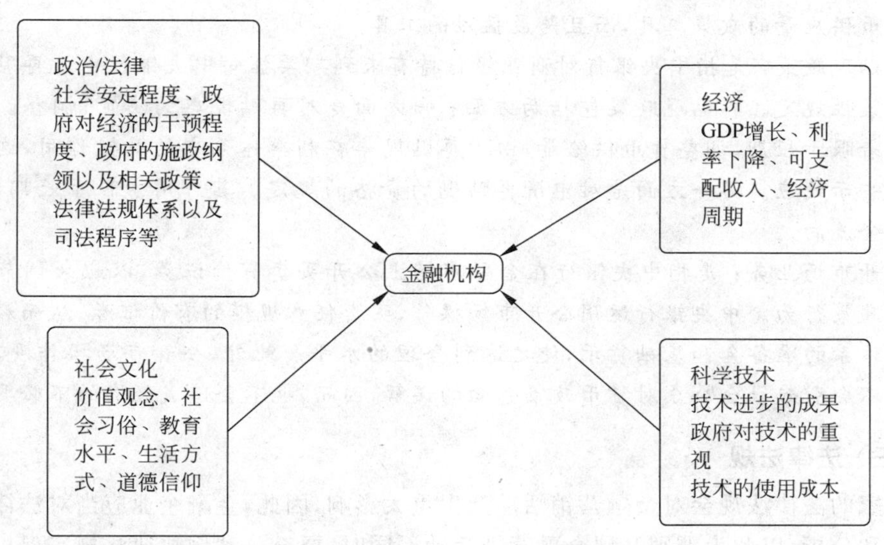

图 2-1　金融服务营销宏观环境影响的 PEST 分析

融服务营销带来极大的障碍和风险。例如，2008 年 8 月，俄罗斯与格鲁吉亚发生战争，使大量投资者对俄罗斯国内市场丧失信心，导致俄罗斯股市大幅下降。俄罗斯证券交易所以及莫斯科国际证券交易所的股票指数在一天中分别下跌了 5.6%和 6.6%。

（二）金融方针政策

金融方针政策是指中央银行为实现宏观经济调控目标而采用各种方式调节货币、利率和汇率水平，进而影响宏观经济的各种方针和措施。一个国家的金融方针政策主要有货币政策、利率政策、信贷政策及汇率政策。其中货币政策是中央银行调整货币总需求的方针策略，中央银行传统的货币政策工具包括法定准备金、贴现率、公开市场业务等，其政策一般是稳定货币供应和金融秩序，进而实现经济增长、物价稳定、充分就业和国际收支平衡。在不同的时期，中央银行根据经济形势的需要颁布相应的方针政策，银行营销应当与这些金融方针政策相一致。若当前面临经济衰退的情况，中央银行可能采取扩张的货币政策，从而增加货币供给量，因而商业银行会扩大其资产及负债业务。若面临的是通货膨胀的情况，可能会采取紧缩的货币政策，从而减少货币供给，商业银行的资产负债业务量就会减少。由此可见，中央银行的金融方针政策会影响金融市场的供求状况，从而对金融服务营销带来直接或间接的影响。

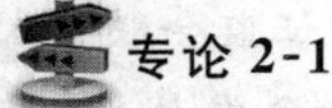**专论 2-1**　　　　**货币政策“三大工具”**

货币政策工具是中央银行为实现货币政策目标所采用的政策手段。一般性货币政策工具是指法定存款准备率、再贴现政策和公开市场业务，称“三大法宝”。

法定存款准备率：是指以法律的形式规定商业银行等金融机构将其吸收存款的一部分上缴中央银行作为准备金的比率。法定存款准备金建立之初的目的是保持银行的流动性，当准备金制度普遍实行，中央银行拥有调整法定准备率的权力之后，就成为中央银行控制货币供应量的政策工具，而且是最猛烈的工具。

再贴现政策：是指中央银行对商业银行持有未到期票据向中央银行申请再贴现时所做的政策性规定。再贴现政策包括两方面：一方面是对再贴现率的决定、调整。这种作用主要着眼于短期，调整货币供给量，由于再贴现率在利率体系中的关键作用，这种调整也具有告示效应。另一方面是对申请再贴现的资格的规定。其作用着眼于长期，主要能改变资金流向。

公开市场业务：是指中央银行在金融市场上公开买卖有价证券，以此来调节市场货币量的政策行为。中央银行运用公开市场操作，买卖任意规模的有价证券，从而精确地控制银行体系的准备金和基础货币，使之达到合理的水平。此外，公开市场操作没有"告示效应"，不会引起社会公众对货币政策意向的误解，因而，也不会造成经济的不必要紊乱。

（三）法律法规

国家的法律法规会对金融营销活动产生重大影响，因此，金融企业应当对法律法规进行研究和分析，以此为准则开展金融营销活动。同时，要充分利用法律法规来保护自己的正当权益。为适应金融业的发展需要，政府相继颁布了一系列法律法规，如《中国人民银行法》《证券法》《担保法》《商业银行法》《信托法》《证券投资基金法》等。政府制定这些法律法规，不仅是为了维护金融市场秩序、实现公平竞争，而且是为了维护客户的利益、保证社会的稳定。因此，金融机构必须依法进行金融营销活动。

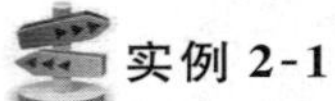

实例 2-1　　互联网基金销售监管

2015 年，"互联网＋"概念席卷了整个资本主义市场，互联网基金，已经不再单纯只是一个普通地能获取理财收益的理财产品，而是帮助更多的人意识到了碎片化理财的重大意义，进而改变了平时的理财习惯，增强了理财意识。2015 年，尽管资本市场经历了大起大落，但货币基金的快速发展仍在延续。2015 年全年，货币基金规模增长率达到了 111％，公募基金行业中货币基金的规模已高达 4.4 万亿元。然而，正是这些快速增长，掩盖了"互联网＋"基金发展过程中的诸多矛盾与问题。此外，互联网的开放、普惠、去中介化特性与当下严谨规范的金融监管政策产生了很大的冲突。互联网公司惯用的通过夸张宣传来博眼球的运作方式与传统金融所秉承的风险理念也完全背道而驰。

为了维护金融市场秩序，维护社会稳定，2015 年下半年，一系列监管规章连续出台。中国证券投资基金协会在 2015 年 6 月 30 日发布的《资产管理行业"互联网＋"行动计划》中提出了监管的基本要求；7 月 18 日，央行等十部委联合印发《关于促进互联网金融健康发展的指导意见》，结束了互联网基金销售的无监管时代；12 月 18 日，中国证监会联合人民银行发布的《货币市场基金监督管理方法》，则被业界誉为货币市场基金发展的"及时雨"。

二、经济环境

经济环境是指金融营销所面对的外部社会条件和经济状况，其运行状况和发展趋势会直接或间接地对金融营销活动产生影响。经济环主要包括经济的发展水平、居民的收入水平、利率市场化等。因此，在开展金融营销活动时，应当及时关注经济环境变化的最新状态，以把握金融营销的总体方向。

（一）经济发展水平

经济发展水平是金融企业开展营销活动的重要因素。经济发展水平高、市场繁荣，则社会购买力会大大增强，银行贷款和储蓄都会增加，金融业务量会不断扩大；反之，经济发展水平低、市场萧条、社会购买力不足，则会导致金融业务量的萎缩。此外，不同产业的发展周期会有很大的差异，这对资金需求会有很大影响，从而影响金融业的营销状况，因此，必须认真加以分析。

专论 2-2　　衡量经济社会发展的几个主要指标

1. 国内生产总值(GDP)

国内生产总值，是指一个国家(或地区)的常住单位在一定时期内(通常为一年或一个季度)所生产和提供的最终使用的产品和服务(劳务)的价值。简单地说，就是一个国家或地区在一定时期内新创造的价值的总和，作为一个国家，叫国内生产总值，作为一个地区，就叫地区生产总值。与 GDP 既相联系又有区别的一个指标是 GNP，也叫国民生产总值，是指国内居民(单位)在一个既定时期内获得的收入总值。两者的区别通俗一点解释：GDP 包括了境外单位或居民在我国境内创造的价值，却不包括我国单位或居民在境外创造的价值；而 GNP 正好相反，它包括了我国单位或居民在国外创造的价值，却不包括境外单位或居民在我国境内创造的价值。

2. 人均 GDP

人均 GDP 是衡量一个国家或地区经济发展水平的最普遍的一个标准，一般地说，人均 GDP 高，社会福利水平也就高。国际上比较通行的标准为：人均 GDP 在 400 美元以下为贫困，达到 400 美元为温饱，达到 800 美元为小康，达到 4 000 美元为富裕。

3. 基尼系数

基尼系数是用来判断社会收入分配平均程度的一个指标，它的数值为 0～1。基尼系数越小，表示收入分配越平均，0 表示绝对平均，1 表示绝对不平均。目前公认的标准是，基尼系数在 0.3 以下为“好”，0.3～0.4 为“正常”，超过 0.4 为“警戒”。一旦基尼系数超过 0.6，表明该国社会处于可能发生动乱的“危险”状态。

4. 城乡居民收入

这是衡量居民生活水平的最为直接的指标。在城镇叫城镇居民人均可支配收入，在农村叫农民人均纯收入。

5. 恩格尔系数

它是世界上比较通用的衡量国民生活质量的一个指标。它是指用于购买食品的支出占整个支出的比例。通用的标准为：恩格尔系数高于 60%为贫困，60%～50%为温饱，50%～40%为小康，40%～30%为富裕，30%以下为最富裕。

（二）消费者收入水平及消费结构

消费者收入是指消费者个人从各种来源中所得的全部收入，包括工资、奖金、红利、租金、赠予等。消费者对金融产品的购买会受到其收入水平的影响。

消费结构是指在消费过程中,人们所消耗的各种消费资料(包括劳务)的构成,即各种消费支出占总支出的比例关系。其中,消费者用于各种金融消费支出的比例对金融市场营销起着关键的作用。

(三) 利率市场化

利率市场化的本质是将市场均衡利率的发现和决定由中央银行向市场主体转移。近年来,随着我国经济的不断发展、金融体制的逐步完善和利率市场化改革的步伐加快,利率已逐渐成为影响金融服务营销的重要因素之一。1996 年我国以开放同业拆借市场利率为利率改革,推开中国利率市场化大门;2013 年 7 月 20 日,我国全面推行利率市场化,开放了金融机构贷款利率管制,取消金融机构贷款利率下限和票面贴现利率管制;2014 年 11 月 21 日,央行再次宣布降息,以及随后的多次降息促进了利率市场化的形成,但也给金融市场造成了波动。利率市场化对金融营销有着至关重要的作用,相关金融机构应当顺应利率市场化的潮流,结合自己的优势和劣势,重新定位。

专论 2-3　　利率市场化改革进程

我国利率市场化改革始于 1996 年,至 2015 年 10 月 23 日基本完成。

(一) 货币市场利率改革(1996—2012 年)

1996 年 6 月,建立了全国银行间同业拆借市场,取消拆借利率上限管理,实现了拆借利率完全市场化;1997 年 6 月,央行开放债券市场的债券回购和现券交易利率;1998 年 3 月,建立市场决定贴现利率和转贴现利率的机制;1998 年 9 月,放开政策性银行发行金融债券的利率,随后银行间债券市场发行利率全面开放。2007 年 1 月,上海银行间同业拆借利率正式形成,成为货币市场利率的主要参考指标。

(二) 贷款利率市场化改革

(1)"管住下限、放开上限"的双规改革(1996—2012 年)。1998 年 10 月起对小企业的贷款利率上浮幅度由 10%扩大到 20%,农村信用社由 40%扩大到 50%,大中型企业贷款利率最高上浮幅度 10%;1999 年县以下金融机构对中小企业的贷款利率上浮幅度扩大到 30%,但对大型企业仍是 10%;2004 年 1 月,贷款利率浮动上限扩大到贷款基准利率的 1.7 倍,10 月基本取消了金融机构人民币贷款利率上限,仅对城乡信用社贷款利率实行基准利率 2.3 倍的上限管理。

(2) 逐步扩大利率下浮区间至完全放开(2012—2013 年)。2012 年 6 月贷款利率浮动区间的下限调整为基准利率的 0.8 倍,贷款利率市场化改革正式开始;2012 年 7 月贷款利率浮动区间下限进一步调整为基准利率的 0.7 倍;2013 年 7 月完全开放金融机构贷款利率限制,贷款利率完全市场化。

(3) 贷款基础利率发布。2013 年 10 月 25 日,贷款基础利率集中报价和发布机制正式运行,为定价基准由央行确定过渡至市场决定进入实质阶段。

(三) 存款利率市场化改革

(1) 出台存款保险制度(1993—2015 年)。存款保险制度是利率市场化的前提条件。早在 1993 年我国初步提出利率改革设想时,国务院就曾提出建立存款保险基金。2015 年

5月1日,《存款保险条例》正式运行。

(2) 发行同业存单和大额存单(2013—2015年)。2013年12月9日《同业存单管理暂行办法》实施,同业存单发行利率、发行价格由市场决定;2015年6月3日《大额存单管理暂行办法》施行,发行利率由市场决定,可转让和提前赎回。

(3) 逐步放开上浮限制(2012—2015年)。2012年6月,人民银行突破性地将金融机构存款利率浮动区间的上限调整为其准利率的1.1倍,存款市场化正式开始;2014年11月利率上限扩大至其准利率的1.2倍;2015年改革进程加快,3月调整为其准利率的1.3倍,5月又进一步扩大至1.5倍,8月26日央行宣布全面放开一年期以上定期存款利率上限,10月23日再次宣布取消存款利率上限,存款利率市场化改革基本完成。

资料来源:党振华,毛文彬.利率市场化对商业银行影响及应对策略[J].经济师,2016,(2).

三、社会文化环境

社会文化是某一特定人类社会在其长期发展历史过程中形成的,它主要由特定的价值观念、行为方式、伦理道德规范、审美观念、宗教信仰及风俗习惯等构成,它影响和制约着人们的消费观念、需求欲望及特点、购买行为和生活方式,对金融企业营销行为产生直接影响。

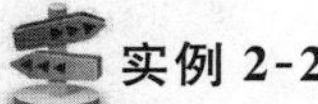

实例2-2　　银行卡,弘扬中国"孝文化"

"孝"作为人类历史中的一种文化体系和社会意识形态,在世界各地都存在。尤其在中国,"孝"文化源远流长,博大精深,独具特色,是东方文明的突出代表,在中国历史上发挥了举足轻重的作用,是中华文明的核心内容之一。在银行卡收藏领域,中国多家银行持续发行了各种敬老、爱老和弘扬"孝"文化的银行卡。

宁波农村信用合作联社丰收慈孝卡

为配合第三届中华慈孝节旅游商贸活动和弘扬江北独具特色的慈孝文化,2011年11月1日,宁波市市区农村信用合作联社在宁波首发"丰收慈孝卡"。该卡采用A卡、B卡形式,A卡为帮助老人的慈孝捐助提供账户服务,提倡子女为父母存孝款;B卡为长辈为晚辈存教育成行基金、日常生活费以及逢年过节的压岁钱等提供账户服务。除此之外,该卡最大的特色,就是给获得"慈孝之星"称号的慈孝者提供低利率的贷款。县级的"慈孝之星"可以凭慈孝卡拿到低于一般利率40%的贷款,乡镇级的也可以得到一定比例的优惠。

哈尔滨银行龙龄卡

在哈尔滨老龄办的大力支持下,2013年8月后,哈尔滨银行针对老年客户推出电子化金融工具"龙龄卡",为哈尔滨市老年人异地养老、旅游、交费、投资理财提供便利。哈尔滨市60周岁以上老年人都可以到哈尔滨银行8个相关网点办理。"龙龄卡"是专为老年人量身定做的银行卡产品,其意义就在于贴近老年群体的消费特征,满足老年客户的用卡需求,引导老年人融入时代新潮流,倡导老年人体验用卡新生活。龙龄卡结合异地养老人群的需求,为老年人提供一系列实惠政策和免费功能,具体包括:龙龄卡可开立多个账户,便于老年人对账户的集中管理;可将龙龄卡内的资金投向哈尔滨银行多种理财产品,从而满足老年人理财需求的同时,帮助老年人更好地进行投资规划等。

渤海银行孝爱卡

2013年7月31日，由深圳市妇联、深圳市关爱办等单位联合主办的“首届深圳市家庭文化节孝爱大讲堂”在深圳市民中心开奖，由渤海银行和深圳市首届家庭文化节组委会联合发行的“孝爱卡”在讲堂上正式亮相，这是深圳市首张面向中老年客户的专属借记卡。“孝爱卡”以中老年人群体为服务对象，是一款IC芯片和磁条介质的复合联名借记卡。卡片围绕“有孝、有爱、幸福相伴”的主题，倡导以孝为先、以爱为本的家庭文化传统。渤海银行为老年人量身打造金融服务，是倡导“孝爱”文化的举动。作为针对中老年群体的借记卡，该卡不仅可以让老年人获得免费跨行取款和转账汇款，而且还可以制定符合老年人需求的保本保收益型理财产品。

资料来源：张震天. 银行卡，弘扬中国“孝文化”[J]. 金融博览，2016，(2).

四、科学技术环境

技术的变革不仅直接影响金融机构的经营，而且还和其他环境因素相互依赖，共同影响金融机构的营销活动。新技术的出现、新装备的采用及新行业的兴起，极大地改变了企业生产经营的内部因素和外部环境，这就为企业既带来了竞争压力，也提供了市场机会，对金融市场产生深刻影响，从而促使金融机构不断调整其营销策略。

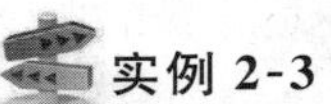

实例 2-3　　科技造成保险行业新变化

新科技帮助保险公司更有效地建立销售人员与客户之间交流渠道。过去，保险公司的销售人员与客户的交流往往依靠个人的直接接触和面对面的交流。随着互联网的出现，越来越多的交易被搬到互联网上。保险产业链中的大多数消费者都可以熟练地进行网络操作、精通各种智能设备。因此，保险行业完全可以考虑运用这些新兴科技来增强公司内部以及公司销售人员与外部的交流活动。如今，一些保险公司已经开始探索如何通过利用这些新兴渠道将保单持有人、代理人和经纪人等客户端与公司的后援中心联接起来，使保险公司与客户的交流更加高效、便捷与流畅。

新科技帮助保险公司建立新的销售渠道。近年来，国外的保险公司一直在尝试通过运用新网络技术开拓新的营销渠道。例如，泰国安盛保险集团的客户可以通过手机短信的方式来续转他们的汽车保险，如果消费者通过手机续保，还可以得到保险公司的小礼物以示鼓励。虽然这些销售方式可能并不适用于所有产品和所有地区，但是它展示了新科技的发展潜力。通过运用新的网络销售渠道，保险公司可以设计大量方便、便宜和量身定做的保险产品。国外有保险公司已经成功地通过运用新技术大量推销低成本的保单，如为期一天的滑雪保险。这种保险的购买过程非常简单，有需要的客户只需拍摄一张自己的照片，然后通过手机发送给广告上的电话号码，保单即可生效，保险费则从电话费中支付，无论是对保险公司还是对投保人都非常方便。

科技可以帮助保险公司建立新的信息共享模式。美国著名的State-Farm保险公司在Facebook建立了一个公司的培训群，将其17 000名销售人员通过网络联系起来，并通过Facebook共同探讨一些新的产品需求，或者分享他们的客服经验，以及如何更高效地进行理赔操作。德国Generali保险集团也早已开始通过社交网络与其经纪人、代理人等客户群进行信息共享和交流。

科技可以帮助保险公司搭建新的战略合作网络。德国的一家汽车修理公司 Motorcare 创造了一个范围广泛的数据共享网络，并将与其合作保险公司的 IT 网络与该汽车修理厂在德国的 800 多个汽车修理点的数据网络连接起来。该网络一年大约处理 14 万个赔案，汽车维修费用成本降低了 20％多。

资料来源：杨春雷.浅谈新科技对中国保险业发展的推动作用[N].经济导报，2015-07-13.

第二节 金融服务营销的微观环境分析

金融服务营销的微观环境是指与金融企业紧密相连，直接影响金融企业营销能力的各种参与者，主要包括客户、竞争者、营销中介、社会公众等环境因素。

一、客户环境

客户是金融机构营销活动服务的对象，是企业一切活动的出发点和归宿，也是金融机构的目标市场。金融机构的客户可以分为个人客户和企业客户两个部分。金融机构的业务分为个人业务和公司业务两部分。由于个人与企业在业务范围以及规模上的巨大区别，金融机构往往在统一的营销战略指导下，对不同的企业和企业营销环境分别制定不同的营销策略。客户的需求与偏好是金融机构研究微观环境的重要组成部分。不同的客户具有不同的需求，为满足客户的多样化需求，金融机构提供的产品必须具有差异性与灵活性。

（一）个人客户

随着金融机构的发展和激烈的行业竞争以及个人财富的积累，对金融机构来说，如何抓住个人客户的特点，分析他们的喜好和消费习惯，从而争夺更多的个人客户做好个人客户的营销便显得更加重要。金融机构可以针对人们不同的需求层次，推出相应的金融产品和服务。如果能够根据顾客的偏好设计具有创新的营销手段，无疑将会提高销售量，达到出奇制胜的效果。

实例 2-4　平安产险推出多款保险新产品满足客户个性化需求

特价机票、酒店取消，平安替您埋单；房屋遭遇地震，平安给您保障。平安产险推出预订酒店、机票取消保险以及地震保险两款创新产品。与此同时，依托先进领先的科技平台，平安产险进一步简化销售及理赔流程，客户足不出户就可以享受平安的全方位保障。

现如今，很多航空公司和商旅预订网站都推出了特价机票和酒店预订服务，大大降低了旅客的出行成本。不过，特价机票及酒店也往往有“不准退票、不准改签、不准改期”的限制，一旦旅客无法出行，将面临机票和酒店订金全部打水漂的风险。

平安产险就联合某知名商旅网站推出特价机票“特消险”。该款产品一经推出就赢得客户的认同，引起各大机票旅游代理、航空公司等渠道的兴趣。平安产险洞察客户需求，进一步拓展了该产品的合作范围。客户登录多家知名旅游代理网站、商旅预定平台、航空公司官网以及在机票酒店代理商处都可享受此项保障。同时，平安产险还将保障拓展到酒店预订中，已经交付酒店订金的客户如需临时取消预订，在保额范围内将被退还大部分订金。此次产品升级，平安不仅为客户提供了更加全面的出行保障，扩展了客户出行的自由度，还强化了其在航空旅游领域的优势，同时在新领域内建立行业标准。

近年来地震频发，为满足更多客户需求，平安产险此次开发了平安地震保险，并推出了便于购买的“平安地震自助卡”。该卡共分A、B两款，客户只需花费80元或150元，即可享受高达60万元或150万元的高额保障。购买此卡后，如果客户不幸遭遇地震，平安将赔付客户的房屋及房屋装修、室内财产损失，并给付相应身故或残疾保险金。

平安产险个人产品部负责人介绍，为确保受灾客户更方便、快捷地领取赔款，平安产险进一步简化理赔流程，提升客户体验。地震发生后，平安将第一时间开辟理赔绿色通道，客户只需将理赔材料放入平安提供的具有快递功能的资料袋并寄出，邮寄费用将由平安承担；理赔单证也将简化为一张表格，客户只要与理赔人员达成理赔意向，一个工作日内即可获得赔付，实现客户省心理赔。

资料来源：平安产险推出多款保险新产品满足客户个性化需求[OL]. 人民网，2013-10-30.

（二）企业客户

企业客户也是各个金融机构不可忽视的重要业务。相较于个人客户，企业客户所涉及的金额比较大，且其所要求的业务种类和业务范围也比个人客户更加丰富。金融机构应该对不同的公司客户开发出适应其需要的不同产品。

实例 2-5　　浦发银行为公司客户打造“月添利”理财产品

伴随利率市场化的大踏步前进，银行理财产品已成为公司客户现金管理的“新宠”。浦发银行针对公司客户需求，创新推出了公司客户专属理财产品——“月添利”，此款产品以较高的灵活性和收益率进一步丰富了公司客户的理财选择。

“月添利”是浦发银行针对公司客户精心设计的一款理财产品，相比传统的开放式产品，其投资规则更简单，起点更低，收益更高。在当前经济形势较为低迷、客户自身业务利润受到影响的情况下，该产品能帮助公司客户提高资金收益。据悉，该产品有以下三个特点。

(1) 收益较高、兑付及时。客户可随时通过“95528”客服电话或在浦发银行网点查询最新报价，目前预期收益率为年化5.6%。产品到期当日本息入账。

(2) 起息高效、投资省心。产品每天都可以申购，次日起息。产品起息后，满30天自动到期兑付本息入客户账户。

(3) 起点低、收益锁定。产品的投资起点仅为5万元，后续仅需1万元起追加，降低了公司客户的理财门槛。投资的收益率在起息当日锁定，后续产品调价不受影响，到期收益有保障。

近年来，浦发银行秉承“新思维、心服务”的理念，精心耕耘公司理财领域，细化需求，快速响应，力争为企业客户提供最周到适合的服务。在公司理财业务上，浦发银行定位是中低风险的稳健投资，先后推出开放式、周期型、财富班车系列、结构性存款、混合类、封闭式等一系列具有市场竞争力的公司理财产品，不断提升对公司客户的专业理财服务能力。

资料来源：浦发银行为公司客户打造“月添利”理财产品[N].青岛财经日报,2014-09-23.

二、竞争者环境

在市场经济条件下,金融机构从事营销活动不可避免地会遇到竞争者的挑战。对竞争者的基本情况和特征进行分析,是金融企业进行市场营销的客观要求。对竞争者环境的分析主要从竞争者数量、竞争者的市场份额及竞争者的营销策略三方面入手。

(一)竞争者的数量

金融机构的数量及其活动的频率是金融机构营销活动成功的关键因素。在市场需求稳定时期,提供同类产品和服务的金融机构越多,则单个金融机构的市场份额就可能会减少。

专论 2-4　　竞争者类型

(1) 愿望竞争者。是指提供不同金融产品以满足不同需求的竞争者。如何促使客户将资金用于金融机构自己提供的服务和产品上,而不用于其他金融机构的服务和产品上,这就是愿望竞争者的角度来理解的一种竞争关系。例如,商业银行促使客户将资金存入本银行而不是用于购买证券或委托投资。

(2) 平行竞争者。是指提供能够满足同一需求的不同产品的竞争者。例如,商业银行、政策性银行与农村信用社等金融机构之间就存在这种竞争关系。

(3) 产品形式竞争者。是指提供同种产品或服务,但品种不同的竞争者。例如,商业性贷款,由于期限结构、利率结构不同,形成了不同的品种。

(4) 品牌竞争者。是指产品、品种、规格和型号相同,但品牌不同的竞争者。例如,信用卡,无论是工行的牡丹卡、中行的长城卡、建行的龙卡还是农行的金穗卡或招行的“一卡通”,其规格和使用要求都要符合人民银行关于银行卡的有关规定,但品牌不同。

(二)竞争者的市场份额

市场份额是指目标市场在各竞争者之间的划分程度。对金融机构来说,市场占有率的高低体现了其经营规模和实力,也反映了其竞争能力的大小,市场占有率越高,竞争力越强。例如,我国保险业呈现寡头垄断竞争型市场。中国人寿、中国人保、平安保险、太平洋保险和新华人寿五大保险公司的市场份额总计超过75%。由此可见,我国的保险市场结构仍以中资保险公司占据市场的绝对主导地位,而外资、民营保险公司则仍然处于被动、弱小的地位。

(三)竞争者的营销策略

竞争者的营销策略直接关系到其对客户的影响力,而对客户的影响力正是所有金融机构争夺的焦点。通过对竞争者营销策略的全面分析,了解其形象和信誉,根据自身特点和优势,选择不同于或相似于竞争对手的营销策略,提高企业营销战略的有效性。金融机构只有采用适当的营销战略,才能克服竞争者的干扰和影响,打出品牌、突出特色,加强自身的市场地位。重视竞争者环境分析,搜集竞争者的信息情报,随时了解和掌握竞争者的经营状况,这些都直接关系到金融市场营销策略的选择和运用。

实例 2-6　　百度与金融机构的五大"交叉营销"机遇

百度金融联合光大银行、光大永明保险再出大招，推出首款互联网保险理财产品"百赚 180 天"。目前互联网理财"宝宝类"产品，平均收益在 4.5%，而"百赚 180 天"预期收益将高出 40%，达到 6.5%。高收益和新的产品类型引发业内强烈关注。"百赚 180 天"是业内首个万能险类的互联网理财产品。

民生证券研究院副院长管清友分析指出，作为国内知名的开放性平台，百度进军互联网金融有着天然的优势。此次光大银行网银系统与百度金融中心平台的"无缝对接"，便是百度金融中心理财平台与金融机构的"深度开放与合作"的一种展现，既为金融合作伙伴提供巨大流量的同时，也为百度钱包用户提供更多"一站式"金融服务。对于互联网公司与金融机构的合作，管清友进一步分析指出，百度金融正在通过推进与金融机构间的"深度整合"，来打造一个资源"交叉营销"的平台。

一是客户资源。传统金融机构的客户群体非常稳定，且忠诚度高、覆盖面广泛；而百度基于搜索引擎、14 款过亿 APP 等沉淀的互联网用户则是对转账和汇款等金融服务的创新化与互联网化的"前沿尝鲜者"。两类客户资源有很好的互补性、转化性，交叉营销就成为最佳选择。

二是数据资源。传统金融业拥有海量的个人及企业基础信息数据及通过信用卡等沉淀的消费数据；而百度则是国内真正拥有大数据信息及分析能力的公司之一。两者在大数据应用、电子商务挖掘等的交叉整合将使数据资源使用更加深入。

三是线上线下资源。传统金融机构有丰富的线下网点，而百度则有强大的线上站点或可迅速整合的垂直站点资源，可以交叉联动线上线下的居民、网民，提升宣传营销效果。

四是技术资源。传统金融机构，拥有完善的金融服务核心系统；而百度则是中国最先进的网络技术公司之一，其技术资源的交叉整合，会带来金融服务的大创新。

五是人才资源。在互联网金融、移动互联网金融的冲击下，跨"金融"和"互联网"的人才需求越来越大，通过战略合作，人才资源的整合会使跨界更为深入而快速。

资料来源：管清友. 百度与金融机构的五大"交叉营销"机遇[OL]. 中国新闻网，2014-06-27.

三、营销中介环境

营销中介是指协助金融机构进行金融产品推广、销售并将产品卖给最终消费者的企业或个人，包括证券经纪人、证券承销商、外汇经纪商、保险代理人、保险公证人、广告代理商、金融咨询公司、信用卡公司、各类商店超市及娱乐餐饮店、房地产中介商、汽车 4S 店和财务公司等。这些中介机构在金融机构与客户之起桥梁作用，将专业性的金融产品，利用中介优势为客户提供方便获取产品的渠道。在金融机构经营过程中，不可避免地要获得这些营销中介的支持。例如：证券买卖离不开证券经纪人，企业的形象策划与产品的推广离不开广告或代理商；保险公司险种的销售、市场的扩大离不开保险代理人、经纪人。

近年来，一些金融机构为了削减成本和提高效率，开始将一部分后台工作分离出去。接收这些业务的企业变得对金融机构极其重要，因为金融机构的客户工作大部分都要依赖这些服务。因此，金融机构在营销过程中，要对所面对的各种营销中介及各类资源供应者有较清楚的了解，并与之建立良好的合作关系，以获得它们的大力支持。

实例 2-7　　互联网金融网贷平台营销急需健全

俗话说“酒香不怕巷子深”，可是放在现代社会不一定适用，就拿 P2P 领域来说，有些坚持在产品、风控上都稳打稳扎的平台，规模扩大得很慢。反而一些虚假平台，利用一些过分的营销手段，能够迅速地积累资本，携巨款“跑路”。

国内的 P2P 领域飞速发展，平台已达到 1 000 多家，如何脱颖而出，迅速得到投资者的青睐，提高平台业务量是平台运营者的共同心病。在这种情况下，一些平台为了博眼球和吸引投资者，不惜动用各种非常规的手段“请水军、动用马甲，甚至抱大腿”，营造出平台很受欢迎的假象。很多没有经验的投资者，正是被这种扑面而来的信息所吸引，最终将自身置于不确定的风险之中。

与这些擅长炒作、懂得网上利用各种灰色手段进行强势营销相比，一些重视业务开发、稳健经营的 P2P 平台这方面往往处于弱势，它们也开始烦恼，是加入这种没有底线的客户争夺战当中，还是继续稳打稳扎慢步向前？若防止“劣币驱逐良币”，最需要的是健全的制度。

宏鑫宝负责人表示，为了提高 P2P 公司和产品的热度，一些平台通常的做法是，利用网络水军各种各样的马甲号去“跟帖”自己发的帖子，以增加某平台的曝光度和产品销售。目前一些网络平台除了与外面的水军合作，自己也做起了水军。

一些大中型平台为了博出位，不惜利用公司各种大小事件进行炒作。最近沸沸扬扬的“傍干爹”事件就是其中的典型代表。为了获取投资者的信任度，P2P 平台都希望傍一个实力大、公信力强的知名机构做“家长”。

无论运用哪种手法，最终都是为了吸引投资者，毕竟能真正有效转化客户，方能成为成功运营的平台。但是，“无底线”的营销方式损害了互联网金融行业大部分平台的利益，互联网金融网贷平台营销急需健全。

“是跟着他们也这样去做，还是继续埋头苦干，坚持稳扎稳打的风格？”宏鑫宝负责人说，“这的确是个两难的选择，可营销要自律，不能夸张，更不能虚假，不能误导消费者。”

虽然“酒香也怕巷子深”，但营销需要把握一个尺度和底线，必须先把产品做好，再进行合理宣传，急于求成，急功近利，最终会害人害己，害己尚且可以说是能力不足，损害投资人的资金安全却是居心不良的表现。

资料来源：宏鑫宝. 互联网金融网贷平台营销急需健全[OL]. 中华财经网，2014-09-11.

四、社会公众环境

社会公众是指那些对金融机构的营销活动有着实际或潜在的兴趣与影响，但并非为金融机构客户的社团及任何群体，通常有一般公众、地方公众、政府公众、媒体公众以及内部公众等，如报纸、广播电台、工会、消费者权益保护协会、企业的所有员工乃至国际上的各种公众。金融机构的营销活动会影响周围各种公众的利益，他们必然会关注、监督、影响、制约金融机构的营销活动。这种制约力量的存在，决定了金融机构必须处理好与周围各种公众的关系，即搞好公共关系。遵纪守法、善于预见并采取有效措施满足各方面公众的合理要求，开展一些力所能及的社会公益活动，努力塑造并保持金融机构的良好信誉和

公众形象等都是金融机构适应与改善微观环境的重要方面。

实例 2-8　　长安信托办公益活动 承担社会责任

近日，长安信托旗下的长安财富青岛中心举办了一场公益活动，活动的主题是为自闭症儿童捐赠图书和书架。长安信托举办这么有意义的活动，为这些儿童带去了满满的关怀，无疑是值得称赞的。

书，对一些人来说，是知识的丰翼，是人生的步履。然而对孩子们来说，书就是为梦想插上翅膀的力量，是打开未知世界的天窗。4 月 26 日，长安财富青岛中心携手新浪青岛、鲁信影院等爱心机构共同举办了"山间书香公益观影活动"，为岛城"圣之爱自闭症儿童康复中心"的孩子们带去满满的祝福和关爱。一大早，长安财富青岛中心的理财师们就开始紧张地忙碌着。绘画机构的老师也来帮忙发放随手礼袋，现场的家长和孩子们对接下来的活动充满期待。在活动现场，长安信托向"圣之爱自闭症儿童康复中心"捐赠了图书及书架，激发自闭症孩子们对学习的兴趣和对生活的追求，努力实现自己心中的梦想。

此外，长安信托还邀请了来自岛城的儿童小画家们，他们用自己手中的画笔为身患自闭症的小朋友们送去关心和祝福。在活动中，他们也学会了分享快乐。长安信托还为小画家们准备了精装图书，作为他们奉献爱心的表彰和鼓励。

长安信托作为一个专业的金融机构不仅擅长投资理财，还一直致力于开展公益活动，积极承担社会责任并一直付诸行动。长安信托是第一家开展公益信托的信托公司，"山间书香"是其一直坚持开展的公益活动，为有需要的孩子们送去书籍以及生活用品。长安信托内部人士表示，未来还希望同孩子们一起，以知识创造卓越，用爱心成就梦想。

不得不说，长安信托此次举办这么富有爱心的公益活动，可谓给业内其他公司树立了良好的学习榜样。长安信托不仅仅主动承担起社会责任，还在一定程度上推动了公益信托的发展，为自己打造了良好的品牌形象。

资料来源：孟丹. 长安信托办公益活动 承担社会责任[OL]. 中华财经网，2015-04-29.

第三节　金融企业营销环境分析的一般方法

一、外部因素评价矩阵

外部因素评价矩阵(external factor evaluation matrix，EFE)是一种对外部环境进行分析的工具。主要反映金融行业前景及金融行业中企业所面临的主要机会和威胁，帮助金融机构的营销战略决策者全面认识外部环境因素，为制定营销战略提供可靠依据。其做法是从机会和威胁两个方面找出影响企业未来发展的关键因素，根据各个因素影响程度的大小确定权数，再按企业对各关键因素的有效反应程度对各关键因素进行评分，最后算出企业的总加权分数。通过 EFE 矩阵，金融企业就可以把自己所面临的机会与威胁汇总，来刻画出企业的全部吸引力。主要步骤如下。

第一步，识别并列出外部环境中的关键因素，即找出企业所面临的主要机会和威胁。

第二步，为每一个关键因素制定一个权重，表明该要素对金融行业中企业营销活动成败的相对重要程度。

第三步，用评分 1、2、3、4 来分别代表相应要素对金融机构来说是主要威胁、一般威胁、一般机会、主要机会。

第四步，将每一要素的权重与相应的评分值相乘，得到各要素的加权平均值。

第五步，将第一要素的加权平均值加总，求得企业外部环境机会与威胁的综合加权平均值。

实例 2-9　运用 EFE 矩阵对某金融企业的外部环境进行分析（见表 2-1）

某金融企业面临的机会：

(1) 政局稳定，经济大环境好，金融业蓬勃发展。目前国内政局稳定，国家大力发展国民经济，提高居民生活水平，为金融企业的发展提供了良好的环境。

(2) 政府更加重视金融业的发展，出台相关扶持政策。

(3) 客户需求的个性化，服务多样化趋势加强。

(4) 先进的管理机制，理念的进步。

(5) 金融国际化，外资大量流入。

威胁：

(1) 金融业的激烈竞争。

(2) 不良贷款，资金不足等问题。

(3) 管理组织高层调整，中层动荡。

(4) 外资的引入，股东的股份被稀释。

(5) 相关利益各方矛盾重重。

表 2-1　某金融企业外部环境的 EFE 矩阵分析

名称	关键外部因素	权重	评分	加权分数
机会	金融国际化，外资的引入	0.1	3	0.3
	政府政策的支持	0.15	3	0.45
	中国经济快速发展，金融业蓬勃发展	0.08	4	0.32
	客户需求的个性化，服务多样化趋势加强	0.15	4	0.6
	先进的管理体制，理念的进步	0.15	4	0.6
合　计		0.54	16	2.27
威胁	管理组织高层调整，中层动荡	0.08	3	0.24
	外资的引入，股东的股份被稀释	0.05	3	0.15
	不良贷款，资金不足等问题	0.05	3	0.15
	金融业的激烈竞争	0.08	4	0.32
	相关利益各方矛盾重重	0.1	4	0.4
合　计		0.13	17	1.29

由此可以看出，该金融机构机会与威胁并存，从机会与威胁的对比上看出机会大于威胁，虽然行业竞争会愈加激烈，但广阔的市场前景、巨大的市场潜力，说明该金融企业可以

抓住机会规避威胁。

二、波特五力模型

波特五力模型是迈克尔·波特(Michael Porter)于20世纪80年代初提出的,它认为行业中存在决定竞争规模和程度的五种力量,这五种力量综合起来影响着产业的吸引力以及现有企业的竞争战略决策。五种力量分别为同行业内现有竞争者的竞争能力、潜在竞争者进入的能力、替代品的替代能力、供应商的讨价还价能力、购买者的讨价还价能力。

(一) 现有竞争者的竞争能力

现有竞争者的竞争能力即现有金融企业的竞争程度,金融行业间的竞争主要有两方面:一是银行与非银行金融机构之间的竞争;二是各个金融企业间的竞争。

(二) 潜在竞争者进入的能力

新进入者在给行业带来新生产能力、新资源的同时,也希望在已被现有企业瓜分完毕的市场中赢得一席之地,这就有可能会与现有企业发生原材料与市场份额的竞争,最终导致行业中现有企业盈利水平降低,严重的话还有可能危及这些企业的生存。

(三) 替代品的替代能力

两个处于同行业或不同行业中的企业,可能会由于所生产的产品是互为替代品,从而在它们之间产生相互竞争行为,这种源自替代品的竞争会以各种形式影响行业中现有企业的竞争战略。

(四) 供应商的讨价还价能力

主要是指金融企业通过提高投入要素价格与降低单位价值质量的能力,来影响行业中现有企业的盈利能力与产品竞争力。影响供应商讨价能力取决于其提供的金融产品和服务具有独特性、各个金融机构存在联合等因素。

(五) 购买者的讨价还价能力

购买者主要通过其压价与要求提供较高的产品或服务质量的能力,来影响行业中现有企业的盈利能力。

实例 2-10　　基于波特五力模型对保险业竞争能力的分析

不同行业,其竞争力的表现有自己的特殊性。就保险业来讲,明确的供应商是不存在的。所以目前影响我国保险产业竞争状态的,按重要程度划分,依次为新进入者的威胁、产业内既有企业的竞争、替代品或服务的威胁、客户的议价能力。

新进入者的威胁

保险公司面临的新进入者包括国内公司和国外公司。由于近年来保险监管部门大大放松保险公司的进入政策壁垒,估计今后几年,会有大批国内保险公司注册成立。而随着WTO承诺的兑现,外国保险公司的进入只是时间问题。

从总体上来说,国外保险公司从资金实力、产品开发技术、展业方式、业务管理水平等方面都大大强于国内保险公司。已在中国开业的包括美国、日本、加拿大、瑞士、德国、英国、法国、澳大利亚8家外国保险公司，以及目前在中国设有190多家代表机构，申请等待营业执照的有98家外国保险公司，其经营历史和资产总额条件均大大超过人民银行的这一基本要求。许多公司的经营历史都在百年以上，资产总额大都在几百亿美元，甚至几千亿美元以上。也就是说，在中国开放保险市场以后，中国的内资保险公司要与这些十分强大的外资保险公司进行竞争，其严峻性是显而易见的。

在既有竞争对手方面

从现在情况来看，我国保险市场正处在培育与开发过程中。这种培育和开发，一是对现有保险市场占领，即由保险公司通过提高保险供给能力，满足市场业已出现的保险需求。如在财产保险上，对企业财产保险、机动车辆保险和货物运输保险市场的占领；在寿险上对意外险和业已出现的寿险市场的占领。二是要通过保险供给的创新，开发潜在市场，如责任保险市场、健康保险市场、养老保险市场等。保险市场的培育与开发，主要靠保险公司。

中国保险业所面临的挑战还来自国内银行与非银行金融机构。由于历史的原因，国内的消费者对银行的熟悉程度大大高于保险公司。除此之外，国人长期形成的储蓄习惯也给银行带来了无法比拟的优势地位。从长期来看，银行与其他非银行金融机构也都是保险公司强有力的竞争对手。

在替代威胁方面

我国寿险业面临的威胁主要有两方面。一是社会保险对商业人寿保险的替代。中国社会保障制度的改革，一方面为寿险产业提供了广阔的空间；另一方面日益完善的城乡保障体系对商业保险的发展又有作用。社会保险与商业保险是相互补充的，社会保险范围大，商业人寿保险在一定程度上就会缩小。二是许多寿险产品中包含保障、储蓄和投资的功能，其他投资产品能够部分地替代寿险产品。例如，银行存款账户能替代寿险产品中的储蓄功能，股票、债券、外汇、期货等能部分替代寿险产品的投资功能。这种替代对正在成长发展的寿险产业有极大的影响。

在客户的议价能力方面

在直接保险市场上，作为买方的投保人，不管是企业还是个人，由于其缺乏保险知识与风险管理知识，对卖方提出的格式保单条款提不出具体的意见。由于信息的不对称，客户在购买保险的过程中，不能够平等协调，只能够被动地接受。

三、SWOT分析

金融市场营销环境的特征决定了它对企业生存与发展、营销活动及决策过程产生有利或不利的影响，产生不同的制约作用与效果。一方面，它为企业提供了市场营销机会；另一方面，市场营销环境也给企业造成某种威胁。因此，正确地分析和把握环境对企业营销活动的影响，并及时做出应对决策非常重要。SWOT分析方法为企业进行环境分析提供了科学手段。

SWOT分析是用来确定企业自身的竞争优势、竞争劣势、机会和威胁，从而将公司的战略与公司内部资源、外部环境有机地结合起来的一种科学的分析方法。S(strengths)是优势、W(weaknesses)是劣势、O(opportunities)是机会、T(threats)是威胁。

SWOT 分析的基本步骤如下。

(一) 分析金融企业的优势和劣势

优势分析和劣势分析是指将企业自身的实力和竞争对手的情况相比较。

(1) 优势：国家经济和区域经济的发展趋势有助于金融企业的发展。金融企业自身规模、影响力、科技水平、员工素质等有一定实力，客户对其信任和依赖程度高。

(2) 劣势：指影响金融企业经营效率和效果的不利因素和特征，它们使金融企业在竞争中处于弱势地位，如经营规模较小、内部管理不利、科技力量薄弱、产品单一、市场份额少等诸多因素。

(二) 分析金融企业的机会与威胁

机会和威胁是相对于企业面临的外部环境而言。

(1) 机会：环境机会的实质是指市场上存在"未满足的需求"。随着消费者需求不断变化和产品市场生命周期的缩短，引起旧产品的不断淘汰，要求开发新产品来满足消费者的需求，从而市场上出现了许多机会。以银行为例，有利的国家政策、机制和体制的改革、新的产品等都构成市场竞争的机会。

(2) 威胁：环境威胁是指对金融企业营销活动不利或限制企业营销活动发展的因素。以银行为例，其在市场中的威胁有多方面的，政策的变化、客户经营和信用度的变化、新的竞争者、内部员工的思想变化、竞争的压力等对银行发展的威胁都很大。

表 2-2 为 SWOT 分析框架。

表 2-2 SWOT 分析框架

外部因素 内部条件		企业外部环境	
		机会(O)	威胁(T)
企业自身条件	优势(S)	(1) 企业自身优势所面临的环境机会如何？怎样更好利用环境机会？	(2) 企业自身优势能否规避环境威胁？采取怎样的措施？
	劣势(W)	(3) 企业自身劣势能否赢得环境机会？怎样赢得环境机会？	(4) 怎样规避企业自身劣势与面临的环境威胁同时出现的最坏状况？

(三) 制定战略

金融企业通过对内外部环境进行对比分析，形成应对环境的战略设想，并进行持久竞争优势检验，最后形成企业策略，以改进企业的地位，谋求企业的发展。

SWOT 策略分析如表 2-3 所示。

表 2-3 SWOT 策略分析

外部因素 内部条件		企业外部环境	
		机会(O)	威胁(T)
企业自身条件	优势(S)	(1) SO 战略 依靠内部优势，利用外部机会	(2) ST 战略 依靠内部优势，规避外部威胁
	劣势(W)	(3) WO 战略 克服内部劣势，利用外部机会	(4) WT 战略 克服内部劣势，规避外部威胁

实例 2-11 　　　　信托业的 SWOT 分析

1. 优势分析(S)

对信托投资公司而言,目前的优势主要是制度上的优势。

(1) 业务功能垄断优势。信托财产的独立性功能,就是所谓的破产隔离功能。该功能是实施资产证券化业务的前提条件,信托投资公司可以利用该功能从事其他公司所不能开展的业务。

(2) 信托投资公司是唯一可以进行直接投资的金融机构。信托投资公司可以同时涉足金融市场和产业市场,这是其他金融机构所无法比拟的,因此,信托投资公司可以积极地选择合适的项目进行直接投资。

(3) 所从事的业务具有极强的创新潜力。信托投资公司可以根据客户的需要灵活地设计项目运作方案,满足客户的个性化要求。单纯提供某个金融工具的业务,或许其他的金融机构也可以提供,但是如果要组合运用多个金融工具,其他金融机构则由于资格的限制而无法提供。

2. 劣势分析(W)

相对于信托投资公司的制度优势,信托投资公司的劣势也是非常明显的,主要如下:

(1) 信托投资公司的规模偏小。由于规模偏小,所以市场对信托投资公司的信任程度不高,这样信托投资公司的筹资成本就相应地上升,从而导致信托投资公司业务盈利能力下降。

(2) 公司治理缺陷。从目前情况来看,我国的信托投资公司由于体制等方面的原因,在公司治理方面存在明显的缺陷,大股东操纵信托投资公司侵害其他利益相关者利益的事情时有发生。

(3) 风险定价和控制能力不足。对从事资金管理的信托投资公司而言,其资产在某种程度上都是风险资产,风险是不能消除的,但是通过合理的分析,风险是应该可以进行衡量和控制的。对信托投资公司而言,运作一个项目最大的风险并不是项目本身风险的大小,而是无法评价和衡量该项目的风险,进而也无法合理地控制项目风险。

3. 机会分析(O)

(1) 良好的宏观背景。社会经济发展稳定、居民收入显著增加是信托业发展的根本前提,现在的形势是信托投资公司以往所从未遇到过的最良好时机。

(2) 单位及个人的理财需求强烈。由于目前我国金融产品还比较缺乏,尤其证券市场的风险很大,故有相当多的居民都持币观望,但这些居民并不满足仅拿到微薄的利息收入,这在客观上激发了对理财业务的需求。

(3) 法律及监管层的完善。近期以来,银监会已经非常重视对信托业的监管,从公司治理结构、内部控制及相关业务指引方面都做了重要的工作。

4. 威胁分析(T)

(1) 市场信任问题。信托投资公司的宗旨是“受人之托,代人理财”,但是由于在过去的 20 多年中,信托投资公司所从事的业务并不是真正的信托业务,而且给市场和投资者带来极其负面的影响。

(2) 其他金融机构不断侵蚀信托市场。由于市场压力和金融创新的发展,各种各样的金融机构都开始扩张地盘进入其他行业的市场。

复习思考题

1. 金融服务营销环境应如何分类?
2. 影响金融服务营销的宏观因素有哪些?如何影响的?
3. 影响金融服务营销的微观因素有哪些?如何影响的?
4. 金融企业营销环境分析的方法有哪些?
5. 怎样对金融营销的环境机会和威胁进行评估?

实训题

调查学校附近有多少银行,学生常用的银行卡是哪些,常用的银行产品是哪些,影响学生选择银行和银行产品的因素主要是什么。

案例讨论

财富管理,券商也来分杯羹!

1. 财富管理市场背景

1) 我国主要理财产品

尽管与发达国家相比,我国的金融理财产品相对较少,但近几年来,为满足投资者日益丰富的产品投资需求,国内各大金融机构通过不断创新,已经开发出很多具有特色的产品。由于国内金融还处于分业经营的状态下,因此不同金融公司之间的产品很少有交叉的部分,也分别满足了不同需求层次的投资者。证券公司产品单一,主要包括限定性集合理财产品和非限定性集合理财产品及代销基金等产品。

2) 我国目前各类理财产品的市场细分

各类投资理财产品的潜在个人投资者,其行为特征、需求特点、影响购买决策的变量都是有差异的,如果不加以区别、拉长战线,只能是无的放矢、广种薄收。针对各类投资理财产品的潜在个人客户群体,我们可以根据不同的细分变量加以归类。例如:依据投资特征,可以把个人投资者分为投资意识强的股民群体、投资意识薄弱的大众群体;依据家庭年收入,分为中高收入阶层、低收入阶层;依据经常接触的金融机构,分为证券营业部群体、银行储户群体等。

2. 券商集合理财的特点

券商理财是指券商集合理财计划,是证券公司为投资者提供的一种增值理财服务。由证券公司募集资产并投资运作,实行第三方托管。对普通公众而言,就是把公众的钱筹集起来进行投资理财。集合理财产品是证券公司针对高端客户开发的理财服务创新产品,在产品运作上与证券投资基金相近,但不能在市场上流通交易,而且起点比基金高,一般为5万～10万元,同时集合理财有期限一般以2～5年为限,主要特点如下。

1）投资范围灵活

券商集合理财产品按投资范围划分,可以分为限定性集合理财和非限定性集合理财。限定性集合资产管理计划主要投资新股发行、国债、国家重点建设债券、债券型投资基金等信用度高的固定收益类金融产品,投资股票、股票型基金等风险类产品的比例一般不超过20%,如中信理财Ⅱ号,适合于注重稳妥的投资者。非限定性集合资产管理计划的投资范围由管理方和投资者约定,一般投资于二级市场的股票等高风险、高收益产品,适合于追求收益的投资者,如东方证券发起设立的东方红Ⅰ号,可以投资于债券、股票、股票型基金、货币基金及ETF等各种品种,适合于风险型的投资者。

2）券商自有资金参与投资

券商的自有资金有两大作用：弥补投资者损失和调动券商积极性。如果产品亏损了,投资者还能获得券商以自有资金部分做出的补偿,这样券商的自有资金就起到了一定的防护垫作用。同时,产品的投资运作结果也关乎券商自有资金的安全与收益,这样就无形中调动了券商在投资运作过程中的积极性。除了隐性保本的功能外,券商集合理财产品又在操作制度上为资金的安全性上了一道锁,例如,光大集合理财产品引入了第三方托管银行,进行全程托管。

3）投资门槛高,流动性差

券商集合理财类似半封闭式基金,封闭期长到1年,短则3个月。封闭期过后,会周期性地开放。如招商证券基金宝规定,每3个月的最后5个工作日才能开放。而东方红Ⅰ号则是第1年的最后5个工作日才能开放,办理退出。而且,券商集合理财赎回后,资金到账时间比较长,通常需要5～7天。

另外,集合理财的中途退出要缴纳手续费,如招商证券基金宝集合理财计划规定退出费率最高为1.0%,持有2.5年以上方可免收退出费,这就要求投资者必须对所购买的集合理财产品的灵活性有一定的了解,一般应做好两年以上的投资准备。并且券商集合理财产品投资门槛高：限定性券商集合理财产品的单价金额最低为5万元,非限定性最低10万元,大大高于基金最低1 000元就可申购的门槛。

截至2012年2月27日,券商集合理财产品资产总规模已突破1 500亿元,产品数量达到270多种,仅2011年就有112种产品成立,可谓逆势扩张。

资料来源：陆剑青.金融营销学[M].北京：清华大学出版社,2013.

案例讨论题

1. 我国财富管理市场发展情况如何？
2. 试分析券商理财的优势和劣势。

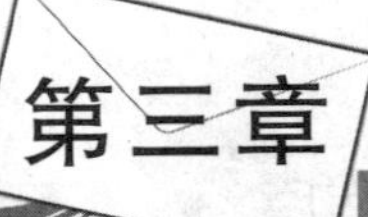

第三章 金融服务的顾客购买行为分析

本章理论要点

- 金融服务购买行为的特点、作用
- 金融服务购买决策的原则、步骤和方法
- 影响顾客购买行为的因素

案例导入

保险经营莫忽视消费者的改变

在以“大数据”“智能化”“移动互联”“云计算”等为代表的新技术推动下，人类社会已进入一个以新技术革命为标志的崭新时代，消费者面临的消费环境发生了一系列深刻的变化，而这种环境的变化，又反过来促进了消费者的改变。可以观察到，消费者群体“演进”的一些趋势，将会对保险经营者带来一些新的挑战。

首先，在“互联网+”的发展理念之下，以互联网为载体的、强调智能、极速、互联、创新的新消费快速发展，从而培养出日益壮大的新消费者群体。电子信息技术的迅速发展和广泛应用，为消费者实现购物方式和消费方式的根本变革提供了可能。通过手机 APP“货比三家”，通过团购获取低价，用“众筹”享受“价格低”“提前体验”的便利，已经成为很多人的日常。“互联网+”时代行为方式和消费模式的变化，也进一步影响消费者的消费观。新消费者的消费观念更加开放随性，非计划性购物频率高，也更愿意使用移动支付等创新功能；同时，他们的购买行为已经不再停留在“满足需求”的层面上，而是更注重产品本身延伸的意义和价值，对个性化、身份认同、极致体验的追求日趋明显。消费者越来越注重精神的愉悦、个性的实现、情感的满足等高层次的需要满足，希望在消费过程中能保持心理状态的轻松、自由，最大程度地得到自尊心的满足。

另外，鉴于商品信息收集的“鞋底费”显著降低，产品的价格日益“透明化”，消费者对价格的敏感性也日渐提高。保险企业要想提升消费体验、加强客户黏度，想要证明自身价值，就要看其是否能够及时准确地捕捉消费者的需求特征和风险变化，是否能够在数据驱动下设计定制化的、满足个体消费者偏好的产品/服务，是否能够在风险数据分析建模和定价等方面体现竞争优势，是否能够借助精准营销和服务手段触及客户，是否能够显著提升服务效率。

其次，网上生活广度和深度的加深，让数字世界和真实世界的身份交互影响，开始日益改变消费者获取知识的方式、自我观念乃至责任和价值观。据中国互联网络信息中心

(CNNIC)统计，截至2015年6月，我国手机网民以10～39岁年龄段为主要群体，比例达到78.4%，其中，20～29岁年龄段网民的比例为31.4%，在整体网民中的占比最大。他们习惯于借助移动互联终端获取信息，乃至知识，虽然很多时候这些信息是碎片化的。从这个意义上讲，消费者越来越是社群化的，他们彼此相互影响，而且这种影响还渗透到各细分市场，从而变得更为"强势"。

最后，现代交通和通信技术日益发达，迅速缩小了地域间的空间距离，从而使消费者日趋国际化。随着国际大市场的形成，消费者不再仅仅面对本国市场和本国产品，而是直接面对国际市场和各国产品，由此使消费者对产品的选择范围得到极大扩展。此外，国际交流的增加，日益促使不同国家和民族的文化传统、价值观念、生活方式碰撞、融合，诸如精神消费、信贷消费等新消费方式不断发展，消费者的消费心理与行为日趋成熟，理性化消费、保护自身合法权益的消费意识不断增强。在这样的背景下，保险业还必须能够在国际市场上与同行"竞技"，以满足具有全球财富视野的消费者的需求。

总体来看，新技术革命为保险业创新发展提供了很多有用的手段和工具，但也在重新塑造消费者群体，保险业的传统经营理念与经营水平正在经历严峻挑战。保险公司需要了解消费者兴趣、信念和价值等各个方面所发生的变化，并学会适应这些变化，认真地去思考这些问题："对于我的顾客而言，什么才是价值所在？""如何在自己的品牌、产品和服务中明确地传递这种价值？""如何打造一个互动平台，来建立与客户的联系？""如何有效地利用与客户的互动与联系，优化产品与服务，并传播品牌价值？"

资料来源：保险经营莫忽视消费者的改变[N].中国保险报，2015-12-15.

第一节 金融服务的顾客购买行为概述

金融服务购买行为是指金融服务消费者为满足其个人、家庭或企业的生产和生活需求而发生的购买金融服务的活动。金融服务购买行为是复杂的，其购买行为的产生受其外部因素、内部因素及其他因素的相互促进交互的影响。金融机构需要通过对金融服务购买行为的研究，来掌握其购买行为的规律，从而制定有效的市场营销策略，实现金融机构营销目标。

一、购买者特点

金融服务营销的对象是购买者，金融服务产品要能在市场竞争中适应市场的需要并且在市场中占有一定的份额，必须根据购买者的特征来制定相应的营销策略。金融服务购买者主要有以下三个特点。

（一）购买者的广泛性

金融服务购买涉及每一个人、每个家庭、每个企业，其购买者分布在社会的各个领域，为了其生存和发展的需求，就必须消费。因此，金融服务产品的市场是非常广阔的。

（二）需求的差异性

金融服务购买者呈现不同的消费特征。对个体以及家庭购买者而言，存在性别、年龄、职业、收入、文化程度、民族、宗教及风险偏好程度等影响，而且随着社会经济的发展，购买者的相关特征就会发生一定的变化，也即存在动态的购买者特征因素的影响；对企业而言，存在经营类别、投资策略及风险预警线等影响。同时随着企业的发展，其相关特征也在动态的变化，从而导致对金融服务产品需求的差异。总之，由于社会经济的发展，金融服务购买者的购买特征在动态中不断变化，差异性大。

专论 3-1　　不同年龄段消费者 如何选择保险？

单身一族：消费性保险是首选

理财师告诉大家，单身一族在买保险的时候，受益人一般为父母。由于该时期刚刚踏上工作岗位，收入有限，因此建议以保障特性强而费用低的险种为主，如定期寿险、重大疾病险、意外伤害险等保障高、费用低的品种进行有针对性的阶段性保障。

专业理财师告诉大家，消费型的保险产品是单身一族的首选，建议年轻且收入并不高的投保人选择定期险种，产品从一年几十元至数百元保费不等，不必像储蓄型保险一样担心续期缴费压力，更不会影响他们的个人生活品质。一般来说，单身一族的定期寿险保额控制在 50 万元以内就可以。

两口之家：构造长期型重大疾病保障平台

理财师告诉大家，30 岁以下的年轻人，可以利用年龄轻、费率低的优势选择定期型的重大疾病险，而过了 35 岁以后，建议消费者选择终身型的重大疾病险，以防因为身体健康原因在后续投保定期产品时被保险公司拒保或加费太多。

由于这个年龄段的人士有一定经济能力，但工作压力大，身体情况可能开始走下坡路，应考虑以长期型重大疾病保障来构造保障平台，而保障规划首先要考虑的是对家庭经济支柱的保护，选择定期寿险、意外险、重大疾病险、住院医疗险等都比较合适。

三口之家：防范意外带来巨大家庭财务风险

对于已结婚的青壮年人士，除了防范意外和重大疾病风险之外，还要防范因病致残甚至身故带来的巨大家庭财务风险。

意外险主要是指保障因意外事故所造成的死亡或残障等风险，没有包含疾病所造成的残疾和死亡风险保障，寿险则无论是疾病或意外所造成的身故或残疾都可以保障。

资料来源：不同年龄段消费者 如何选择保险？[N]. 证券时报，2013-10-28.

（三）购买者的非专业性

大多数购买者缺乏相应的金融专业知识、价格知识和市场知识，尤其是对某些技术性要求很强、操作复杂的产品，如黄金产品、外汇产品及期货产品等，显得知识缺乏。

实例 3-1　　业内人士提醒“逗比股民”快补习股票知识

现象：股票投资惊现种种“奇术”

在某印刷厂工作的小尚正是 3 月跑步进场的一位“逗比股民”，看到同事炒股收益丰厚，年前就动了进场的心思，年后股市节节攀升，让他终于忍不住到证券公司开了户，并把十万元“私房钱”投了进去。但对于股票投资，小尚实在了解有限，在如何选股上很伤脑筋。一次在麻将馆看人打牌时掷骰子，他灵机一动，股票代码不是都由数字组成的吗？为什么不掷骰子选股呢？于是小尚真这么干了，掷6次骰子，拼出来的数字如果是个股票的代码，他就买进去，然后等涨了再卖。也怪，这种奇葩的选股方式还真让小尚赚了几笔小钱。

和小尚选股相似的是新股民刘哥，但刘哥不掷骰子，而是看日子选股。比如这天是空仓的，刘哥便会看看今天是什么日期，那天正巧是3月28日，他根据日期拼出了600328、300328、000328（空号）三个股票代码，最终刘哥在3月30日买进了"300328"（宜安科技），没想到还真赚大了。

股民小志的情况不同，选股方面倒是有些感觉，多数时候都还选中潜力股，但是在股价上涨一段时间后，最让小志难以决定的是要持仓留守还是落袋为安。为了解决这个难题，小志采取了一个最简单的方式——抛硬币，如果正面朝上就持仓留守，如果反面朝上就落袋为安。至于准确率，小志笑着说："这就要看天意了。"

调查：部分股民专业知识几近于零

比这些股民更"逗比"的是，还有一些新股民在入市一两个月后竟然连一些常识性的股票知识都不了解，让人着实大跌眼镜。

股民涛哥就是一例。年前涛哥就入手了平安银行，不久前平安银行发布年报，并公布了分红预案。涛哥知道消息后打电话询问投资顾问要怎么才能分到这些股息和红股，当得到"须在股权登记日持有这只股票才行"的回复后，涛哥追问了个让投资顾问惊呆了的问题——股权登记日是哪天？是不是所有股票的股权登记日都是同一天？

股民波姐就更让人啼笑皆非了。进场后，波姐手风特顺，在低位重仓吃进远光软件，守了一段时间后，远光软件迎来了连续几天的"一"字涨板。坐拥这样的好手气，波姐也担心到手的银子化成水，于是专门跑到开户的证券公司向投资顾问请教。投资顾问告诉她："远光软件这几天短线涨幅蛮大，你要紧盯盘面，如果发现成交量突然放大，可以考虑先抛掉，再看情况是不是捡回来。"波姐听了后似懂非懂，追问道："电脑上面，我要在哪里才看得到成交量咧？"话一出口，惊得投资顾问的嘴巴张大成"O"形足有半分钟！

资料来源：业内人士提醒"逗比股民"快补习股票知识[N]. 长沙晚报，2015-04-17.

二、购买行为类型

由于金融服务购买者个性的差异，根据消费者参与程度和品牌的差异程度，将购买者的行为分为复杂的购买行为、多样性的购买行为、减少失调感的购买行为、习惯性的购买行为四种类型，并指出相应的营销策略建议。

（一）复杂的购买行为

复杂的购买行为是指消费者具有较高程度的参与，即对不熟悉的产品花费大量的时间和精力去学习相关知识，进行认真的比较并慎重地做出选择，此外了解现有各种金融产品之间的显著差异。

对于复杂的购买行为，营销者应制定策略帮助购买者掌握产品知识，运用各种途径宣传本品牌的优点，影响最终购买决定，简化购买决策过程。

（二）减少失调感的购买行为

减少失调感的购买行为是指参与程度高、品牌差异小的购买行为。在该类购买行为中，金融服务购买者并不广泛收集产品信息，并不精细挑选金融服务机构，购买决策过程迅速而简单，但是在购买以后会认为自己所买产品具有某些缺陷或其他同类产品有更多的优点，进而产生失调感，怀疑原先购买决策的正确性。

对于这类购买行为，金融服务提供者要提供完善的售后服务，通过各种途径经常提供有利于产品的信息，使购买者相信自己的购买决定是正确的。

实例 3-2　　新华保险启动全国客户回访 业内首创跟踪理赔

2016 年 5 月起，新华保险将在全国范围内开展健康无忧重大疾病保险产品系列客户回访活动，全面覆盖产品观察期满客户近 80 万人。本次活动也是业内首次于产品售后实施跟踪理赔服务，突破了以往由客户报案，再由保险公司介入理赔的传统模式，彰显了新华保险“以客户为中心”的服务理念，也是新华保险推动供给侧改革的具体体现。

关于保险业供给侧改革，新华保险董事长万峰提出：当前寿险业供给中应该着重解决产品供给和服务供给的改革。在产品供给侧方面，要树立保险提供保障的经营思想，增加保障型产品供给；而在服务供给侧方面，代理人对保单客户的服务和保险公司面向代理人的服务都要提升，要像抓业绩那样抓服务。健康无忧重大疾病保险的问世和此次全面客户回访活动是新华保险乃至行业内首次践行保险供给侧改革的落地举措。

新华保险坚持“回归保险本原”的战略方向，大力推动保障型产品的开发和推广，于 2015 年 9 月正式推出健康无忧重大疾病保险产品系列。健康无忧是一款实惠全面的重大疾病保险，提供 60 种重疾和 15 种轻症保障，小投入即享高保额。该产品交费和保险期间灵活，今年还推出了青少版。健康无忧产品上市后，创造了新华保险历史上保障型产品的销量纪录，2015 年 9—10 月，短短两个月内，该产品就实现新单保费收入 14.52 亿元，显示出保障型产品的巨大市场潜力。

2016 年 5 月，去年首批购买健康无忧产品的客户将满足 6 个月的观察期。新华保险决定对观察期满客户展开回访活动，保单服务人员将主动上门服务，通过专属产品理赔绿色通道为出险客户办理理赔。公司还将邀请客户参与健康测评、健康讲座、赠送健康管理手册等一系列健康关爱活动。

客户在这次活动中还将体验到便捷理赔服务。新华保险坚持以理赔树品牌，以服务立口碑，不断提升理赔服务水平。2015 年，移动理赔技术已扩展至新华保险 16 万代理人。借助手机或 PAD，代理人可随时随地将理赔资料拍照上传，与后台理赔系统对接，实现快速赔付。经过近一年对销售队伍的持续培训，更多客户享受到了移动理赔服务。在 2016 年第一季度的已办结理赔案件中，移动理赔占比近 40%。

2016 年适逢新华保险成立 20 周年。在成立 20 周年之际，公司主动开展客户回访活动，既是对客户的关怀和回馈，又体现了新华保险在供给侧改革的总体方略下，坚持转型、创建新华理赔口碑的决心。

资料来源：新华保险启动全国客户回访业 内首创跟踪理赔[OL]. 商都网新闻中心，2016-04-22.

（三）寻求多样化的购买行为

寻求多样化的购买行为是指参与程度低、品牌差异大的购买行为，主要是指一些价格低廉但其品牌的差异度大，消费者在购买过程中有很大的随意性，会经常更换品牌。由于该类金融产品价格不高，消费者在购买前不会收集信息，不会对产品有一个充分的评价，在购买后才会对其评价，若感到不满意，则会转换为其他品牌，或者由于厌倦该类产品想尝试新的产品而转换为其他产品。

对于寻求多样性的购买行为，在市场中地位不同其营销策略也应当不同。若在市场中处于领导地位，可以通过占有有利地域避免脱销和提醒购买的广告来鼓励消费者形成习惯性购买行为。若在市场中处于挑战者地位，则可以通过价格优势和强调试用新机构的广告来鼓励消费者改变原习惯性购买行为。

（四）习惯性的购买行为

习惯性的购买行为是指参与程度低、品牌差异小的购买行为。此种购买行为主要是指购买一些价格低廉、品牌差异小的商品。消费者不会花费较多的时间和精力去收集相关信息了解商品的特点和性能，也没有品牌概念，不存在所谓的忠诚度，购买某一产品仅仅是因为熟悉，并且购买后也不会对产品进行评价。

针对该种购买行为，应在学习其他金融机构成熟的品牌营销模式的基础上打造自身的优势品牌。由于该种购买行为是一种被动的学习过程，可在营销过程中以价格作为营销突破口，并通过电视等相关媒体进行宣传。

第二节　金融服务顾客购买行为的影响因素

在现实经济生活中，人们购买金融产品和服务时会受各方面复杂因素的影响，金融机构制定合理的营销策略，必须以准确的市场判断为基础。消费者的购买决策不是凭空做出的，其购买决策在很大程度上要受社会文化、个人经历、心理等因素的影响，消费者的购买决策是多种影响因素共同作用的结果。

一、内在因素

内部因素主要包括个人因素和心理因素，主要是指职业、年龄、受教育程度、个性及生活方式、动机、知觉等。

（一）职业

职业的不同对金融客户的购买行为产生极大的影响。首先，不同职业的消费群体，其兴趣爱好、消费习惯、生活方式都有所不同，因而其对金融产品的需求会有很大不同，其关注的侧重点会不同，例如，有些消费者会倾向稳定收益但风险小的产品，而有的消费者则会追求高收益与此同时风险大的产品。其次，其职业不同，必然会导致其经济收入水平的不同，收入水平不同的群体又会有不同的需求特征，金融机构应针对不同的需求特征制定不同的营销策略。

（二）年龄

不同年龄段的消费者有不同的爱好和需求，具有不同的购买行为。青年人思维敏捷，较易接受新鲜事物，其购买行为较易受外界各种因素的影响。相比之下，老年人由于其阅历较多，自觉经验丰富，要改变其对品牌的偏好和习惯难度显然较大。一般而言，不同年龄段人，意味着其处在不同的家庭生命周期阶段中，随着社会经济的发展和观念变化，处在不同的家庭生命周期阶段中人的需求也发生着变化，应针对不同的对象制订适宜的营销计划，提供合适的金融产品。

专论 3-2　理财师：不同年龄理财侧重点不尽相同

理财是一种贯穿一生的生活方式，但在不同的人生阶段，理财的侧重点不尽相同。

20 岁：培养理财习惯

对于20岁左右的年轻人，首先要做的是充分“了解自己”。对于不同的收入群体、不同的风险偏好，应该做出不同的理财计划。举例来说，收入相对较高，但依然“月光”的群体其首要任务就是规划自己的消费，管理好自己的信用卡。这个群体应为自己每天的消费列一个明细单，每月审视一下自己都花了什么钱，这是告别“月光”的第一步。假如收入相对不高，那么想告别“月光”还是挤出些资金用于提升自己吧。

当拥有一些闲置资金后，首先可以根据自己的需要，保留一定比例的流动资金作为应急准备金。然后将剩余的资金根据自己的抗风险能力进行投资。一般来讲，风险承受能力较强的人，可以寻找一些高收益的投资项目，也可以尝试一些贵金属期货、外汇期货等高风险的投资。李海燕说，“对年轻人来说，收益的多少不是最重要的，重要的是养成良好的理财习惯”。

30 岁：为养老未雨绸缪

30岁就要考虑养老的事？没错！在如今这个老龄化社会，为养老未雨绸缪显得尤为重要，而在众多绸缪方法中，购买个人养老年金颇为可行和划算。

专家说：“俗话说‘开源节流’，在有计划地生活做到消费有数的同时，我们必须设法‘开源’，为退休后能有相对宽裕的生活提前做好保障。购买年金保险中的个人养老保险便是很好的‘开源’方法之一。”据介绍，这是一种个人年金保险产品，简单来说，个人养老年金保险是为弥补基本养老保险金数额较少的一种方法。举例来说，30岁的男性，每年交纳1万元保险金，交纳20年，从60岁开始领取个人养老年金，那么，他每月可获得1 600元至2 000元不等的养老金，至80岁时累计可以领取31万余元至39万余元不等的回馈，此外，在每个满5年期间后，还会有一定增额。不难看出，个人养老年金每年收益大于当初投入，再加上基本养老金，每月的总养老金钱数相对可观。

50 岁：把资产保值放首位

综合家庭生命周期的流动性、收益性、获利性考虑，孙燕建议，50岁左右的成熟投资者，不需要放置过多资产在活期银行存款上。从家庭形成期至衰老期，随着户主年龄的增大，风险性资产的配置应逐渐降低。“在具体投资选择上，她建议，在以少部分活期存款作为紧急备用金，应付日常开支的基础上，部分采用传统的定期存款方式，部分可购买银行理财产品，目前银行理财产品，琳琅满目，投资期限多样，投资风险有高有低。投资者可选择低风险的债券类理财产品。这类产品主要投资于高信用级别主体发行的票据、债券等。风险可控，收益性良好，可作为定期存款的补充。同时，如果投资者家庭有投资风险资产的经验，有成熟的投资理念，具备良好的投资心态，对市场风险有充分的认识，可以拿出家庭资金的10%投资于股票与基金，再拿出10%投资黄金用于避险。"

资料来源：理财师：不同年龄理财侧重点不尽相同[J]. 优顾理财，2014，(4).

（三）认知

认知也可以称为认识，是指人认识外界事物的过程，或者说是指对作用于人的感觉器官的外界事物进行信息加工的过程。个体对客观事物的认识具有主观能动性，是积极主动的。

专论 3-3　　金融服务顾客认知的4个方面

金融企业的营销者不仅应了解客户对本企业营销状况的认知效果，而且应运用人类所掌握的认知规律做好营销工作，其中要注意以下几个方面。

1. 形象认知

形象认知是指金融客户对金融企业形象的认知效果。金融企业的形象认知对金融企业的营销有着十分重要的作用，企业应根据其所从事的业务范围、发展战略、服务对象，认真设计和塑造自己的形象，努力做好广告宣传与交流沟通工作。同时，营销者应密切关注企业所期望的形象、实际塑造的形象与客户所认知的形象之间的差异，并采取措施，及时加以弥合与矫正。

2. 信誉认知

信誉认知是指客户对金融企业服务质量和交易信誉的认知效果。对金融企业而言，信誉就是生命。我国金融业的总体信誉良好，如银行系统等，但也有一些金融机构难以赢得公众的信任，如个别的信托投资公司、证券公司及合作金融机构等。金融企业应当搞好每一项服务，履行好每一项承诺，处理好每一个客户意见，解决好每一桩纠纷。

3. 产品认知

产品认知是指客户对金融企业所提供产品的可投资性（或可交易性）的认知效果。产品认知通常建立在对提供者有关情况的认知基础上，具体涉及金融产品的收益性、风险性、时间性及成本等诸多因素。金融企业要提高客户对金融产品可投资性的认知，就必须对客户清楚地阐明他们所关心的问题，认真做好沟通、宣传、咨询和服务工作，消除客户的种种疑虑，以确保金融营销的成功。

4. 风险认知

风险是客户参与金融交易过程中及其重要的认知对象。风险认知反映了金融客户对金融交易过程中不确定性的知觉。客户认知的风险主要包括信息风险、信用风险、市场风险、时间风险、机会风险、结算风险、设备风险、汇率风险等。由于上述风险的存在，客户会主动寻求防范措施，以使风险降到最低程度。对金融企业而言，为了减少客户风险，也应当采取一些有效的防范措施，诸如明确承诺、提供担保、参与保险、改善服务、改进形象及提供赔偿等。

资料来源：陆剑清. 金融营销学[M]. 北京：清华大学出版社，2013.

（四）需求与动机

动机是指引起某种行为、维持该行为并将该行为导向一定目标的心理过程。动机是人的行为的直接原因，它驱使人们产生某种行动。动机又是人们评价周围事物和进行学习的基础，能指导人们做出相应的选择，使行动朝着特定的方向和预期目标进行。人们的某种需要只有达到足够强烈的程度才能够成为动机，动机能够及时引导人们去探求满足需要的目标。金融营销者只有深入实际，探索不同类型消费者的不同消费动机，才能成功地设计出满足消费者不同层次需要的营销组合。

专论 3-4　　马斯洛需要层次理论

美国心理学家马斯洛认为，人的基本需要可以分为五类，即生理的需要、安全的需要、社会的需要、尊重的需要和自我实现的需要（见图 3-1）。这五类需要从低级到高级依次排列，只有未满足的需要才会形成动机。一般来说，只有低层次的需要得到相对满足之后，才会引起对高一级层次需要的需求；同一时期内，一个人可能同时存在几种需要，但总有一种需要是占支配地位的。一个人首先要满足最重要的需要，当那个需要被满足之后，就不再是一个动机，人们希望得到满足的将是下一个最重要的需要。

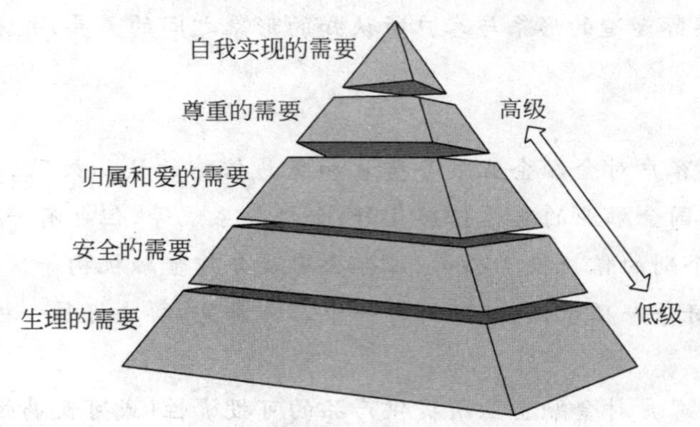

图 3-1　马斯洛需要层次论

五种需要可以分为两级，其中生理上的需要、安全上的需要和感情上的需要都属于低一级的需要，这些需要通过外部条件就可以满足；而尊重的需要和自我实现的需要是高级需要，它们是通过内部因素才能满足的，而且一个人对尊重和自我实现的需要是无止境的。同一时期，一个人可能有几种需要，但每一时期总有一种需要占支配地位，对行为起决定作用。任何一种需要都不会因为更高层次需要的发展而消失。各层次的需要相互依赖和重叠，高层次的需要发展后，低层次的需要仍然存在，只是对行为影响的程度大大减小。

资料来源：百度百科。

实例 3-3　从马斯洛需求出发小猪罐子打造 P2P 投资的用户体验

在 P2P 竞争日趋激烈的今天，不少平台都不得不面临一个严峻的问题：用户逐渐习惯了走马观灯式的投资。原因在于很多 P2P 平台在跑马圈地中，逐步失去了对用户的关注度，这也迫使用户对平台的依赖度降低。有分析人士指出，长此以往，P2P 将再无用户黏性。

如何加强用户黏度？增强用户体验是一种方式，从营销角度分析，从马斯洛需求层次理论来看，增加用户的被尊重需求也能增强用户对于平台的信赖度。

用户体验需要多维度控制

准确来说，用户体验没有确切的标准。它随着网站的服务内容与针对不同人群采取的方式也不同。比如小型商业网站，有时浏览者仅仅需要能够快速地找到联系方式，或者准确地找到自己需求的产品资料、图片等，这点仅仅需要网站的层次鲜明、样式美观大气、体现得当即可达到。

而作为互联网金融，P2P 的用户体验并非简单的网站操作舒适感，页面是否简洁就能达成的。除了视觉效果之外，网站的友好性、易用性、有用性等都成为用户判断网站是否值得信赖的根据。当然，对 P2P 平台来说，应该还需要加上一条——安全性。这是所有投资者决定在平台投资的最优前提。

一般来说，只有当用户认同了某一个 P2P 平台的安全感后，他才有可能对整个网站的内容进行更深一步的判断。所以，从另一个角度来看，先着重于页面美观、操作简易性等方面的 P2P 平台反而不会得到用户的信任。

在过去近一年的时间中，小猪罐子不断加强平台安全板块的建设，并逐步建立了其在用户群体中的公信力。目前，透明度颇高、采用第三方资金托管，并拥有强大风控团队的小猪罐子开始将战略重心从已趋于完善的安全板块转移，而用户黏度自然也成了小猪罐子下一步的必争之地。2015 年 5 月，小猪罐子就不断被透露出关于网站改版 2.0 的动向，据小猪罐子官方发布的公告称，其改版将整合大量投资用户的意见，加以整理之后形成与用户需求极度契合的全新网站功能体系。

被尊重需求在 P2P 被无限放大

另外，在 P2P 风险与收益并存的投资环境中，用户的被尊重需求也被无限放大。原因在于，人在不安全的环境中会极度需求被尊重的感觉。从中国 P2P 整体来看，投资人实际上非常缺乏，而相对应的 P2P 平台数量众多，因此平台亟须增强自身用户黏度，而如何让用户感觉到被尊重也将成为 P2P 未来极其重要的议题。

据小猪罐子官方信息透露，6 月 18 日，在即将迎来端午节的前夕将推出一款极其特别的大规模用户回馈活动，活动将采用 FICO 模型对投资用户在 6 月 1 日前的各项数据进行评分，并根据评分结果直接给予用户回馈奖励。也就是说，这次端午节活动不需要用户进行投资，也没有活动参与门槛，甚至连奖品送达的快递费用也完全免除。这样奇特的方式在分析人士看来，或许是小猪罐子增强用户黏度打响的第一战。

未来，用户黏度必将越来越为 P2P 平台所重视，而如何在现有基础上进行调整与创新势必将影响平台最终发展方向,最终谁才能成为用户最青睐的 P2P 平台,或许我们应该让时间来证明一切。

资料来源:从马斯洛需求出发小猪罐子打造 P2P 投资的用户体验[OL]. 中国商业电讯,2015-06-17.

二、外在因素

外在因素主要包含社会、文化和经济因素,参照群体、家庭,社会阶层、价值观念、风俗习惯、经济环境等。

(一) 参照群体

参照群体指的是那些直接或间接影响个人的看法和行为的群体。参照群体对消费者的消费购买能力主要来自以下两个方面。

(1) 参照群体通过直接或间接的途径,向消费者传递或展示有用的信息,影响消费者的看法和行为。如明星推荐新产品,名人选的产品对公众来讲无疑起着强烈的推介作用。

(2) 消费者往往将参照群体的行为作为自己的标准参照,具有仿效参照群体的欲望。消费者通过仿效能够体现自己所需文化含义(信仰、价值观、生活目标、行为准则、生活方式等)的参照群体的行为方式,可以从中获得自己所需的满足。因此,消费者的某些情感、认识和行为必然会受参照群体的影响。

由于上述原因,参照群体的行为具有示范效应,可以促使人们的行为趋于某种"一致化",从而影响消费者对某些产品和品牌的选择。金融营销人员应透彻了解不同参照群体的文化特点,充分利用参照群体对消费者施加影响,以实现自身的营销目标。

专论 3-5　　参照群体对消费者行为的影响

(1) 信息性影响:个人把参照群体成员的行为和观念当作潜在的有用信息加以参考对比。它的影响程度取决于被影响者与参照群体成员的相似性以及施加影响的群体成员的专长性。例如,购买某个长跑运动员使用的品牌营养品。

(2) 规范性影响:又叫功利性影响,指个人为了获得赞赏或避免惩罚而满足群体的期望。例如,为得到配偶的赞同,购买某个牌子的葡萄酒。

(3) 认同性影响(价值表现影响):以个人对群体价值观和群体规范的内化为前提。群体价值观变成了个人价值观。

(二) 家庭

家庭是社会组织的一个基本单位,是一个典型的消费单位。它不仅是很多金融服务产品的购买和使用单位,而且会影响个人的决策。家庭的情况对金融服务的购买行为具有重要的影响。不同类型的家庭具有不同的消费倾向和消费行为,从而对金融产品的购买产生影响。家庭成员的构成及其参与决策的程度等,都会影响家庭的购买行为。

(三) 社会阶层

社会阶层是指在社会范围内依照一定标准划分的社会等级。位于不同社会阶层的人士,由于其经济状况、个人阅历、教育程度、生活背景、价值观念等不可能完全相同,甚至差距很大,因而其生活习惯、消费内容、对外界事物的反应是不一样的,不同社会阶层的人对金融产品和服务的需求是不相同的。通过对阶层的分析，可以帮助营销人员了解消费者不同的价值观、信仰和购买的类型及其形成原因，有助于营销人员进行市场细分和消费者行为预测。

专论 3-6　　社会阶层的分类

美国社会学者将社会阶层划分为七类，并分析了不同阶层的消费行为特征。

(1) 上上阶层：不到 1%，往往出身豪门世家、名门望族，主要靠继承遗产过着奢华的生活，喜好社交应酬、珍宝古玩，多购置豪宅、游艇等。

(2) 次上阶层：约 2%，靠专业知识和特殊才干获得高薪收入，主要是影视体育明星、高新技术企业主等，有效仿上上阶层生活方式的倾向。

(3) 中上阶层：约占 12%，主要是优秀的专业人才，如经理、律师、会计师、医生和学者等，重视文化生活，喜欢购买一些高档消费品。

(4) 中等阶层：占 32%，大多数为白领人士，如公司职员、小企业主等，重视子女教育，倾向于消费中档商品。

(5) 劳动阶层：占 38%，主要为具有社会平均工资水平的蓝领工人，倾向于消费中低档商品。

(6) 次下阶层：占 9%，为较贫困阶层，文化教育水平低，倾向于消费低档商品。

(7) 下下阶层：占 7%，处于社会底层，一般是非熟练工人，所受文化教育少，收入水平低，经常面临失业，生活贫困而急需社会救助。

资料来源：陆剑清. 金融营销学[M]. 北京：清华大学出版社，2013.

(四) 价值观念

价值观念指的是在同一文化下被大多数人信奉和倡导的信念。这种信念反映了人们对某一类事物的总的看法和评价，并通过某种特定的规范来影响人们的行为。

实例 3-4　　五大“城市族群”理财观念大不同 看看你是哪一族？

随着社会经济的发展，城市不断扩张，不少人选择进入大城市谋求创造财富的机会。而在这些城市里辛苦打拼的人逐渐划分成了五大不同类型的族群，这五类族群的人各有各的生活方式，也各自拥有不同的理财观念。不过，并不是所有人的理财方式都能够有效积攒财富，对于不同族群，国内知名第三方理财机构嘉丰瑞德的理财师给出了不同的理财建议。

抠抠族：精打细算要不得

抠抠族，夸张地说就是指“一分钱掰两半儿花”的人，这类族群的人平时在生活中就是不打车，不下馆子不剩饭，上班爬楼梯，美容早睡早起外加白开水 8 杯……其实，抠抠族的精打细算理论上来说还是比较合乎情理的，但是在嘉丰瑞德理财师看来过分的“抠”反而会降低自己的生活水平，并且不利于人脉的建立。偶尔上一次高档餐厅享受美食是对自己辛苦工作的犒劳，每月用部分钱计划一次旅行可以舒展心情，生活中经常给朋友、领导送些小礼物拉拢关系可以帮助以后“铺路”。该花的钱是一定要花的，不能因为一味省钱而亏待自己、亏待朋友,人生苦短,及时行乐也是一种乐观的生活态度。

月光族:强制储蓄是关键

月光族,“月月光”这就有些“行乐”过头了啊。虽说享受生活是人生一大乐事,不过年轻的时候只顾享乐老来可就要后悔,毕竟如果没有留下一定积蓄,“养老”这一大问题会在不久的将来困扰诸多月光族。理财师认为对“买买买,买到停不下来”的月光族来说,只有进行强制储蓄才能够帮助月光一族控制欲念积攒财富。建议可通过定投的方式来强制储蓄,坚持每月拿出部分资金进行定投,相信日积月累下来,月光族可以收获一笔可观的积蓄。

穷忙族:自我增值很重要

穷忙族,指的就是那些拼命工作却仍旧摆脱不了贫穷生活的人。据嘉丰瑞德财富体检中心数据统计,目前社会上至少有55%的人属于穷忙一族,这里面有些人可能还兼职了几份工作,有些人甚至是全职受雇者,却依旧整天匆忙奔波却是碌碌无为。嘉丰瑞德理财师分析认为,其贫穷的本质根源在于受限于自我的价值才能。“知识创造财富”,只有通过不断的学习与钻研,不断在学习中提升自己的专业技能,才能够在竞争日渐激烈的人才市场中脱颖而出,才能为企业领导所青睐。所以说“活到老学到老”,永远都不要停止充实自己。跟上时代的潮流,才不会被淘汰。

存钱族:投资加快钱生钱

存钱族,从字面意思上来看就很好理解了,指的就是不懂投资或者畏惧风险只愿意把钱存在银行的人。不过就目前的“央行双降”来说,银行一年的定期存款利率也才2%左右,除非你有上百万的资产,否则以这样的“生钱”速度也许一辈子都发不了什么财。建议存钱族可以考虑通过一些投资方式以加快“钱生钱”的速度。平时可以阅读一些投资理财方面的书籍,或者向有投资经验的前辈请教。建议刚开始时可以投资一些固定收益类产品,在降低投资风险的同时又可以坐收稳定高收益,帮助存钱一族尽快实现财富人生。

资料来源:五大“城市族群”理财观念大不同 看看你是哪一族?[OL].腾讯财经特约,2015-08-10.

(五)经济环境

购买者对金融服务的购买要受到社会经济环境以及购买者自身经济环境的影响。当社会经济繁荣时,购买者一般会增加储蓄减少当期消费;当社会面临经济萧条时,购买者一般会减少储蓄增加当期消费。而购买者自身的经济环境包括其的收入、储蓄、负债能力及消费偏好、风险偏好等。

第三节 金融客户购买行为的决策过程

一、金融决策的参与者

金融交易是一个复杂的决策行为,它通常不是由单独的个人做出的,而是由许多个人或部门参与,并且以直接或间接的方式影响顾客购买金融产品或复位的决策。参与金融决策的成员各自的地位和作用有很大不同,金融机构应当根据其扮演的角色制定相应的营销策略。

一般而言，购买决策的参与者通常包括以下五种角色。

(1) 倡议者。倡议者是首先提出或者有意向购买某种金融服务的人，是购买的发起人，直接影响购买决策的认知需要。他解决买什么的问题。

(2) 影响者。影响者是为购买决策提供各种信息和评价方案的人，在寻找、比较购买方案阶段，将直接影响最终目标方案的确立。他分析为什么买以及何时买的可行性。

(3) 决策者。决策者是最终决定是否购买何时购买金融服务的决断人。他对决策方案的确立最终起决定作用。

(4) 操作者。操作者是末端直接购买人，是购买方案的实际执行者。

(5) 使用者。使用者是实际消费或使用产品和劳务的人，也是评估购买决策正确与否的人，对未来的重复购买，也即对该种消费习惯的建立有重大影响力。

总之，这五种角色的功能相辅相成，共同促成了购买过程，是金融机构营销的主要对象。

二、金融决策过程分析

决策是人们在特定心理驱动下，按照一定程序发生的心理和行为过程。金融产品或服务的决策过程是发生在金融交易之前的，在购买之前，顾客会通过收集信息了解相关产品及服务，确保其购买行为的顺利进行。同时，其决策过程又会对购买后的评价产生影响。在制定金融营销策略时不应只仅仅考虑其交易环节，应当关注其整个决策过程。金融客户的决策过程主要包括以下五个阶段。

(一) 引起需要

客户对金融产品及服务的需求是购买过程的起点。当客户对其所达到的理想满足状态与现实之间存在差距时，需求就会产生。客户的金融需求一方面是其内在需求；另一方面是由于外部环境刺激造成的需求。因此，金融机构可以通过控制或者营造一些必要的外部环境，激发客户的购买需求，从而使其产生购买欲望。

实例 3-5　建设银行加大创新力度 使产品切实满足客户需求

经过多年培育和发展，建设银行已形成了包括“成长之路”“速贷通”“小额贷”“信用贷”在内的四大产品体系，基本覆盖了小微企业客户各类信贷需求和风险缓释方式。面对瞬息万变的市场环境，建设银行始终把产品创新视为服务小微企业的重点，不断加大创新力度，以满足不同类型小微企业的金融服务需求。

2011 年，建设银行基于企业和企业主的信用积累，推出“信用贷”，改变了过去“一抵了之”和一味依赖担保的传统做法，解决了大量优质企业缺乏有效抵质押物的融资“瓶颈”。自 2012 年以来，建设银行基于大数据挖掘企业信息，在“信用贷”项下进一步推出服务存量结算客户的“善融贷”“结算透”，服务身边客户的“创业贷”等产品，使更多符合条件的小微企业分享到建行的信用贷款服务。

在互联网金融方面，依托网银，特别是“善融商务”等电子平台，建设银行产品创新的渠道得到了延伸。“网银循环贷”业务的推出，使客户可以足不出户，7×24 小时办理业务，信贷资金随借随还，贷款手续简便迅速，额度使用任意循环，极大地满足了小微企业资金需求。小微企业主表示："这项业务就像建设银行为我们贴心定做的，我们资金不充足、用款时间周期都不太确定，'网银循环贷'一下帮到了要害，解决大问题了！"

为充分调动行内外资源，加强交流与协作，建设银行建立起"总行引领创新、分行主动创新、多方合作创新"的小企业产品创新模式。2013 年，全行完成产品创新百余项，推出了一系列具有重大创新意义的新产品。

作为国内服务和支持小微企业的一支生力军，建设银行以完善的机制、创新的产品、优质的服务切实满足小微企业金融服务需求，成效显著，已连续多年实现小微企业贷款新增"两个不低于"的监管目标，2013 年荣获银监会"小微企业金融服务表现突出的银行"等荣誉。今后，建设银行还将一如既往地站在全行战略高度推进小企业业务发展，不断完善服务体系，大力推广重点产品，承担起国有大行在服务小微企业方面的社会责任。

资料来源：建设银行加大创新力度 使产品切实满足客户需求[OL]. 中国经济网. 2014-08-22.

（二）信息收集

当需求产生后，客户会根据需要广泛地收集各个方面的信息，从而了解金融产品或服务的收益性、风险、产品的质量等。充足可靠的信息是金融客户进行决策的重要条件。为了提升金融机构的影响效果，金融机构应当明确金融客户获取信息的来源及渠道并且了解不同的信息将对金融客户的决策行为产生什么影响。

从获得信息的时间方面来看，可分为内部来源信息（提取记忆中的信息）和外部来源信息（利用外部即时信息）；从信息来源层面来看，可分为人际来源信息、商业来源信息、公共来源信息和经验来源信息四部分。同时购买者的风险预期、服务认知度及兴趣则影响收集信息的范围。根据购买者对金融服务认知的程度，可以把信息收集分为以下三个阶段。

（1）有选择性注意阶段。人们在现实经济活动中会遇到大量的刺激，但并不是对每个刺激都需要感知它。影响选择性注意的因素包括：一是与其当前需要有关的刺激；二是有所期盼的刺激；三是超出正常刺激规模的刺激。

（2）有选择性理解阶段。所谓有选择性的理解，是指人们趋于将所获得的信息与自己的意愿结合起来，对于接触到的大量信息，人们会按照自己的思维模式来接受信息。

（3）有选择性记忆阶段。对于接触的大量信息，人们会按照与自己的需要、兴趣、态度符合的信息来有选择性的记忆信息，这就简化了信息，便于决策。

实例 3-6　平安银行理财惹争议：支行误导消费者购行外产品

日前，两位深圳市民向南都记者投诉称，他们在平安银行深圳分行辖下两家支行购买了一款理财产品，现在理财产品运营方基金公司已经跑路，两人投资的 100 万元本金打了水漂。他们认为，银行里销售非法的理财产品造成其自身的损失，平安银行也有责任。

此事的争议在于，是否在银行里购买，客户是否清晰了解为银行外产品。对于此事，平安银行给南都发来回复称，此事系银行客户经理私售行为，平安银行愿意走法律渠道处理此事。同时，称该客户清晰了解此为银行外产品。

投资者：银行里购买平安应担责

投诉人高先生对南都记者说，2013 年 10 月，他接到平安银行深圳分行碧海湾支行一位相熟的客户经理的电话，对方告知他有一款收益率不错的理财产品，并表示风险很低，询问他是否要购买。高先生称，客户经理说这款理财产品是央企旗下子公司成立的基金公司，并且有房地产企业进行担保。万一有风险，基金公司还将对客户投资进行回购。总之，风险非常小，仅次于国债。

高先生一看，收益率也很有吸引力。这款产品投资期限为一年，回报率为年化收益率 11%。于是，他投资了 100 万元来购买这款理财产品，结果，2014 年 10 月产品到期时，他并没如约收到本金和利息。三个月后，他被告知基金公司已经跑路了，除了半年期收到 5.5 万元利息外，其余早全部打了水漂。

高先生称，此事基金公司跑路让他难过，但他认为平安银行也有责任。高先生称，这款理财产品是他在平安银行里向平安银行客户经理购买的，"要不是平安银行理财经理推荐，就是收益再高，我也不敢买。"高先生说道。

平安银行：是员工私售行为

平安银行深圳分行相关负责人则对南都记者回应称，首先，银行理财产品一般不会有 11% 这么高的收益，高先生曾在平安银行购买过多款理财产品，收益率都在 5%～6%。其次，这款基金产品并不是银行发行或代理的产品，投诉人提供的合伙协议等所有资料都是与第三方公司签署，并没有银行的相关信息。对于投诉人反映的客户经理相关行为，平安银行将进行核实和调查。最后，平安银行有明文规定，严禁理财经理私售未经银行许可的理财产品。此事系员工私售行为，平安银行愿与投资者一起通过法律途径妥善解决此事。

买理财产品如何防"飞单"

广东省银监局也曾提醒市民，购买理财产品是要做到"五要"：一要注意查证购买产品是否银行正规产品；二要关注购买产品的资金是否汇入银行账户；三要对高额回报有独立清醒的判断。承诺收益率高达 9%～15%，基本上是银行正规发行、代销的理财产品收益的 2～3 倍，飞单嫌疑很高；四要仔细阅读理财产品说明书；五要及时投诉和举报异常情况。

资料来源：平安银行理财惹争议：支行误导消费者购行外产品[N]. 南方都市报. 2015-03-13.

（三）方案评估

待购金融服务的评估实际上就是金融服务购买者利用从各种来源得到的信息，对可供选择的待购金融服务产品进行对比、分析和评价，从中确定符合购买动机的金融服务产品。评估的内容包括以下三个方面。

1. 服务的属性

服务的属性可以理解为金融服务的类型，也即该种金融服务能够给购买者带来什么样的便利。

2. 金融服务的价格

价格也即成本，是购买最关心的产品信息之一，另外一个就是产品的风险。一般购买者都喜欢购买价格低、风险低的产品，但是考虑收益率问题的时候，购买者对价格的喜好就要发生变化。比如存款，是最基本的低收益率、低风险、低成本的业务。这就要求我们在设计金融服务产品的时候认真考虑收益、风险以及价格的关系。

实例 3-7　　购买理财产品前先做好风险评估

最近，银率网最新公布的报告显示，2014 年有超过五成的受访者购买过银行理财产品，且投资者在选择产品时最关注的是产品收益。但产品的预期收益是随着风险的增加而提高的，高收益的同时伴随着高风险。为此，交通银行河南省分行个金部产品经理提醒广大投资者，购买高息产品之前，请一定仔细阅读产品说明书，并且做好风险评估，千万不要盲目出手。

高收益与高风险相伴

“2014 年，我购买的银行理财产品期限均在 3 个月左右，收益只在 5%上下，就算是赶在季底或年底买的产品，年化收益率也并不高。”回想 2014 年的理财市场，市民李先生有点无奈。据银率网数据库统计，截至 2014 年 12 月 20 日，人民币非结构性理财产品在 2014 年的平均预期收益率为 5.27%。其中，非保本浮动收益类型的理财产品平均预期收益率为 5.47%，保本浮动收益类型的理财产品平均预期收益率为 4.64%，保证收益类型的理财产品平均预期收益率为 4.60%。由此可见，产品的预期收益是随着风险的增加而提高的，高收益的同时伴随着高风险。

低风险产品收益也可观

“我是一名保守投资者，对高风险高收益的理财产品不感兴趣，有没有风险等级低，收益却还不错的产品呢?”相信市民宋女士说出了很多保守型投资者的心声。2015 年，交通银行河南省分行将持续为中原父老客户提供“稳添利”系列产品，其中“稳添利新享 55 天”产品，5 万元起售，每周三循环发行，预期年化收益率 5.3%。“稳添利”系列理财产品，风险等级是 1R，属于极低风险型产品，适合风险评估为保守型的客户购买。

此外，不管购买何种理财产品，建议广大投资者在购买高息产品之前，仔细阅读产品说明书，并且做好风险评估。

资料来源：徐曼丽. 购买理财产品前先做好风险评估[N]. 大河报. 2015-01-30.

3. 金融服务的效用

效用是指产品或者服务能够给购买者带来的满足感，这在金融服务的购买上体现为：一是对金融机构服务的满意度；二是金融服务产品的收益率；三是金融服务产品能够给消费者带来的实际上的便利。金融服务的效用是金融服务三个属性当中最重要的一个，因为，效用直接决定了消费者的需求问题。

实例 3-8　平安人寿广东分公司：完善金融服务，增强客户满意度

扎根南粤大地 10 余年，平安人寿广东分公司一直秉承着“专业创造价值”的理念，为广东客户提供高品质的综合金融服务，把平安的服务带到更多客户身边。依托平安人寿完善的服务体系，广东分公司目前已有个险、银保、电销三大销售渠道，产品专业、完整，涵盖传统的储蓄型、保障型产品和非传统的分红型、投资型产品，为客户提供“一个账户、多个产品、‘一站式’服务”。

优化产品形态,增强消费体验

提供保障服务是寿险公司的第一要务。根据普通寿险产品费率市场化改革的要求,平安人寿推出"平安福健康保障计划"(以下简称"平安福")。与传统寿险产品相比,"平安福"的保障更高,责任更全,也更符合购买保障型产品的客户需求。

2015年4月,平安人寿将"平安福"的产品形态做出升级。在保持原重大疾病、轻度重疾、交通意外、身故、残疾、保费豁免等多项保险责任的基础上,还新增15种重大疾病保障,将重疾保障范围扩展至45种,客户能享受到"相同投入,更高保额"的消费体验。

完善服务渠道,创造便捷环境

不仅是产品设计,在渠道建设方面也可圈可点。平安人寿广东省分公司成立于1992年,现已发展为平安人寿全国41家分公司中最大的二级机构。依托平安人寿完善的服务体系,平安人寿广东省分公司目前已有个险、银保、电销三大销售渠道,产品类型齐全,客户满意度节节攀升。

值得一提的是,目前平安人寿广东分公司已建立起了广东保险业最大的客户服务中心,同时搭建了电话、网络、手机WAP、手机APP、移动柜面等多种服务渠道,为客户创造出简单、便捷、高效的综合金融服务环境。

资料来源:平安人寿广东分公司:完善金融服务,增强客户满意度[N].新快报(广州).2015-10-19.

(四)决定交易

在各种方案进行选择评价之后,人们会选择一个最满意的方案,做出最终的购买决策,并实施购买行为,这是决策行为的中心环节,但购买的决定不等于说是一定会产生购买行为,这其中受两个方面因素的影响:一是其他人的态度;二是一些意外情况。也即有时购买决策和购买行为之间常常存在时滞。

(五)购后行为

购买行为实施之后,经历了体验之后就是对金融服务的评价阶段。从产品和服务中得到利益的满足,才能达到真正的目的。对于满足感的确定是要通过本阶段的评价才能测试出来。

(1)对金融机构的服务形象做出评价。顾客购买金融服务之后便会体验到金融机构的服务态度,便在大脑中留下记忆和印象,这种记忆和印象构成产品知名度的一部分,这种知名度影响客户下次选择金融服务的心理基础。

(2)对金融服务的成效做出评价。金融服务的成效表现为收益的大小、顾客满意度等。这是购买者根据自有的知识、经验来对其购买的服务进行主观判断。此类综合评价方式类似平衡效应,购买者成本越高,对金融服务的期望值就越高。

(3)对金融机构做出评价。包括金融机构的经营规模、员工的服务态度、硬件设施等涉及金融机构的部分做出相应的评价。

实例3-9　　诚信兴行,做市民满意的金融机构

金杯、银杯不如顾客的口碑。对青岛农商银行来说,诚信经营便是赢得岛城市民口碑的最好方法。作为青岛本地法人金融机构,青岛农商银行在加快创新、转型变革的同时,注重“倾听消费者声音，重视消费者诉求，满足消费者需要”，诚信经营，阳光经营，努力为消费者营造公平、公正、健康的金融消费环境。

服务定价实行“阳光收费”。除了统一规范服务收费价目表制定收费价目名录表在网点显眼位置予以摆放或张贴接受社会各界监督外，青岛农商银行还早于其他银行，率先对一些其他银行收费的项目主动进行让利，如免收小额账户管理费；个人网上银行、个人手机银行转账汇款免手续费连续三年免费；免动账通知费、免手机银行动态口令牌费用等。人性化的定价标准，让客户享受到了实实在在的优惠。

信贷服务坚持“阳光办贷”。自2015年以来，青岛农商银行在辖内开展“客户经理队伍建设年”活动，严格管理客户经理行为，提出“不准以贷转存”“不准存贷挂钩”“不准以贷收费”“不准浮利分费”“不准借贷搭售”“不准一浮到顶”“不准转嫁成本”的“七不准”信贷业务原则，确保业务办理的透明度和服务效率。同时，该行为严格把控信贷风险，设置了审查中心、审批中心、放款中心、贷后检查中心和档案管理中心的“五大信贷管理中心”，推行独立审批人与信贷管理部总经理“双签”的审批制度，不断完善信贷审批流程。对微贷客户经理，该行提出“不喝客户一杯水、不抽客户一支烟、不拿客户一张纸，办理业务要‘易、快、好’”的服务准则，在全行培养出良好的信贷文化。

2015年下半年起，青岛农商银行在全行逐步开展网点转型工作，在营销手段和服务模式上与其他银行找差距，不断完善网点服务。一方面，结合网点经营管理实际，该行优化了网点岗位的人员配置，从网点现有人员中选配出一名专职理财经理，以满足客户的理财需求。同时，该行进一步完善了客户精细化管理，建立了“金字塔”式的分层维护模式，形成了“大户、中小客户都有专人对接”的维护方式，充分调动全员积极性，及时收集客户反馈，了解客户需求。另一方面，通过强化网点亲民服务能力建设，以客户优质体验为导向，逐步改善营业厅堂的功能分区。该行在有条件的网点配备了手机充电器、血压计、体重器、无线WiFi等，让客户有宾至如归的舒适；在全行16家一级管辖支行营业部试点开设敬老服务窗口，为70岁以上的老年客户提供优先服务、上门服务等特色服务，积极倡导尊老、敬老的良好金融环境，成功塑造了“‘鑫’农商‘心’服务‘馨’感受”的良好服务形象。

资料来源：诚信兴行，做市民满意的金融机构[N].青岛财经日报.2016-03-15.

通过以上分析，我们可以看出金融服务的购买程序一个很复杂的过程，每个购买主体会根据自身的情况选择性地购买自己喜好的金融服务，并且对其服务产品进行认真合理的评价，以便习惯性购买。

复习思考题

1. 金融服务购买者的特点是什么？
2. 金融服务购买决策过程包括哪些？
3. 金融服务购买的参与者有哪些？
4. 影响金融服务购买的因素有哪些？
5. 金融服务购买行为的类型有哪些？

实训题

选定一家金融机构，观察顾客购买金融产品或服务的行为，并记录他们的特征，如年龄、气质、职业等，推断其所属阶层，记录不同顾客的购买时间和行为。

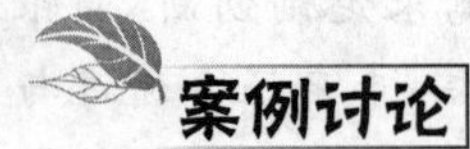

案例讨论

浦发银行推出"spdb＋"互联网金融服务平台

2015年7月7日，浦发银行推出"spdb＋"浦银在线互联网金融服务平台，深度融入互联网大潮。据悉，"spdb＋"将通过逐步串联和整合浦发银行集团内银行、基金、信托等资源，致力于打造集团统一的互联网金融服务平台，打造与线下无差异服务的全新"线上浦发银行"。这是浦发银行践行"以客户为中心"发展战略，主动拥抱"互联网＋"时代的选择，也是运用互联网思维、理念、技术，全面提升客户服务能力的创新实践。

"spdb＋"互联网金融服务平台

浦发银行姜明生副行长表示，在"互联网金融"概念产生之前，浦发银行即认识到未来的金融服务形式将以移动金融为主要趋势，2012年该行将移动金融等电子银行服务列为全行重点突破领域之一，在业内率先从战略上明确了互联网金融的重要性和发展方向，并不断创新互联网金融产品和服务，加大资源投入，提升自身服务能力。此次推出的"spdb＋"是浦发银行互联网金融服务品牌，主要目的是将自身服务模式与"互联网＋"时代进步的要求相契合，更好地践行"以客户为中心"的发展战略，更好地为客户创造价值。据悉，"spdb＋"将围绕"打造一个平台、服务三类客群、构建三种服务模式、形成三个产品特色"而展开。

"打造一个平台"，指"spdb＋"为浦发银行集团整体的互联网统一入口和互联网金融服务平台。围绕集团协同化、信息驱动化、服务一体化、业务场景化、发展生态化五大发展策略，"spdb＋"将充分利用大数据、云计算、移动互联等先进的技术，结合浦发银行现有的资产管理、风险防控、渠道服务、商业品牌信誉等优势，以信息生产、加工、消费为主线，通过线上整合集团内部各单元的牌照资源、客户资源、产品资源。客户通过"spdb＋"即可"一站式"直达浦发银行集团各服务单元，获取到银行、基金、租赁、信托等多元化、多层次的综合金融服务。

"服务三类重点客群"，指"spdb＋"是服务个人和小微客户的互联网生活和互联网经营、服务公司客户的互联网制造和互联网贸易、服务具有互联网金融发展需求的同业客户。

"构建三种服务模式"，指的是构建全程在线的客户服务体系、构建线上线下相贯通的O2O服务、构建以跨界合作为基础的生态化服务。

"形成三个产品特色"，指的是融入场景的互联网消费金融服务、贯穿企业和个人两端的互联网直接投融资服务、以信息为驱动的产业链金融服务。

多项互联网金融服务实践落地

围绕"spdb＋"能够为各类型客户提供与线下无差异化金融服务的目标，浦发银行已脱离设计图纸付诸实践，并取得一定成果。事实上，实践结果比纸面设计更加互联网化。

在渠道方面，已建设了网上银行、手机银行、微信银行、直销银行多个线上服务入口，目前网上银行用户数已接近 1 500 万，手机银行用户数超过 850 万，微信银行用户超过 650 万；在产品方面，推出了贯穿理财、融资、支付各方面的一系列产品，直销银行服务能够让客户 7×24 小时随时、随地完成开户；推出了“一元起购、日日复利”的“普发宝”大众理财，一秒即可申购和赎回的“天添盈”闪电理财；针对个人客户消费需求定制创新“浦银点贷”网络消费贷，全流程在线自助办理，实时申请、实时审批、实时授信，未来还会通过与外部互联网企业的合作，融入各类互联网消费支付场景中；推出了以小微企业经营数据为基础的“浦银快贷”互联网经营性贷款服务，能够实时便捷完成贷款申请、审查、授信全流程；在客户服务上，在线客服已经与网上银行和手机银行等线上渠道、远程智能银行线下渠道实现对接。

目前，浦发银行对公服务互联网化也在加速步伐，打造了网上银行、手机银行、银企直连三大电子渠道；票据、国际结算、国内信用证、保理、理财五大产品；跨境联动金融服务、全球供应链金融服务、集团资金管理服务和集中收付款服务四大方案。浦发银行对公企业电子银行产品已涵盖了企业从采购、内部管理及交易、销售的各个环节并覆盖境内外、本外币业务，产品种类超过百种，基本可满足客户交易银行金融需求。

未来，为公司客户和同业客户提供的金融服务也将逐步融入“spdb＋”互联网金融服务平台，并将根据外部市场环境和客户需求变化，不断丰富“spdb＋”的服务内涵。

信息经营打造未来六大功能

面向未来，“spdb＋”将依托信息展开业务。以信息经营为主线，围绕“场景触发业务”“业务产生数据”“数据驱动场景”的内生相扣关系，设计银行业务平台。在此内生关系下，“spdb＋”将建立起集“信息生产、信息加工、信息消费”于一体的完整闭环信息流功能，逐步打造全线上银行、企业在线金融、直接投融资、同业金融、支付、大数据征信六大能力。支付、企业在线金融、同业金融等将共同起到信息创造者的作用。支付能够产生海量客户交易数据；同电商客户广泛开展合作，建立起前端连接商户 ERP 系统、后端打通行内融资系统的商户服务平台，将业务链条化、体系化的同时积累交易数据。征信平台承担了信息加工者的作用，使产生于上述一般商业活动中的信息能够为金融服务所用，并能够与其他合作平台进行数据共享。银行、直接投融资平台起到的是信息消费者的作用，通过利用信息创造和加工环节所得到的客户数据，针对性地提供金融业务，转化成现实的盈利生产力。

资料来源：浦发银行推出“spdb＋”互联网金融服务平台[OL]. 和讯网. 2015-07-07.

案例讨论题

1. 浦发银行推出“spdb＋”互联网金融服务平台采取了哪些措施影响顾客购买行为？

2. 结合本案例及相关资料分析，浦发银行推出“spdb＋”互联网金融服务平台会对顾客的购买行为产生什么样的影响？

第四章

金融服务目标市场营销

本章理论要点

- 掌握市场细分的内涵、原则、方法和程序
- 了解目标市场选择的内涵、依据和策略
- 理解市场定位的内涵、方法和步骤

案例导入

教育消费信托问世 投资门槛最低100万元

当前，消费信托产品触角不断延伸至多元产业，其中，教育是最具投资前景的产业之一。艾瑞咨询发布的《2016年中国家庭教育消费者图谱》调研结果显示，45.7%的受访家长希望送孩子去留学。

近日，一款号称“真正意义上”的教育消费信托产品的问世，引起不少人的关注。3月13日，百瑞信托正式推出国内首只教育消费信托产品——百瑞恒益323号教育消费信托计划(伊顿游学)。

据证券时报·信托百佬汇记者获悉，百瑞信托表示，这款产品可称为“真正”的教育消费信托，原因在于其交易结构和模式的合规性。

据了解，合格投资者的界定标准，在《信托公司集合资金信托计划管理办法》中有明确规定，即投资一个信托计划的最低金额不少于100万元人民币的自然人、法人或者依法成立的其他组织。

该信托计划打通了“投资”与“消费”的双通道，投资门槛分为100万元和300万元两档，期限均为1年，计划信托规模不超1亿元。信托计划资金将用于投资百瑞信托发行的单一信托或信托项下的受益权。

值得注意的是，此前市场上投资门槛低于100万元的消费信托产品并不少见。而百瑞信托推出的该款教育信托产品，遵循了《信托公司集合资金信托计划管理办法》对投资门槛“不少于100万元”的要求。

“在为现有合格投资者提供针对性增值服务的同时，我们也将在合适阶段，着手探索和尝试为更大范围人群提供相应的服务。”百瑞信托创新部相关人士称，“但是，这需要进一步的法律政策支持。”

业内人士表示，消费信托对信托公司的最大益处，是直接联接产业链前端融资需求与后端消费需求，为信托公司开展业务积累客户与资源。

不过，也有信托公司对发行消费信托产品信心不足。一来，投资者购买消费信托需要转变观念，即购买的是消费权益，不是资金回报。二来，布局消费信托需要具备整合产业链资源的能力，并需要多个配套项目联合推动。

百瑞信托创新部相关人士称，目前我国经济发展从投资拉动向消费拉动转型，消费信托需求巨大。

资料来源：王莹. 教育消费信托问世 投资门槛最低100万元[N]. 证券时报，2016-03-18.

第一节 金融服务市场细分

伴随日益激烈的市场竞争，一家金融企业决定进入某一市场的时候，不可能将市场的所有客户都作为自己的目标客户。由于市场参与者众多，且需求也存在明显的不同，而金融企业的资源是有限的。所以，金融企业应该对市场进行调查和分析，锁定一部分客户，这部分客户就是目标客户，其所在的市场就是细分市场，即目标市场，在目标市场上所进行的营销就是目标营销。在通常情况下，目标营销包括三个方面的主要内容，分别是市场细分、目标市场选择和目标市场的定位，如图4-1所示。

图4-1 目标市场营销

一、市场细分的内涵

（一）市场细分的含义

市场细分是指金融企业根据不同客户有着不同的需求的特点，把整个市场分割为两个或者两个以上的子市场，从而确定不同目标市场的过程。市场细分的基本前提是客户需求的差异性和金融企业资源的有限性。

市场细分的过程实际上就是市场调研和分析的过程。市场细分后，有着相同需求的客户被划分为一类，也就相当于把一整个市场划分为了若干个“子市场”。在同一个细分市场内，客户需求差别细微，而在不同的细分市场之间，金融需求的差别就比较大。客户需求的绝对差异是市场细分的前提，客户需求的相对差异性为市场细分的实现提供了可能。所以，市场细分的过程就是首先把具有相同需求的客户聚集到一起，然后选择最有利可图的目标市场，最后企业集中有限的资源，制定相应的策略，以便取得和增加市场竞争优势，实现利润最大化的目标。

实例4-1　江苏姜堰农合行：细分市场打造“金融超市”

近日，江苏省姜堰农村合作银行针对农村金融需求多元化的趋势，对不同客户群体进行市场细分，致力于打造“农村金融大超市”。为了使贷款形成产品系列，让贷款对象能够有针对性地选择信贷产品，该合行创新推出了六大信贷品种：

针对全市公务员的“白领创业宝”个人贷款；

与团市委合作开办针对35岁以下青年的“闪光青春”青年创业贷款；

与妇联合作开办的“巾帼建功”妇女创业贷款；

针对纯种养殖农户开办5万元以下的“农户增收宝”纯农业信用贷款；

在土地流转上寻求新的创新，开办的“大地生金”贷款，使农户的“死钱”变“活钱”；

针对中小企业、微小企业和私营业主担保难问题，开办的“锦上添花”系列存货、应收账款质押贷款。

资料来源：陈坚，宋晓明，姚慕珺．江苏姜堰农合行：细分市场打造“金融超市”[N]．中华合作时报，2010-10-22.

（二）市场细分的作用

细分市场不是根据产品品种、产品系列来划分的，而是根据客户的需求、动机、购买行为的多元性和差异性等因素来划分的。通过市场细分，可以对金融机构的客户有着较全面而清楚的认识，因此市场细分在金融营销中起着极其重要的作用。

1．发现营销机会，选择目标市场

市场营销的机会是由于市场上存在未满足的需求，而这种需求通常是潜在的，尚需要进行发掘。根据市场细分，金融企业不仅可以清楚地了解不同客户的需求状况，而且也可以了解细分市场中其他竞争者的营销能力以及其市场占有率，从而金融企业能够扬长避短，发现其潜在的市场需求，抓住市场机会，选择最有利于自身发展的目标市场，赢得市场占有率和主动权。

2．集中企业资源，制定最优营销策略

市场细分是运用市场营销策略的前提条件。金融企业应该先对市场进行细分，然后根据细分结果选择目标市场。根据不同的目标市场制定不同的营销策略。只有针对特定的目标市场，某一营销方案才是可行的。因为通过市场细分，金融企业可以在激烈的竞争环境中把握住竞争机会，将有限的资源集中利用，做到内部资源的优化配置，制定最优的营销策略，从而取得较佳的经济利益。

实例4-2　　互联网巨头杀入证券业 市场细分考验平台整合

在重塑证券市场格局上，互联网巨头箭已离弦。百度近日开放“百度股市通”APP公测，推出国内首款应用大数据引擎技术智能分析股市行情热点的股票APP，这意味着其正式进军互联网证券市场。

无独有偶，BAT中的另外两家巨头也已入局互联网证券市场。2014年2月，腾讯与国金证券合作的互联网金融产品“佣金宝”正式上线，这是首支证券类互联网金融产品；2014年6月，腾讯上线企业QQ证券理财服务平台，而阿里巴巴旗下蚂蚁金服正秘密开发一款炒股软件；2014年4月，马云通过其绝对控股的浙江融信完成了对恒生集团100%股权的收购。此次，百度携大数据“圈地”证券业可谓开创先河，相信腾讯和阿里巴巴很快也将跟进。随着BAT等互联网巨头的深度参与，证券行业或成为2015年被互联网冲击的重点行业之一。

BAT 征战互联网证券市场

如今，在移动互联网、互联网金融快速发展的背景下，网民变股民的需求十分迫切。据中登公司的数据显示，截至 2014 年 12 月，沪深股票账户合计 1.4 亿户，A 股新增开户数自去年 10 月中旬以来，已经连续十周突破 20 万户。因此，以大数据为特征的“百度股市通”面世具有必然性。据了解，“百度股市通”提供的“智能选股”服务，基于百度每日实时抓取的数百万条新闻资讯和数亿次的股票、政经相关搜索大数据。

事实上，BAT 三大巨头已经在互联网金融的多个领域展开全面角逐，此次百度携大数据“圈地”证券业，可以说将“战火”烧到了新的领域，腾讯和阿里巴巴很可能快速跟进。

据媒体报道，阿里旗下蚂蚁金服正秘密开发一款炒股软件。这消息并非空穴来风。在分析人士看来，一年前先行收购恒生电子为此做铺垫；之后支付宝钱包加载了股市行情的功能，添加了自选股票、K 线图、流通市值、新闻、公告、研报等一应俱全的功能。近期支付宝钱包还上线了关联券商账户的功能，中信建投、方正证券、长城证券等 13 家小型券商的用户只要输入资金账号和交易密码就能查询股票资产信息，但还不能进行股票买卖，也不能进行资金存取。

有百度、阿里巴巴的地方，必然少不了腾讯的身影。事实上，腾讯在 BAT 巨头中是最早抢滩登录互联网证券的。2012 年，腾讯出品了股票信息类软件“自选股”，拥有 7×24 小时全天候、全市场的实时行情及时供给；2014 年 6 月 25 日，腾讯正式上线企业 QQ 证券理财服务平台，QQ 用户只需添加券商的企业 QQ 号，就可享受“一站式”证券理财服务。而中山证券、华龙证券、广州证券等则成为首批“吃螃蟹”的券商。

互联网巨头杀入利好证券行业

当下，互联网金融在基金、银行等领域已有一定发展，但证券业仍是一片空白。在互联网金融大热的时代，互联网公司“跑马圈地”证券业成为必然。此前，证监会已经下发给 35 家证券公司互联网证券试点批文。批文称：“移动互联网正在重塑所有的行业，互联网金融在基金、银行、保险等领域产生了巨大的冲击，在这样的压力下使得证券公司不断通过下调佣金费率来吸引股民。”

与传统券商主要针对专业人士和专业机构服务不同，互联网企业投身证券行业的目标客户是普通炒股者，要做的是“大众”证券服务。“用户体验、社区、精准推荐”是互联网巨头看中的品质，而这三方面的革新，将互联网巨头分析大数据的能力释放出来，使广大普通用户也能够及时掌握选股信息。

互联网巨头杀入证券市场，是这些公司战略布局的其中一步，也再次证明细分市场的必要性和数据支撑的魅力所在，总体来看，对整个行业构成利好。业内专家表示，一些知名的互联网公司进入后，因其行业知名度、认知度和宣传力度比较大，有利于推动行业发展。自 2014 年开始，就已有多家互联网公司谋求与券商结合。例如：国金证券、中山证券与腾讯、百度合作；太平洋证券与京东旗下的网银在线签约；齐鲁证券成为首家基于“阿里云”平台建设互联网证券业务的券商等。而除了互联网巨头的“搅局”，传统证券公司也在互联网证券试点业务上摩拳擦掌。2014 年 12 月 26 日，第四批互联网证券试点出炉，11 家证券公司获准开展互联网证券业务试点。

资料来源：叶青. 互联网巨头杀入证券业 市场细分考验平台整合[N]. 通信信息报，2015-02-26.

3. 发挥竞争优势，增强营销战略的有效性

在整个市场中，每个金融企业的营销实力都是有限的。通过市场细分，金融企业可以将自己的资源和优势集中到目标市场，然后密切地关注目标市场的变化动态，一旦市场发生变化就可以及时做出相应的调整策略，增强目标市场营销策略的有效性。

二、市场细分的原则

市场细分是一项创造性的任务，因此，市场细分必须科学合理。所以，进行市场细分时对金融机构也有一定的要求，它要求金融机构对市场结构、潜在客户以及自身企业有一个比较全面和完全的认识。那么，在进行有效市场细分时所应遵循以下几个基本原则。

（一）可衡量性

细分的标准是用来描述细分市场的特征的，这些标准应该可以进行衡量，并且较容易获得，这样才能更好地予以区分不同的子市场。如消费者的年龄、收入及消费水平，不但可以衡量，而且有相关资料可查，因此可以作为一个细分标准。

（二）可进入性

细分市场应该是可以进入的。也就是说，在金融机构现有的资源条件下，它能够利用现有营销力量准确进入细分后的某个细分市场，从而为该市场提供有效的金融服务的可能性。

实例 4-3　　“理财范”进军汽车金融 P2P 行业细分趋势渐显

伴随着行业的爆发式增长，掘金环保、医疗、艺术品收藏等细分市场，俨然已成为 P2P 主流发展方向之一。

2015 年 5 月 31 日，互联网金融平台“理财范”宣布将进行战略升级，深度涉足汽车金融，即由目前聚焦于传统担保类项目，全面转向汽车金融与零售金融、供应链金融协同发展，谋求“互联网金融＋汽车金融”的聚变效应。“选择汽车金融很大的原因，是市场有这方面的需求，我们也想更好地服务大家。‘理财范’将主打汽车金融，当然也还会涉及房产等资产项目，总体而言是以安全、稳健的资产为标的，更加专注于细分市场。”

谈及 P2P 行业走向细分化和专业化，短融网 CEO 王坤向《每日经济新闻》记者表示：首先，互联网金融比其他互联网行业对专业性的要求更高，毕竟任何一个平台都没办法做到对金融行业所有细分领域都很专业；其次，细分市场能避开过度的同质化竞争，更容易获得成功。

记者梳理发现，越来越多的 P2P 平台走向细分，比如众信金融只专注环保新能源，爱投资与拍卖行合作推出艺术品收藏相关项目；还有不少平台专注于大学生市场等。“为什么要走向细分？这是因为是大家希望做闭环，希望 P2P 有平台的支撑和要渗透到资产端，如果不做细分，在很多领域专业性会受到挑战。而从闭环的思路上来看，一定要在非常专业的领域，这个领域又要有巨大的成长空间，且 P2P 平台资产要足够优秀。”总之，“P2P 平台本身靠信息中介的服务模式去推动，会有负债的风险，再渗透到资产端，同时整个风险层面是更加可控的，包括闭环链条做好，这是 P2P 过去一段时间到现在，个人看到的比较明确的方向。”“理财范”CEO 申磊分析认为。

网贷天眼CEO田维赢也告诉《每日经济新闻》记者，一方面，从风险角度来说，很多P2P平台要做干货，并慢慢做出自己的特色，在抵押房贷或汽车行业进行深耕，而做深之后，平台对风险的可控性就更高；另一方面，每一个产业，它有一块产业链金融，或者是供应链金融，并不是所有的环节都能赚钱和利用。整个汽车行业利润较高，支撑这个行业很多时候是汽车金融、保险，包括汽车商的汽车金融公司，以及整个汽车行业带动的汽车交易环节里面的分期，还有二手车交易等。

王坤也坦言，P2P平台要想在细分行业的竞争中获胜并最终处于领导地位，必须更加专注，充分发挥平台的特色，做到有的放矢。此外，还必须构筑起有竞争力的业务和风控模式，而且这种模式与传统金融模式比较起来，要有足够的竞争优势。

资料来源：朱丹丹."理财范"进军汽车金融　P2P行业细分趋势渐显[N].每日经济新闻，2015-06-01.

（三）可盈利性

细分市场应具备给金融机构带来盈利的潜力，也就是说，细分市场必须足够大，且必须具备金融机构可以在其中经营盈利的能力。如宝洁公司，它曾细分出了一个消费市场，专门销售低卡路里糖果，不过由于该市场太小，不足以应付一条糖果生产线的投资成本，不具有盈利性。

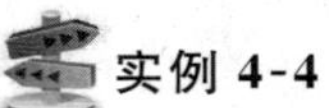

实例4-4　　保险行业产品细分成为趋势

5月30日，中国确诊首例输入性中东呼吸综合征(MERS)病例。6月10日，国内首个MERS保险推出，保险费25元，确诊即给付5万元，保障期为一年。

不到半个月的速度，保险行业便推出针对性如此精确的险种，这也是近几年保险行业快速发展的一个方面。实际上，有保险行业人士指出，现在保险业已经向更深、更广、更细发展，保险人如果不学习，不跟上速度，可能会因为不清楚自己的业务而被淘汰。

不到半月推出针对性MERS险

中东呼吸综合征病毒(MERS)和非典病毒(SARS)同属冠状病毒，且具有一定的传染性，死亡率高。2003年非典蔓延，可那时却并没有一种保险叫非典险。

今年5月30日，我国确诊了首例输入性MERS病例，全国医疗机构很快行动起来，培训如何应对。而与之反应同样快速的，是6月10日，国内一家保险公司推出了首个MERS保险，保险费25元，确诊即给付5万元，保障期一年。

短短不到半月时间，从该险种的指定、如何赔付以及最后到正式上市，相较10年前，此份保险的推出速度快，针对性强。

"我有个朋友在香港从事保险行业，他一直的态度都是认为内地的保险业理念不够先进，但这次他看到我们的反应这么迅速，他非常高兴，也觉得内地的保险业进步很大。"一位在保险公司工作了4年的保险工作人员说。

应对MERS哪些保险可以理赔

据了解，应对此次MERS病毒，虽然截至目前只有一家保险公司推出相关产品，但通过采访，多家保险公司表示，除了专门的MERS险，就现在的产品也可以为MERS理赔。

虽然大部分保险公司没有推出专门针对MERS的保险，但MERS和其他疾病一样，是属于商业医疗保险责任范围内的疾病。也就可以理解为，只要保险客户在保险公司投保了医疗保险，一旦确诊为MERS病症，便可按约定条款申请保险赔偿。如果因MERS不幸病故，保险公司将根据条款给予身故保险赔付。

“两者的区别是，专门的MERS险更有针对性，在项目费用上都会十分清楚。而一般的比如重大疾病保险用于MERS，可能其中还需要判断其是否属于重大疾病，在赔付上也需要再核算。”保险工作人员介绍。

现代保险

产品细分已成保险业发展趋势

对于此次推出MERS险，华西都市报记者采访了多位保险行业人士，他们多表达了对现代保险行业的乐观看法。

一位从事保险行业近8年的业内人士说：“过去很多人对保险的印象不好，总觉得保险不靠谱。现在好多了，更多的人意识到购买保险也是一条理财之道。如果一个家庭有人生病，这个家庭有可能面对昂贵的医疗费用，但通过购买保险，可以让这个家庭不被一个人生病而拖垮，这就是一条理财之道。”

一保险公司产品调查工作人员在谈到自己对保险的感受时说：“根据客户购买信息反馈，购买保险的人群越来越呈现年轻化，我们也非常乐意与这些年轻人打交道，他们的购买非常理性，沟通起来很通畅，而且也是这一现象，让不少保险公司在设计产品的时候，不得不加快节奏，推出更加细分，更加实用的产品，才能不被市场淘汰。”

资料来源：保险行业产品细分成为趋势[N].华西都市报，2015-06-23.

三、市场细分的方法

(一) 市场细分变量因素

金融机构在市场细分时，可以选择多个变量来进行，如人口变量、行为变量、地理变量以及心理变量等。

1. 人口变量

(1) 按人的年龄因素细分，包括儿童市场、青年市场、中年市场及老年市场。

(2) 按人的种族因素细分，包括汉族市场、少数民族市场。

(3) 按人的性别因素细分，包括男性市场和女性市场。

(4) 按人的收入因素细分，包括贫困收入人群、低等收入人群、中等收入人群及高等收入人群。

(5) 按人的受教育情况因素细分，包括小学市场、中学市场、大学市场和研究生及以上学历市场。

实例4-5　“三八”女神节到来金融机构抢滩“她理财”

“魅力三八节，帮你做最美丽的理财达人”……随着“三八”女神节的到来，给母亲或是伴侣送上一份贴心的礼物又成为了近日的热门话题。其中，不少金融机构也把目光瞄向女性身上，趁着这一节日造势营销，各类专属理财产品、专属信用卡也纷纷推出。

信用卡：银行全方位发力

3月4日—8日活动期间，工商银行在参加活动的商场通过工行POS刷卡满1 000元赠1份100元购物卡；而中信银行推出“中信香卡女神节”活动。该信用卡专为女性客户打造，购买理财产品可以赠送购物券，还可购买针对女性的保险产品。3月8日，浦发银行信用卡女性持卡人至指定活动商户，使用浦发银行信用卡刷卡消费，即可享玩转商圈1～5折随机折扣，最高抵扣100元。3月4—14日，兴业银行信用卡计积分交易满2笔且每笔满388元，即可至指定营业网点领取价值85元的欧舒丹护手霜一只(30ML)。光大银行则将选择了积分优惠。3月6—8日，光大信用卡可计积分交易累计金额满2 999元及以上送2万积分。此外，工商银行、建设银行等也都在其网上商城推出了针对“女神节”的相关购物优惠，多款珠宝、贵金属产品可享受优惠。总之，随着“女神节”的到来，各家金融机构纷纷在刷卡消费上发力。

资料来源：吉雪娇.“三八”女神节到来金融机构抢滩“她理财”[N].金融投资报，2016-03-22.

2. 行为变量

(1) 按产品的使用情况因素细分，包括未曾使用过的客户、初次使用的客户和经常使用的客户。例如银行，一般在对客户账户进行细分以后，定时清理睡眠用户，即对长期不使用该账户的人进行及时的清理。

(2) 按客户的忠诚度因素细分，包括忠诚客户、潜在忠诚客户和非忠诚客户。针对忠诚客户，金融机构应该维持，给予一定的优惠与福利；针对潜在的忠诚客户，金融机构应该进行一定的刺激，如积分兑换大额奖品等，鼓励其经常使用，成为其忠诚客户；而针对非忠诚客户，金融机构应该分析其原因和问题的所在，并予以改进，争取满足客户的需要。

3. 地理变量

按地理位置因素细分，包括发达地区市场、中等地区市场及落后地区市场。

4. 心理变量

按心理因素细分，包括好强型客户市场、交际型客户市场、权欲型客户市场、懒惰型客户市场及勤奋型客户市场。

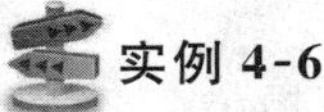

实例 4-6　　工行获评最佳贵金属交易银行

近日，在《欧洲货币》杂志举办的年度“中国最佳贵金属交易银行”评选中，中国工商银行凭借在贵金属业务领域的突出服务创新能力和经营业绩，连续第四次获得该奖项。

自2009年贵金属业务实施专业化经营以来，工商银行面对全球贵金属市场复杂多变的环境，积极根据客户需求主动调整业务结构，加大产品创新和市场拓展力度，较好地满足了客户多样化的贵金属投资和管理需求。截至今年9月末，工商银行累计实现贵金属业务量近70万吨，实现交易额近7万亿元，均居国内同业领先水平。同时，工商银行代理上海黄金交易所业务的交易量及清算量继续稳居第一。

近年来，工商银行率先在国内同业中开展贵金属业务专业化经营，搭建起了完善的贵金属交易平台、投资平台、理财平台，形成了涵盖投资类、交易类、融资类、理财类的全方位产品体系，确立了在国内贵金属投资交易服务领域的领军地位。

资料来源：中国工商银行官网. http://www.icbc.com.cn/icbc. 2015-10-19.

（二）市场细分的方法

金融机构在运用细分标准进行市场细分时必须进行全面而综合的考虑，由于市场细分的标准是动态的，因此不同的市场在细分时应采用不同标准。也就是说，金融机构在进行市场细分时，可以根据实际情况采用不同的细分方法。比如，可采用一项标准，即单一变量因素细分，也可采用多个变量因素组合或系列变量因素进行市场细分，还可以采用完全细分方法。具体地讲，以下介绍几种市场细分的方法。

(1) 单一变量因素法。即首先确定影响消费者需求的因素有哪些，然后根据其中的某一个重要因素来进行市场细分。例如，商业银行对个人业务进行市场细分时，一般选择按银行存款额度来进行划分，如某银行对存款额度不超过 20 万元的客户视为普通客户，大于 20 万元不超过 800 万元的客户视为高端客户，大于 800 万元的客户视为私人银行客户。

(2) 多个变量因素组合法。由于影响消费者需求的因素有很多种，我们也可以根据影响消费者需求的两种或两种以上的因素进行市场细分。如保险公司在推出某一种保险产品时，首先会考虑投保人的年龄层次，然后再根据不同投保人的收入不同，针对不同阶段的投保人设计不同的保险产品。

(3) 完全变量因素法。即根据影响消费者需求的诸因素，结合金融机构经营的特点由粗到细地进行市场细分，把每一个需求者都当作一个单独的市场。这种方法可使目标市场更加明确而具体，有利于金融机构更好地制定相应的市场营销策略。一般来说，由于工作量加大且成本较高，所以这种方法在经济效益上并不可取。但是，也有一些产品可以根据客户的需求进行一对一的咨询，如理财产品。

四、市场细分的程序

根据美国市场学家麦卡锡提出细分市场的一整套程序，结合金融市场的实际特征，市场细分包括以下七个步骤。

(1) 选定产品市场范围。即金融机构首先确定进入什么行业，推出什么产品。产品市场范围应以顾客的需求为基准，而不是根据产品本身特性来盲目确定。

(2) 列举潜在客户的基本需求。比如，金融公司可以通过调查，了解潜在客户对上述产品的基本需求，然后对产品予以不断地完善，进一步发展潜在客户。

(3) 了解潜在用户的不同要求。对于上述列举出的潜在客户的基本需求，不同客户强调的侧重点可能会存在差异。通过这种差异比较，可以识别出不同的顾客群体。

(4) 以特殊需求为细分标准。客户的共同要求固然重要，但不能作为市场细分的基础。所以，应该抽掉潜在顾客的共同要求，以客户的特殊需求作为细分依据。

(5) 区分不同的子市场。首先根据潜在顾客基本需求上的差异，将其划分为不同的子市场，并赋予每一子市场一定的名称，然后针对不同的子市场，采用不同的营销策略。

(6) 进一步细分市场。进一步分析每一细分市场客户需求与购买行为特点，并分析其原因，然后在此基础上决定是否可以对这些细分出来的市场进行合并，或者作进一步的细分。

(7) 估计每一细分市场的规模。即在客户调查的基础上，估计每一细分市场的客户数量、购买频率、平均每次的购买数量等，并对细分市场上同类产品竞争状况及发展趋势做出分析，并据此做出相应的调整策略。

图 4-2 为市场细分的程序。

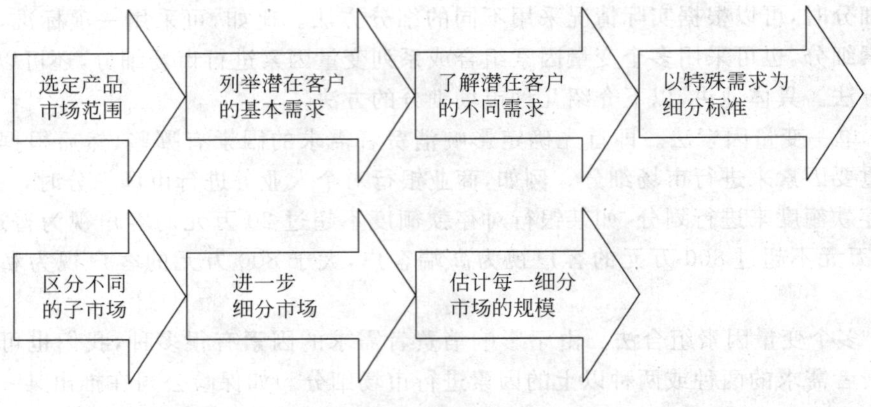

图 4-2　市场细分的程序

专论 4-1　　互联网金融市场细分趋势凸显

互联网金融发展有着市场需求、技术进步等多重驱动力，随着创新模式的增多，市场细分的趋势明显。在 11 月 14 日召开的"2014 互联网金融企业高峰论坛"上，来自 P2P 和众筹行业的多位从业者对行业细分趋势以及面临的"瓶颈"和风险进行了深入探讨。

P2P

翼龙贷董事长王思聪表示，P2P 是从民间借贷演变而来，不少平台已发展壮大，抗风险能力有所提升，并在细分领域寻找市场空间。翼龙贷借温州金融改革的契机，入驻民间借贷登记服务中心，获得了一定发展。

P2P 平台的客户多为小微企业，这类企业经营风险高、缺乏稳健的现金流和担保资产，同时存在治理机制不健全、财务不透明等问题，许多 P2P 公司正试图通过大数据分析技术的提升以完善对此类小微企业的信用评估。玖富联合创始人陈理行介绍，随着 P2P 平台增多、对贷款客户的开发竞争日趋激烈，许多平台把目标客户向大学生创业群体转移，但获取信用数据是一个难题。为此，玖富正在开发微金融云平台，以获取客户群体在互联网上应用支付宝及购物清单等数据化的资料，对资料进行筛选后可以获得与信用相关的 70 多个指标。在积累数据的基础上进行信用评估、贷后管理已经成为 P2P 拓展市场的明显趋势。

股权众筹

众筹行业原始会 CEO 陶烨在论坛上介绍，股权众筹是一个舶来品，即便在美国也是刚刚起步。金融危机后，美国在信贷萎缩、中小企业融资难的背景下诞生了股权众筹，其核心的价值在于资产优化配置。

当前我国小微企业发展有着公司注册资本降低、小微企业税收优惠、创业基础设施逐步完善等有利条件，新一轮创业浪潮的兴起必然带来资金需求。陶烨认为，由于资金供需双方信息不对称，传统股权融资的时间成本以及其他隐性成本非常高。而股权众筹能够通过互联网打通渠道限制和资金对接的壁垒，通过降低投资融资参与门槛优化资本配置。不过由于股权众筹与非法集资等行为边界模糊，引入监管时应当出台规定和指导意见，划定股权众筹业务的合法操作空间；还应建立信用机制，实现投资人权益的保护。

总之，互联网金融发展有着市场需求、技术进步等多重驱动力，随着创新模式的增多，市场细分的趋势明显。各类互联网金融机构在拓展市场的同时更应专注于市场细分和风险控制能力，这样才能获得可持续发展，行业才能良性运转。

资料来源：李文龙.互联网金融市场细分趋势凸显[N].金融时报，2014-11-15.

第二节　金融服务目标市场选择

市场细分的目的是选择目标市场，只有在选择了合适的目标市场之后才能进行准确的市场定位，因此，目标市场的选择在金融机构的营销管理中起着十分重要的意义。

一、目标市场选择的内涵

根据著名的市场营销学者麦卡锡的理论，应当把具有特定需求的客户看作一个特定的群体，称为目标市场。通过市场细分，有利于明确目标市场，然后制定出相应的市场营销策略，从而满足目标市场的需要。

结合金融机构自身经营的特点，目标市场选择指的是金融企业以估计的每个细分市场的吸引力程度为基准，然后根据经营目标、拥有的资源等特点，选择进入一个或多个细分市场。金融企业在市场中选择一个或者几个特定的客户群，集中企业的资源来满足这部分客户群的需求，从而带来金融机构自身的利润和增长潜力。如比较流行的“二八法则”，即20%的客户占据了业务量的80%，这20%就是金融机构应该选择的目标市场。金融企业在选择目标市场后，一方面可以分散企业经营的风险，增加金融企业的利润；另一方面有利于增加和维持较高的市场占有率，扩大金融企业的利润来源途径，从而促进金融企业的长期发展。

二、目标市场选择的依据

金融企业在确定目标市场后，需要综合考虑各方面的因素，根据目标市场的客户需求，并为其提供相应的产品或者服务。金融企业在选择目标市场时，应该以以下几个方面为主要考虑的依据。

（一）细分市场的规模和发展潜力

金融企业进入某一细分市场的前提是该市场规模较大且有发展的潜力，可以获得一定的利润。如果细分市场规模狭小或者趋于萎缩状态，金融企业进入后难以获得发展，此时，应审慎考虑，不宜轻易进入。因此，金融企业在选择目标市场时，应该分析其所面临的主要内外部环境、发展规模和未来的发展潜力等因素，对潜在市场进行详细的考察，掌握该市场的规律性和稳定性，从而进入目标市场。

（二）细分市场结构的吸引力

某一细分市场可能具备理想的规模和发展潜力，但是它可能并不存在市场吸引力。波特认为有五种力量决定整个市场或其中任何一个细分市场的长期的内在吸引力，分别是同行业竞争者、替代产品、购买者、供应商以及潜在的新参加的竞争者。结合金融企业的特点，它们因此将面临五种威胁性，金融企业应该尽量避免其面临的威胁，选择具有市场吸引力的细分市场。这五种威胁分别如下。

1. 细分市场内同类产品竞争者的威胁

如果某个细分市场已经有了众多的、竞争意识强烈的竞争者，那么该细分市场就会失去吸引力。因为该细分市场通常处于稳定或者衰退的状态，而金融企业的竞争却日益激烈，固定成本过高，撤出该细分市场的壁垒也过高。此时同类产品竞争者常常会进行价格战、广告战及推出新产品等策略，从而使金融企业付出高昂的代价，大大地降低了获利空间。

2. 细分市场内新竞争者的威胁

如果某个细分市场可能会增加新的生产能力和大量资源并争夺市场份额的新的竞争者，那么该细分市场就会没有吸引力。所以，问题的关键在于新的竞争者能否轻易地进入这个细分市场。如果新的竞争者进入这个细分市场时遇到较严的壁垒，并且遭受到细分市场内原来的公司的强烈报复，新的竞争者很难进入。如果新的竞争者进入这个细分市场时遇到的壁垒较低，原来占领细分市场的公司的报复心理越弱，这个细分市场就越缺乏吸引力。因而某一细分市场的吸引力随其进退难易的程度而有所区别。一般来说，最有吸引力的细分市场应该是那些进入的壁垒较高、退出的壁垒较低的细分市场。

3. 细分市场内替代产品的威胁

如果某个细分市场存在替代产品或者有潜在替代产品，由于替代产品会限制细分市场内价格和利润的增长，该细分市场就会失去吸引力。因此，公司应密切注意替代产品的价格趋向。如果替代产品行业中技术有所发展，就会大大地增加这个细分市场的价格和利润下降的可能性。因此，金融企业应该选择替代品技术较低的细分市场，减少替代产品的威胁。

4. 细分市场内客户选择能力的威胁

如果某个细分市场中客户讨价还价的能力很强或正在加强，该细分市场就没有吸引力。一般来说，如果客户比较集中或者有组织，或者该产品在客户的成本中占较大比重，或者产品无法实行差别化，或者客户的转换成本较低，或者顾客能够向后实行联合等，都会使客户的讨价还价能力得到加强。此时，客户会设法压低价格，对产品质量和服务提出更高的要求，并且使竞争者互相斗争，这些都会使金融机构的利润受到损失。因此，金融企业应该设法为客户提供独一无二的优质产品和服务，减少客户选择其他服务的风险。

5. 资金市场的威胁

如果金融机构的投资者能够随意撤资或者减少其投资金额，那么该金融公司所在的细分市场就会没有吸引力。由于投资者占据了绝对的主动优势，金融机构就会面临资金不足的风险，降低其盈利水平。因此，金融企业应该与投资者建立良好的合作关系并开拓多种筹资渠道，保障资金的充足。

（三）细分市场的特征与金融机构的目标吻合

某些细分市场虽然有较大吸引力，但不能与金融企业发展目标不一致，甚至会分散该企业的力量，削弱其实力，使之无法完成其主要目标。只有选择那些金融企业有条件进入、能充分发挥其资源优势的市场作为目标市场，该金融企业才会立于不败之地。因此，金额企业应该先找到其胜过竞争者的优势，然后以此为切入点，找到能够使其自身优势能得以充分发挥的细分市场，从而达到资源利用的最大化，实现盈利目标。

三、目标市场选择的策略

金融机构在进行市场细分和选择目标市场的基础上，应该根据自身条件和客观环境选择合适的目标市场策略。目标市场策略主要有三种，包括无差异市场策略、差异性目标市场策略和集中性目标市场策略。

（一）无差异市场策略

无差异市场策略，就是把整个市场作为一个大目标客户来开展营销，它们强调客户的共同需求，而忽视其差异性。也就是说，金融企业只需要运用一种产品、一种价格、一种推销方法，就可以吸引可能多的客户。

这种策略的优点是产品单一，能大批量予以推出，可以降低调研、开发和营销成本，增加金融企业的利润。但是，这种策略也存在一些缺陷：一方面，市场处于动态的变化中，一种产品不能够满足所有客户的需求；另一方面，若同类金融企业也同时采取相同的策略，会造成过度竞争。这种市场策略一般适用于大金融企业。

（二）差异性目标市场策略

差异性目标市场策略，通常是把整体市场划分为若干细分市场作为其目标市场。针对不同目标市场的特点，提供不同的产品，制订出不同的营销计划，按计划推出目标市场所需要的产品和服务，从而满足不同客户的需求差异。差异性目标市场策略适用于大部分的金融企业，尤其是商业银行一般都采用此种营销策略。采用差异性目标市场策略，能有效地发展现有客户的业务，有计划地开拓新市场，合理地配置资源，实现金融企业的盈利目标。

这种策略的优点是产品品种较多，批量小，变动较灵活，具有较强的针对性，能满足不同客户的不同需求，有利于提高细分市场的市场占有率。但是，这种策略也存在一些缺陷，即在丰富产品品种的同时，增加产品开发成本、销售成本和广告费用等，减少金融企业的利润水平。

实例 4-7　　上海银行国内首推“知识产权金融卡”

日前，上海浦东新区知识产权局举行签约仪式，联合上海银行、浦东科技融资担保有限公司等机构，在国内首创推出“知识产权金融卡”。

据了解,“知识产权金融卡”分为“知识产权金卡”“知识产权白金卡”,授信上限额度分别为300万元、500万元。授卡对象为拥有较高质量知识产权(商标、专利、版权、新药证书、集成电路布图设计等)的企业。首批发卡企业有40家,共拥有89件注册商标、200项发明专利、653项实用新型专利、249件软件著作权、42项集成电路布图设计和18件医疗器械注册证。上海银行客户——上海坤孚企业(集团)有限公司作为首批企业代表之一,成为“知识产权金融卡”的直接受益者。其通过注册商标与发明专利联合质押方式获得上海银行500万元授信额度。“知识产权金融卡”通过充分挖掘企业优质无形资产价值并撬动金融资源,真正实现知识产权与金融产品深度融合的突破。

资料来源:周轩千.上海银行国内首推“知识产权金融卡”[N].上海金融报,2015-04-28.

(三) 集中性目标市场策略

集中性市场策略就是在细分后的市场上,选择一个或少数几个具有优势的细分市场作为目标市场,其目的是集中力量经营少数领域的业务,尽可能满足有限的目标市场上客户的最大需要,从而在个别市场上发挥优势,提高市场占有率。采用这种策略的企业对目标市场有较深的了解,这是大部分中小型金融企业采用的策略。

这种策略的优点是营销对象比较集中,可以集中优势力量,提供专门化的服务,降低营销成本,提高金融企业的盈利水平,树立品牌形象。但是,这种策略也存在一些缺陷,集中性目标市场策略的风险比较大。由于目标市场比较集中,如果客户的偏好发生变化,市场需求发生变化,金融企业就存在很大的经营风险,在市场中处于被动的地位,增加了在竞争中失败的可能性。

这三种目标市场策略各有利弊。金融企业内部条件和外部环境在不断发展变化,选择适合本企业的目标市场策略是一个复杂多变的工作。所以,金融企业要不断通过市场调查和预测,掌握和分析市场变化趋势与竞争对手的条件,扬长避短,发挥优势,把握时机,采取灵活的适应市场态势的策略,去争取较大的利益。因此,在选择目标市场时,必须综合考虑金融企业自身的各种资源和条件,根据实际的市场情况采取不同的目标市场策略。

上述三种策略各有利弊,企业在进行决策时要具体分析产品和市场状况与企业本身的特点。影响企业目标市场策略的因素主要有企业资源、产品同质性、市场特点、产品所处的生命周期阶段和竞争对手的策略五类。

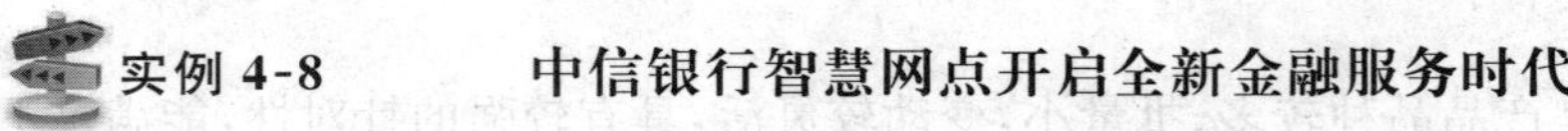

实例 4-8　中信银行智慧网点开启全新金融服务时代

“新形象、新服务、新体验”

随着信息技术的迅猛发展,“智慧地球”“智慧城市”“智慧交通”等概念如雨后春笋般大量涌现,银行金融服务如何实现“智慧化”转型,如何面对新兴互联网金融的挑战,已成为全球商业银行都面临的重要课题与挑战。近年来,各家银行纷纷创新图变,中信银行是最早加入这场“无硝烟战争”的银行之一。继2014年3月首家旗舰店在羊城开门迎客,中信银行再次发力,按照其“小型化、智能化、多业态”网点发展战略,打造了首家升级版“智慧网点”,于2016年3月正式落户宁波。

智慧环境：现代化、专属的环境风格

智慧网点入口处自助银行区大面积的中信红企业形象色，给客户以强烈的视觉冲击力和记忆力。网点一层大众客户区均以中信红为主装饰基调，配以白色墙地面及白色灯光效果，塑造出了现代、简洁、明亮且具有鲜明中信银行品牌特征的环境风格。登上二层，中信银行合理运用了"色彩分割、色彩心理"理念，贵宾服务区整体空间设计和宣传物料全部采用胡桃木色为基调的暖色调风格，使其与大众客户区红白用色形成了鲜明的反差，增强客户服务层次的差异化和识别力，有效提升贵宾客户尊贵、优雅、专属的体验感受。

智慧分流：高效、快捷的客户动线管理

为转变客户"到网点直奔柜台"的行为习惯，中信银行重新调整了网点室内功能分区，根据客户动线规律和模块化布局思路，将智慧网点由表及里划分为了三层级。第一层级由欢迎引导区、自助银行区、营销体验区、贵金属展示区组成，主要提供迎客、咨询、体验、宣传、自助办理等功能。第二层级由电视营销区、非现金服务区、理财服务区、现金服务区四个区域组成，主要提供各类业务人工办理功能。第三层级主要是贵宾服务区和后台功能区，均为相对独立分区，最大限度地实现客户快速分流，有效避免不同层级客户间、内部员工与客户间动线的交叉干扰。

网络各功能分区关系如图 4-3 所示。

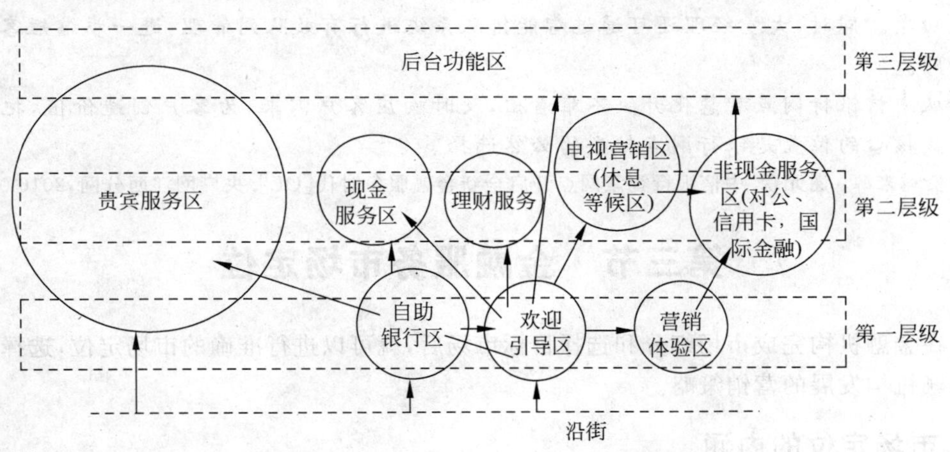

图 4-3　网络各功能分区关系

智慧交易：智能化、自助式的业务办理

在当今的移动互联时代，从 2014 年年末已披露的上市银行年报看，全国个人网上银行客户数已超 6.65 亿户，全年手机银行客户交易金额达到 30 万亿元，且增速迅猛，各家银行电子渠道对物理网点业务的替代率均超过 80%。为了实现更全面的线上线下互联互通，除了配备常规的自助现金类设备外，中信银行智慧网点还配备了智慧柜台、预填单机、网银体验机、手机银行体验机等大量电子渠道交易设备。尤其是中信银行智慧柜台的成功运行，实现了开卡、转账、理财签约等大部分个人非现金业务从高柜向低柜及自助设备迁移，并大幅提升了相关业务办理效率。

智慧展示：多样性、立体化的营销体验

中信银行智慧网点将传统纸媒、实物展示与多媒体互动展示有机结合，将无形的金融产品有形化包装宣传，为客户提供视触听全新体验，有效增强网点营销宣传效果。该网点营销体验区引入21.5寸触控一体机、手机、平板电脑等设备，将客户被动接受信息转变为客户主动浏览兴趣产品。同时，中信银行研发的数字标牌系统配合大尺寸拼接显示屏，不仅可以为等候客户提供最新政策及产品信息，还可举办现场营销及专题金融讲座。

智慧服务：生活化、个性化的增值服务

中信银行智慧网点通过现代、时尚、舒适的设计，打破客户对传统银行的认知，在网点不仅可以办理金融业务，还可以喝咖啡、吃甜点、打游戏等。中信银行智慧网点秉承"生活处处离不开金融"的理念，在网点内引入中信书屋、咖啡吧、甜品区、儿童游戏区等生活化区域，同时，还引入旅游、教育、医疗等非金融机构合作伙伴，为客户"一站式"解决多种问题，打造更加完整的生活金融圈，助力客户的幸福生活。

智慧管理：精细化的厅堂全流程管理

中信银行智慧网点通过厅堂营销系统，实现有效的厅堂管理和销售管理。大堂经理通过刷卡或刷身份证有效识别客户身份，了解客户信息，查询客户销售线索记录、转介等情况，并准确把握客户意向，让客户在办理业务的第一步就能有贴心的感受，大幅提高转介成功率。同时，大堂经理还可通过智能排队系统进行有效队列管理，进一步缩短客户等候时间。

从中信银行网点智慧化升级不难看出，及时响应客户需求，为客户创造价值，把客户放在最核心的位置是银行网点转型的必然选择。

资料来源：谢元森．中信银行智慧网点开启全新金融服务时代[OL]．央广网江西分网，2016-04-15.

第三节　金融服务市场定位

在金融机构完成市场细分和选择目标市场后，就可以进行准确的市场定位，选择最适合金融机构发展的营销策略。

一、市场定位的内涵

在实际营销过程中，金融企业根据竞争对手的产品和服务在市场上所处的地位与客户对于该产品的偏好程度，确定自己在目标市场上的经营策略。金融企业市场定位包括两个方面的内容，具体如下。

（一）金融企业市场定位

金融企业市场定位，即产品或服务"营销定位"，它指的是市场营销工作者在目标市场客户（包括现有客户和潜在客户）的心目中塑造出不同于竞争对手的具有鲜明特点的产品、服务的营销技术。也就是说，金融企业根据竞争者在现有产品在市场上所处的位置，针对消费者或用户对该产品的重视程度，强有力地推出本企业与众不同的、给人印象鲜明的个性产品或服务，从而在该产品市场上占据一个适当的位置。

专论 4-2　　国务院办公厅关于促进金融租赁行业健康发展的指导意见(节选)

国办发〔2015〕69 号

各省、自治区、直辖市人民政府,国务院各部委、各直属机构:

金融租赁是与实体经济紧密结合的一种投融资方式,是推动产业创新升级、促进社会投资和经济结构调整的积极力量。近年来,我国金融租赁行业取得长足发展,综合实力显著提升,行业贡献与社会价值逐步体现。但总体上看,金融租赁行业对国民经济的渗透率和行业覆盖率仍然较低,外部环境不够完善,行业竞争力有待提高。为进一步促进金融租赁行业健康发展,创新金融服务,支持产业升级,拓宽中小微企业融资渠道,有效服务实体经济,经国务院同意,现提出以下意见。

一、加快金融租赁行业发展,发挥其对促进国民经济转型升级的重要作用

金融租赁公司是为具有一定生产技术和管理经验但生产资料不足的企业和个人提供融资融物服务的金融机构。通过设备租赁,可以直接降低企业资产负债率;通过实物转租,可以直接促进产能转移、企业重组和生产资料更新换代升级;通过回购返租,可以直接提高资金使用效率。

要充分认识金融租赁服务实体经济的重要作用,把金融租赁放在国民经济发展整体战略中统筹考虑。加快建设金融租赁行业发展长效机制,积极营造有利于行业发展的外部环境,进一步转变行业发展方式,力争形成安全稳健、专业高效、充满活力、配套完善、具有国际竞争力的现代金融租赁体系。充分发挥金融租赁提高资源配置效率、增强产业竞争能力和推动产能结构调整的引擎作用,努力将其打造成为优化资源配置、促进经济转型升级的有效工具。

二、突出金融租赁特色,增强公司核心竞争力

深化体制机制改革,引导各类社会资本进入金融租赁行业,支持民间资本发起设立风险自担的金融租赁公司,扩大服务覆盖面。引导金融租赁公司明确市场定位,突出融资和融物相结合的特色,根据自身发展战略、企业规模、财务实力及管理能力,深耕具有比较优势的特定领域,实现专业化、特色化、差异化发展。

资料来源:中国政府网 http://www.gov.cn/zhengce/content/2015-09/08/content_10147.htm.

(二)金融企业形象定位

金融企业形象定位,是指金融企业通过设计和塑造自身的经营理念、企业标志、产品LOGO等,在客户中留下印象深刻、独一无二的企业形象。

汇丰银行就是一个很好的例子,多年来,汇丰银行都以鲜明的国际型银行的特色屹立于国际金融界。

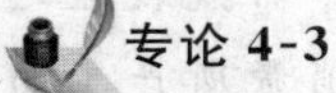

专论 4-3　　汇丰银行的定位

汇丰的目标是成为世界领先及最受推崇的国际银行。它的宗旨是把握市场增长机遇,努力建立联系以帮助客户开拓商机。汇丰银行推动企业发展,促进经济繁荣,而最终目标是让客户实现理想。为此,它制定了一项长期策略,以反映其宗旨和竞争优势。

业务网络联结全球：汇丰具备理想条件把握与日俱增的国际贸易与资金流。汇丰银行的业务网络覆盖全球，并提供多元化的服务，具备优越条件以协助客户由小型企业发展为大型跨国企业。

财富管理及零售银行业务具备本土实力：汇丰银行的目标是优先发展市场捕捉社会流动性、财富增值以及长期人口变化所带来的商机。汇丰银行将在业务规模可以为集团带来盈利的市场，投资全方位的零售银行业务。

技术发展将促使国际商品、服务及资金的流动规模不断增长。汇丰银行预期，在全球最大的30个经济体中，位于亚洲、中东及北非地区的经济体的规模到2050年将增长约3倍。该增长将使数百万人迈入全球中产阶级，尤其是在亚洲。同时，全球60岁及以上人口将增加1倍多，从2015年的不足10亿元增至2050年的20多亿元。

汇丰是少数实至名归的国际银行。它有着明显的竞争优势，如它拥有无与伦比的环球网络，涉及超过90%的全球GDP、贸易和资金流；它的网络联结增长较快的市场和发达市场；它拥有多元化的环球银行业务模式，为雄厚的资本和融资基础提供支撑，降低了风险状况和不稳定性，并产生稳定的股东收益等。

资料来源：汇丰银行官网. http://www.about.hsbc.com.cn.

二、市场定位的方法

金融企业既可以是产品或服务定位，也可以是形象定位，金融企业市场定位的方法有许多种，主要有首次定位法、重新定位法、避强定位法和迎头定位法。

（一）首次定位法

首次定位法是指当产品或者服务初次投放市场的时候，金融企业根据市场环境和产品特点，来确定产品或服务市场地位的活动，如银行信用卡业务。

实例 4-9　　上海银行首发“联通联名信用卡”

日前，上海银行与上海联通公司联合打造的创新性产品“上海银行联通联名信用卡”在上海首发。该联名卡突破性地将客户通信数据纳入信用卡征信模型，成为大数据时代信用卡授信模式的创新应用。

在“互联网+”的时代背景下，上海银行与拥有海量数据和移动端入口流量的上海联通公司合作，以支付产品创新为切入点，深入探索互联网大数据的跨界应用。作为一款在产品功能及业务模式上紧贴移动互联金融趋势的信用卡创新产品，上海银行联通联名信用卡除了具备全球机场贵宾厅服务、高额商旅保险、1元机场停车等信用卡常规权益之外，还为联通手机客户量身定做了“消费换流量”功能，联名卡客户刷卡消费所产生的信用卡积分可兑换成为手机流量，从而使客户在互联网移动通信时代得到“流量无忧”的体验。

资料来源：马翠莲. 上海银行首发“联通联名信用卡”[N]. 金融时报，2015-05-26.

（二）重新定位法

重新定位法是指金融企业针对已经投放市场的销路少、市场反应差的产品或服务进行二次定位的一种方法。首次定位后，如果客户的需求偏好发生变化，市场对本企业产品的需求大幅度减少，或者由于新的竞争者进入市场，选择与本企业相近的市场定位，那么金融企业就需要对其产品进行重新定位。如果金融企业发现新的产品市场范围，也可以进行重新定位。一般来说，重新定位是金融企业摆脱经营困境，进行创新的有效途径，从而赢得有利的市场地位。

实例 4-10　　“未来银行”紧贴互联网招行零售金融再谋升级

跨越“半壁江山”里程碑

2015 年，招行零售业务税前利润占比接近 51%，同比大幅提升，成为国内首家零售利润跨越“半壁江山”的商业银行。经过多年积淀，招行零售银行已自成体系，全方位的内生能力体系，在客群、渠道、产品、队伍建设、IT 系统、营运能力、品牌等多方面都建立了体系化优势。在组织架构上，零售金融总部下辖网络银行、财富管理、私人银行、零售信贷、基础客户、信用卡等 6 个一级部门和中心。这种细分领域的专业化分工，大大提高了业务管理的精细化水平。

互联网金融再造体系化优势

尽管零售业务已具备相当的竞争力，但招行近年来依旧不断自我剖析，逐渐把对标竞争对手从传统商业银行瞄向新兴的互联网金融企业，并酝酿零售银行体系再造的路径，在既有的优势上再上一个新台阶。因此，招行在 2015 年确立了“内建平台、外接流量、流量经营”的互联网金融创新策略，并把互联网金融作为推进“轻型银行”战略转型的重要工具。2016 年年初，招行与滴滴建立全面战略合作关系，通过投资滴滴，招行获得了优质的互联网流量，并可以通过在滴滴平台接入“一网通”支付、发行联名信用卡和借记卡等多种方式进行获客。

资料来源：中国招商银行网站，http://www.cmbchina.com. 2016-04-14.

（三）避强定位法

避强定位法是指金融企业在遇到实力较强的对手时，避免与强有力的竞争对手发生直接竞争，而将自己的产品定位于另一市场区域内，选择新的金融产品和企业形象定位。一般来说，避强定位法市场风险较小，成功率较高，可以使金融企业迅速在目标市场上站稳脚跟，并且能够在消费者心中树立起企业形象，常为多数金融企业所采用。

（四）迎头定位法

迎头定位法是指金融企业根据自身的实力和资源，为占据较佳的市场地位，直接与市场上占支配地位、实力最强或较强的竞争对手发生正面竞争，从而使自己的产品进入与对手相同的市场位置。由于竞争对手实力较强，这一竞争过程往往相当引人注目，金融企业的产品或服务能够较快地为消费者了解，从而达到树立金融企业形象的目的。一般来说，迎头定位法可能会引发激烈的市场竞争，存在较大的风险。因此，金融企业必须知己知彼，了解市场容量，根据自身拥有的资源和竞争优势开展竞争。

三、市场定位的步骤

金融市场定位的关键是企业要设法在自己的产品上找出比竞争者更具有竞争优势的特性。竞争优势一般有两种基本类型：一是价格竞争优势，即在同样的条件下比竞争者定出更低的价格；二是偏好竞争优势，即能提供确定的特色来满足顾客的特定偏好。通常，金融企业市场定位的过程主要包括以下三个步骤。

（一）识别潜在竞争优势

识别潜在竞争优势是指金融企业在市场调研的基础上，识别自身潜在的竞争优势。它主要包括以下三个方面的内容。

(1) 明确竞争对手的产品定位。

(2) 了解目标市场上客户的满意程度以及潜在服务需求。

(3) 根据竞争者的市场定位和潜在顾客的需求提供差异化的产品或服务。

金融企业市场营销人员通过系统地设计、搜索、分析和报告上述内容，可以从中把握和明确自身潜在的竞争优势，从而提供更多特色的服务以满足客户的需求。

专论 4-4　　消费金融公司应明确定位于中低消费人群

中国银监会非银行金融机构监管部主任李建华：

明确定位，加强创新，走特色化和差异化发展路线。在客户定位上，消费金融公司应明确定位于中低消费人群，通过拓展业务合作和销售渠道，锁定潜在客户，加强营销力度。在产品设计上，通过对消费市场和居民需求进行细分与研究，根据市场需求的特点探索与之相适应的业务和产品结构，按照客户家庭分层设计更多个性化的信贷产品，不断丰富产品功能，为客户提供全面化、专业化、标准化、自动化的便捷高效的融资服务。

加大宣传力度、丰富营销模式，不断拓展消费金融市场。消费金融公司要借鉴西班牙消费金融公司以经销商和零售商为对象的间接营销与以个人客户为对象的直接营销相结合的模式，与众多行业领域进行合作联盟，加强产品宣传，建立以客户为中心的销售服务网络。一是借助经销商、制造商与客户信息的完全对称优势了解客户、跟踪客户，用送货服务、售后维修服务等形式，绑定客户。二是结合客户对特定商品实际需求，通过在消费金融产品种类、计息还款方式和风险管控等方面有针对性的研发和设计，形成服务优势，让客户选择消费金融产品。通过上述方式进一步提升客户服务水平，拓展客户市场面和客户群。三是加强针对中低收入家庭客户的理念传导和产品宣传，帮助消费者正确理解消费金融产品，加强延伸服务，进一步开发客户消费金融服务需求。

资料来源：李建华. 消费金融公司应明确定位于中低消费人群[J]. 中国金融，2013-12-17.

（二）选择竞争优势

选择竞争优势实际上就是把金融企业与竞争者各方面的实力相比较的一个过程。竞争优势表明企业能够胜过竞争对手的能力。但是，并不是每一种优势都是金融企业能够利用的，金融企业应该善于发现并利用自身存在或创造出来的相对竞争优势。这种能力既可以是现有的，也可以是潜在的。因此，金融企业应该选出最适合本企业的竞争优势，以初步确定该企业在目标市场上所处的位置。

专论 4-5　　欧美私人银行定位

活跃于高端人际圈的老沈正在负责筹建专业的私人银行。为此，他酝酿多时，且相继考察了瑞士银行、渣打银行、汇丰银行等外资机构的私人银行，取经之际力邀外资私人银行参与合作，一切正在悄然"酝酿"中。

据他介绍，之所以选择汲取外资"之长"，在于国外私人银行有着数百年的历史沉淀，市场颇为成熟，比如欧洲私人银行和北美私人银行体系，可以为我国私人银行的发展提供一些思路。

欧洲：家族式"金融顾问"

私人银行是典型的需求推动的服务，从起源至今，服务内容大体围绕财富管理、资产配置、遗产规划等展开。

私人银行最初是由私人独资或合伙投资经营的非股份公司形式，属于个人所有并通过家族管理。"在对外资私人银行的考察中，印象最深的要数欧洲私人银行，专业性和高度保密性很强。"老沈介绍说。

欧洲私人银行可以追溯到16世纪中期。有一种说法是，当时法国一些经商的贵族阶层由于宗教信仰的原因被驱逐出境，他们来到社会、政治较为稳定的瑞士，并与欧洲贵族保持密切联系。这批被放逐的商业贵族后来成为国际财产的管理专家，形成了第一代瑞士银行家。

经过450多年发展，欧洲私人银行在经营管理、业务开发、市场布局等方面经验丰富。其中，在财富管理方面，瑞士私人银行一直是全球范围的领先者，在全部跨境投资私人资产中有近三成的份额在瑞士管理，对瑞士银行业的收入贡献接近一半。同时，由于瑞士私人银行有着高度的个性化和保密性，吸引了世界各地的豪门富贾。据估算，在瑞士境内银行管理的客户资产中，来自国外的占比超过六成。

瑞士私人银行意在为客户在全球配置和管理资产，且重视客户细分，提供差异化的产品和服务。以私人银行巨头瑞银集团(UBS)为例，该集团依照资产总值情况将客户分为关键客户、高净值客户、核心富裕客户，并按照客户层级分配不同的客户经理进行维护和设计差别化的财富管理方案。这有效规避了私人银行市场供需不对称问题，将不同的服务送达给不同的客户，而非标准化的理财产品。

通常来说，欧洲私人银行带有私人性质，由家族管理，高级"金融顾问"的身份代代延续，强调以财富保值为首要目标，配置风险较低的金融产品。这些金融顾问服务的对象主要是企业主、企业高管和体育影视明星。三类群体关注的领域并不相同，比如企业主通常对纳税、融资等方面最为关切；企业高管因持有公司股票，受股市波动较大，他们往往对股票与期权管理、兑现和对冲战略感兴趣；而影视、体育明星经过5～10年的辉煌期后，收入可能下降，他们通过私人银行寻求保障生活质量的长远金融规划。

北美："全能型"管家

广东金融学院院长陆磊认为，尽管部分欧洲私人银行也有生活类增值服务，但总体上看更侧重于为高端客户提供金融方面的服务，重在客户最关心的资产管理上做到最好；

而美国的私人银行则偏向于全能型的管家服务。

以美国为代表的北美地区私人银行，追求“一切创新皆有可能”，只要客户需要，无论是金融类服务还是其他琐碎的生活服务都会涉及。他们习惯将银行、证券、保险、生活等各方面的创新都结合起来，进行综合化管理和混业经营。

与传统欧洲通过代代相传被动积累财富的方式不同，美国经济的快速发展产生了大批富裕人群，其中不乏年轻富翁；且大量富裕的个人或家庭都是自己创业，通过继承获得财富的人群不到五分之一。这些富人的风险承受能力较强，更倾向于投资股票市场而非债券市场、投资企业而非不动产以及看好新兴市场。这也带动了面向私人银行的金融产品的蓬勃发展，如私人股权基金、风险资本、对冲基金、结构性金融产品。

在金融大佬花旗集团的私人银行业务中，提供内容包括集团自主开发的金融产品、其他衍生品，同时涵盖消费、信贷、保险和资产管理等多样化服务。当资产管理的核心业务稳定后，更多的增值服务随之产生。该集团利用自身在全球100多个国家布点的网络优势，收集客户的各方信息与诉求，从而为私人银行提供诸如酒店机票预订、天气交通咨询、医疗、餐饮、健身等非金融服务奠定了基础。

目前世界主流的私人银行模式有三种：独立型的私人银行（家族管理，承担无限责任）、投资银行型的私人银行和商业银行型的私人银行。其中欧洲私人银行大多为独立型的私人银行，完全独立于母体商业银行集团，成为独立的法人银行；而美国的私人银行主要为投资型的私人银行和商业银行型的私人银行，后者一般是商业银行集团的一个具有高度独立性的成员。其实，无论是在欧洲还是北美，出色的私人银行巨头掌管巨额资产的同时都力求在全球范围内配置资源，那些跨国、跨区域的金融网点帮助他们进行资源调配。

此外，记者注意到，国际私人银行十分注重在潜在客户身上“下功夫”，即对处在事业初创阶段的客户进行关注，并适当地提供借贷、保险、养老金规划等方面的建议或服务，在很多私人银行家们看来，这样培养起来的目标客户对私人银行的信任度和黏性普遍较高。

资料来源：袁诚，张晨曲. 私人银行在欧美[N]. 新金融观察，2013-07-28.

（三）凸显特色竞争优势

凸显特色竞争优势是指金融企业要通过一系列的宣传促销活动，将其独特的竞争优势凸显出来并准确传播给目标客户，使其在客户心目中留下深刻印象的一个过程，主要包括以下三个方面的内容。

（1）树立企业形象。金融企业应该使目标顾客了解、熟悉并偏爱本企业的市场定位，在客户心目中建立与该定位相一致的形象。

（2）强化企业形象。金融企业通过各种努力保持对目标客户的了解，稳定目标市场的客户，通过加深与目标顾客的感情来巩固与强化企业形象。

（3）及时纠正偏差。金融企业应注意目标客户对其市场定位理解出现的偏差或由于企业市场定位宣传上的失误而造成的目标顾客模糊、混乱和误会等现象，及时纠正与市场定位不一致的企业形象，从而满足目标市场客户的需求。

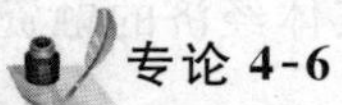专论 4-6　　明确我国民营银行市场定位刻不容缓

随着深圳前海微众银行获批开业，我国首批试点的民营银行呼之欲出。作为我国金融改革的“新生儿”，民营银行开业之初需要面对内部环境和外部市场的双重考验。因此，民营银行应深度发掘和发挥自身优势，未雨绸缪，尽早明确市场定位并制定相应的发展战略，为今后的健康持续发展打下良好基础。

新形势下民营银行明确市场定位的必要性

国家设立民营银行的初衷就是要探索“以小对小、以私对私”的融资结构，重点解决我国中小企业特别是民营中小企业的融资问题。从民营银行的角度来看，作为银行业的生力军，其内部环境和外部市场均存在较大的不确定性，能否合理定位，找到进入市场的切入点，将直接影响民营银行未来的发展境况。因此，明确民营银行的市场定位，对于银行自身发展和国家政策落实都具有重要意义。

阻碍民营银行正确市场定位的主要因素

一直到 2014 年召开的“两会”后，中国银监会才正式批复同意设立民营银行，其中一个关键性的制约因素就是民营银行的市场定位问题。目前来看，阻碍我国民营银行进行准确市场定位的因素包括以下几点：一是有关民营银行的法制尚未健全；二是社会征信体系尚未健全；三是社会担保体系仍未完善。

国内民营银行市场定位路径选择

民营银行应细分区域市场，充分发挥自身优势，选择和确定合适的客户群、金融产品和相应的营销渠道。民营银行市场定位应遵循如下路径：首先，细分市场，确定目标客户群；其次，积极拓展中间业务，打造优势产品；最后，探索新型的营销模式。

资料来源：邱兆祥，刘永元. 明确我国民营银行市场定位刻不容缓[N]. 中国经济时报，2015-01-13.

复习思考题

1. 金融服务目标市场营销主要包括哪些内容？
2. 简要说明市场细分的内涵、原则、方法和程序的主要内容。
3. 目标市场选择的内涵是什么？选择目标市场的依据主要有哪些？目标市场选择的策略包括哪些？
4. 市场定位的内涵包括几个层面的内容？并说明市场定位的方法和步骤。

实训题

努力开拓新市场应对市场变化

近年来，针对出现的金融脱媒与企业降杠杆的现象，某银行为了加快推动公司金融业务转型，近期准备承销首批公积金贷款证券化试点项目。本次发行的项目预计包括两个试点，项目所对应的资产池均从公积金中心个人住房抵押公积金贷款中选取产生，主要面向银行间市场投资者发行。该项目可以充分发挥债券承销、金融租赁、投资银行等全链

条、多牌照融资业务体系的优势，大力发展直接融资，多渠道、多途径支持实体经济的融资需求。那么，具体应该如何在试点中心将这一项目进行营销呢?

提示：营销方案和计划要符合法律和行业规定，并具备可行性。

要求：形成一份目标市场营销计划书，根据市场和实际可行性进行实践，最后写一份调查报告，分析其不足并予以与改进。

案例讨论

工行深入推进"一带一路"金融服务

在我国推进"一带一路"建设、打造全面开放新格局的战略指引下，中国工商银行紧紧围绕国家战略布局，深入推进国际化、综合化经营发展，积极为中资企业"走出去"和"一带一路"建设提供全方位、综合化的金融服务。截至2015年6月末，工行为支持企业"走出去"提供的融资中，仅支持装备和产能"走出去"方面的融资已超过2 000亿美元，融资余额约1 100亿美元。在支持"走出去"境外项目融资方面，工行已累计支持项目142个，承贷金额313亿美元，其中"一带一路"项目115个，承贷金额达199亿美元，同时储备境外"一带一路"项目139个，总投资额合计2 092亿美元。

提供大量融资和全面金融服务，帮企业走得更"快"

目前，工行支持中资企业"走出去"的境外融资项目已遍及亚、非、欧三大洲30多个国家，占到"一带一路"沿线国家总数的三分之一，行业涉及电力、交通、油气、矿产、电信、机械、园区建设、农业等，基本实现了对"走出去"重点行业的全面覆盖。2015年以来，工行围绕国家战略布局和产业政策积极推动一批重点项目落地，包括铁路、核电、电信等行业标志性项目，以及中巴经济走廊、中东欧市场、海上丝绸之路、中蒙俄经济带等区域开发项目。

同时，工行还通过投资银行、融资租赁等多元化金融服务为企业"走出去"提供金融支持。2014年工行牵头筹组银团贷款项目435个，担任银团贷款牵头行的签约总金额达435亿美元，位居亚太区银团贷款牵头行榜首。2014年，工行支持企业"走出去"跨境并购交易规模40亿美元，路透社"中国海外并购财务顾问"年度排名第八，是唯一进入前十名的中资金融机构。

提供国际化网络和本地化服务支持，帮企业走得更"准"

目前，工行境外网络已覆盖全球42个国家和地区，分支机构400家，并通过参股南非标准银行间接延伸至20个非洲国家，是全球网络覆盖最广的中资金融机构，形成了横跨亚、非、拉、欧、美、澳的全球化金融服务网络。并且，首家建成了横跨亚、欧、美和中东地区的境外人民币清算行网络，实现了全球24小时不间断人民币交易清算服务。

在"一带一路"沿线国家，工行在18个国家拥有120家分支机构，是"一带一路"沿线覆盖国家最广的中资金融机构。在"21世纪海上丝绸之路"重要合作区域的东盟地区，工商银行在泰国、越南、老挝、柬埔寨、缅甸、印尼、马来西亚、新加坡8个国家拥有61家分支机构，并且在新加坡和泰国获得人民币业务清算行资格，是东盟地区服务能力最强的中资金融机构。未来一段时间，工行还将争取把境外机构覆盖国家和地区从目前的42个增加到50个左右，新增机构将重点布局在“一带一路”的空白区域，加快在重点区域延伸二三级网络，形成强大的联动服务基础，进一步提升服务“一带一路”建设的能力。

为企业牵线搭桥，挖掘投资机会，帮企业走得更“远”

近年来，工行积极组织国内企业家到世界各地访问，通过发挥自身的信息和网络等优势，积极从“跟随”企业走出去向“引领”企业走出去转变。2015年以来，工行“人民币国际化之新丝路：狮城债的新契机”“首尔人民币高峰论坛”“人民币国际化暨中美经济合作论坛”“巴基斯坦投资论坛”“工银标准银行商品业务暨全球金融市场业务论坛”“中非企业家论坛”“印度投资推介会”等多场高层次经贸投资交流活动，协助中资企业与“一带一路”国家和地区的项目对接，推动人民币国际化和跨境使用。

为企业量身定制“走出去”解决方案，帮企业走得更“好”

工行成立了“一带一路”工作领导小组，并打造了一支实力雄厚的国际化专业经营团队，积极为企业“走出去”和“一带一路”建设提供融资、财务顾问、投资银行、交易金融、全球现金管理、境外资产管理、租赁金融等全方位金融服务，推动国产飞机、高铁机车、核电设备及优势富余产能拓展国际市场。同时，积极支持中资企业“走出去”到境外发行债券、募集资金，帮助企业有效地降低融资成本，优化财务结构。2013年和2014年工商银行通过境外债券承销业务共为中资企业募集资金折合人民币约2 870亿元，先后承销27只中资企业离岸人民币债券、20只高收益美元债券和34只投资级美元债券。

资料来源：刘飞．工行深入推进“一带一路”金融服务[J]．华夏时报，2015-11-19.

案例讨论题

1. 为什么中国工商银行可以成为“中国最佳银行”？

2. 简要说明中国工商银行“一带一路”金融业务目标市场营销的具体内容，对其他金融企业的发展有哪些借鉴意义？

第五章 金融服务产品的开发与管理

本章理论要点

- 了解影响金融产品策略的因素
- 掌握金融产品开发过程
- 掌握产品生命周期理论
- 了解金融品牌及品牌策略

案例导入

狗不理加馅等奇葩信托刷屏背后：产品僧多粥少

最近一段时间，除了旅游信托、影视信托等创新型产品外，类似于"狗不理包子加馅信托计划""环球金融中心增高超上海中心信托计划""兵马俑扩建信托计划"等恶搞的信托产品横扫微信朋友圈，一系列脑洞大开的虚拟"项目"令网友大开眼界，不过，调侃之间也充分反映了目前信托产品僧多粥少的局面。"以往客户还有选择的余地，现在只要稍微犹豫，产品就销售一空。"一位信托公司研究部人士对记者表示。"项目供不应求。"上述信托公司研究部人士称，"原来的预约都是象征性的：客户先陆续打款，等资金接近信托项目规模上限之后再进行预约；现在是一开始就得实名预约，约上了再打款，平均有3～5倍的资金在等着打款。"

"央行多次降息之后，社会融资成本降低，此外新三板等融资渠道逐渐增多，信托这一高融资成本渠道受到冲击严重。"上述信托公司人士解释，"信托产品少的根源就是好的企业有更多的融资途径，不好的企业一些大的信托公司也不愿意给它做融资。"

其实不只是信托产品，眼下整个泛固定收益类产品都遭遇了资产配置荒。与之相对应的是，公司债发行量暴增，新公司债收益率明显下行，货币市场基金规模暴增也正说明了资金并无更好的去处。

中金公司分析师张继强称，今年开始的地方债置换将高收益、低风险资产转化为低收益、无风险资产，银行表内信贷都"吃不饱"，加上地方融资渠道的正常化、地方政府融资严监管，绕道表外等动力大大减弱。高收益、低风险的金融资产供给出现明显收缩。

不过，股市带来的高收益资产疯狂扩张一度掩盖了资产端收缩的现实——打新、配资、券商收益凭证导致新的金融资产供求两旺，直到股市大跌之后才迎来第一次真正的"缺资产"。市场的矛盾开始变为：资产回报预期仍高，但高收益资产却在大幅收缩。

基金业协会数据显示，截至8月末，债券型基金份额及资产净值分别为3 935.55亿份、4 546.67 亿元，相比 7 月环比增长 12%、11.8%。

货币基金近期限制大额申购仍是主流。以工银瑞信添益快线货币基金为例，7 月 24 日，工行融 e 行渠道将总规模上限调整到 50 亿元，仅仅过了一周，7 月 30 日，又再次调整到 100 亿元，并暂停基金公司直销中心申购业务；至 9 月 9 日，工银瑞信添益快线货币基金恢复直销平台申购，不过仍暂停大额申购。除此之外，最近一个月，长盛、德邦、国开泰富、华安、易方达、建信等基金公司也纷纷加入货币基金限购的队伍。不过，也有汇添富、招商、鑫元等少数基金公司旗下货币基金近期打开大额申购。"经常有机构来反馈，希望申购货币基金，金额在几十亿至上百亿不等，事实上，近期货币基金偶尔打开一天申购，之后又迅速暂停申购，就是专为这类大资金开通的。"一位银行系基金公司市场部总监称。"货币基金收益只比活期存款高一点，大量涌入货币基金事实上正说明了资本市场上资金无处可去。"一位券商资管固定部总监称。

资料来源：陆慧婧. 狗不理加馅等奇葩信托刷屏背后：产品僧多粥少[N]. 每日经济新闻，2015-09-23.

第一节　金融服务产品的概念和内涵

一、金融服务产品的概念

金融企业为客户提供服务的核心是金融服务产品，所提供的金融产品能够满足客户的金融需求才是金融企业立足的根本。

（一）金融服务产品的概念

金融服务产品是金融市场的买卖对象，是金融机构向金融市场提供的、能够满足市场需要的、与货币资金融通连接在一起的一切服务项目。[①]

与金融产品相联系的另一个概念是金融工具，但是不能认为金融工具可以等同于金融产品。金融产品的核心其实是金融服务，而金融工具其实是金融服务的载体。

（二）金融服务产品的构成要素

金融服务产品的是无形产品，核心是关于资金及服务的约定，一般金融产品的构成要素包括交易主体、金融权益、期限、价格、收益与风险、流动性。

一个金融产品是一系列具体规定和约定的组合。虽然不同的金融产品有着不同的具体规定和约定，但是，每一个金融产品通常都应具备至少如下方面的内容。

1. 交易主体

交易主体是金融产品的发行者和认购者，也是资金的提供者和需求者。有的金融产品面向公众发行，凡是有意愿的投资人都可以购买，也有的金融产品定向发行，只发行给特定的购买者。

实例 5-1　　专项金融债向邮储银行定向发行

据悉，国开行、农发行向邮储银行定向发行专项建设债券，中央财政按照专项建设

① 周晓明，唐小飞. 金融服务营销[M]. 北京：机械工业出版社，2010.

债券利率的90%给予贴息,国开行、农发行利用专项建设债券筹集资金,建立专项建设基金,主要采用股权方式投入,用于项目资本金投入、股权投资和参与地方投融资公司基金。

资料来源:徐燕燕.专项金融债将向邮储银行定向发行[N].第一财经日报,2015-08-05.

2. 期限

金融服务产品的一个重要构成要素是期限,一般货币市场上的金融产品都是1年以内的短期产品,资本市场上的金融产品是1年以上的长期产品。期限最长的是无期产品,如股票是最典型的没有期限的金融产品。

筹资人按照需求确定金融产品的期限,如果是为了短期融通资金,可以选择短期拆借或发行短期票据,如银行间隔夜拆借就是期限很短的金融产品;如果是为了长期投资,可以选择发行长期债券和股票。

3. 价格和收益

价格是金融产品价值的货币表现。筹资人出售金融产品可以得到相当于价格的资金,投资人要考虑价格高低选择是否投资。

金融产品价格还可以分为发行价格和流通价格,有的金融产品在一级市场上筹资的定价和在二级市场上流通的交易价格常常是不一样的,而且有的金融产品的交易价格还会频繁波动的。

2005年,百度公司在美国纳斯达克上市时,最初的估价在23~25美元,实际IPO价格为27美元。当二级市场开始交易当天,百度开盘价高达66美元,比IPO价格27美元高出39美元,当日最高价甚至还涨过了150美元。

专论5-1　　百度上市小资料

发行商:百度公司

股票代码:BIDU

募股类型:证券交易委员会注册首次公开募股

所募有价证券:美国存托股票(ADS)

首次公布募股价格范围:19美元至21美元

调整后募股价格范围:23美元至25美元

最终定价范围:27美元

首次发行股票数量:3 699 935股美国存托股票,初步中点总价为7 400万美元

调整后股票发行数量:4 040 402股美国存托股票,调整后中点总价为9 700万美元

最终发行股票数量:4 040 402股美国存托股票,总价为1.09亿美元

交易所/代码:纳斯达克/BIDU

CEO:李彦宏(持股比例:IPO前:25.8%;IPO后:22.9%)

IPO后持股结构:管理层(李彦宏22.9%、CTO刘建国0.9%、CFO王湛生1%、COO朱洪波1%、副总裁梁冬0.4%);

主要股东:(德丰杰25.8%、徐勇7%、Integrity9.7%、Peninsula8.5%、GoogleIPO前2.6%)股东(IDG 4.2%)

公司注册地：开曼群岛

员工人数：750 人

主要业务：搜索引擎

财年截止日：12 月 31 日

网址：www. baidu. com

承销商：高盛、瑞士信贷第一波士顿等

资料来源：刘阳. 纳斯达克发狂了百度开盘价疯涨至 66 美元升 1. 5 倍[OL]. 网易科技报道 http://tech. 163. com, 2005-08-05.

收益率是金融产品给持有者带来的收入占其投资额的比率。收益率的高低意味着投资回报的多少，这对投资者来说至关重要，例如，在选择理财产品时，很多投资人最关注的就是预期收益率的多少。

金融产品的收益情况大致分两种，固定收益率和浮动收益率。存款和债券就是固定收益率金融产品，而股票、基金等事先没有约定收益率的产品，其收益率就是不确定的，投资人可能赚钱，也可能亏损。

价格和收益率有时候会同时体现出来，比如，购买债券的时候，票面上有时候会表明债券价格和收益率，一张 10 000 元的债券，期限 1 年，利率 10%，意味着投资人买入时付出 10 000 元，持有到期可以得到 11 000 元。

4. 风险

在投资理论里，风险是一种收益的不确定性，一般来说高风险高收益、低风险低收益，如果投资人购买了高风险的金融产品，自然希望得到更高的收益作为风险补偿；反之，如果购买了低风险金融产品，理论上就不会得到更多的风险补偿。

但高风险高收益是一种可能性，并不是高风险产品一定带来高收益，有时候可能给投资人带来损失，甚至巨大的损失。风险和收益是一对相关性很强的概念。

5. 流通性

流通性是指金融产品的变现能力，如果一种金融产品在需要的时候能很快出售，同时价值不会明显损失，这种金融产品的流通性就较高。国债、可转让大额存单就是高流通性产品，像封闭式基金就是低流通性的产品。

流通性是投资人选择金融产品的因素之一，短期投资者尤其关注金融产品的流通性，而长期投资者对流通性就没有太高的要求。

二、金融服务产品的分类

金融市场上的产品可谓五花八门、种类繁多，金融产品也有很多种分类方式：

——按照发展顺序可以分为：基础金融产品和衍生金融产品；

——按照经营主体不同可分为：银行类产品、证券类产品、信托类产品、保险类产品、互联网金融产品等；

——按照风险大小不同分为：低风险产品和高风险产品，如果要更细致地划分，还可以在中间划分出中低风险产品、中等风险产品、中高风险产品；

——按照所有权属性可以分为：产权产品（如股票）和债权产品（如国债）；

——按照收益状况可以分为：固定收益产品和浮动收益产品；

——按照地理划分可以分为：国内金融产品和国际金融产品；

——按照期限长短可以分为：短期产品和长期产品。

本书简要介绍以下常见的金融产品。

（一）存款

存款机构接受客户存入的资金，为客户开立存款账户，并按期限支付相应的利息，这种金融服务叫作存款。存款按照期限可以分为活期存款和定期存款，按照币种可以分为本币存款和外币存款，按照存款人性质可以分为居民储蓄存款和对公存款。存款的利率是固定的，期限越长，利率越高。

存款是一种基础性的金融产品，当一国的金融产品不够丰富时，大多数居民会选择存款，但当金融产品变得丰富时，客户的金融需求多样化会导致存款减少，其他金融产品销售增加。

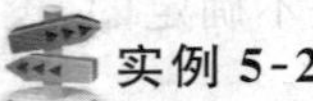

实例 5-2　　银行存款流失成新常态

央行公布了 2014 年全融统计数据报告，报告显示，2014 年人民币存款增加 9.48 万亿元，同比少增 3.08 万亿元。在 2014 年的多个月份，住户存款都呈现了负增长，作为商业银行存款的重要来源之一，住户存款在 2014 年出现了巨大的分流。某银行新闻发言人表示，银行存款主要面对四个方面的争夺：一是理财产品市场；二是互联网金融产品市场；三是 P2P 投融资撮合平台；四是股票市场。

资料来源：银行存款流失成新常态 2015 年揽储压力大[OL]. 中研网，2015-01-27.

（二）债券

债券是一种金融契约，是发行人直接向社会借债筹措资金的债权债务凭证。筹资者向投资者承诺按一定利率支付利息，并按约定时间偿还本金。

发行者和投资者之间形成债权债务关系，发行者是债务人，投资者是债权人。债券是一种有价证券，是债权债务关系的证明。

债券按照发行人不同可以分为国债、企业债和金融债。债券的利息是事先确定的，所以债券是固定收益金融产品的一种。

实例 5-3　　400 亿元国债瞬间售罄火爆堪比春运抢票

2016 年 4 月 10 日是 2016 年首期电子式储蓄国债销售的第一天，由于网银和柜台同时开售，部分银行网点甚至来不及卖出一笔就发现额度全部被抢光。连银行工作人员都感叹："买国债简直跟抢春运火车票一样火爆，完全靠人品。"这次没有抢到国债的市民也不用太灰心。根据财政部公布的 2016 年国债发行计划表，2016 年 3—11 月的每月10 日都会有储蓄国债发行，其中 4 次为凭证式国债，5 次为电子式储蓄国债。今年还有 7 次机会购买国债。

在央行六次降息、股市动荡不安、银行理财产品收益率逐步下滑的当下，国债再次成为市民理财的宠儿。昨天是今年首期电子式储蓄国债销售的第一天，不少老年客户不惜熬夜去银行守候。到上午10点，全国范围内400亿元的额度已经全部售罄。

资料来源：400亿国债瞬间售罄火爆堪比春运抢票[N].北京青年报，2016-04-11.

（三）股票

股票是股份公司发行的所有权凭证。股份公司为筹集资金发行股票，投资人买到股票作为持股凭证和取得股息和红利的凭证。股票是证券市场上的长期信用工具。

股票分为普通股和优先股。普通股是在公司经营和利益分配上享有普通权利的股份。优先股主要在分红及剩余财产分配方面优先于普通股。持有优先股的股东没有选举及被选举权，一般也没有参与经营权，但是能得到稳定分红。

大多数股票投资者购买的是普通股，投资人购买股票的目的有多种。有的是为了成为大股东，参与企业经营；有的是为了买卖股票，获得资本利得；有的是为了持有股份，得到分红。通常所说的"炒股"，是短期投资者为了获得买卖差价，在股票市场上较为频繁地买入卖出。股票是价格波动频繁的金融产品，炒股风险很大。

（四）保险产品

保险产品是保险公司提供的，满足金融消费者保障与补偿需要的金融产品。保险产品按照大类划分为人身保险产品、财产保险产品和责任保险产品。

按照具体功能可以分为寿险、健康险、财产险、养老险、责任险等。

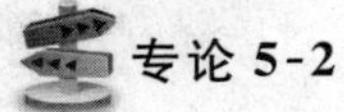
专论 5-2　　盘点国外最奇葩的七种保险

外星人绑架保险

最令人称奇的是美国推出的外星人绑架保险，保单条款规定：保费只收9.95美元，如果投保人被不明飞行物体上的外星人绑架，便可获得1 000万美元的赔偿。不过保险赔付年限是你想不到的1 000万年，难道是外星上的寿命更长？

买彩票老不中奖保险

荷兰阿姆斯特丹的哈波利保险公司向人们推出了一些奇特的险种，如买彩票老不中奖保险。如果投保人一年之内52次以上买彩票均没有中奖则公司支付2 500欧元。年保费也不过数十欧元。这对于那些彩票爱好者来说无疑是一个喜讯了。

绿帽子险

还是在荷兰，保障内容是丈夫投保后发现妻子有外遇，或孩子不是自己亲生的情况，即可获得500欧元的赔偿，这款保险的年保费仅为12～18欧元。类似的还有防小三险。

樱花盛开险

日本每到樱花盛开的时候，保险公司就会请气象专家参考近几十年来日本列岛的樱花开放规律，对当年气温、日照时间等气象问题进行预测，并研究和分析这些气象数据对樱花开放期的影响，然后再预测当年日本各地樱花开放的具体日子。投保的旅行社、休闲娱乐场所以及其他客户可以根据保险公司的预测安排相关日程，如果樱花开放日期与保险公司的预测不一，保险公司将向投保者支付赔偿金。

人体局部险

这个在很多国家都有。英国的小号演奏者密利斯·戴维斯为自己的嘴唇投保了50

万美元的保险；美国歌星约翰·丹华每年交纳保险费19万元为自己的头发购买防脱落保险；西班牙皇家马德里足球队曾购买1.44亿美元的保险给克里斯蒂亚诺·罗纳尔多。

爱情保险

韩国的婚前爱情保险

以恋爱者是否最终成婚为给付条件，若双方最终成婚，保险公司将给付一定额度的保险金，否则就没有保险金的支付。

英国的婚后爱情保险

每对夫妇每月交5英镑的保险金，即可享受爱情保险。具体保险内容是：自保险之日起，夫妇和睦相处达25年者，可以领到5 000英镑保险金；夫妇中若有一个在保险期间病故或其他原因死亡，未亡人可以领到1 000英镑抚恤金；如果参加保险的夫妇不和，经由公司调解无效而离婚者，被遗弃一方可获3 000英镑保险金。大约有20%的新婚夫妻会投保这种爱情险。

一杆进洞险

一杆进洞是无数高尔夫爱好者的梦想，但难度极大，概率只有几万分之一，大有"一分靠实力，万分靠运气"的感觉。针对一杆进洞，很多高尔夫赛事都会提供高额奖金。

最近，在美国的一场高尔夫慈善赛中，一位业余高尔夫爱好者就打出了一杆进洞的精彩表现，结果得到了100万美元的高额奖金。

资料来源：搜狐财经 http://mt.sohu.com/20151014/n423256089.html.

（五）信托

信托产品是一种基于信任委托的特殊理财产品，是由特殊的财产管理制度和法律行为来规范的金融产品。

按照信托事项的法律立场，信托可以分为民事信托和商事信托。民事信托是信托涉及的法律依据为民事法律范围之内的信托；商事信托是信托事项涉及的法律依据在商法规定的范围之内的信托。[①] 按照信托成立原因可以分为意定信托和法定信托。按照是否集合公众财产，可以分为单一信托和集合信托。

信托品种的特殊之处在于：产品设计非常多样，各个信托品种在风险和收益潜力方面可能会有很大的区别。

（六）银行理财产品

银行理财产品是商业银行自身经营的理财产品。目前，我国每年银行推出的银行理财产品数以万计。银行理财产品的特点是，收益率不高，同时风险也较小。目前一般银行理财产品收益率在3%～5%居多，高于存款利率，低于债券利率。

除此之外，金融市场上还有很多其他金融产品，如外汇、融资租赁、贵金属理财产品、金融衍生产品等。

---

① 吴世亮，黄冬萍. 中国信托业与信托市场[M]. 北京：首都经济贸易大学出版社，2010.

第二节　影响金融服务产品策略的因素

一、金融服务产品的客户

金融服务产品的客户是金融市场的交易主体，包括所有的金融服务的购买者。金融企业的客户按照主体性质可以分为个人客户和公司客户。这些客户包括以下六类。

（一）筹资者

筹资者是金融市场上的资金需求者和资金使用者，筹资者可以通过金融机构进行间接融资，也可以在金融市场上进行直接融资。筹资者主要是企业，也有金融机构、政府、社会团体和个人。

实例 5-4　KKTV 成京东最大黑马 OLED 电视众筹超百万

时隔 15 年，国足第二次跻身世界杯预选赛亚洲区 12 强，让无数球迷欢呼雀跃；KKTV 发布互联网第一款 OLED 电视，同样引起广泛关注。国足挺进 12 强的消息传出，KKTV 第一时间在微博放出"中国队第二次，互联网第一款"的海报，释放出对 OLED 电视热销的信心。

自 KKTV 京东众筹项目上线以来，关注度和支持数一路狂奔，势如破竹。经过 20 天的众筹，KKTV 首款 OLED 电视 X55 众筹额已突破百万，成为京东众筹首个突破百万级的彩电品牌，同时创下了京东家电类众筹的最高纪录。

资料来源：KKTV 成京东最大黑马 OLED 电视众筹超百万[OL]. 中关村在线，2016-04-01.

（二）保值者

保值者购买金融产品的主要目的是使资产保值，这类客户倾向于选择有保值功能的金融产品，如国债、黄金投资等。对于这类客户，金融产品的安全性和自身价值的稳定性是首要考虑的因素。

（三）投资者

投资者是资金供给者，在金融市场上有条件地让渡资金使用权，提供资金给资金使用者以期获得投资报酬。投资者购买金融产品的目的是获取收益，但并不是所有的金融产品最终都能带给投资者期望的回报。

（四）投机者

金融市场上的套利者，也被称为投机者，这类客户是短期之内运用资金企图获得高额回报的市场主体，他们是市场价格的发现者，在二级市场上格外表现踊跃。实际上投资者和投机者的界限并不很分明，有时候还会相互转化。

（五）风险管理者

有些客户购买金融产品是为了进行风险管理，希望在风险事故发生后能得到补偿，或者财产损失后希望得到补偿，或者防范因疾病、意外而导致的开支及收入损失，购买相应的金融产品。这类客户首先考虑的不是金融产品的收益，而是金融产品的保障性功能。

（六）财产管理需求者

有些客户不愿意自己学习金融理财知识和技能，就生出希望金融机构帮忙管理财富的愿望。例如，有的客户会因为不知道如何管理财富而发愁，或者因为财产传承问题焦虑；还有的人担心自己过度消费，未来生活得不到保障，某些金融产品的强制储蓄功能和财富管理功能就能满足这些客户的需求，而金融企业在某种程度上可以成为客户的金融管家。

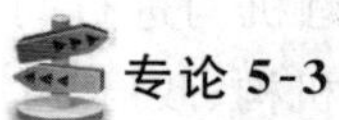

专论 5-3　　遗嘱信托：去世后的管家方式

遗嘱信托之需

随着民间财富的日益增多，我国中产阶层的崛起，尤其是对于一些企业界成功人士和家产达到几千万、上亿元的人群来说，苦于找不到合适的“接班人”，子女不是不肖就是不孝，难以继承家业；同时现代化的公司产权制度和治理结构还没有完善，还无法使所有权与决策权和经营权之间相对分离；家族企业如何实现永续经营和可持续发展已经成为民营企业家最大的苦恼和心病。私人财产的信托、见证、遗嘱保存、财产处分正在成为一种需要。

财产传承的主要工具有二：一是遗嘱，即指一个人对于他死亡后其财产如何分配部署所做的一份书面的、有法律效力的声明；二是信托，即委托人基于对受托人的信任，将财产权委托给受托人，由受托人按照委托人意愿以自己名义，为受益人利益或特定目的，进行管理或者处分的行为。简单地说，就是“受人之托，代人理财”。将这两者有机结合起来，就形成一种基于财产传承目的的理财工具：遗嘱信托。所谓遗嘱信托，是指委托人预先以立遗嘱的方式，将财产的规划内容，包括交付信托后遗产的管理、分配、运用及给付等，详订于遗嘱中。等到遗嘱生效时，再将信托财产转移给受托人，由受托人依据信托的内容，也就是委托人遗嘱所交办的事项，管理处分信托财产。遗嘱信托是在委托人故去后契约才生效。它可以很好地解决财产传承，使家族长保富有和荣耀。同时，它可以减少因遗产产生的纷争，使遗产的清算和分配更公平，且可以避免将来巨额的遗产税。

遗嘱信托之用

遗嘱信托的服务对象主要是那些欲立遗嘱，但却不知如何规划的人，他们往往遗产庞大而家族情况复杂，又担心所有遗产均分给继承人后，可能会产生子女因浪费或被骗而败光家产。另外在规划遗产分配方案的时候，可能会出现有些企业家希望跨代交付遗产或限定遗产受益人资格条件，或由于各种原因在明确继承人之前需要信托机构代为管理遗产，如果处理不好会对家族的资产分配过程产生很多的纠纷，引起家族矛盾。此外部分企业家虽然已经订立遗嘱并且指定了明确的继承人，但继承人尚不能自理遗产时，也可委托信托机构代管遗产。遗嘱信托的优点有几方面，首先是可以延伸个人意志、妥善规划财产；其次可通过专业知识及技术规划遗产配置；再次是避免了继承人争产、诉讼等隐患；最后是可以结合信托，避免传统继承事务处理的缺点。

在遗嘱信托的设立方面，首先要明确的是遗嘱信托为遗嘱与信托的结合。同时可以立遗嘱的方式设立，在这种情况下，必须遗嘱先有效成立，信托部分才能成立。此外也可以由委托人在生前订立以死亡为生效要件的信托契约而设立。而遗嘱信托设立程序首先是在个人遗嘱中必须体现特定财产及用该财产建立信托的意愿；其次是确定一个值得信赖的受托人；再次是与受托人签订信托契约或生前预立遗嘱信托；最后是办理信托财产的移交。有关规划专家提醒，遗嘱信托设立过程中也需要注意一些事项，例如，遗嘱信托最好由自己亲笔书写或由授权的代笔者书写，同时遗嘱信托中要明确信托财产的管理与运用的方式及信托终止后信托资产如何处理的方式。另外，遗嘱信托中一定要考虑民法上有关特留份额的规定。

资料来源：蔡臻欣. 遗嘱信托：去世后的管家方式[N]. 第一财经日报，2005-12-12.

二、竞争者

竞争者对金融企业来说，是一个重要的参考主体。如果竞争对手在某一方面开始行动，那可能意味着他们发现了金融市场中新的机会。对竞争者关注的结果是，金融企业会因此改变原有的产品策略，而采取新的竞争策略。

（一）跟进策略

当确定竞争者开发出新的产品，或者发现了新的趋势，金融企业可能因此采取跟进策略，例如，当一个银行开发外汇理财产品，其他银行很快跟进，也开发出自己的外汇理财产品。当然，跟进策略要有一定的基础，市场要足够大，能够容纳更多的金融产品；而且金融企业自身也适合开发这种产品。如果市场不够大，后跟进的金融企业就没有多少客户资源可以利用；如果金融企业本身并没有新产品优势，勉强跟进耗费成本和时间，带不来多少利益。

（二）补缺策略

竞争者放弃或者轻视的市场，有可能成为本企业的机会，有些中小型的企业，为了避免与大型金融企业激烈竞争，会自觉地避开大型金融企业的市场，开发些适合小市场的金融产品，从而成为市场补缺者。

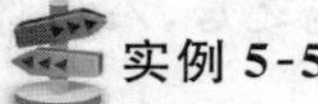

实例 5-5　　浙商银行小企业业务

浙商银行近年来非常重视中小企业金融服务，致力于打造中小企业银行。在小企业业务方面，按照“专业化经营、近距离设点、高效率审批、多方式服务”的经营方针，建立了小企业专营机构体系，单独建立了一套适合小企业业务特点的制度体系和业务流程，创新开发了突破抵质押方式的“桥隧模式”“联保贷款”“村民保证贷”和“一日贷”“三年贷”“全额贷”等契合小企业主需求的特色产品。2014 年年末，全行国标小企业贷款余额占各项贷款 34.58%。小贷品牌影响不断扩大，多次荣获中国银监会“全国小企业金融服务先进单位”荣誉称号，并获得银监会“2012 年度小微企业金融服务表现突出银行”和相关媒体 2009 年“中国中小企业金融服务十佳机构”2011 年“最佳中小企业信贷银行”2012 年“小企业优秀服务产品”奖等多项荣誉。

资料来源：浙商银行网站.

三、技术因素

技术对金融企业产品策略影响很大，技术的进步可以改变原有金融产品设计的思路，也可以影响金融制度安排。

（一）提升金融服务功能

新的技术在金融领域的运用，可以解决过去解决不了的问题，满足客户更多的金融需求。如自动取款机的出现，使银行开拓出无人银行业务和24小时服务。而且新技术的进步使产品的开发和改进更加方便。

（二）提升服务效率

技术的融入可以使金融服务传递更快，服务时间延长，例如，在保险公司机构的非营业时间，客户可以通过客服电话和网站查询保单和保费缴纳情况。

（三）提高企业竞争力

一个金融企业在技术方面如果能取得领先地位，就可以拥有更多的客户资源和产品优势。软件技术在金融企业的运用，使金融企业有可能建立起庞大的数据库，为信用评价、客户分析、客户管理提供依据。领先的金融服务技术可以使金融企业尽快地占领新的市场。

实例 5-6　　移动支付的未来：与可穿戴设备深度整合

据国外媒体的报道，苹果和谷歌等科技巨头以及万事达、Visa和PayPal等支付巨头目前都在移动支付领域竞相出招，希望能在这个新兴市场上获得更大的份额，但是，相对于智能手机而言，体形更小、售价更低、生物特征更明显的可穿戴设备是否更适合充当“移动支付”的载体呢？

左右移动支付命运的最大问题是能否让那些习惯用现金进行支付的消费者感受到真正的便利，通过智能手机进行支付很显然还难以激励消费者抛弃现金支付方式，而通过可穿戴设备进行支付看起来要更加便捷，反过来说，如果可穿戴支付足够方便的话，还能刺激更多的消费者购买可穿戴设备。在为可穿戴设备加上与支付相关的功能之后，人们将会逐渐认识可穿戴设备的优势所在，如随时使用、方便快捷及安全度更高等。

让支付变得更加便捷

客观地讲，并不是每个人都相信在收银台结账时拿出手机、解锁、打开支付应用然后再让支付终端读取数据的方式要比传统的拿出钱包刷卡或支付现金来得更加方便，但是，如果只是将我们的手腕靠近支付终端就能完成支付的话，显然要比以上方式都要更加简单。单单就支付而言，可穿戴设备要比智能手机更加省时省事，只不过这种方式目前在移动支付的生态系统之中还没有获得一席之地。

得益于配备了地理位置和生物方面的传感器，可穿戴设备有望将移动支付简化到一个点进行，从而大幅提升支付体验。“想象一下没有收银台的超市是怎样的情形吧，”Beacon管理工具公司Fosbury的营销和运营经理德鲁·奇奥万诺利(Drew Giovannoli)说道，“如果超市内的所用商品都能够通过蓝牙进行扫描和标记，那么可穿戴设备就能够在你选好商品离店时自动完成对应的支付过程。”此外，可穿戴设备在手势控制的体验上也要优于智能手机，如其能够提供更好的进店体验等。

同时，可穿戴设备之间的数据转换还能够超越传统交易中所必须的金钱元素，同时将其他与消费体验有关的元素也整合进来(如忠诚度)。以迪士尼为例，其在前不久推出的MagicBand手环就大大简化了游客的多种支付体验，这个手环能够与游客的房间号或支付手段相互绑定，随后游客在游园时只需将其与园区内分布的RFID阅读器靠近就能完成各种支付，包括餐饮、衣服、纪念品和预订等，同时，MagicBand还支持一些非货币的数据交换，如游客们戴着它可以直接玩迪士尼的互动游戏、乘坐“魔法快车”以及充当酒店房间的门卡等。

简化支付步骤不仅有助于可穿戴设备讨得消费者的喜欢，还能提高其与其他平台的互操作性。以星巴克为例，其就很清楚简化支付步骤要比吸引更多的顾客到店更加重要，目前许多星巴克的门店都已经开始支持直接通过微软手环、三星 Galaxy Gear 智能手表和 Pebble 智能手表等可穿戴设备来完成支付，同时星巴克还在积极与第三方厂商进行合作，比如与 Pebble 自家的支付应用 PebbleBucks 进行对接，让 Pebble 用户直接通过 PebbleBucks 就能购买星巴克的咖啡。

独特的安全保护功能

安全性是大部分消费者在使用移动支付方式之前最大的顾虑，特别是在多家知名品牌频频泄露客户支付数据的当下。市场研究机构 CMB Consumer Pulse 最近发布的一份调研报告显示，有73%的受访者认为安全问题是阻止人们使用移动钱包的最大障碍，主要原因包括身份信息被盗、手机和个人信息被盗、交易时个人信息被拦截、手机被黑以及支付服务提供商被黑等。

然而，可穿戴设备在支付安全方面却有着诸多优势。大部分可穿戴设备都配备了至少一个生物特征传感器，这些传感器往往能够用来确认用户的真实身份，除了被苹果和三星广为使用的指纹传感器之外，还有识别用户心率的 Nymi 腕带等搭载先进传感器的设备，这些设备所读取的生物特征都是独一无二的，当然也是能够在用户进行移动支付时来充当身份验证手段。

虽然目前市面上的许多可穿戴设备需要与智能手机配套使用才能发挥所有的功能，但它们在进行移动支付可以完全脱离智能手机的束缚。可穿戴设备不仅能够简化支付流程，同时也提升了黑客窃取用户个人信息的难度。即便设备遗失或被盗，其所记录的生物特征信息也是无法被仿造的，同时用户也可以通过智能手机或 PC 对可穿戴设备进行远程控制，从而将个人损失降至最低。

能够脱离智能手机而独立存在还意味着可穿戴设备能够不必依赖对运营商的支持和整合，所以移动支付是无须移动通话网络支持的，这也能有效避免黑客通过网络窃取用户的支付信息，进一步保障了移动支付的安全。

此外，相对于显眼的智能手机而言，可穿戴设备在外观上要更占优势，它可以是一枚戒指、一个手镯、一粒纽扣或一条项链等，这些形式都将会是窃贼所不太注意的，他们可能会去偷一部价值700美元的智能手机，对只有80美元的可穿戴设备来说，可能都难入窃贼的“法眼”。

2015 年 10 月：NFC 支付时代到来

2015 年 10 月是美国地区支付终端设备升级换代的最后期限，届时美国的数百万商家将不得不购买支持 EMV 技术的终端设备(该终端要比现有的磁卡读取终端更为安全)，而对那些没有对终端设备进行升级的商家来说，需要承担因此而可能发生欺诈案件的责任。需要注意的是，全新的支付系统还将会加入对 NFC 技术的支持，目前，内置 NFC 芯片的除了信用卡和手机之外，还有多款可穿戴设备也支持该项技术。目前，在美国地区一共有 22 万家支持 NFC 支付的商家，只占到美国 900 万家商家总量的 24%左右，所以完全有理由相信到 2015 年，移动支付将会在美国大行其道，而走在最前面的将会是 NFC 支付。

随着移动钱包(包括智能手机和可穿戴设备)所需的基础设施逐渐成熟，我们将会看到移动支付会以迅雷不及掩耳之势抢占更多的支付市场，而科技行业和金融行业中的巨头们不仅会在手机市场和可穿戴市场上展开竞争，同时还将会在支付手段的简单灵活性上一决高下，这种竞争最终的受益者自然是普通消费者，我们只需安静地坐下来，等待简单、安全、方便的"可穿戴支付时代"的到来即可。

资料来源：移动支付的未来：与可穿戴设备深度整合[OL]. 网易科技，2014-11-19.

四、法律和政策

很多金融产品的重要构成部分是金融合同，这些金融合同受合同法的约束；在某些国家金融产品设计和营销还受到法律的影响。

(一) 法律对金融产品的限制

法律是根本性的制度，法律对金融产品的限制是硬性的规定。例如，在分业经营管理的国家，金融法律不允许混业经营，所以金融企业只能提供本领域的金融产品，在有限的业务种类中不断深化。

而在混业经营的国家，一个金融企业可以进行多种金融业务经营，那意味着不仅仅可以推出不同领域的金融产品，而且金融产品组合中可以有来自不同金融子市场的金融产品。

(二) 金融政策变化对金融产品策略的影响

金融政策的变化既可能给金融企业的产品营销带来机会，也可能带来威胁。政府制定政策的目标函数和金融企业经营的目标函数是不一致的，所以政策调整走向不一定有利于每个金融企业的发展方向。如果政府认为经济过热了，就会采取紧缩政策，减少货币供应，金融市场的资金就会变少，为了能得到足够的资金，金融企业会倾向于发行高收益率的金融产品。

专论 5-4　　美国的金融管制与金融产品创新

20 世纪 30 年代美国发生的经济金融大危机，使由 1929 年到 1933 年，银行倒闭的达 9 108 家之多，引起非常严重的后果。因此美国国会通过了格拉斯——斯特格尔法案(亦称"1933 年银行法")对银行的业务从三个方面进行了管制。其中一项就是禁止银行对活期存款支付利息，对其存款利率也有上限的规定。

在上述法案通过以后，30年工夫，银行家一直按照3-6-3规则过日子：他们对储户按3%付息，对借款户按6%收息，下午3点出现在高尔夫球场上。他们和同行不用竞争，银行也不愁没有生意。但是到了20世纪60年代初期，一方面工商企业对资金的需求已超过银行的资源；另一方面储户由于存款利息太低而转移到其他投资上，迫使银行不得不设法开辟新的业务来吸收存款。

20世纪60年代到80年代初期是美国金融市场创新大爆炸阶段。除了可转让大额定期存单、货币市场互助基金两大品种外，又出现了可转让支付命令账户、个人退休金账户、股金汇票账户、电话转账制度、自动转账制度、货币市场存单、小储蓄者存单、存款协定账户、货币市场存款户、超级可转让支付命令账户等。之所以称这些金融工具产品为金融创新，就是其绕过了1933年银行法特别是逃避了利率Q条例上限的限制。

资料来源：余丰慧."鼓励金融创新"可借鉴美国经验[N].新京报，2014-03-18.

第三节　金融服务产品开发

一、金融服务新产品类型

金融市场是在不断变化的，随着市场需求的变化，客户对产品的要求也会发生改变，金融企业需要不断创新产品，才能争取和挽留客户。

金融服务产品的创新有大致四种类型：完全新产品、改良新产品、组合新产品和模仿新产品。

（一）完全新产品

金融企业利用新理论和新技术开发出的全新产品，能为客户提供新的金融功能。这类新产品可以满足客户新的金融需求，或者改变客户的金融消费习惯，甚至生活方式。例如，第三方支付的兴起，使很多人对现金的需求变少了，移动终端一定程度上代替了钱包。

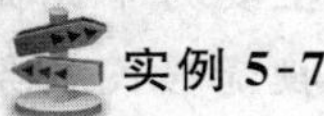

实例5-7　　保险创新产品吸引眼球

京东商城近日由京东金融与中国人寿财险联合推出业内首个"买贵管赔价保险"，上线仅两天，日均保单量已突破200万单。所谓"买贵管赔价保险"，即在11月10—12日期间，用户在京东商城购买商品，30日内若因市场等不可控因素导致商品价格降低带来损失，保险公司确认无误后将进行一次性理赔，赔付金额为活动30天后的价格与购买商品时价格的差价。此外，京东金融还推出颇具眼球效应的"忘穿秋裤险"。

分析人士表示，上述创新型互联网保险产品，多数由互联网保险企业或者由互联网企业和传统保险企业共同设计研发，具有保费低、保障期限短、保险条款简单格式化、投保便利等特点。这说明，越来越多保险公司开始重视网销渠道，发掘市场需求，进而开发更符合消费者风险保障需求的产品。

资料来源："双十一"保险产品"热卖"[N].上海金融报，2015-11-20.

（二）改良新产品

在现有金融服务产品的基础上，进行改善和修订，很多产品都可以进行改良，在基本功能不便的基础上，进行一定的调整，达到持续发展的目的。

例如，银行存款产品加上到期自动转存的安排，就可以成为一个新卖点，柜员可以向客户宣传，到期不用到银行特意办理转存业务，只要资产存入时约定好自动转存，客户就可以减少到银行排队办理业务的麻烦。

（三）组合新产品

金融企业将两个或两个以上的单个金融产品按照一定的市场需求进行组合推出的新产品。现实生活中，有的金融企业产品门类繁多，客户无法完全了解，也不一定有耐心完全了解。而产品组合可以一次性向客户推荐多个产品，而这多个产品一般具有相关性，可以为客户解决多种需求。

实例 5-8　　出国留学高峰到银行争推“一站式”服务

2014 年 4 月，记者走访了重庆多家银行发现，各大银行纷纷推出出国留学“一站式”服务、代办签证、留学金融绿色通道等特色服务吸引留学者，不少出国中介公司也加入混战，抢食出国金融服务的“蛋糕”。

越来越多的重庆人开始走出国门，海外求学、跨境旅游、出国劳务以及移民的客户规模快速扩大，而金融机构针对出国金融服务的业务火拼也不断升级。记者近日走访了市内多家银行和出国中介公司，采访了银行专业人士、留学生、出国高级顾问。

记者从中信银行重庆分行了解到，中信银行今年将推出美国签证“一站式”服务链，提供 DS-160 表格填写、CGI 号码申请、面谈预约服务等，客户可享受到完善的服务。

此外，中信银行还将打造留学金融“旗舰店”，除提供留学银行金融服务，更把留学咨询搬到现场。家长学子可实现“到银行即办妥所有留学手续”的便捷式服务。

工商银行相关人员告诉记者，随着出国市场越来越热，相关的金融服务需求呈现旺盛态势。今年 3 月 29 日，工行出国金融服务中心（重庆）在解放碑挂牌成立，主要为市民提供外币兑换服务、跨境汇划服务、开户服务、留学签证贷款、环球旅行服务、投资移民服务六大个性化、全方位、“一站式”服务。

“目前，出国金融中心为市民提供了优惠的金融服务方案，如旅行支票优惠再返现，购买美国运通电子旅行支票，免 3%货币转换费，手续费低至 2 折，再享最高 0.5%现金返还。个人结售汇点差优惠，办理个人结售汇，最高可享 6 折汇率点差优惠，以及投资移民服务费优惠等。”一位工商银行工作人员说。

据了解，下一步，工行将在渝陆续开设六个出国金融服务分中心，并结合目前分布在重庆市区县的 100 多家个人外汇业务网点，搭建一个完善的出国金融服务网络。

招行相关部门工作人员告诉记者，招行今年则会为市民提供拒签保险，登录招商银行 http://fx.cmbchina.com/cgjr/网站，即可购买签证保险。

资料来源：吴黎帆，赵鹏. 出国留学高峰到银行争推“一站式”服务[N]. 重庆晨报，2014-04-14.

(四) 模仿新产品

模仿新产品是金融企业以金融市场上现有的某种金融产品为参考,结合本身经营特点和优势,加以调整推出的新产品。

在中国目前的新产品中,属于模仿新产品的主要有两类：一类是模仿国外的产品,结合本国环境特点,推出适合中国的新产品；另一类是金融企业模仿国内其他金融企业的产品,结合自身情况,改进、完善、调整、推出的新产品。

专论 5-5　　红酒投资小知识

红酒投资在国内还属于新型产业,属于小众投资,变现渠道较少,所以投资前一定要多多研究,做到心中有数。

(1) 不要购买在酒架上很容易找到的酒：这些意味着你的藏酒里不应该有玫瑰红葡萄酒和新西兰马宝龙的长相思,因为这种大众红酒不具有投资升值的空间。

(2) 投资"流动性好"的红酒：流动性好的红酒投资风险偏低,而流动性不好的红酒,如顶级波尔多以外的葡萄酒、非常年轻的葡萄酒或者期酒、酒龄超过 25 年的酒、非标准瓶装的葡萄酒等,将会大大增加投资风险。

(3) 投资没把握可选择银行系的红酒信托：这几年已经有银行发行了投资起点为 5 万元的红酒信托,年化收益稳定在 6%～10%左右。对那些想投资红酒又没有太多经验的小伙伴来说,银行系的红酒信托无非是一个较好的选择。不过机会有限,需要密切关注银行资讯。

(4) 投资红酒基金需谨慎：除了红酒信托之外,现在国内也出现了投资红酒的私募基金。不过由于国内机构投资红酒的经验不足、参与者少、市场不够健全,容易出现人为操纵,另外私募基金的投资起点较高,不太适合普通投资者。

资料来源：变现你的红酒瞬间逆袭的高大上投资[OL]. 搜狐理财 http://money. sohu. com/20140916/n404334018. html,2014-09-16.

以上这 4 种新产品的开发难度、周期、需求都不相同,如表 5-1 所示。

表 5-1　金融新产品开发的区别

新产品类型	开发难度	对资金、技术的要求	开发周期
完全新产品	最大	需要大量的支持	最长
改良新产品	较小	较低	较短
组合新产品	较小	较低	较短
模仿新产品	最小	最低	最短

注：根据叶万春《金融营销》资料整理。

二、金融服务新产品开发的过程

(一) 新产品思路的产生

激发金融企业产品创新的动力有很多,竞争对手的压力、客户的不满、削减成本的压力、新技术的出现以及政策的限制都可能刺激金融企业进行新产品开发。新产品思路来源主要有内部创新思路和外部产生的新思路。这些新思路的具体来源,包括市场环境变化带来的新机遇、客户的投诉、基层工作人员发现的新问题、竞争者的新动态、来自国外同行的新信息等。

大型的金融企业需要一个专门的团队,思考新产品的各种可能性,对市场进行前瞻性的判断,而不是遇到问题才想到创新。主动创新会成为市场领导者,而被动创新只会成为追随者。

(二) 新产品思路的筛选

金融企业的研发部门,需要提出很多构思。在构思阶段,新产品理念还只是一个概括性的想法,但是这是新产品开发的源头,这些还不成熟的想法,需要经过多次讨论和修正。而且并不是每个想法都能得到认同,即便是针对同一个问题,不同的人提出的解决思路也是存在差异的。在这些众多的思路中,金融企业最终要选择一个思路来实践。思路的筛选,主要考虑成本、效益、可行性、时间、技术等方面的要素。

筛选思路的具体标准包括:

——与公司目标的协调性,公司目标包括利润、市场份额、公司形象等;

——与客户目标的协调性,客户目标包括客户需求、客户对价格的态度等;

——与公司资源的协调性,公司资源包括资金、体制、人员等。①

(三) 营销策略开发

营销策略开发第一步要进行概念开发和测试,通过筛选而被金融企业确定有前景的思路需要转化为服务概念,再进行下一步的开发和测试。

概念正式确定,在此基础上对于服务概念进行测试,针对可能的客户群对概念进行测试,如果假设的目标客户群体对于服务概念包含的新产品思路很有兴趣,概念测试就是成功的,就可以进一步进行具体营销策略计划的制订。

营销策略计划包括:

——初步描述目标市场、产品定位、预期的市场份额和新产品推出后前几年的利润;

——定价策略、销售策略和产品开发预算;

——销售目标、利润目标、产品投放和管理策略。

(四) 新产品开发

这个环节要把停留于概念的新产品转化为现实产品。金融服务产品的核心其实是服务安排,所以金融服务产品开发的重点是服务流程的安排,如产品服务内容、功能、市场定位、品牌名称、产品的价格、账务处理流程、产品涉及的物理介质等。

例如,一项理财产品的设计,关键的一个环节就是理财协议的设计。理财协议里的理财产品门槛、收益安排、赎回机制、违约处罚等都需要缜密的思考和设定。

(五) 市场测试

当核心产品和外围、辅助细节都成型后,金融企业可以尝试性地开始投放市场,小范

① [英]哈里森.金融服务营销[M].柯江华,译.北京:机械工业出版社,2004.

围地进行测试，试探市场反应，观察产品价格、收益、功能的接受程度。

测试的好处在于可以提前了解市场反应并对最终产品做出调整，但是也有弊端，竞争者会较早地了解到新产品信息。不是所有的新产品都经过测试，有些金融企业认为新产品足够成熟才可以直接推向市场。

（六）产品投放

通过市场测试后，金融企业可以判断是否将新产品全面投放市场，或者调整产品再投放市场。这个过程是产品实现商业化的过程，投入市场的时机选择非常重要。

在投放的过程中，销售策略和销售队伍的努力也很重要，在这个阶段，要注意收集客户的反馈信息。适当的广告和激励手段可以促进产品投放的效率。

实例 5-9　　三井住友海上发售面向访日中国游客的保险商品

据日本媒体报道，日本三井住友海上火灾保险公司的中国当地法人将与在中国运营旅行公司的“ET Mobile Japan”开展综合业务合作，从 4 月 1 日起发售面向访日中国游客的旅游保险。

总部位于东京的 ET Mobile，在中国运营“北京逸行国际旅行社”，以网络为中心经营旅游业务，2015 年办理了约 9 万人的赴日旅行。三井住友海上火灾保险公司目标是使其中两成左右，即约 2 万名游客购买保险。

日本政府最新公布的观光战略提出 2020 年和 2030 年访日外国游客数的目标值分别为 4 000 万人次和 6 000 万人次。为了达到 4 000 万人次目标，日本政府此次决定，进一步放宽对中国、印度、俄罗斯、越南、菲律宾游客的签证条件。三井住友海上火灾保险公司希望通过出售旅游商品配套保险抓住不断增加的中国游客这一商机。

资料来源：三井住友海上发售面向访日中国游客的保险商品[OL]. 日本通，2016-04-01.

三、金融服务新产品成功的因素

衡量一个新产品是否成功，专家提出了 6 项指标：

——取得的实际销量；

——销量的增长；

——取得的市场份额；

——市场份额的增长；

——取得的实际利润；

——利润的增长。

新产品的成功受制于技术因素和环境因素。

（一）技术因素

新产品的诞生，常常是技术更新的结果。新技术在金融领域的运用，会给客户带来更多的便利，所以新产品在技术上能给客户带来便利、效率，能切实满足客户需求，提供的新功能可靠、有效，这才是技术运用上真正的成功，也是新产品能够赢得客户青睐的关键要素。

1. 产品投放要经过合理的预先设计和评估

在投放新产品之前，如果金融企业对新产品投放过程的预先设计和评估是合理的，能够经得起市场的检验，营销成功的可能性就会变大。

2. 正式而详尽的投放程序

金融企业需要有效的营销计划和足够的营销支持；需要为产品创造容易记忆的形象；进行新产品的内部宣传和员工新业务培训；测试新产品运行系统是否稳定；在适当的情况下寻找中介，解决与中介的技术衔接；注意产品的交付和售后服务。

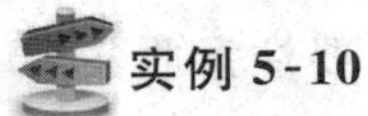

实例 5-10

互联网保险探索 O2O 生态服务

——众安保险推出国内首款 O2O 安心保障计划

2015 年政府工作报告首次提出要“把以互联网为载体、线上线下互动的新兴消费搞得红红火火”，将原本已经白热化的 O2O 市场再次推上焦点。随着近年来 O2O 如火如荼地席卷了订餐、叫车、家政、代驾、厨师、美业等服务行业，上门服务的安全问题成为制约行业发展的难题，也日渐受到关注。

O2O(online to offline)，就是将线下商务与互联网结合起来，让互联网成为线下交易的前台。2014 年，一项由媒体发起的 O2O 上门服务问卷调查结果显示，不愿尝试上门服务的被访者中，担心让陌生人到家里不安全占到大多数，占到 71.12%。一位 O2O 从业者向记者表示，实际上，上门服务如果防控措施得当，安全性风险在可控范围之内。但由于种种原因，部分消费者对上门服务仍然存在一些安全方面的疑虑。

如今，通过加入保险，则能够进一步提升客户对 O2O 上门服务的安全感，更放心享用服务，从而提升平台的用户黏性和转化率，推动平台进一步发展。近日，众安保险宣布与致力打造女性服务平台的美业 O2O 河狸家携手推出首款“美业 O2O 安心保障计划(河狸家安心保障险)”，该计划将全方位保障河狸家用户在接受上门服务时的人身安全和财产安全。

众安保险相关负责人表示，此次推出的河狸家安心保障计划，是国内首款 O2O 上门服务场景定制的标准化保障方案，可复制到类似的 O2O 上门服务场景中，为千千万万的 O2O 平台提供用户保障、提升用户体验，同时为平台增值。

据记者了解，该计划实为包含意外伤害保险、人身权利侵害保险、个人财产及随身物品损失保险这三种保险责任的“组合拳”，包括可全方位保障河狸家用户的人身和财产安全，当用户在手机 APP 终端或微信下单时，可同步选择是否投保河狸家免费赠送的安心保障计划，整个投保动作无感化地嵌入客户服务购买流程中。此外，为了帮助平台管控风险，众安保险还与河狸家深度合作，参与到平台的资质审核过程中，从根本上降低风险发生概率。

一位多年资历的财险公司运营人士告诉记者：“这种只针对细分人群、特定场景、保险期限不足一天(上门服务期间)的超短期意外产品，保费收入非常有限，并且要实现与 O2O 平台系统实时对接，对一般保险而言系统开发和运营任务艰巨。产品开发和运营成本将远高于保费收入。”

然而，正是这样保费规模较小（可能无法覆盖开发及运营成本）、常被传统机构忽视的长尾需求，如今却可以通过互联网技术得以激活。业内人士认为，众安保险与河狸家的此次探索，为整个O2O行业发展树立了重要标杆。随着未来用户安全和保险意识的日益增加，提供保险服务或将成为大多数O2O平台的必然之选。据专家预测，2015年O2O市场规模或将增长至4 188.5亿元。随着传统产业纷纷触网，各种新型的风险管理需求也将伴生而来，未来互联网保险将大有可为。

资料来源：肖扬.互联网保险探索O2O生态服务——众安保险推出国内首款O2O安心保障计划[N].金融时报，2015-03-25.

（二）环境因素

新产品的销售成功还受环境的影响。这里的环境包括客户的态度、管理当局的政策及竞争者的对策。

(1) 产品研发部门和客户管理部门的合作。营销研究和跟踪客户需求之间保持联系是非常重要的，新产品研发部门常常不是客户管理部门，对客户需求的变化无法直接追踪，要依靠客服部门的信息共享。

(2) 产品的客户定位是否合理。很多金融企业并不能把新产品推向所有客户，有的产品从研发起就是针对某一个或某几个客户群的，如果新产品的定位不合理或者不清晰，这样的产品在营销时就失去了针对性。

(3) 新产品与其他产品的差别是否显著。有些金融企业推出的新产品与市场上现有产品没有明显区别，客户感觉不到这种产品的额外益处，也不会特意去购买，这样的产品就是开发失败的产品。

(4) 竞争者的反应速度和竞争策略。如果一个金融企业推出了一个新产品，而竞争者很快反应，推出模仿产品，企业的预期市场份额就会被夺走一部分；如果，竞争者的模仿产品更有优势，则创新企业就可能失去原有的优势。

(5) 金融管理部门对新产品的态度。有的金融创新可能被管理部门视为违法，与金融监管冲突，这样的新产品可能会被限制、叫停，甚至被处罚。例如，网上股权众筹出现的时候，证券监管部门就对这种新的股权融资方式提出质疑。

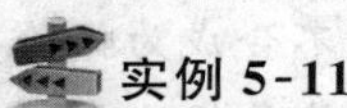

实例 5-11　　保监会叫停另类保险

国内出现的“奇葩险种”越来越多：雾霾险、中秋赏月险、世界杯遗憾险……虽然这些险种都在推出不久后即被保监会叫停，但是“奇葩保险”出现的趋势却一直没有停下来。本刊记者孙晓宇4月21日报道：一个普通得不能再普通的上午，9点30分，小莎打开股票交易软件。她之前重仓的中国北车，赚了个盆满钵满，今天她依旧优哉游哉地等待那条属于“中国神车”（股民对中国南车和中国北车的统称）的长红线。不过，当天“中国神车”踩了急刹车，双双跌停，股民叫苦不迭，小莎也一样。

但是，她没觉得有多难过，也一点都不担心亏了钱，因为她投保了“跌停险”，据说投保期内，如果某只股票发生跌停，最高可获得1万元的赔付。她现在正忙不迭地索赔呢。

这只是个故事，并没有真实发生过，但是“跌停险”却是真真实实来过的。4月1日，国内投资社交平台雪球宣布进军保险业，并发布首只互联网保险产品——“跌停险”。其官方说明显示，凡是拥有A股有效账户且年龄在18周岁以上，就可以购买这款保险。单只股票最低投保金额为100元，投保期内，投保人的股票如果发生跌停，最高可获得1万元的赔付。

虽然“跌停险”在4月9日被保监会贴上了“违法”的标签，雪球网也停止了这款产品的预约销售，但是“奇葩保险”的声音却从来没有停止过。

“没有最奇葩，只有更奇葩。”近来，除了“跌停险”赚足了眼球，“上当险”“汽车人变形险”“贴条险”等另类保险也带来不少话题。

另类保险花样百出

近年来，保险都要被玩坏了。

中秋节赏不到月亮，赔！在规定的时间里怀孕，赔！汽车摇号摇不到，赔！雾霾太严重超过多少天，赔！虽然“摇号险”和“雾霾险”在推向市场后不久即被保监会叫停，但最近“奇葩保险”又有卷土重来之势。

3月12日，一款手机APP推出“贴条险”服务。该平台打出的口号是“你被贴条，我赔罚款”，1元钱的“保费”可以获得该平台赔偿100元。由于产品另类，迅速吸引了不少眼球，保监会不得不在3月20日及3月30日，两次发布关于“贴条险”的风险提示。

此外，一些产品更像是愚人节的玩笑，让人真假莫辨。比如，上述推出“贴条险”的平台，在愚人节当天“火热首发汽车人变形险”。

愚人节当天，除了真假难辨的“跌停险”备受关注外，另一平台推出的“上当险”更是“天外有天，雷外有雷”。据了解，客户投保“上当险”后，若在4月1日当天因玩笑中招，导致人身、财产损失，即可获得人民币4.1元的补偿。

出花招为赚眼球“奇葩险”的鼻祖当属“中秋赏月险”，随后，“吃货险”“情人节意外怀孕险”“小三险”“雾霾险”“手机碎屏险”等相继出现。这些所谓保险被业界所诟病，其中部分险种也因触及人们道德底线，受到极大争议。

而在去年巴西世界杯期间，某财险公司在网络上推出的“夜猫子险”“看球喝高险”“足球流氓险”等，更是被网友评论为“亮瞎双眼”。

业内人士认为，保险公司推出的这些保险产品是与互联网结合的创新产品，呈现一定娱乐化特征，主要目的是营销，在短期内迅速提升公司的知名度。这类保险不会成为保险公司的主流产品，噱头大于实际意义。对消费者来说，娱乐一下无可厚非，若真想从中获益，一定要谨慎选择。

保监会念“紧箍咒”

其实，最看不惯这些花里胡哨的保险的，当属保监会。这在保监会最近的几次风险提示中或可见一二。

如保监会在对于“贴条险”的风险提示中，开篇即明确指出，“‘贴条险’只是打着保险旗号的‘李鬼’，与保险并不沾边，很容易误导消费者”。

而在对“跌停险”的风险提示中，保监会相关人员表示：“目前，我会未接到有保险公司开发此类险种的报告。该投资社交平台虽然声称正在与保险公司合作，计划利用保险公司的优势推出该款产品，但是其通过网站预约投保的行为有违法之嫌，我会将对相关情况作进一步调查,及时公布调查结果。”

而此前,保监会数次对险企开发的“摇号险”“雾霾险”等带有博彩性质的产品公开叫停。并表明严禁财产保险公司开发带有赌博或博彩性质的保险产品的态度。2014 年 6 月 24 日,中国保监会在下发的《关于规范财产保险公司保险产品开发销售有关问题的紧急通知》中指出,保险公司产品开发应当符合保险原理。保险事故发生时,被保险人对保险标的必须有法律上承认的利益,严禁开发带有赌博或博彩性质的保险产品。保险公司应当科学合理厘定保险产品费率,开发的保险产品应当尊重社会公德,保险产品的命名应当清晰明了,且与保险责任紧密关联,不得以博取消费者眼球为目的,进行恶意炒作。

首都经贸大学保险系教授庹国柱在接受本刊记者采访时指出,这些保险的推出无可厚非,但不能长期靠这种方式来博人眼球。消费者在投保时也要谨慎,选择真正适合自己的保险,不要被那些营销点吸引而失去理智。

资料来源:那些你不知道的“奇葩保险”[J].投资与理财,2015-05-19.

第四节　金融服务产品管理

一、金融产品生命周期

金融产品也有寿命。产品投放如同出生,产品退出如同死亡。金融产品的生命周期包括 4 个阶段:引入期、成长期、成熟期和衰退期。

(一)引入期

在引入期,金融服务产品的成本较高,收入较低,客户对产品不了解。通过金融企业的营销努力,客户刚刚接触到产品,这个时期营销推广费用是不可避免的。如果市场反馈问题,金融企业还可能对产品进行调整,所以也可能有一定的研发追加费用。这个时期客户增加得比较慢,为了吸引客户,金融企业常常会降低价格,争取市场份额扩大。

(二)成长期

在产品被市场初步接受时,金融企业会致力于扩大市场。这个时期,竞争者会迅速推出模仿产品,为了在竞争中获胜,金融企业有可能在已有服务基础上,提供附加的服务。这个时期,客户会快速增加,价格会回到合理价位。为了扩大市场份额,仍然会有一些营销费用。

(三)成熟期

这个时期,客户已经广泛接受了该金融服务产品,而更多的竞争者也在提供相似产品,市场开始饱和。这个时期竞争加剧,每个竞争者都想扩大市场份额。金融企业需要一方面维护现有客户;另一方面争取新客户,所以竞争导致营销费用增加。

(四)衰退期

这个时期,产品逐步退出市场。导致退出的原因是多方面的,可能是过度竞争导致无利可图,可能是政策法规限制,可能是替代新产品出现,也有可能是市场需求发生变化。这个时期的重点是如何选择退出方式,以及对退出行为进行有效管理。在退出的同时避免不良影响，避免与客户的摩擦。

这四个时期是一般金融服务产品会经历的，但是也有一些产品从引入期直接过渡到衰退期，这些产品要么被管理部门叫停，要么不被市场接受，惨淡收场。

二、金融服务品牌

（一）品牌的概念和作用

1. 品牌的概念

品牌是金融服务产品的标志，是金融企业赋予金融服务产品的一种形象认知，一般包括品牌名称和品牌标志。

品牌的具体要素有文字、符号、图案、设计等。品牌名称是品牌的语言称呼部分，如VISA、HSBC、牡丹卡等。品牌标志是不能用语言称呼的部分，但是拥有可视的形象，包括图案、符号、颜色等。

2. 品牌的作用

1）有利于吸引客户

品牌的确立使金融企业的服务产品与其他竞争者服务产品有了明显的差别，这种差别有利于客户辨识、选择金融企业的产品。金融消费者通过选择优质品牌的产品，可以保障服务质量，减少选择困难。

2）有利于树立金融企业形象

品牌可以使金融企业与其他同行区别开来，使金融企业的外在形象更加具象化，有的金融企业还把品牌的名称、图案及颜色广泛地运用在网点外观、宣传材料、网站页面，不断地深化企业形象。

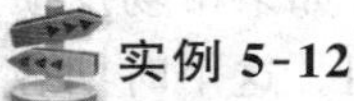

实例 5-12　　日本最知名的中国品牌——银联

“日本有38万家店铺可以刷银联卡。”在东京池袋一家品牌店工作的西尾先生说。5年前，日本零售业内了解“银联卡”的人估计没有几个；而现如今，如果大一些的百货店、品牌店不能刷银联卡的话，就是那里的高管在经营上有问题。不仅池袋如此，去银座看看，哪家店铺不是把银联卡的标识做得比其他信用卡要大出一号，在最明显的地方贴着？不管日本消费者用还是不用，见过银联标识，知道银联品牌的不在少数。银联该是在日本最具有知名度的中国品牌了。

山中小姐在中国留学后，回到了日本工作。在中国，山中小姐有了自己的银联卡。“去日本银行办储蓄卡是需要各种手续的，比如需要有在日本居住一年以上的签证。临时来日本旅游的人，是不能在银行申请日本储蓄卡的。”山中在中国短期留学的时候，以为外国人办理中国的储蓄卡手续也会很繁杂，很难在中国的银行建自己的户头，但没想到带着护照去银行，存进一笔款项之后，当时就办下来一张储蓄卡。

因为办卡方便，而且是先存款后消费，来中国的日本人大都会申请一个储蓄卡。“看到大街上的店铺都会给银联卡客户打折，我自己也更愿意用银联卡消费。”山中说。

当然银联最主要的客户还是中国消费者。到了日本随处可见中国游客，他们用银联卡，而且购物多，金额大，自然成了店家最重视的客户。

方便、用户多是银联卡的主要特点，更是中国品牌形成与壮大的主要特点。欧美日本有很多品牌，这些品牌往往以贵族消费，价格高不可及为特点，也有一些属于比较时尚，但时尚又会随着时间的推移而不断起伏。中国品牌不具有贵族特点，能为大众所接受。

“中国游客是我们这里最好的客户。”西尾先生说。“有了银联卡，可以在日本搭中国消费者的顺风车，购买打折商品。”山中说。

2015 年 1—6 月，中国消费者在日本使用银联卡总金额为 3 600 亿日元，之前的 2014 年全年只有 2 800 亿日元，按这个趋势发展下去，2015 年一年的消费金额至少能达到 2014 年的 3 倍。在消费量不断缩小的日本，能不减少就已经很好了，更别说出现了能翻番增长的客户，店家自然会把注意力集中到中国消费者和他们使用的银联卡上来。

银联以其便利、用户多的特点，大踏步地走进日本。中国品牌的这种亲民性，也会愈发地为世界消费者所接受。日本有很多储蓄卡、信用卡，却很少有消费后短信通知的服务。银联卡的各种服务内容已经超越了日本现有储蓄卡，它的各种优越性会让更多的日本消费者、日本店家，愈发地愿意使用和接受银联。

资料来源：万南.万万没想到：日本最知名的中国品牌是它[OL].人民网，2015-08-19.

（二）金融服务品牌策略

1. 统一品牌

金融企业的所有金融服务产品都使用同一个品牌的策略。这种策略有利于品牌的深入人心，而且有利于新产品打开市场，客户对总品牌的记忆会覆盖新产品，并且旧产品的口碑优势会延续到新产品发售阶段。但是，这种策略也有缺点，如果一个金融企业的旧产品出现过问题，影响了声誉，新产品用同一个品牌推广，也会被客户质疑。

2. 个别品牌

金融企业针对某个重点营销的产品，确定一个品牌，重点进行营销推广。有的金融企业认为并不是所有的业务都需要确定品牌，对于大众型产品只有业务名称，没有品牌名称，而对于重点想要营销的业务，确立品牌，方便客户记忆、区别和购买。

实例 5-13　　中信银行“秒付”品牌——Apple Pay

面对移动支付的广阔市场前景，中信银行信用卡中心 2015 年加快布局，争抢消费场景的入口。目前，中信银行拥有自有信用卡移动端“动卡空间”APP，为消费者建立了一个涵盖消费者生活、消费、金融的多元化移动生态场，并首创权益分享机制，开启了金融社交时代的大门。截至 12 月，中信银行信用卡社会化平台整体累计用户量突破 3 000 万户，手机 QQ、微信公众号用户量实现双破千万，成为首家手 Q、微信公众号双平台用户破千万的金融机构。

4 月，中信银行信用卡推出网付卡，用户可自助登陆中信信用卡任一官方移动客户端，根据个人消费习惯自主设置网付卡的支付限额、有效期，极大地降低网络支付风险。此外，中信银行信用卡联手顺丰集团发布中信顺手付 APP，将为用户提供转账收款、快递、网购、理财、信用卡等众多便利功能。双方通过共享客源、共享渠道、共享资源，积极构建一个完整的 O2O 生态圈，为用户带来智能、秒付的手机支付体验，让无卡支付走进千家万户。

值得关注的是，2016 年 9 月，中信银行信用卡中心携手华为倾力打造出第一款全终端手机支付应用——“中信华为钱包电子信用卡”。据介绍，与二维码支付相比，中信华为钱包电子信用卡加载的指纹验证支付具有更高的安全性。它使用金融安全芯片级的安全解决方案，指纹信息管理、加密、验证、存储程序均运行在芯片的安全操作系统中，安卓系统和第三方应用软件都无法访问该区域，这样保证了指纹的运行环境安全。此次跨界合作，将使手机成为用户最可靠的移动银行卡包，让用户拥有更快捷、更方便、更安全的无卡支付体验，同时也是中信银行信用卡开始布局移动支付的标志性举措。

在当今市场环境下，移动支付呈现出持续走强趋势。12 月 18 日，中信银行成为苹果公司首批合作银行，即将向用户推出 Apple Pay——一种将让移动支付焕然一新的快速、安全的支付方式，整合中信在支付领域的领先优势与 Apple Pay 的创新科技，完美实现金融服务与移动互联技术的跨界创新。未来，中信银行还将大力拓展信用在移动支付领域的应用，让无卡支付真正走进千家万户。

资料来源：纪媛. 布局移动支付，中信银行引领“秒付”潮流[OL]. 大众网，2016-01-14.

3. 分类品牌

分类品牌是指金融企业对不同种类的金融服务产品分别命名，一类产品用一个名牌名称。在同类产品出现新产品后，依然沿用类型品牌。例如，中国人寿保险公司的健康险类产品使用国寿康宁的品牌。再如，很多银行的卡类产品都共用一个品牌。

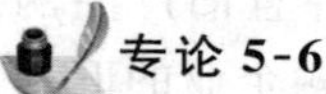专论 5-6　　中国主要银行卡品牌

在我国银行卡产业，除了拥有自主知识产权的银联品牌(卡组织品牌)以外，主要发卡机构还拥有自己的银行卡品牌，包括：

中国工商银行——牡丹卡；
中国农业银行——金穗卡；
中国银行——长城卡；
中国建设银行——龙卡；
交通银行——太平洋卡；
中国邮政储蓄银行——邮政绿卡；
中国民生银行——民生卡；
中信银行——中信卡；
广东发展银行——广发卡；
深圳发展银行——发展卡；
招商银行——一卡通；
中国光大银行——阳光卡；
浦发银行——东方卡；
华夏银行——华夏卡；
兴业银行——兴业卡；
上海银行——申卡；

北京银行——京卡；

平安银行—平安卡(信用卡),吉祥卡(借记卡)。

资料来源：中国银联 http://cn.unionpay.com/safeCard/xinzhi/card_xsbd/file_4594840.html

4. 企业名称加个别品牌

这种品牌策略是在企业名称后加上个别品牌,共同构成产品品牌。这种策略兼有统一品牌和个别品牌的优点。这样客户在购买产品时既能加深对整体品牌的认知,又能区别不同的产品类别。例如,平安保险公司就常常在个别品牌名前加上平安二字。

复习思考题

1. 影响金融产品策略的因素有哪些?
2. 金融新产品类型有哪些?
3. 金融产品开发成功的因素有哪些?
4. 什么是产品生命周期?
5. 结合实际,请举例分析一个成功的金融品牌。

实训题

三口之家的金融产品推介

客户王先生找到银行客户经理小赵,想请他为自己推介适合的金融理财产品。王先生家庭为双薪家庭,有一子,儿子正在上初中三年级,夫妇没有养老负担。夫妇年龄均为35岁,王先生月薪5 000元,妻子3 000元,月支出约4 000元,二人年终奖每年合计约为50 000元,两人均无理财经验。经过谈话了解,王先生是偏保守型的投资人。请帮客户经理小赵对客户家庭财务状况进行分析,并推介适合的理财产品。

案例讨论

艺术品质押融资：如何应对风险

在中国艺术品市场,艺术品的真伪是令人头疼的问题,艺术品质押融资也因此面临较大风险。如何预防这些风险并对风险进行有效管理,针对该问题,业内人士提出建立风险管理机制,并给出了风险管理机制的完善方案。

风险识别机制是风险管理的基础

艺术品质押融资的风险识别机制,是指在风险事故发生之前,贷款人连续和系统地认识所面临的各种风险,并分析风险事故发生的潜在原因机制。艺术品质押融资的风险识别主要由风险感知和风险分析两部分构成。所谓风险感知,就是贷款人了解其所面临的各种风险。风险感知是风险识别的基础。只有通过风险感知,才能进一步寻找导致风险事故发生的各种因素,从而为拟订风险处置方案提供相应信息。所谓风险分析,就是分析引起风险事故的各种具体因素。风险分析是风险识别的关键。

艺术品质押融资的风险识别之所以重要，是因为风险识别乃风险管理的第一步，同时也是风险管理的基础。因此，只有贷款人在正确识别自身所面临的风险之后，才有可能主动选择适当有效的方法进行相应处理。

艺术品质押融资风险信息的收集主要包括4方面的内容。一是品质风险方面的信息。主要收集国内外由于艺术品品质风险所导致的个人或机构蒙受损失的案例。重点收集各类艺术品欺诈交易方面的信息。二是估价风险方面的信息。主要收集国内外由于艺术品估价不准导致的个人或机构蒙受损失的案例。重点收集艺术品估价原理、方法、实践和最新进展方面的信息。三是保管风险方面的信息。主要收集国内外艺术品收藏机构因保管不善导致的个人或机构蒙受损失的案例。重点收集导致问题出现的关键风险点方面的信息。四是变现风险方面的信息。主要收集国内外因艺术品交易经验不足导致的个人或机构蒙受损失的案例。重点收集艺术品交易技巧和客户资源方面的信息。

风险预警机制犹如安装“雷达”

艺术品质押融资的风险预警机制，是指贷款人根据外部环境与内部条件的变化，对贷款人未来所面临的风险进行预测和报警的机制。面对瞬息万变的市场环境，贷款人要想在大浪淘沙中站住脚跟，就必须建立起有效的风险预警机制。贷款人建立风险预警机制，就如同给自己安装了“雷达”，在风险和危机还没有形成时，就已发出预警信号，将这些危机消灭在萌芽状态，增强贷款人的免疫力、应变力和竞争力，保证贷款人处变不惊、防患于未然。

艺术品质押融资的风险管理贯穿于艺术品质押融资业务的整个过程。具体而言，可分为事前、事中和事后3个阶段。风险发现得越早，措施采取得越早，风险管理的成本就越低，带来的潜在效益就越大。根据1∶10∶100理论，假如在第一阶段，控制艺术品质押融资风险的成本是1，那么，如果置之不理，直到第二阶段才采取措施，控制艺术品质押融资风险的成本就变为10。假如到第三阶段才采取措施，控制艺术品质押融资风险的成本就变为100。因此，在艺术品质押融资风险管理上，必须高度重视风险管理的计划性和预测性。艺术品质押融资的风险预警系统可以很好地为风险识别、风险分析和风险监控等工作提供强有力的手段，在整个艺术品质押融资风险管理机制中具有重要的地位。

艺术品质押融资风险预警机制的建立，首先应该确定艺术品质押融资风险发生的可能性大小。所谓风险发生的可能性，是指某一事项在评估期内发生的概率有多大，也就是贷款人所面临的艺术品质押融资风险的概率有多大。其次要确定该风险对目标影响程度的大小。不同事项对艺术品质押融资的影响各不相同。有的事项可能导致的风险极小，贷款人大可忽略不计；有的事项则可能导致灾难性后果，贷款人必须高度重视。最后要综合考虑艺术品质押融资风险的后果和发生的可能性，确定艺术品质押融资风险的风险等级，以及相应的防范措施。

风险控制机制保障资金安全

艺术品质押融资的风险控制机制，是指风险管理者通过采取各种方法和手段，降低风险事件发生的可能性，或减少风险事件发生时所造成的损失的机制。在艺术品质押融资实践中，艺术品质押融资的风险控制机制是保障资金安全的重要手段。例如，清代典当业

"值十之物，只当四五"的常制；又如，民国典当业"每按原值十分之四"的常制。贷款人之所以在进行谨慎估价的基础上，还要给出一定比例的放款折扣，就是为了规避当物在质押融资时期价格波动风险的重要风险控制机制。一般来说，艺术品质押融资的风险控制机制主要由4个方面构成：风险回避、损失控制、风险转移和风险保留。

一是艺术品质押融资的风险回避。这是贷款人有意识地放弃风险，完全避免特定风险损失的行为。相比之下，风险回避是最消极的风险处理办法，因为贷款人在放弃风险行为的同时，往往也放弃了获得潜在收益的可能。因此，只有当下列情况出现时，贷款人才会选择风险回避：贷款人对质押物的真伪做出确切的判断；贷款人无能力通过制度安排消除或转移风险；贷款人无能力承担该风险或承担的风险得不到足够补偿。

二是艺术品质押融资的损失控制。损失控制不同于风险回避，而是通过制订周密计划和采取有效措施来降低损失发生的可能性或减少实际造成的损失。损失控制主要包括事前、事中和事后3个阶段。事前控制的目的主要是降低艺术品质押融资业务出现损失的概率，事中控制和事后控制的目的则主要是减少艺术品质押融资业务实际发生的损失数额。

三是艺术品质押融资的风险转移。这是通过契约安排，将让渡人的风险转移给受让人来承担的风险控制行为。通过艺术品质押融资的风险转移，可以大大降低经济主体的风险程度。一般来说，风险转移的主要形式是合同和保险。所谓合同转移，就是通过签订合同，将部分甚至全部风险转移给其他参与者的风险转移方式。例如，山东省的潍坊银行就在艺术品价值评估认定机制尚未建立的大背景下，通过引入"预收购人"机制，要求借款人质押艺术品的同时与另一家有购买质押品意向的主体签订艺术品远期交易合约，一旦借款人违约，合约即自动生效，从而实现了艺术品质押融资的风险转移。

资料来源：马健. 艺术品质押融资：如何应对风险[N]. 中国文化报，2016-03-19.

案例讨论题

1. 艺术品融资的关键风险是什么？
2. 如何有效防范艺术品融资的风险？

第六章 金融服务产品的定价

本章理论要点

- 了解金融服务产品定价考虑的因素
- 熟悉金融服务产品定价的一般方法
- 掌握金融服务产品定价的策略

案例导入

瑞士的银行开始对现金存款收取费用

汇通网1月21日讯——瑞士私人银行隆奥银行(Lombard Odier)正在劝阻顾客在账户上存入太多的瑞士法郎。此前,瑞士央行[微博](SNB)于上周四(1月15日)意外取消欧元兑瑞士法郎的汇率下限,导致瑞士法郎急剧升值。

隆奥银行将对现金存款超过10万瑞士法郎(11.5万美元)的客户收取0.75%的存款费用,尽管该行不对客户投资组合收取费用。隆奥银行成立于1796年,是瑞士最古老的银行之一。

预计央行突然取消欧元兑瑞士法郎汇率下限的措施,将推高数以百计的瑞士私人银行的成本。这些私人银行的业务主要在瑞士,其为客户寻求更高回报的能力无法与其他国际化的瑞士银行相比。

资料来源:瑞士的银行开始对现金存款收取费用[OL].汇通网,2015-01-21.

第一节 金融服务产品定价概述

由于金融服务产品的特殊性,相比于一般有形产品,对金融服务产品定价要困难得多。金融服务产品定价的重要特点就是消费者不需要直接向金融服务企业支付费用,金融服务产品提供者一般会直接从消费者账户中扣除。因此,在保证盈利的情况下,制定出让消费者满意的产品价格,成为金融服务机构面临的主要难题。

专论6-1　周春生:中国的金融风险定价体系是混乱的

在"2014长江金融高峰论坛"之民营银行大猜想论坛上,长江商学院金融学教授周春生博士表示,作为一个金融学教授,对中国的金融定价体系持保留态度,金融风险定价的基本规律是高风险低价格,但是在中国,相对风险较低的余额宝类产品却价位较低,而周期长、有风险、收益偏低的国债以及高风险的股市价格也明显不符合金融风险的定价系统，这说明中国的金融风险定价体系是混乱的。

“我们发现像余额宝之类的，还有银行的T+0的理财产品，它的流动性基本上相当于活期储蓄，随时可以变现，而风险基本相当于银行的储蓄存款，我们知道余额宝基本是一个同业存款的概念。”周春生表示，从这个角度来看，它的流动性很强，风险也很低，但带来的回报应该也是低的，但它带来的不仅是活期存款利率的很多倍，甚至远高于我们的定期储蓄存款的利率。现在定期存款利率一年只有3%多一点，尽管我是招行银行的私人银行客户，但我没有一分钱的定期储蓄存款，因为我还知道定价方面的基本规律，这样不如买一点银行的理财产品或者买一点余额宝，这种现象我觉得非常令人深思。

周春生表示，如果金融知识越来越丰富，这种现象显然维持不下去，包括我们讲的投资债券，包括国债作为一个长期的投资品种，尽管假设中华人民共和国永远不会违约，没有违约风险，实际上也是有利率风险，搞金融的人都知道，债券的投资里面有个概念是久期，久期越长，利率风险越大，所以国债实际是有风险的投资，和活期的T+0储蓄或者银行的短期理财产品相比。

周春生表示，实际投资国债得到的回报率也不如这些活期理财产品，更不用说投资风险高的股票市场。“我十多年前曾经在中国证监会任职，我到现在没有搞清楚中国股票市场的预期回报率究竟是多少，总的来讲，无论是机构投资者，还是我们个人投资者，也就是所谓的散户，这些年来，在股票市场上赚到钱的是凤毛麟角。”

周春生表示，不考虑上市公司的分红，股指的变化，还有那么多的基金管理机构，还有阳光私募等，有牌照的，官办的，还有民办的，他们都要从中分走一大杯羹，能够赚到钱的人寥寥无几，亏钱的人占了很多，究竟预期回报是多少。股票市场的风险远远高于安全系数比较高的理财风险，但回报更低，从这个角度来看，显然这不符合金融运营的基本规律。换句话说，中国的金融风险定价体系是混乱的。

资料来源：周春生. 中国的金融风险定价体系是混乱的[OL]. 搜狐财经，2014-04-18.

一、金融服务产品定价的基本程序

金融服务产品定价是一个循环往复的过程，需要在基本的定价策略的原则下不断地加以调整，以适应市场和企业战略目标的需要。其定价的基本程序为：选择定价目标、收集和分析与定价相关的信息、估算成本、分析竞争对手、选择定价方法、执行定价策略、最终确定价格。

（一）选择定价目标

企业在定价以前，要考虑一个和营销目标相协调的定价目标，作为其定价的依据。对于金融服务企业，主要的定价目标有维持企业生存、争取利润最大化、保持或扩大市场占有率等。

（二）收集和分析与定价相关的信息

收集和分析与定价相关的信息是企业正确地制定产品价格的关键。主要包括以下方面：企业外部信息——政府政策和竞争对手的情况等；企业内部信息——产品成本、质量、产品的市场占有率和企业财务状况等；信息的提炼与分析——对信息进行加工整理，提炼出对产品定价最有影响的主客观因素，为定价目标的制定提供参考。

（三）估算成本

估算成本是定价程序中重要的一环。在估算成本时，要考虑企业成本、预期利润和税金等因素。

（四）分析竞争对手

除了成本与需求的因素之外，还必须考虑竞争对手。由于金融服务产品的类似性，消费者所面临的选择可以有很多。因此，通过分析竞争对手产品的情况，以确定自己产品的定价是非常必要的。

实例 6-1　互联网金融冲击券商产品定价将大幅降低

2月20日，国金证券与腾讯战略合作后推出的首只互联网金融产品“佣金宝”正式上市。投资者只要通过腾讯股票频道进行网络在线开户，即可享受万分之二的交易佣金。“互联网巨头＋行业内弱势公司”的联姻模式和余额宝如出一辙，据国金证券相关人士介绍，“佣金宝”是首个“1＋1＋1”互联网证券金融产品，具有“万二开户”“保证金增值”“高品质咨询”三大特点。除了推出击破行业下限的交易佣金，同时还为账户保证金余额提供理财服务，预期收益率超过活期储蓄收益10倍以上。

宏源证券研究所副所长、首席分析师易欢欢在接受媒体采访时表示，国内投资者散户比例较高，佣金率降低对他们来说会是很敏感的事情，能提供低佣金率的网络券商发展潜力非常大。“零佣金”是券商经纪业务的一个大趋势。互联网金融带来的巨大影响已经成为券商不得不面对的事实，“目前的影响大体围绕两个角度展开，首先是渠道的拓展以及潜在客户群体的几何速度集聚，其次是对证券公司经营的整体改造和升级，包括后台支持系统、产品研发系统与定价推广系统”。上海证券研究所所长畅会珏强调。

资料来源：齐庆华.互联网金融冲击券商产品定价将大幅降低[N].中国产经新闻报，2014-02-26.

（五）选择定价方法

选择定价方法是指企业根据定价目标，对产品成本、市场需求、供给等因素进行分析，并运用价格决策理论对产品价格进行计算。定价方法一般有成本加成法、目标收益法和边际成本法等。

（六）执行定价策略

企业可根据自己的实际情况，选择适合自己的定价策略，有利于企业在激烈的竞争中站住一席之地。

（七）最终确定价格

企业确定初始价格后，仍需要持续跟踪价格方法和策略的实施效果，看其是否符合企业战略和定价目标，并根据市场情况及时快速地对定价策略进行调整。

实例 6-2　人行通辽中支多项措施并举引导金融机构降低农牧民融资成本

人民银行通辽中支发挥货币政策的工具引导作用，研究制定了促进社会融资成本降低的具体措施，主要通过宏观审慎评估结果与支农再贷款发放额度及贷款利率上浮区间相结合，引导地方法人金融机构建立健全科学的利率定价机制，加大对“三农三牧”的信贷支持力度，逐步降低涉农贷款利率，降低农牧民融资成本。

该行一是组织辖内地方法人金融机构开展定价合格审慎管理和评估。积极促进地方法人金融机构强化财务约束、提高自主定价能力，完善市场供求决定的利率形成机制，指导地方法人金融机构参加定价行为指标评估，并将评价结果运用于宏观审慎评估。二是强化激励和约束机制。对让利于“三农三牧”的地方法人金融机构，在贷款规划、再贷款限额方面将给予优先支持。在贷款利率方面，符合宏观审慎评估要求的，允许达到最高加点幅度，并在“两管理两综合”上给予一定的容忍度。对超过加权平均利率的地方法人金融机构，结合宏观审慎评估结果，进一步加强约束和管理。三是引导地方法人金融机构立足实际，明确定位，优化资产负债管理，完善利率定价流程。按照稳健经营、可持续发展的原则，积极落实利率市场化改革各项措施，提升风险防范能力，主动适应利率市场化需要，规范利率管理方式，科学合理地确定利率定价水平。辖内地方法人金融机构均制定了利率定价管理办法。四是引导地方法人金融机构改善金融服务，创新金融产品。科左后旗农信社创新推出农户小额扶贫贷款、农户小额信用循环贷款、公司＋经销商（农户）产业链贷款等，有效提升了服务水平，解决了农牧民“贷款难、贷款贵”的问题，真正实现了让利于农牧民。五是定期对辖内地方法人金融机构的贷款利率执行情况进行通报，并报送地方政府，使相关部门及时了解地方法人金融机构的贷款利率情况，有效运用利率政策红利，推动农牧民融资成本下降。

资料来源：杨茁. 人行通辽中支多项措施并举引导金融机构降低农牧民融资成本[N]. 通辽日报，2016-05-05.

二、影响金融服务产品定价的因素

（一）成本

定价是为了使产品的销售收入能够支付成本，并实现企业的盈利目标。因此，成本是定价中的重要因素。金融服务产品定价的成本来源主要有三种。第一种是金融服务活动所带来的一般性成本，主要是资金成本，通过技术进步可以有效地降低这种成本。第二种与行业竞争有关，即转换成本。消费者在市场上发现相似金融服务产品所须付出努力。转换成本越高，定价也越高。第三种与消费者的需求有关。人们的财富越多，理财愿望也越强烈，对贷款、保险、投资和养老等金融服务产品的需求也越大。

实例 6-3　　招商银行创新产品有效降低金融服务成本

近日，招商银行正式发布小企业 e 家“互联网＋供应链金融”创新模式与解决方案。

方案主要着眼于布局产业互联网金融，聚焦产业供应链、大型商品交易市场、互联网电商平台等各类交易模式及应用场景，以互联网模式为核心兼顾 O2O 商务模式，提供涵盖账户体系、收付交易、供应链融资、投资增值为一体的综合化交易银行服务方案——“e＋账户”。

据介绍，在企业的商品交易平台触网过程中，普遍存在跨行结算、虚拟账户清算、便捷融资、投资增值等各项需求。招商银行通过深入分析产业互联网交易模式下客户交易需求，完全基于互联网思维创新设计的“e+账户”是全程在线开立、实时跨行身份验证、免费跨行结算、余额生息的互联网金融开放账户，是企业“互联网+”产业升级的“一站式”结算及投资方案，是招行为企业专属定制的供应链结算+供应链融资整体解决方案。

招商银行工作人员表示，“e+账户”通过与外部机构及其他银行合作，能够对企业及个人用户进行实时在线跨行实名验证，同时让更多的企业用更便捷的方式实现跨行结算，企业只需要与招行一家对接，无须逐家银行谈判，就能实现跨行结算。此外，该行还利用互联网的跨界补贴思路，为平台及平台的用户实现了免费跨行结算，有效降低了金融服务的整体成本。

资料来源：招商银行创新产品有效降低金融服务成本[N].临沂日报，2015-08-12.

（二）经营目标

金融服务产品的定价应该与金融服务企业的经营目标相适应。如果企业是为了继续生存，那产品价格只需要弥补产品成本，企业定的价格就会偏低；如果企业是为了获取最大化的利润，或者塑造高质量的企业形象，企业定的价格就会偏高；如果企业是为了提高市场占有率，企业定的价格一般会低于竞争者。

实例 6-4　不良资产证券化的定价是难点评级机构更关注回收率

近日，《21世纪经济报道》记者就不良资产证券化事宜采访了东方金诚不良资产业务负责人唐镭。唐镭向《21世纪经济报道》记者介绍了不良资产证券化产品与CL(贷款抵押债券)的不同：“对于大部分资产证券化产品，评级机构关注的核心是违约率和回收率两个要素。但对不良资产支持证券由于基础资产已经是违约贷款，因此评级机构关注的核心是回收率这个要素。”

不良资产证券化，顾名思义其基础资产主要就是不良资产。根据风险程度，银行将贷款分为正常、关注、次级、可疑和损失五类，其中后三类为不良。

上一轮试点时，信达资产分别于2006年、2008年发行两期金额均为48亿元的不良资产证券化产品，东方资产2006年发行10.5亿元，建设银行(行情4.72+0.00%，买入)2008年发行27.65亿元。

唐镭向21世纪经济报道记者表示，“不良资产证券化产品优先级的发行难度相对较小，次级的市场化发行难度较大，部分购买次级部分的机构可能会从产品设立初期即共同参与逐笔调整。对于有信用评级的优先级资产支持证券基本会参照该评级的市场利率定价，对于无评级的次级部分定价较为困难”。

由于次级定价难度大，一般会让发行人自留一部分，或者让专业的不良资产处置机构来认购。比如，前述的建行那一期不良资产支持证券，次级就是由信达资产管理公司认购的。

在上一轮4单试点不良资产证券化产品中，均出现的情况是，由于基础资产质量较差，优先档证券需要更多信用支持，次级档比例较大。优先档发行利率高于相近时点发行的 CLO(贷款抵押债券),体现出对现金流入不确定性的利差补偿。

评级也是不同档次证券发行价格的重要参考。对于不良资产证券化产品的评级,唐镭表示,思路大体是首先进行逐笔/抽样的方法对资产池内的不良资产进行调整,确定一个资产池的基准估值范围。然后是对一些关键变量进行压力测试,确保未来现金流即便在较为严重的情景假设下仍然可以充分覆盖资产支持证券本息的偿付。最后,根据违约回收情况,确定不同分层的资产支持证券信用等级。

资料来源:李玉敏.不良资产证券化的定价是难点评级机构更关注回收率[N].21 世纪经济报道,2016-04-20.

(三) 市场需求

由于金融服务产品的特殊性,金融服务企业可以按照不同的标准对市场进行细分,如年龄、收入、财富、学历等。不同细分市场的消费者的需求弹性大相径庭。在需求弹性大的市场制定低价策略,在需求弹性小的市场制定高价策略,以实现企业利润最大化。

(四) 竞争状况

由于互联网金融的崛起,金融服务领域的竞争变得激烈起来。各种金融服务机构不断推陈出新,金融创新层出不穷,在这样的时代浪潮中,竞争状况成为影响金融服务产品定价的一个重要因素。树立正确的竞争观念,制定有效的定价策略,合理分配企业资源成为金融服务企业所必须具有的能力。

专论 6-2　　利率市场化逐步推进

2015 年以来,货币政策改革的最大亮点是利率市场化。经过多年的改革,我国的银行间同业拆借利率、债券市场利率以及贷款利率都已经实现市场化。2014 年 11 月—2015 年 5 月,央行先后 3 次在降息的同时扩大存款利率浮动区间,金融机构存款利率浮动区间的上限由存款基准利率的 1.1 倍调整为 1.5 倍。

央行调查统计司司长盛松成表示,存款利率浮动区间上限调整后,金融机构存款定价的精细化、差异化程度进一步提升,分层定价、有序竞争的存款定价格局基本形成。不同类型机构存款定价分化为“三大阵营”。第一阵营以国有银行为代表,包括少数股份制银行,其存款利率总体上浮比例较低;第二阵营以股份制商业银行为代表,还包括少数城市商业银行,其存款利率上浮比例居中;第三阵营以地方法人金融机构为代表,其存款利率上浮比例较高。

业内人士分析,之所以会出现存款定价分化,与金融机构自身经营管理模式、存款定价能力、定价策略等因素有关。从定价能力和定价策略来看,大型银行定价能力较强,存款市场份额较高,在存款利率定价中通常发挥引领者的作用,利率水平一般较低;中小银行则往往是市场价格的追随者,多采取跟随大行定价的来策略,利率要略高于大型银行。另外,公司治理结构完善、财务约束和自主定价能力较强的金融机构,利率水平通常较低,反之,利率水平就会较高。长期来看,随着存款利率管制逐步放开,金融机构的竞争会促使其提升自主定价和风险管控能力。

随着金融机构自主定价能力显著提升,央行今年在同业存单的基础上适时推出了面向企业和个人的大额存单。业内人士分析，大额存单的推出，有利于有序扩大负债产品市场化定价范围，健全市场化利率形成机制；也有利于进一步锻炼金融机构的自主定价能力，培育企业、个人等零售市场参与者的市场化定价理念，为继续推进存款利率市场化进行有益探索并积累宝贵经验。

资料来源：金融改革打出“组合拳”[OL]. 中国经济网，2015-07-07.

（五）政府政策

政府政策是金融服务产品定价不可逾越的硬性约束。目前我国政府实行严格的金融管制，金融服务产品的价格，如利率、汇率、佣金率、保险费率、服务费等受政策的约束性较大，许多产品还必须接受政府的指导定价，自我调价范围有限。

实例 6-5　降息引金融产品重定价银行理财产品收益率将下行

上周五，央行宣布，自 2014 年 11 月 22 日起下调金融机构人民币贷款和存款基准利率。金融机构一年期贷款基准利率下调 0.4 个百分点至 5.6%；一年期存款基准利率下调 0.25 个百分点至 2.75%。

银率网金融研究中心主任殷燕敏表示，此次利率调整采取非对称方式下调贷款和存款基准利率。央行表示，贷款基准利率的下调幅度大于存款基准利率，是对传统利率调整方式的改善，也更有针对性地引导市场利率及社会融资成本下行。从贷款利率的角度来看，基准利率对于金融产品定价仍具有重要的引导意义，此次较大幅度下调贷款基准利率将直接降低贷款定价基准，并带动债券等其他金融产品定价下调。

2014 年以来，银行理财产品的平均收益水平持续下行。据银率网数据显示，非结构性人民币理财产品的周平均收益率已从年初的 5.76% 下滑至上周(11 月 15—21 日)的 5.04%。分银行类型来看，国有银行发行的非结构性人民币理财产品的平均收益水平早已跌破 5%，股份制银行和城商行的理财产品平均收益水平仍在 5% 上方。

杨驰表示，贷款基准利率下调将引导市场利率整体下行，银行新发行理财产品的预期收益率也会有所下降。但目前很多银行采取“一浮到顶”来应对，将存款利率保持在 1.2 倍的上限区间，实际存款利率并未下降，少数期限的存款利率甚至不降反升。为了保持一定的收益率优势，银行理财产品的预期收益率下降幅度不会太大。降息后，各银行采取的存款利率政策不尽相同，不同期限产品的收益率较降息之前变化的幅度不同。

杨驰也认为，此次调整存贷款基准利率，意味着央行已经开启了降息通道，受经济下行压力影响，2015 年有可能继续降息。投资者可考虑投资较长期限的银行理财产品，以锁定现有收益，避免重定价风险。

谈及未来理财产品的品种预期，杨驰表示，预计下一阶段，银行理财产品的发行期限和发行品种都会有所调整。一方面，较长期限的理财产品占比将上升；另一方面，由于保本型理财产品纳入存款统计口径，有利于商业银行留住存款，也符合保守型投资者的需要，因此保本型理财的发行数量也将有所增加。

资料来源：张威. 降息引金融产品重定价银行理财产品收益率将下行[N]. 每日经济新闻，2014-11-24.

第二节 金融服务产品的定价方法

对金融服务产品定价，需要在最低价格和最高价格之间做出选择。如果低于最低价格，企业就会陷入亏损；如果高于最高价格，则压抑需求，企业无法获得利润。因此，企业必须确定一个合适的市场价格。金融服务产品基本的定价方法有：成本导向定价法、需求导向定价法、竞争导向定价法。

实例 6-6　信用卡利率逐步放开如何定价成重要课题

央行 4 月 15 日发布的《中国人民银行关于信用卡业务有关事项的通知》(以下简称《通知》)。

“对信用卡透支利率实行上限和下限管理，透支利率上限为日利率万分之五，透支利率下限为日利率万分之五的 0.7 倍。信用卡透支的计结息方式以及对信用卡溢缴款是否计付利息及其利率标准，由发卡机构自主确定。”可以说，《通知》直接提升了发卡机构信用卡利率定价的自主性和灵活性，打开了自主定价的空间。

“目前信用卡利率定价缺乏灵活性和差异性，难以满足持卡人对循环信用服务的个性化和多样化需求；此外，固定单一利率束缚了发卡机构信用卡资产业务的精细化发展，不利于有效发挥市场对资源配置的决定性作用，不利于信用卡产业从‘跑马圈地’向‘精耕细作’转型升级；而且，信用卡透支利率与存贷款利率之间未建立联动关系，信用卡鼓励消费、扩大内需的作用未得到充分发挥。”央行相关负责人对当前我国信用卡发展存在的问题如此表示。

由于新规取消了信用卡免息还款期最长不能超过 60 天的限制，银行可以根据自身经营策略和持卡人风险等级，自行确定免息还款的期限。如此一来，根据信用等级的差异化客户分类也就自然提上日程，从而加速了不同银行对不同客户群体的争夺。不仅如此，《通知》还取消了信用卡最低还款额不能低于10%的限制，改为由发卡机构确定最低还款额的标准。对此，银率网分析师齐健表示，新规出台后，各银行还可根据持卡人的风险等级，与持卡人协定最低还款额，更加灵活地组合收费标准，为持卡人提供更好的个性化和差异化服务。这次政策的明确使发卡银行可以在信用卡产品的免息还款期和最低还款额两个条件上自由组合，更加有利于不同银行的市场错位竞争。

某私募基金研究员杨晓鹏表示，考虑到银行卡业务收入对于银行利率贡献的重要程度，基于利率定价的研究目前已经成为商业银行当前最新、最重要的课题。

资料来源：王好强. 信用卡利率逐步放开如何定价成重要课题[N]. 金融时报，2016-04-22.

一、成本导向定价法

成本导向定价法是以产品单位成本为核心，在此基础上确定产品的价格。采用这种定价方式，一要准确计算企业的成本；二要确定合理的加成率。具体的方法有三种：成本加成定价法、盈亏平衡定价法、目标效益定价法。

（一）成本加成定价法

成本加成定价法又可分为平均成本加成定价法和边际成本加成定价法。平均成本是指生产增加一单位产品时所增加的成本。在单位平均成本的基础上加上一定比例的预期利润，就是单位产品的价格。用公式表示为：单位产品价格＝单位产品成本＋单位产品预期利润。边际成本加成定价法是指在定价时只计算变动成本，而不计算固定成本。在变动成本的基础上加上预期的边际利润就是产品的利润。用公式表示为：单位产品价格＝单位产品变动成本＋单位产品边际贡献。

成本加成法的优点是计算简便，特别是在市场环境基本稳定的情况下，可以保证企业获得正常利润。缺点是只考虑了产品本身的成本和预期利润，忽视了市场需求和竞争等因素。因此，无论在短期或长期都不能使企业获得最佳利润。

（二）盈亏平衡定价法

盈亏平衡定价法是指企业根据盈亏平衡点原理进行定价。具体的操作方法是：企业首先计算经营过程中的所有成本，估计产品的销售量，用总成本除以销售量，所得即为产品价格。此时的价格刚好能使收入抵消成本。这一价格被称为盈亏平衡点，也被称为保本点。盈亏平衡定价法的优点可以使金融服务机构灵活掌握价格水平，而且运用也比较方便。

（三）目标效益定价法

目标效益定价法是指企业根据总成本和所估计的总销售量，确定一个目标收益率，作为定价的标准。企业可以随时根据市场的竞争状况、产品的生命周期等因素，及时调整企业的收益率，使企业产品价格更具竞争力。

专论 6-3　互联网金融可能极大地降低，甚至消除了上述传统交易的成本

互联网金融在大数据、云计算和移动互联网的支撑下，成功实现交易的网络化、去中心化、脱媒化，打破了信息的不对称性，弱化了交易中介的作用，摆脱了对大量专业人员和物理网点的依赖，可能极大地降低了交易成本。

首先，新的交易方式降低了金融的显性成本。在互联网金融模式下，交易方式通过互联网和移动通信网络进行。对金融机构来说，既可以减轻网点、人员和配套费用等的巨额开支，也可以实现一对多的服务，显著提高交易效率，降低资源浪费成本；对客户来说，不必跑网点、不必排队，实现随时随地的交易，节省了额外的开支和时间成本，而且互联网金融的脱媒性，导致中介环节的弱化，节约了中介交易费用和时间，从而降低了交易成本。

其次，新的信息处理方式降低了金融交易的隐形成本。在互联网金融模式下，大数据和云储存技术作用于信息处理，打破了信息壁垒，降低了信息的不对称性。

再次，多元的产品组合降低了金融机构的客户开发成本、坏账处理成本、风险管理成本等，降低了用户的机会成本等。

最后，互联网金融打破了技术的垄断性、市场的垄断性和客户的垄断性，使技术、市场和客户充分分享，产品趋于同质性、市场更加开放、客户群充分分散，降低了交易的垄断成本、寻租成本和新进入者成本等。

资料来源：交易成本低是互联网金融的最大竞争力[OL]. 民间财富，2014-08-12.

二、需求导向定价法

需求导向定价法是指以客户的需求为导向，不只关注企业的成本，更要考虑消费者对产品价值的理解和需求的大小。对于主要以服务功能为主的金融服务产品，需求导向定价法是一种重要的定价方法。

（一）理解价值定价法

理解价值定价法，是以消费者对产品价值认知和感受程度作为定价的基本依据。由于消费者购买产品时总会在同类产品之间进行比较，选购那些既能满足其消费需要，又符合其支付标准的产品。消费者对产品价值的理解不同，会形成不同的价格限度。这个限度就是消费者宁愿付货款而不愿失去这次购买机会的价格。如果价格刚好定在这一限度内，消费者就会顺利购买。

（二）需求差异定价法

需求差异定价法是指根据消费者的需求弹性的差异，对同一金融服务产品制定不同的价格。这种差异可以依据地点、时间、产品和消费者的差异而变化。主要的形式有产品功能的差异、消费者的差异、时间的差异、服务地点和方式的差异。

实行差异定价应具备的条件是：市场能够根据需求弹性进行细分；细分后的市场相对独立，互不干扰；价格差异适度，不会引起消费者的不满。

实例 6-7　　贷款产品种类丰富满足不同群体需求

眼下，“2016 台州金融理财节暨金融业传媒大奖”活动正如火如荼地展开，而参展的银行贷款产品更是亮点突出，不仅在抵押担保的方式上愈加丰富，还细分客户群体，定位愈加精细化。而在贷款产品的申请流程、应用场景、还款等方面，银行更是下足功夫，如支持“线上”自助操作、“额度循环授信”“随借随还”等，为借款人融资带来方便和优惠。

从传统的房产抵押到理财产品质押，从纯信用授信到结合大数据审批……近年来，为了满足各类客户的贷款需求，各家银行积极开发贷款产品。记者留意到，本次理财节就涌现了多种类型的贷款产品，无论是小微企业、个体经营户、农村经营户、白领一族，都能找到合适自己的产品。

近年来，国家对小微企业愈加重视，利好扶持政策不断，我市多家银行纷纷跟进，小微企业贷款产品陆续亮相。例如：邮储银行的“个商快捷贷”是向小微企业主发放的房产抵押类贷款，贷款额度最高可至 300 万元；“物产贷”也是绍兴银行向小微企业发放的，主担保方式为抵押，还款方式为等额本金或等额本息。此外，中国银行的“中银循环贷”、交通银行的“快捷抵押贷”、宁波银行的快审快贷“贷易融”业务、招商银行的“生意贷”也可以满足中小企业主生产经营的资金需求。

在助力小微企业发展的同时，银行还创新性地推出针对三农的特色贷款。例如，民泰银行响应“美丽乡村建设”推出“农惠通”，该产品主要为农村客户群体解决养殖、承包、个人消费等所面临的临时资金压力。

而随着提前消费观念的深入人心，消费类信贷更是成为各家银行竞相开挖的新战场。

例如泰隆银行的“微时贷”是一款专为上班族客户量身定做的消费类贷款产品，凭个人信用，无须抵押即可办理。浦发银行台州分行的“浦银点贷”也可以为客户的资金周转提供便捷，只要客户在任何一家银行有房贷（含住房贷款、商用房贷款、公积金贷款）还款期大于6个月，且信用记录良好，均可享受不需要提交任何资料就可以办理的纯信用贷款。此外，建设银行的“快贷”、兴业银行的“个人快速消费贷”、平安银行的“新一贷”、光大银行的“白领易贷”、广发银行的“自信卡”、中信银行的“公积金网络贷款”、椒江农合行的“薪福贷”等产品也可以满足客户的消费需求。

“循环授信、随借随还”也是本次理财节中各家银行贷款产品的“一大亮点”，例如，个人大宗消费可办理消费贷款，循环授信可用于购车、装修、旅游；而中小企业主可以办理商务贷款，通过循环授信满足多样化的经营需求。具体而言，“循环授信”是指符合门槛的客户通过申请，可以获得银行核定的信贷额度，这一额度不使用就不会产生利息。当借款人需要消费时就可以直接使用该贷款，只需在现成的额度内进行使用，不需要再进行贷款申请、审核，省去了等待审批、放款的时间。

资料来源：我市银行业发力贷款市场满足多元化需求[N]. 台州日报，2016-05-04.

三、竞争导向定价法

竞争导向定价法是指以市场上相互竞争的同类产品的价格为定价基础，并根据竞争状况的变化及时调整产品价格，或与竞争产品价格保持一定的比例，而不过多考虑成本及市场需求因素的定价方法。具体方法有通行价格定价法、密封投标定价法、竞争价格定价法。

（一）通行价格定价法

通行价格定价法是使产品的价格与竞争者产品的平均价格保持一致。这是最简单也是被运用最广泛的一种竞争导向定价法。这种定价法的好处是：平均价格水平常被认为是“合理价格”，易为消费者接受；与竞争者和平相处，避免激烈竞争。

（二）密封投标定价法

密封投标定价法主要用于投标交易方式，常用于国债发行等大宗交易中。投标价格是企业根据对竞争者报价的预估确定的，而不是按企业自己的成本费用或市场需求来制定的。一般来说，报价高、利润大，但中标机会小，如果因价高而招致败标，则利润为零；反之，报价低，虽中标机会大，但利润低，其机会成本可能大于其他投资方向。因此，报价时，既要考虑实现企业自身的目标利润，也要结合竞争状况考虑中标概率。国际通行的招标方式有荷兰式招标和美国式招标。

专论 6-4　　荷兰式招标和美国式招标

目前，我国债券定价方式主要有两种：公开招标和簿记建档。相对而言，公开招标的方式市场化程度更高，比较适合认购者众多、信用等级高、单次发行规模较大的国债、政策性银行债、大型企业发行的企业债等券种；簿记建档则更适合信用等级相对较低、发行量小、发行难度大的短期融资券、中期票据等。

无疑,中标利率等概念是公开招标这种定价方式中的术语。公开招标,又可以分为价格招标和数量招标。价格招标,按照中标价格的形成机制不同,又可以分为荷兰式招标、美国式招标和混合招标。其中,荷兰式招标又称统一价位中标或单一价位中标。在竞标结束后,发行系统将各承销商有效投标价位按照一定顺序进行排序,并将投标数额累加,直至满足预定发行额为止。此时的价位便是本次公开招标的中标价位,中标的承销商都以此价格或利率中标。该价格又称为中标价格或中标利率。此时实际投标量与计划发行量之比,即是全场倍数。

边际倍数主要出现在美国式招标和混合式招标中。美国式中标又称多价位中标。在竞标结束后,发行系统将各承销商的有效投标价位按照一定顺序进行排列,直至募满预订发行额为止。在此价位以内的所有有效投标均以各承销商的各自出价中标。其中,所有中标价位按照中标量进行加权平均后的价格即是本期债券的票面价格或票面利率。中标价位中,最高的利率(或最低价格所对应的利率)即是边际利率。在边际利率上的投标量与中标量之比,即是边际倍数。

举个例子,应该更容易明白。比如计划发行量为 200 亿元的债券,投标量为 400 亿,则全场倍数为 2。在边际利率上,投标量为 30 亿,但是募满 200 亿元只需要 10 亿,那么边际利率上的中标量就为 10 亿,这时的边际倍率就是 3 了。

全场倍数越大,说明大家的投资意愿越强,对该债券的认可度越高。边际倍数越大,说明认购者对边际利率的看法越一致。另外,边际利率与票面利率的利差则反映了市场对该债券未来的走势。利差较大,反映大家对该债券的走势分歧较大;利差越小,则市场的看法越趋于一致。

资料来源:荷兰式招标、美国式招标和混合招标[OL].见贤思齐的博客,2013-12-03.

(三)竞争价格定价法

竞争价格定价法是以竞争者的价格为参照,根据企业产品的实际情况来确定价格的方法。这是一种积极的定价方法,一般为富于进取心的企业所采用。首先,定价时对市场上竞争产品价格进行调研,分为高、一致及低三个价格层次。其次,分析各种产品的特性,获悉造成价格差异的原因。最后,根据以上结果并结合自身产品的特色、优势及市场定位,确定产品的价格。竞争价格定价法主要有与竞争者价格相同、低于竞争者价格、高于竞争者价格三种形式。

第三节　金融服务产品的定价策略

常用的金融服务产品定价策略可以归纳为五种:渗透或低定价策略、捆绑价格策略、关系定价策略、认知价值定价策略和渠道定价策略。

一、渗透或低定价策略

渗透或低定价策略,又称薄利多销策略,是指企业在产品上市初期,利用消费者求廉的消费心理,有意将价格定得很低,使新产品以物美价廉的形象,吸引顾客,占领市场,以谋取远期的稳定利润。金融服务机构可能提供低的贷款利率或高的投资回报率来吸引竞争者的客户，也可能会以低收费或者免费的银行服务来吸引新客户群体。

实例 6-8　小米"血战到底"：渗透定价与撇脂定价的耦合案例

1月3日正式宣布红米移动版降价100元——彼时看起来充满着小米对战华为硝烟味儿。时隔一个多月，定下全面进击基调的小米又一次出击，把旗下最有"经典范"的小米2S降价400元，从1 699元直接降到1 299元，降幅达到20%以上；并且，降价之后的小米2S接受开放购买，不用预约。小米同时宣布2系列产品(小米2、小米2S、小米2A)自2012年10月正式开卖起，迄今已经售出1 500万台。有趣的是，在小米2S调价前夜，魅族MX2刚刚宣布降价100元，从1 699元降到1 599元。魅族大概会有被压制的悲情。

小米为什么敢于降价，而且幅度达20%之多。我认为根本原因还在于成本的控制，再加上雷军经常挂在嘴边的那句"成本定价"。在成本变迁的同时，策略驱动因素是小米的"成本定价"原则。小米2S比小米2降低300元，小米2S一年后又降价400元，其定价策略与摩尔定律作用下的成本走向是正相关的。加上小米的"成本定价"策略，这些变化又非常直接地反映到产品具体定价中。所以小米此时降价400元绝不只是一种市场策略。这可能是眼下消费电子行业"单款长周期"产品策略比较合理的综合定价原则。产品在市场中的导入、攀升、顶峰期，直至一个相对平稳的出货时间段内，可采用"渗透定价"方式，即维持相对平稳的定价曲线，前期较少获取硬件利润甚至亏损，但后期可获得一定收益，也较能稳定消费者的购买信心。但当生命周期长达下代主力机器即将发布及上市之后，则可视为一个新的"渗透定价"区间。

不同的"渗透定价"区间之间，则以类似"撇脂定价"法接续，所谓"撇脂定价"指的就是随着成本的变迁，逐步降低价格，在产品周期早期获得较多利润，而后期则配合放量逐步降价，收窄利润。之所以说是"类似撇脂定价"，就是小米的这种周期接续的综合定价法中，始终紧密围绕着"成本定价"这道单维曲线，波动不大。当然，这种综合定价策略的首要前提是：一款产品无论是性能、体验都能支撑一款经典产品所需的超长生命周期。

在2S降价到1 299元后，小米完成了在手机入门市场的全覆盖：699元的红米，1 299元的16G小米2S，1 999元的小米3。而且在每个价位段，小米的性价比都具备了还算比较明显的比较优势。

后续小米推出新品，应该会继续守住这三个价位档，不断填补新品进来。而500～2 000元是中国手机厂商的集中出货区，今年这场戏肯定是要越来越好看了。

资料来源：刘琪. 小米"血战到底"：渗透定价与撇脂定价的耦合案例[N]. 商业观察，2014-03-01.

二、捆绑价格策略

捆绑价格策略又称为一揽子定价策略，该定价策略就是将两种或两种以上的金融服务产品作为一个整体包(一揽子服务)，给予一个特别优惠的价格卖给消费者。打包定价之所以可行，是因为金融服务机构的固定成本与流动成本的比率通常比较高，而一项固定成本又往往可以为多项金融服务业务所分摊，也就是说，为消费者提供额外服务的边际成本一般很低。因此，捆绑价格策略可以有效地提升金融服务机构的盈利能力。

三、关系定价策略

关系定价策略是一种试图与消费者建立良好的长期关系以提高消费者忠诚度的定价策略。该策略能够吸引消费者多购买本企业提供的服务产品，从而客观上达到抵制竞争者提供的服务产品的目的，如合同方式、会员制方式、折扣方式。金融服务企业如果采取关系定价策略较长期地为现有的消费者提供更多的服务，那么它肯定会从中获利。一般来说，关系定价策略可以采用长期合同和多购优惠两种方式。

四、认知价值定价策略

认知价值定价策略是一种以消费者对金融产品价值预期为导向定价策略。消费者在选购某一金融服务产品时会根据自己经验对产品的价值形成初步判断。如果金融产品的价格符合消费者的认知价值，那么消费者就会选择购买这种金融服务产品。影响消费者认知价值的因素有很多，如金融服务企业自身品牌信誉、金融服务产品的功能、售后服务等。因此，金融服务企业通过调查了解消费者的认知价值是至关重要的。

五、渠道定价策略

渠道定价策略是金融企业根据消费者获得产品的渠道来制定价格的一种策略。越来越多的金融机构希望消费者能够使用网络渠道而不是在柜台获得服务。因此，网络服务价格比较低。由于消费者的需求比较复杂，他们对各种渠道的选择也不同。例如，简单的购买产品的交易在线上完成，而面对复杂交易，消费者更希望面对面的交谈。金融服务产品能够使用这种定价策略的原因在于它的风险性。不同渠道的价格差别可以被人们避免风险的心理所抵消。

实例 6-9　　汽车租赁需突破融资渠道和残值管理“瓶颈”

截至2010年年底，中国已拥有近万家汽车租赁公司，其中50%的企业位于北京、上海、广州和深圳四大城市，而目前市场上的汽车租赁公司，平均车队规模不超过50辆汽车，这样的车辆数很难达到规模经济效应。

中国汽车租赁行业仍处于早期发展阶段，市场汽车租赁渗透率(租赁汽车的数量占乘用车总保有量的比例)远低于欧美等成熟市场。另外，中国经济的持续增长，居民可支配收入的提高，城市化进程的加快以及相关的交通政策措施(如部分城市的限购令)，都为中国汽车租赁行业的发展奠定了良好的基础。

可是，在碍于不完善的融资租赁法律法规、不成熟的社会信用体系及风控体系，以及缺乏残值市场和完善退出机制的情况下，汽车租赁产品较其他汽车金融产品而言尚未展现特殊的优势。

中国汽车租赁市场的进一步发展受五方面因素的制约。

汽车租赁业的法律法规亟待进一步完善。为了规范我国融资租赁活动，维护融资租赁市场秩序，保护融资租赁方的合法权益，促进融资租赁事业的健康发展，国家颁布了《中华人民共和国融资租赁法(草案)》(共三次征求意见稿)。但成型的《融资租赁法》，以及成熟的相关会计准则都还没有问世。

社会信用体系及风控体系尚不成熟。我国融资租赁业普遍使用直接租赁的方式，即出租人承担了全部的风险责任的形式，公司面临包括经营性风险、信用风险、金融风险、经济环境风险等诸多风险。

残值定价和租赁车辆退出机制不完善。目前我国二手车市场的不成熟导致残值定价机制不完善，进而影响汽车租赁产品定价，使汽车租赁产品较其他汽车金融产品而言尚未展现特殊的优势。

融资手段不够丰富及汽车金融的介入不够深入。目前租赁公司的融资主要来自于股权融资及债权融资，但是国内再融资渠道有限，投贷联动正在逐步推进，股债结合短期难以实现。股权融资带来了良好的治理结构及管理经验，但稀释了创始人及管理层原有股份。在债权融资过程中，除非有来自股东的强担保和不动产抵押，否则，租赁公司须协助银行对所融资车辆逐笔进行抵押登记，手续的繁琐导致大多数银行对该类业务望而却步。未来，多种融资方式包括资产证券化、公司债、各种票据将会有效降低租赁公司资金成本，扩大业务规模。

另外，目前影响金融机构介入汽车租赁业务的主要原因还包括残值预测的风险。成熟残值市场及第三方残值评估机构的缺失，导致金融机构无法评估租赁车辆的残值以确定融资金额。未来，随着二手车市场的完善及专业残值评估机构的建立，基于可信赖的汽车残值预测，以商业银行为代表的金融机构将为汽车租赁业提供更高额更灵活的融资。

总体而言，突破融资渠道和残值管理的“瓶颈”，借力汽车金融，汽车租赁将迎来飞速增长的新阶段。

资料来源：汽车租赁需突破融资渠道和残值管理“瓶颈”[J]. 汽车商业评论，2013，(3).

复习思考题

1. 影响金融服务产品定价的因素有哪些？
2. 试述我国的法律法规对金融服务产品的定价影响。
3. 金融服务产品的定价目标有哪些？
4. 金融服务产品的定价方法、定价策略有哪些？
5. 在实际操作中，如何将定价方法与定价策略相结合？

实训题

商业银行理财产品定价分析

2011 年，人民币银行理财产品约占全部理财产品的 85%，外币理财产品占比为 15%。随着汇改的深化、国内金融市场的开放以及人民币国际化的加快，外币理财产品蕴含巨大增长空间，这对商业银行理财产品定价的能力提出了更高要求。在国际金融市场上，利率、汇率等价格的波动将对理财产品带来各类交易风险。由于我国商业银行缺乏定价能力和风险对冲机制，大部分产品都是依靠外资银行设计、报价、风险对冲，缺乏自主权。2011 年，国际金融市场波动较大，导致外币理财产品市场萎缩甚至出现了零收益、负收益的情况。

根据上述案例，分析提高银行金融产品定价能力的意义和具体方法。

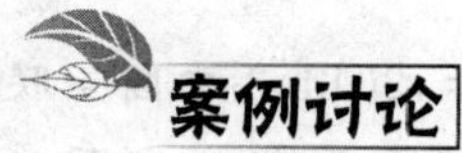

跳出价格战泥潭在线旅游商金融产品扎堆拼起服务

国庆长假一结束，下一次放假就得等到明年元旦。在这个时间段里，正是一年中旅游价格触底的时候。往年这个时候，各大在线旅游商早已吹响促销战的号角，不过 2015 年国家旅游局下达一纸禁令，禁止在线旅游企业恶性低价竞争。

所以，2015 年的金秋 10 月，在线旅游商不再卖力吆喝低价产品，而是变着法子讨好用户的欢心，推出金融创新产品来吸引大家的眼球。比如，出境游保证金在回国后还能有收益；旅游产品可以选择分期付款，不仅能减缓资金压力，每期还能享受额外的利息收入……

其实，旅游金融产品也不是什么新鲜事物，携程是最早萌生这种想法的在线旅游商，2014 年成立了金融事业部，推出了“携程宝”“涨程宝”两款理财产品，市场的认可度比较高。不过，此时的在线旅游企业试水互联网金融还是小打小闹型，甚至没有大张旗鼓地宣传产品，毕竟在这一领域，还缺乏相关资质和监管。

直到 2015 年 9 月 18 日，途牛网拿到了独立的基金销售牌照，并成立了专门的金融服务平台，拥有途牛宝、基金理财、定期理财、预约理财等产品系列，成为首家拥有基金销售资格的在线旅游企业。在近日途牛的九周年发布会上，途牛宣布推出几款金融产品，如购买“出境保”理财产品，可享受最高立减 3 000 元/人的优惠，同时产品到期后用户能获得正常的活期存款收益。据悉，目前支持“出境保”业务的产品超过 14 万条，已覆盖途牛大部分跟团出境游线路。出境保证金通常是旅行社为了防止旅游者在境外滞留不归，而要求他们在出游前向报团旅行社缴纳一定数量的现金作为担保。举个例子，如果你报团参加“东西欧 10 国 15—16 日游”，可以把须缴纳的 5 万元出境保证金购买成 5 万元“出境保”理财产品，旅游回来以后，你还能获得额外的活期利息。

如今，像这样的旅游金融产品已经遍地开花。去哪儿网与闪白条合作推出“拿去花”产品，消费者可享受最高 2 万元额度最长 30 天免息期的“预支款”，先出去玩个痛快，然后选择 3 期、6 期、9 期、12 期四档分期归还。此外，去哪儿网又联合中信银行(601998，股吧)推出了在线申请“存款证明”业务，用户可以不必出资存款金额，只需要支付存款金额相应的手续费。而驴妈妈则联合了中银消费金融有限公司推出“小驴分期”产品，让游客达成“先出游、后付款”的美梦。

有业内人士指出，此轮“旅游＋金融”新潮流的背景，实际是由于长期价格战导致利润大幅度缩水，在线旅游商迫切需要寻找新的盈利方向，加之垂涎于旅游保险、金融产品的利润，才集体涌入。

近日，易观智库发布了《中国互联网旅游金融市场专题研究报告 2015》。数据显示，从在线旅游用户收入分布情况来看，2014 年用户出境游与国内游平均花费分别为 9 816 元、

840元,与对应的收入水平比较,约12.6%的人靠一年可支配收入完成一次境内游有一定资金压力;在中高收入(月收入5 000元以上)人群中,约有41.2%的用户靠一年的可支配收入完成一次出境游有一定的资金压力。可见,资金缺口是在线旅游用户选择旅游特别是出境游时的重要阻碍因素。

易观智库的《中国互联网旅游金融市场专题研究报告2015》还显示,2014年中国互联网旅游金融市场的交易规模为19.7亿元人民币,渗透率为5.9%。未来3年内,互联网旅游金融将加速渗透,其交易规模的增速将远高于在线旅游市场的增速。预计到2017年,整体渗透率将超过30%,市场交易规模将达到221.9亿元人民币。

资料来源:跳出价格战泥潭在线旅游商金融产品扎堆拼起服务[OL].浙商网,2015-10-21.

案例讨论题

1. “旅游+金融”等新型金融产品的出现对传统的金融服务机构会造成哪些冲击?
2. 请从金融服务产品定价角度分析,现有的金融机构应该如何应对这些冲击?

第七章 金融服务产品的分销

本章理论要点

- 了解金融服务分销的含义和分类
- 掌握金融服务分销渠道策略
- 了解金融服务网络营销的渠道种类

案例导入

腾讯、阿里的互联网银行大战　已经打到了海外

印度和韩国开放互联网银行大战，腾讯和阿里巴巴出现在股东名单里。

11月29日，韩国金融委员会发布公告称，将为两家纯互联网银行K-Bank和Korea Kakeo Bank发放牌照。这是23年来韩国政府首次发出的新银行牌照，两家银行可以在国内自主开展存款、贷款、信用卡、理财、外汇等所有传统银行的业务。

从股东身份来看，这两家银行几乎就是从韩国的大公司中生长起来的：

Korea Kakeo Bank的股东背景相对简单，大股东Korea Investment Holdings Co.独占50%股份；用名字刷存在感的韩国即时通讯软件公司Kakeo占股10%；腾讯及eBay也分别通过旗下子公司参与了投资，各自持股比例不超过4%。

K-Bank的股东则多达20家，其中有4家韩国企业持股比例为10%；发起方Korea Telecomm占股仅为8%；蚂蚁金服同样持有不超过4%的股份。

在韩国之外，印度也首次放行纯互联网银行。那里的第一张牌照，是被印度支付公司Paytm拿下的。Paytm是印度当地最大的电商及移动支付平台，相当于中国的"淘宝＋支付宝"，目前用户数已经超过1亿户。

2015年9月，阿里巴巴与蚂蚁金服一起战略投资了Paytm，也使后者的估值上涨到了25亿美元，成为印度估值最高的初创公司。公司创始人Vijay Sharma曾向英国《金融时报》表示，这笔融资将帮助公司成为印度收益最高的电商集团，并最终上市。

资料来源：腾讯、阿里的互联网银行大战　已经打到了海外[OL]. http://business.sohu.com/20151202/n429219091.html,2015-12-02.

第一节 金融服务分销渠道概述

一、金融服务分销渠道的含义和类型

（一）金融服务分销渠道的含义

分销渠道是指金融企业把金融服务提供给客户的所有途径和手段。在现代金融业发展中，科学合理地选择分销渠道，是金融企业成功的关键之一。

（二）金融服务分销渠道的类型

1. 直接渠道和间接渠道

根据有无中间环节，分销渠道可以分为直接渠道和间接渠道。直接销售渠道也被称为零阶渠道，是指金融企业直接把产品提供给客户，不需要借助中间商完成产品的销售。最常见的就是金融企业的分支机构直接为客户提供服务，如图 7-1 所示。

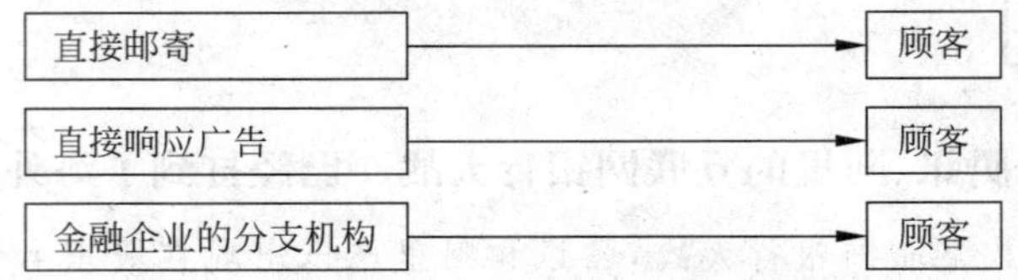

图 7-1 直接销售渠道①

注：根据哈里森《金融服务营销》相关图表整理。

间接渠道是指金融企业通过中间商把金融服务销售给客户的各种手段和途径，如图 7-2 所示。例如，信托公司经由银行代理出售信托产品。

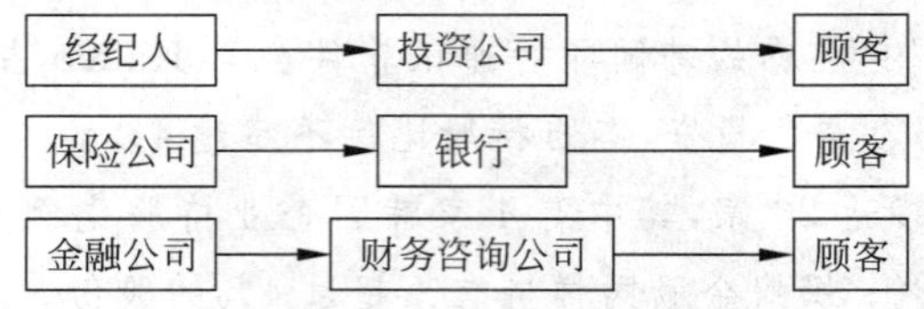

图 7-2 间接销售渠道②

注：根据哈里森《金融服务营销》相关图表整理。

2. 单渠道和多渠道

根据分销渠道类型的多少，可将金融服务渠道划分为单渠道和多渠道分销。单渠道是指通过一个渠道来实现金融服务的销售，多渠道分销是指金融企业通过多种不同的销售渠道将金融服务销售给不同的市场或者客户。

3. 组合分销渠道

金融企业还可以对分销渠道进行组合，一般有两种形式：垂直型分销渠道组合和水

① 蒂娜·哈里森.金融服务营销[M].北京：机械工业出版社，2004.

② 蒂娜·哈里森.金融服务营销[M].北京：机械工业出版社，2004.

平型分销渠道组合。

垂直型分销渠道组合是指分销渠道的纵向联合，由金融企业、金融服务的批发商和零售商组成，进行专业化管理和集中计划的营销网络。这种组合将金融企业和中间商组成一个统一的整体，便于管理。

水平型分销渠道组合是从分销渠道的宽度上来考虑，由同一层次的两个或多个没有关联的营销组织，组成联合体开展金融服务营销。这种组合可以通过联合降低成员的经营风险。

二、直接分销渠道

直接分销渠道是指金融企业不通过任何中间商直接销售金融服务给客户。

这是传统的金融企业常用的分销渠道，采用这种分销方式，金融企业与客户直接接触，无须经由中间商，客户的问题可以直接反映给金融企业，投诉也可以及时得到处理。但是直接渠道也有一些劣势，有些直接分销渠道成本太高，例如，开设更多的分支机构成本就比较高，而且只依赖自身拓展业务，就不能很好地利用其他机构的客户资源和渠道资源。金融企业的直接分销渠道主要有分支机构、面对面推销、直复营销、网上银行等电子分销渠道。

（一）分支机构

金融企业最为传统的分销渠道就是分支机构。分支机构最多的就是银行，有些大银行可以拥有成千上万个网点，有的跨国银行为了国际业务发展，还会在全球设立分支机构。以中国银行为例，该行不仅在中国有很多分行、支行，还在全球设立机构。

随着现代信息技术的发展，分支机构的重要性有所下降，电子设备和其他分销渠道的发展使得金融企业不再单一依赖增设机构，而是越来越重视新渠道的开发。但是，分支机构在金融业销售渠道中还是占据着主导地位，毕竟分支机构的经营方式更能给客户稳定可靠的感觉，而且有些客户的金融消费习惯也不容易改变。

（二）面对面推销

金融企业除了设立分支机构接待客户，还可以派出销售人员向客户进行面对面营销。例如，保险公司有大量的展业人员寻找客户、拜访客户，而且一般一次拜访和谈话无法促使客户购买，还常常需要多次拜访和面谈，才有可能促成销售。银行会派出客户经理或外勤人员去发展客户或为客户服务。

（三）直复营销

直复营销是金融企业不经过店面，直接由买卖双方完成交易的一种分销方式。具体包括直接邮寄、目录营销、电话营销、电视营销及网络营销等，金融业常见的方式有直接邮寄营销、电话营销及网络营销。

1. 直接邮寄营销

直接邮寄营销是金融服务的营销人员直接把信件，或者广告页直接邮寄给目标客户的分销渠道。这是最早的直接邮寄营销模式，在西方曾经非常兴盛，后来电子邮件出现，一些营销人员也开始使用电子邮件发送产品和服务内容。很多的基金公司、银行、保险公司都会向目标客户发送电子邮件。

实例 7-1　　垃圾邮件引来 12 亿元寿险保

据英国媒体报道，美国硅谷一名匿名富豪近日投下一份超级人寿保险保单，受益者可获得高达 2.01 亿美元(约合人民币 12.3 亿元)赔偿，刷新吉尼斯最贵人寿保险纪录，较匿名美国娱乐界富豪 1990 年创下的 1 亿美元旧纪录多了一倍。

吉尼斯确认史上最大保单

吉尼斯日前在公布这一消息时称，确认是史上最大的保单。虽然称投保人来自硅谷、从事技术行业，但未披露其具体身份，更未提及受益人的信息。因此，投保人身份引起各方猜测。卖出这份保险的经纪人法兰西斯也卖关子说，他不会公开客户详细信息。

法兰西斯说，与这名神秘投保者合作了四五年，"他很体贴，允许我们在不公开其姓名的情况下发布这个消息。"他还打趣称："我们不希望吸引杀手到处寻找他或其保单受益人。"他还说，投保人要求保密有两个原因：一是隐私；二是不想让受益人知道，"他想让对方继续努力工作"。

垃圾邮件引来巨额保单

令人大跌眼镜的是，法兰西斯的公司是通过宣传电邮拉到这笔生意的。美国媒体形容，谁会想得到硅谷亿万富豪竟会开启垃圾电邮？吉尼斯认可法兰西斯卖保险创纪录，超过英国保险销售员彼得·罗森加德，他曾参与匿名美国娱乐界富豪的 1 亿美元保单。

资料来源：垃圾邮件引来 12 亿元寿险保[N]. 北京晚报，2014-03-18.

2. 电话营销

正规的金融机构一般都有热线电话，这些电话有时承担受理投诉和解答疑问的任务，有时也承担服务营销的任务。尤其是银行销售信用卡和理财产品，保险公司营销保险新产品时，会采用电话营销方式。

电话营销的优势是明显的，只要拥有一份电话单，就可以在一天之内和几十位、几百位客户谈话，比上门拜访节约了大量的时间成本。但这种方式的局限性也是明显的，客户见不到金融企业人员，更容易对谈话者的身份和谈话内容产生怀疑；有些客户没有耐心听完金融服务的内容介绍；甚至还有的客户会拒绝交谈，直接挂断电话，这就需要电话营销人员做好事前功课，研究营销话术和客户心理。

3. 网络营销

金融服务网络营销是营销人员利用互联网进行的营销活动。这是信息技术发展的产物，是直复营销方式中的新成员，但也是发展最快的一种方式。网民数量的快速发展是金融网络营销快速发展的基础。

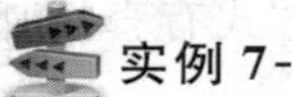

实例 7-2　　直销银行平台化启步

随着互联网金融大热，传统金融机构纷纷试水，推出直销银行。然而，过去两年间密集上线的直销银行发展不佳，在发展陷入瓶颈之后，银行的发展思路开始谋变。《北京商报》记者从业内获悉，目前部分银行对互联网金融等机构的态度从保守转为开放，以往不愿与互联网金融等机构合作的银行开始了业务方面的交流，更有银行将直销银行升级为开放式平台，证券、基金、信托、资产管理等各类金融平台可为直销银行定制金融产品。在分析人士看来，平台化或将成为直销银行的未来趋势，商业银行在经历过去几年的摸索之后，正在熟悉和适应互联网金融的游戏规则。

从保守到开放

李强（化名）是一家互联网金融企业的员工，在过去几年的行业热潮下，这家企业曾多次寻找与商业银行，特别是直销银行的合作机会，但银行均采取了保守策略，态度并不积极。不过，今年年初以来，银行的态度出现了转变。

作为一家互联网金融机构，李强的公司一直希望与银行进行合作，直销银行作为商业银行中最具互联网创新基因的代表，自然受到了关注，无论是将银行的小微贷款、个体户贷款放置到互联网金融平台上，抑或将互联网金融企业的优质项目放置到直销银行，都会有利于双方业务的拓展。李强透露，2016 年该平台在与一些中小银行进行沟通时，银行对双方业务合作表现出了浓厚的兴趣，一改以往的冷淡态度。尤其是一些城商行，态度比较积极。

事实上，关于直销银行的转变已经悄然展开。2015 年，中信银行曾与百度合作，设立独立法人化的直销银行。而 2014 年上线直销银行的华夏银行也对该业务进行了全面升级。据了解，华夏银行直销银行推出了开放式理财平台，一端可连接银行、证券、基金、信托、资产管理等各类金融产品“平台”，通过系统对接，由上述平台精心为直销银行定制金融产品；另一端可连接第三方支付、电商、社交、搜索等各类销售入口“平台”，通过系统对接，可将直销银行本身的产品以及金融产品“平台”提供的产品，经过精心包装后放在销售入口“平台”进行销售，从而在短时间内获得大量客户。

金融互联网与互联网金融的差距

直销银行是近年来才涌现的一种全新模式。在余额宝横空出世后，互联网金融出现爆发式增长，面对激烈的竞争，商业银行也加紧了互联网领域的布局，设立“直销银行”的传统商业银行数量也在近两年来爆发式增长。据不完全统计，截至 2015 年年底，国内共有 51 家银行的直销银行上线，但效果却不尽如人意。

据银率网 360°银行测评数据显示，2015 年，国内新成立直销银行 30 余家。但直销银行的用户数并没有实现快速增长。有近六成受访者不了解直销银行，仅有 12.71%的受访者使用过直销银行，而这 12.71%的人群多是从事金融、互联网工作。

银率网理财分析师闫自杰表示，2014 年至今，直销银行在数量上的爆发式增长，尤其是城商行大面积上线直销银行，表面上看是为了突破地域限制，通过直销银行提高远程获客能力，其实只是基于同业竞争的业务布局，并没有完整的战略规划。

创新性不足、定位不清晰、产品过于单一、同质化明显等原因是过去两年间直销银行难以快速壮大的症结。调查显示，目前国内直销银行的三大主流业务是智能存款、理财产品和货币基金。

融 360 理财分析师刘银平在接受北京商报记者采访时指出，目前直销银行提供的金融产品以存款、理财为主，产品太过单一，而且大多是银行自己的产品，从用户角度来看，与网上银行并未有明显区别；此外，虽然直销银行应用起来相对于网上银行更加方便，但是与其他互联网金融平台相比，产品不够丰富、收益处于劣势、操作不够便捷。因此，尽管很多银行都设立了直销银行，但是发展情况却不尽如人意。

资料来源：孟凡霞．直销银行平台化启步[N]．北京商报，2016-03-14.

（四）电子分销渠道

随着技术的发展，金融业分销渠道中出现了新的形式——电子分销渠道。以银行业为例，电子分销渠道在银行业发展的形式最为丰富，发展出自助银行、电话银行、手机银行、网上银行等。

自助银行又被称为24小时银行或无人银行，是利用信息技术和通信技术，为客户提供自助式金融服务，客户可以在自助设备上完成全部业务操作，目前常见的自助设备有自动取款机、自动存款机和存折补登机等。自助设备的出现最初是因为柜台客户因排队而抱怨，于是银行通过增加自助设备来分流客户，办理简单业务的客户可以不必依赖柜台员工，如小额存取款、补登存折、查询账户基本信息等业务可以在自助设备上，由客户自己完成。

电话银行是与电话网络联网的银行电脑系统提供的金融服务。客户通过拨通电话银行的指定电话号码，在语音提示下，用电话数字键盘对系统提供的对应金融服务进行选择，按照既定程序完成客户的任务指令。目前，很多银行提供的电话银行服务都是自动语音提示服务和人工坐席服务共同构成的。

手机银行是利用移动通信网络及终端办理银行业务的渠道。手机银行因携带手机的便利性而成为各家银行争夺的新业务。手机银行不仅包括基本的账户服务，还常常包括理财服务等。

网上银行是银行利用互联网技术，通过互联网向客户提供在线服务。这种渠道发展快，覆盖面广，不受地理位置和营业时间的限制。

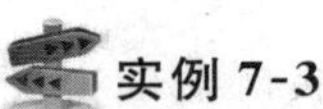

实例 7-3　　中国建设银行电子银行

电话银行

电话银行可提供自助语音和人工服务相结合的金融服务，包括账户查询、转账汇款、缴费、个贷查询、公积金查询、金融信息查询、账户挂失、信用卡还款、投资理财以及信息咨询、投诉、建议等多种服务。

手机银行

建行手机银行提供各种非现金、非单证类的基本金融服务，还有手机股市、基金交易、贵金属交易、国债交易、外汇买卖、鑫存管、银期转账、理财产品等紧跟市场动向的投资理财服务，以及游戏点卡充值、全国话费充值等特色缴费业务。

资料来源：中国建设银行，http://group.ccb.com/cn/home/indexv3.html.

三、间接分销渠道

间接分销渠道是金融企业通过中间商营销金融服务的渠道。间接分销渠道在金融业已经得到了非常广泛的应用，该渠道的合理运用可以有效地借助合作机构的经营网络和客户资源。

（一）间接分销渠道的类型

1. 短渠道和长渠道

按照金融服务传递过程中中间商的层次，可以把间接渠道分为两类，分别是短渠道和长渠道。

短渠道又被称为一阶分销渠道，是指金融企业在服务营销过程中，只通过一个中间商来拓展市场并提供服务。

长渠道是指金融企业在服务传递过程中，通过了两个或两个以上中间商进行营销。长渠道又分为二阶分销渠道和多阶分销渠道。二阶分销渠道是金融企业在服务销售中要经过两个中间商，一般是一个批发商和一个零售商，或者一个代理商和一个零售商。多阶分销渠道是在金融服务的销售过程中，经过三个或者更多的中间商，例如，银行指定一个代理商，这个代理商又转售服务给批发商或零售商，再由这些企业把服务传递给客户。

2. 窄渠道和宽渠道

根据金融企业服务营销过程，在分销渠道的某个层次上，横向选择的中间商的数量的多少，可以把金融服务的间接渠道分为窄渠道和宽渠道。

窄渠道是金融企业在金融服务营销中只选择一个中间商为自己推销产品，而宽渠道是金融企业在服务分销渠道的某一环节选择两个以上的同类中间商。窄渠道方便管理，而宽渠道有利于金融服务的推销。

（二）间接分销渠道的中间商

中间商是协助金融企业销售服务给客户的企业和个人，是分销渠道的中间环节，中间商包括批发商、零售商、代理商和经纪商。

中间商有可能也是金融企业，也有可能是其他行业的企业。例如，一些拥有大量国际业务的银行，为了节约在世界各地开设分行进行结算的经营成本，会与各国银行签订代理行协议，有的银行甚至在全球有上千家代理行，有些银行会互为代理行。除了国际业务需要建立代理行关系，有的银行还专门发展国内代理行业务。

实例 7-4　　　　中国工商银行国内银行代理行业务

一、功能定义

我行遵循平等诚信、互惠互利的原则，同国内中资银行建立代理行关系，并在国际业务、国内业务领域开展合作。

二、产品简介

我行与国内中资银行的代理行业务往来主要包括：代理业务、信用证业务、担保类业务、结算类业务及融资类业务等。为控制业务风险，建立代理行关系的银行可以在信用等级评定与授信的前提下，选择业务种类确定业务规模。

三、适用对象

具备相应业务资格的并与我行有业务往来的银行同业。

四、申办条件

具备相应业务资格的并和我行有业务往来的银行同业可申请与我行建立代理行关系。

五、解决方案

我行同中资银行的往来信函经各行有权签字人签字后，即正式建立了代理行关系，交换有关控制文件及 SWIFT 密押，并通知各自的分支机构。具体流程如图 7-3 所示。

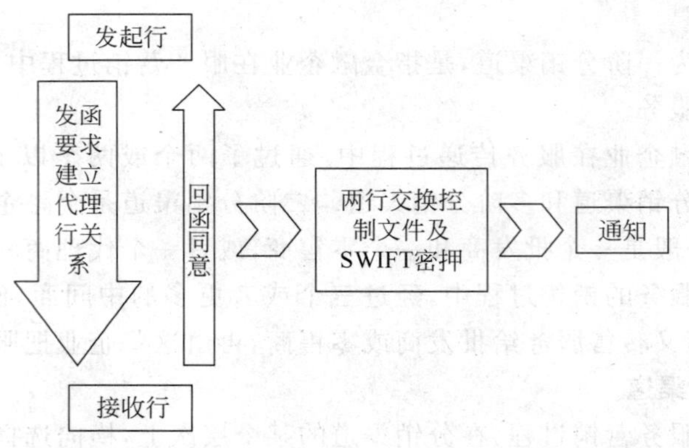

图 7-3 银行代理业务流程

六、特点和优势

截至 2014 年年末，工商银行已经与国内 198 家政策性银行、国有商业银行、邮储银行、股份制银行、城市商业银行、农村商业银行、农村合作银行、农村信用社及村镇银行建立了代理行关系，在融资业务、代理业务、网上银行业务、外汇业务、银行卡业务、担保业务和资产业务等方面开展了深层次的合作。工商银行具有丰富的同业合作经验。

资料来源：中国工商银行，http://www.icbc.com.cn/icbc.

还有的金融企业指定非金融企业作为中间商。例如，有的银行会以宾馆、酒店、大型商场、机场为中间商，而有的保险公司为了营销汽车保险，会以汽车经销商为中间商。

代理商和经纪商都是中间商，代理商没有金融产品的所有权，只负责为金融企业在市场上从事营销，得到佣金和手续费收入。经纪商没有产品所有权，为买卖双方牵线搭桥，提供中介服务，收取佣金收入的中间商。二者的不同之处在于，代理商是卖方的代表，而经纪商是买方的代表。

实例 7-5 百亿级新基金"诱人"基因解码：150 亿元背后有 129 家代销机构

2015 年 4 月 3 只首募超百亿元基金亮相，其中易方达新常态基金以 146.63 亿元募资额居首。

牛市是诞生规模百亿元基金的摇篮，刚刚过去的 4 月 3 只首募逾百亿元的基金集体亮相。4 月 7 日东证资管旗下的东方红中国优势基金成立，首募规模为 138.56 亿元，成为年内第一只首募规模逾百亿元的基金。4 月 15 日，景顺长城沪港深精选基金以 110.12 亿元的规模成为年内第 2 只首募规模破百亿元的基金。4 月 27 日，易方达新常态基金凭借 146.63 亿元的首募规模成为第 3 只首募逾百亿元的基金，也是近 5 年来规模最大的主动管理偏股型新基金，同时也刷新了近 5 年来首日募集规模纪录。值得一提的是，规模百亿元基金的诞生与机构的推销密不可分，易方达常态基金就有 129 家机构加盟。

这 3 只基金除了在产品设置、人员配置、公司品牌上具有较"牛"的基因外，在后期销售上也下了大功夫。易方达新常态基金一天售罄的背后离不开庞大发行机构的支持。在该基金的份额发售公告中，易方达基金共列出了 4 条直销渠道和 118 家非直销机构。在直销渠道方面，除了基金公司网上直销系统还包含易方达北京、上海、广州的3家直销中心。非直销机构方面则包含32家银行、60家券商和26家独立基金销售机构。在易方达新常态基金发行前(4月24日)，易方达基金宣布增加6家银行和1家券商为代销机构。基金发行当天，易方达基金又宣布新增2家银行和2家券商为代销机构，即在易方达新常态基金的募集中，共有129家代销机构。开始募集当天，易方达还公布了通过南洋商业银行、南海农商银行认购该基金的费率优惠活动。

资料来源：唐芳. 百亿级新基金“诱人”基因解码：150亿元背后有129家代销机构[N]. 证券日报，2015-05-11.

第二节　金融服务分销渠道的选择与拓展

一、金融企业分销渠道选择的原则

（一）适度覆盖原则

分销渠道的覆盖面到底有多大，这要看金融企业的目标市场定位。如果金融企业的目标市场不是整个市场，而是某一个或某一些市场，就不需要覆盖整个市场的渠道。中国的四大银行在扩张期间，工行、建行、农行都是按照行政区划设置分支机构的，而中国银行因为外汇银行的定位，并没有严格按照行政区划设置。至于股份制银行从一开始就是按照经济需要进行分支机构设置的。外资银行到现在都没有覆盖整个中国市场的打算，分支机构设置也相对谨慎。

保险公司的情况也很类似，有的保险公司走“大而全”的战略，集团公司下设财产险公司和寿险公司，而且还会要求子公司交叉销售，“产代寿”“寿代产”。但专门化的公司，如果只经营寿险或产险，就不需要建设覆盖全部客户的渠道。

（二）发挥优势原则

金融企业在设计分销渠道的时候要注意结合自身的优势，在渠道设置上能够利用现有资源，将各类金融服务和适合的渠道结合起来进行营销。

信托公司之所以常常依赖银行代理销售产品，是因为信托公司的融资目标客户往往是商业银行的存款大客户，而投资客户往往是在商业银行无法贷款的企业，所以信托和银行就可以组成强强联合。

（三）便利高效原则

客户选择渠道时，一个重要的考虑因素就是便利性，西方很多保险公司会把宣传资料放在便利店、超市，就是因为客户很容易在日常消费时看到这些宣传内容。余额宝之所以被称为“屌丝理财神奇”，也是因为该产品门槛低，购买程序简便，方便赎回。

实例 7-6　　广发银行信用卡微信银行提供便捷金融服务

广发银行信用卡为满足持卡人多元化的需求，特推出微信银行服务，大家点点手机就可实现办卡、还款、额度调整等各项金融服务。

随着人们对于自己手机的使用习惯与形影不离，很多人都想将自己银行卡上的业务通过自己的手机来完成,以创新金融服务为追求的广发银行信用卡特推出掌上微信服务,只需将自己的广发信用卡与微信银行绑定,就可以享受各项服务。广发信用卡微信银行就如一个全能的信用卡管家,可以满足用户的各项基本需求,如申请办卡、查询办卡进度、账单交易查询、额度调整、分期、优惠活动等,轻松享受没有局域限制的金融便捷服务。广发银行镇江分行工作人员表示,广发银行信用卡微信银行最大的功能就是解决持卡人账单的困扰。一直以来信用卡账单都是持卡人较为困扰的问题,此后不需要通过电话或者自主设备查询,只要微信上一点就可以了解到自己的账单详情。在广发信用卡微信服务中,点击"我的账单",各类明细及还款日期清楚地显示。此外,通过广发微信服务还支持在线还款,不管是同行还是跨行还款均享受免手续费服务。

据了解,广发银行微信银行除了卡片基本需求外,广发信用卡积分价值最大化的理念也在此得到充分发挥。持卡人可以通过"我的优惠",在线享受该行的各类优惠活动,如积分抵现购物、分期购物、优惠商家、积分抵用券等功能。

资料来源:宋娜.广发银行信用卡　微信银行提供便捷金融服务[N].京江晚报,2016-03-14.

(四)协调平衡原则

在选择分销渠道的过程中,金融企业还需要关注渠道成员,调节金融企业和渠道成员之间的利益,调节渠道成员之间的利益,尽量使成员之间的目标趋向一致,减少不必要的冲突和矛盾。

实例 7-7　基金银行销售遇尴尬:国有银行大堂经理建议全仓购买自家理财产品

2015 年以来,在牛市行情的带动下,前 4 个月新增基金开户数逾千万。虽近日股市震荡调整,基金周开户数已不足百万,但仍居高不下。银行大堂经理是大部分人购买理财产品或基金开户的第一站,对大多涉"市"未深的投资者来说,心中往往生出"大堂经理说得好有道理,我竟无言以对"之感。然而大堂经理在推荐什么,作为投资者是否应遵从呢?

近日,《证券日报》基金新闻部记者走访了中国银行、建设银行、农业银行等多家银行,一探银行销售基金的最新战况。

半数银行大堂经理荐新基

近日《证券日报》基金新闻部记者走访了多家银行,鉴于近日股市震荡,几乎所有大堂经理都建议将三成以上的资金布局理财产品,而中国银行、建设银行、农业银行的大堂经理更是建议将全部资金用于其银行的理财产品。此外,随着国家延迟退休政策的逐渐明朗,部分大堂经理也推荐配置养老保险类产品。大部分大堂经理还是推荐配置一部分各种类型的基金产品,然而作为较理财、保险风险更大的基金产品,这些建议投资理财者恐不能盲从。

《证券日报》基金新闻部记者走访的 10 家银行中,有五成以上推荐了新基金产品,更有大堂经理爽快地打印出一份近期发行的理财基金产品名单,上列当日重点销售产品信息,告知记者可以拿回去详细研究。

投资者倾向于购买新基金,可能因为存在一定误区,认为单位净值为 1 元的基金比 1.5 元的基金便宜,但这并不等同于 1 元的基金会有更好的回报。其次,据记者向业内相关人员了解，新基金销售期间，基金公司会有尾随的激励在其中，这几乎已是公开的秘密，老基金则绝大多数没有，有也仅存在于少数搞活动的老基金中。再次，银行大堂经理，如果向客户推荐老基金，必须有一定程度的分析和研究，推荐新基金，可能是由于其能力不足。由此可见，“新”虽然往往预示着更好，但购买新基金不能简单地因新而买。

资料来源：侯小溪. 基金银行销售遇尴尬：国有银行大堂经理建议全仓购买自家理财产品[N]. 证券日报，2015-05-18.

二、金融企业分销渠道选择的考虑因素

（一）客户的特点

金融企业的目标客户自身的特点决定不同分销渠道的效率，对于某些习惯传统生活方式的老年客户，亲自到金融机构办理业务已经成为习惯，新的渠道对于这些客户接受起来有些困难。而对于宅男宅女，不愿意出门办理金融业务，就会尽量选择电子渠道的金融服务。

（二）产品的特性

1. 结合金融产品特点的渠道策略

金融产品和服务的特点在一定程度上决定渠道的选择。以银行为例，如果是简单的服务，像取款、存款、余额查询等，对于每一位客户，服务质量需求差别不大，服务过程大同小异，就可以尽量分流客户到自助设备办理，客户自己就可以完成。对于中等复杂程度的业务可以依赖传统的柜台办理，一旦客户有新的需求，柜员也可以及时调整服务内容。如果是复杂程度高的业务，就要客户经理服务，如理财业务、贷款业务等，这类服务最好是在开放柜台或者理财专区办理，方便银行人员和客户沟通交流。

2. 结合金融产品生命周期的渠道策略

金融产品所处的生命周期不同，其营销成本、收益情况及市场欢迎程度就不一样。因此，可以考虑在产品不同生命周期采用不同的分销渠道策略。

产品导入期，客户对产品不了解，金融企业需要把产品信息快速传递给客户，可以选择直接销售渠道，大力推出新产品。

产品成长期，金融企业需要扩宽市场，可以考虑选择有经验的中间商进行分销，把金融服务提供给更多的客户。

产品成熟期，金融企业需要对于市场进行进一步的渗透，深挖客户价值，可以考虑寻找更多的中间商，并对中间商进行有效的管理。

产品衰退期，金融企业可以选择逐步退出中间商渠道，选取成本较低的渠道进行销售，获取最后利益。

（三）金融企业自身的特点

金融企业自身的资本实力、经营特色、机构数量、技术能力等，影响金融企业对分销渠道的选择。银行有大量的日常业务，就非常依赖网点，例如：因为客户开立账户后，还会需要后续的存、取款和转账服务；贷款发放后，银行要持续关注贷款质量变化情况。而保险公司在一笔保险合同签订后，在风险事件发生或者保险产品到期前，常常不再需要联系客户，尤其是纯保障性保险，只要一直没有发生约定的事件，保费不再退还，客户对保险公

司也没有了业务需求，所以保险公司的分支机构不需要大量扩张，而是对保险展业人员和代理人、代理机构有很大需求。

专论 7-1　发达国家保险营销渠道各具特点

美国

美国保险市场上保险公司众多，达到 5 000 多家，中介人制度健全，保险市场发育相当成熟，消费者的保险意识也比较高。美国的保险营销体系比较完备，保险公司可以利用多种渠道达到目标市场，包括保险代理人、保险经纪人、保险公司职员以及直接反应营销渠道等，顾客投保十分方便。其中，保险代理人是美国保险市场的中心角色。美国保险公司在不同险种领域会有各种类型的代理人，它们的代理制度是美国保险营销渠道的一大特色，同时，与其他各种营销渠道相配合，形成了比较完备的保险营销渠道系统。另外，美国还通过直接反应渠道和定点营销渠道来销售保险商品。直接反应营销渠道即保险公司通过邮寄、报纸杂志、广播电视、电话和网络等渠道来销售内容较单纯的保险商品，直接沟通顾客，引起顾客的直接购买行为，虽然所占比重不大，但却有一定的效益。而定点营销渠道，是指保险公司在超级市场、连锁店、宾馆、银行等机构、市场内设立固定的销售点，可以是公司职员直接销售，也可以是代理销售，主要为顾客提供方便，顾客可以随时咨询和购买保险。

英国

英国保险市场历史悠久，影响力大，按其组织与经营形式的不同可分为两大市场，即劳合社保险市场和公司保险市场。英国的保险经纪人控制了大部分市场，现有 3 000 多家独立的保险经纪公司，近 8 万名保险经纪人。英国的人寿保险业务营销渠道除此以外，还有利用邮寄广告、报纸杂志、电话等直接销售的方式。英国的财产保险营销途径以保险经纪人为中心。英国保险市场上 2/3 以上的财产保险是通过经纪人介绍的，尤其是劳合社承保的每一笔业务都是以保险经纪人为媒介实现。保险经纪人在寿险领域则涉足较少。

法国

法国的人寿保险营销渠道，主要是通过保险代理人和保险经纪人，同时也招揽营销员和从事柜台销售。目前法国以储蓄保险商品为中心，通过银行等柜台直接销售的比重日渐增加，并成为法国保险业的一大特色。法国的财产保险营销渠道，主要是通过总代理人、经纪人及招揽的营销员等。总代理人通常都是由其所属的保险公司赋予一定地区的推销独立权，通常负责内容比较单纯的保险商品。至于保险经纪人，则以企业财产保险为中心，负责较复杂的保险商品。

德国

德国的人寿保险营销渠道，以专用保险代理人为中心，同时也存在独立销售的保险经纪人及总代理人，其他的营销渠道还有邮寄广告等。德国的财产保险仍是以专用代理人为中心，也有一部分保险公司使用保险经纪人或直接销售人员从事营销。

日本

与英美等国家主要依靠保险代理人和经纪人的力量获得业务的渠道不同，日本保险市场主要依靠公司外勤职员和代理制度，经纪人的力量不大。其原因是日本市场上的保险公司数量不多，寿险与非寿险公司加起来不过40余家，所以保险公司主要借助公司外勤职员和代理人的力量开展业务。其次，日本保险市场传统的习惯力量很大，许多保险人沿袭历史做法，擅长于自我推销。在日本许多保险公司都有为数很多的外勤职员。在人寿保险营销方面，日本主要利用保险公司的业务人员直接销售。随着保险商品的多样化，日本寿险公司除了开始与财产保险公司或银行进行合作销售外，还在百货公司设置专柜销售寿险保单，另一些寿险公司也通过邮寄广告等途径进行销售。在财产保险营销途径方面，日本主要采用代理店制度，在业务量上约占寿险业务量的90%。代理店在日本相当普遍，平均每92户家庭接受一家代理店服务。另外，财产保险公司也与寿险公司或银行进行合作销售保险商品以及通讯销售等。

资料来源：苍罱.发达国家保险营销渠道各具特点[N].中国保险报，2011-03-02.

(四) 分销成本

设立分销渠道必须考虑渠道的成本，一般认为，在所有的渠道中，增设分支机构的成本是最大的，而网上渠道金融服务的成本是最低的，某些业务在网上经营，成本只有分支机构的几十分之一。金融企业现在大力发展电子渠道，就是因为便利和降低成本。

(五) 政策与法律因素

一国的政策与法律会深层次地影响金融秩序，在严禁金融混业经营的国家，银行、保险、证券绝不允许跨界，一个金融企业想要得到其他金融市场的利益和资源，就只能依赖代理商。有些允许混业经营的国家，一个金融企业就可以办理银行、保险、证券、信托等多种业务，像德国的银行就是这样，对代理商的依赖就会少很多。美国曾经长期施行单一银行制度，不允许银行设立分支机构，导致美国的银行社区化，很多小银行一直都没有设立分支机构，多年来只服务于本社区。

(六) 自然、经济与文化因素

一个地区的自然特点、经济环境特点和文化特点都会影响金融企业分销渠道的选择。一般经济较为发达的地区，人均收入高，对金融需求就会多样化，对渠道的要求也会多样化。信息技术发达的国家和地区，公众对于网络渠道接受度高，就很乐于运用电子渠道接受金融服务。而相对落后的地区会倾向于传统的网点或面对面销售方式。但是有时经济不发达的地区也可能会拥有后发优势，因为传统的渠道不方便、不充足，而只能选择电子渠道。

例如，西藏的客户因为地理特点，金融机构和零售企业不足，手机下单购物和手机支付就增长得很快，在全国名列前茅。

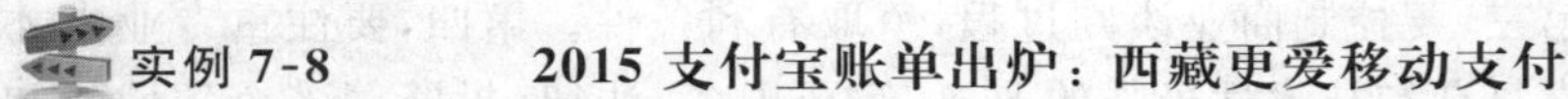

实例 7-8　　2015 支付宝账单出炉：西藏更爱移动支付

支付宝的母公司，也就是蚂蚁金服刚刚发布了2015年的全年账单数据。在这一年里，人们在这个平台上买东西、还信用卡、缴水电煤气费，也用支付宝理财、投资和社交，与支付宝相关的消费，或多或少都反映了过去一年的生活方式。

上海、浙江、北京和江苏、福建排在了全年支付宝人均支出的前五位，但是这五个省市的支付宝用户用手机支付的比例却排在全国的最后几名。

用手机付钱比例最高的省区，则是人均消费水平相对较低的西藏、贵州、甘肃、陕西和青海。排名最高的西藏的移动支付比例高达 83.3%。

资料来源：唐云路.2015 支付宝账单出炉：西藏更爱移动支付[N].好奇心日报,2016-01-14.

三、金融服务分销渠道的拓展

（一）自主设立分销渠道

金融企业最为传统的渠道设立方式就是自主设立分销渠道，最典型的就是设立分支机构，在金融企业设立之初和初步扩张期间，一般会首先设立分支网络，在目标客户群体集中所在地就近设立网点；或者安排人员进行上门拜访或服务，也可以在某些目标客户经常光顾的场所派驻常驻代表提供服务。

专论 7-2　　中国银行网点遍布全球

改革开放后，中国银行的海外机构进一步发展、壮大。1979 年 6 月 3 日，经邓小平批准的中国银行卢森堡分行开业。这是新中国成立后中国银行设立的第一个海外分行。此后，纽约、悉尼、巴黎、东京等分行相继开业。1997 年赞比亚中国银行、布达佩斯代表处开业，1998 年巴西圣保罗代表处开业，2000 年南非约翰内斯堡分行、马来西亚中国银行开业，填补了中国金融机构在非洲、东欧和南美洲的空白。改革开放以来，中国银行实现了从亚洲到欧洲，继而登陆大洋彼岸，跻身美洲市场的战略目标。到 2000 年年末，海外机构由 1978 年的 20 家发展到 559 家，分布在中国港、澳地区和世界五大洲的 22 个国家，资产总额达到 1 551 亿美元，占中国银行资产总额的 42%。至 2007 年年底，海外机构进一步发展到 689 家，分布在全球 28 个国家与地区。

资料来源：中国银行外汇业务及海外机构发展历程.中国银行，http://www.boc.cn/aboutboc/ab1/200808/t20080815_984.html.

（二）兼并、收购拓展渠道

自主设立分销渠道常常会占用金融企业大量的时间和投入，而且最终的分销效果未必很好。所以有的金融企业就会考虑兼并、收购现有的金融企业，来达到拓展渠道的目的。这样做的好处是，现有的金融企业营销渠道的效果是已经能看到的，通过兼并、收购可以把其他金融企业已经成熟的渠道纳入本企业的渠道网络。

在兼并、收购过程中要注意很多因素，第一，要注意并购风险，有的金融企业并购完成后，非但没有达到目的，反而背上了财务包袱。第二，要注重并购前的市场调研，对目标企业进行深度地了解。第三，要控制商业谈判过程，争取有利条件。第四，要注重专业人才培养。并购是一项非常复杂和技术性极强的业务，需要财务、法律、投资等多个领域的知识，还要有敏锐的发现能力和甄别机会、风险的商业判断能力，同时需要良好的沟通能力。

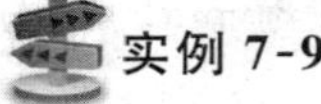

实例 7-9　　汇丰的快速成长与并购

HSBC，现在的 HSBC 早已不再是昔日偏居亚洲一隅、主营贸易融资和中小企业信贷的香港上海汇丰银行。在近 20 年的现代化、国际化发展战略引领下，汇丰业已脱胎换骨，成为网络遍布六大洲，全面提供商业银行、投资银行、保险及私人银行等金融服务，在中国香港、伦敦、纽约、巴黎等各地上市的全球性银行控股集团。

细看汇丰银行集团近20年辉煌夺目的发展历史，其在国际金融市场上每一次攻城掠地的背后，几乎无一例外地存在一个重大的并购。如果说积淀百年的企业文化和着眼长远的发展战略规划是汇丰跻身全球领先银行行列的根本原因，那么，成功的并购无疑就是帮助其迅速实现“全球本地银行”(World's Local Bank)目标的助推器。

其实，汇丰的并购史可以追溯到1959年，当时曾收购了商人银行(Mercantile Bank)和中东英国银行(the British Bank of the Middle East)；1965年在香港本地银行危机中，还收购了恒生银行的控制权。早期的这些收购经历，既巩固了汇丰在亚洲的版图，也为其今后的并购和集团化运作积累了一些经验。20世纪70年代末80年代初，银行业的并购盛极一时。此时的汇丰在并购方面虽有经验但仍不算擅长。但正是这股潮流，使汇丰开启了长达20多年的以并购拓展市场份额、改变亚洲身份并迅速成长为一流国际银行的所谓“现代化”之旅。

1980年，急欲开拓亚洲以外市场的汇丰银行以3.14亿美元的代价收购了美国纽约州第一大银行——Marine Midland银行51%的股权。该项收购使汇丰在美国市场有了一席之地，总资产也由港币1 280亿元猛增至2 430亿元，几乎翻番。

1987年进而全额收购该行，使之成为汇丰在美国发展的桥头堡。1987年另一项重要收购同时奏响了序曲，汇丰收购了英国老牌银行——米德兰银行14.9%的股权。1991年汇丰控股有限公司成立并在伦敦和香港上市，1992年6月汇丰控股以39亿英镑的价格全面收购米德兰银行。次年，在英国监管当局的要求下，汇丰控股集团总部由香港迁至伦敦。

这次具有里程碑意义的收购，不仅使汇丰集团的总资产从860亿英镑再次翻番至700亿英镑，一度成为世界最大的银行之一，更使汇丰从亚洲银行一举变身为在欧亚两洲具有举足轻重地位的国际银行。

对法国CCF的收购同样为汇丰所津津乐道。2000年7月，汇丰以110亿美元收购了有近百年历史、650家分行、资产规模达690亿欧元的法国商业信贷(Credit Commercial de France，CCF)，并成功在巴黎交易所挂牌。此项收购大大提高了汇丰在欧洲大陆的市场地位，夯实了其在欧元区的发展基础。

2003年，汇丰收购了美国著名金融公司“家庭国际”(Household International)。这起价值80亿美元的收购案，为汇丰带来了遍布美国45个州的1 300多家分支机构网络和5 300万零售客户，更使汇丰成为美国消费金融和信用卡市场的主要参与者之一。

90年代后期，汇丰确立了“为价值而经营”(managing for value)的理念，强调在业务发展和利润创造中平衡传统成熟经济和新兴市场的关系，汇丰并购的地域范围也随之扩展到了新兴市场。1997年收购阿根廷Banco Roberts的剩余股份；在智利，汇丰参股的Banco O'Higgins与Bankde Santiago合并成为智利最大的私营商业银行；1997年在巴西收购有着1 300家分行的巴西Bamerindus银行，并于1999年更名为汇丰银行巴西有限公司；1999年收购马耳他第一大商业银行Mid-Med银行的控股权；2001年收购土耳其第五大银行Demir银行；2001年在中国收购上海银行8%的股权，紧接着又于2002年收购平安保险10%的股权；2002年11月收购了在墨西哥拥有最大个人客户群的Bital金融集团；2005年收购了中国交通银行19.9%的股权。

除了满足地域扩张的要求外，汇丰的并购也着眼于新业务领域的拓展，其中以私人银行业务最为典型。1998 年汇丰收购了德国著名私人银行 Guyerzeller 的少数股权，使之成为全资附属公司；1999 年收购纽约市第三大存款吸收行和主要私人银行——纽约共和银行(Republic New York Corporation)，同年又收购欧洲著名私人银行 Safra 共和控股(Safra Republic Holdings)；2002 年，收购安达信下属私人税收顾问业务；2003 年又以 14 亿美元收购了位于著名离岸中心的百慕大银行。2004 年，上述收购获得的私人银行业务，与汇丰本身在中国香港地区、欧洲的私人银行业务经过全面整合，组成了一个强有力的新品牌实体——汇丰私人银行。截至 2005 年年末，汇丰私人银行管理的财富已达 3 480 亿美元，一举超越花旗银行和摩根士丹利，成为仅次于瑞士联合银行和瑞士信贷银行的全球第三大私人银行。

成功的并购产生的价值远不只“1＋1＝2”那么简单，因为优势互补能带来“1＋1＞2”甚或成倍地增加。汇丰在并购中特别强调的正是这种互补和协同效应。一系列的重大并购，已经并仍在通过持续的资源整合和优化产生强大的推动力量，使汇丰的市场份额、品牌价值迅速增长。在“为增长而经营”(managing for growth)的新一轮发展战略的实施过程中，相信汇丰会更加熟地运用并购手段，帮助其成就“全球本地银行”的伟业。

资料来源：陈飞鸿. 汇丰的快速成长与并购[N]. 金融时报，2006-05-29.

（三）发展金融服务的代理分销渠道

除了自身机构的壮大，金融企业还可以选择发展代理分销渠道。例如，保险公司会选择合作银行，代理保险产品的营销和到期兑付。金融企业可以选择一家代理企业，也可以选择多家代理企业。目前，商业银行是很多金融企业的首选代理商，基金公司、保险公司、信托公司等都选择银行代理业务，因为商业银行的社会联系面最广，客户群体最大。

实例 7-10　　坐拥 10 亿电子银行客户四大行遭险企抢婚

随着近年来互联网保险的发展，银保合作将不再局限于物理网点，随着越来越多的用户开始使用互联网渠道办理银行业务，手机银行、网上银行等网销渠道正成为代理保险产品的新渠道。数据显示，仅四大国有银行目前的电子银行客户已经超过 10 亿户，庞大的渠道优势正成为银行与保险公司谈判的新砝码。

四大行电子银行用户超 10 亿户

某中型寿险公司银保相关业务人员透露该公司在明年的代理协议中新增了银行的移动互联网这一销售渠道。该公司不仅委托银行在网上银行代理公司的保险，还与银行达成在网上银行为保险公司的产品宣传提供便利的协议，此外，双方通过合作协议提供网上的友情链接，并开展其他电子商务方面的合作。

除借力银行互联网销售渠道外，《证券日报》记者获悉，在 2016 年的合作中，一些保险公司与银行还达成了其他的合作意向，如投融资业务与产品研发。有险企与银行签订的合作协议，双方将在银行间债券市场融入、融出资金，从事债券交易时，当在同等条件下，积极选择对方为交易对手。同时，在政策的许可下双方在次级债券、混合资本债券方面加强合作，并在资产证券化、不动产投资、基础设施投资等创新领域展开合作。在产品研发方面，以前的银保产品均由保险公司专门开发，而未来双方可能共同研发适合银行渠道销售的保险产品，在宣传推广方面也由保险公司单方面宣传变为银行与保险公司共同宣传。在银行风险防范方面，保险公司为银行提供防范信贷风险、信用卡风险等其他经营风险提供保险服务。

当然，在为保险公司互联网等新渠道提供便利的同时，银行也希望保险公司能将一部分优质客户提供给银行。比如，上述中型寿险公司与银行达成合作协议，将一部分优质的客户介绍给银行，用于银行卡业务的开发，保险公司协助银行向保险公司客户推荐银行卡。在这一基础上，银行希望可以为合作保险公司的营销员与员工等代理发放工资、奖金、佣金及代扣营业税和个人所得税等业务。银行也希望保险公司相关人员为银行保险销售人员进行定期的业务培训，培训的内容应包括法律法规、业务知识、销售技能、实物操作及职业道德等。

事实上，2015 年以来已有保险公司在银行的互联网渠道销售保险。记者在中国工商银行的网上银行看到，有 5 款保险产品被列为热卖产品，分别为工银安盛的健康医疗险和意外险、新华保险的意外险、阳光人寿的万能险和意外险。此外，平安人寿、泰康人寿、太平人寿、瑞泰人寿、中融人寿、安邦保险等公司的产品也在列。

记者也从中邮保险获悉，公司也在着手考虑与邮政和邮储银行在互联网银保方面的合作，如在邮政网上营业厅、农村电商平台、邮储银行网站、手机银行、ATM 等媒介推进中邮保险业务，通过板块联动丰富业务渠道、调整业务结构，加强高保障、长期限产品销售。

在非银行系保险公司中，某寿险相关业务负责人告诉《证券日报》记者，公司银保线上销售业绩取得了快速突破，实现了银保与互联网业务的融合，前三季度公司互联网期交产品新单保费已超 3 000 万元。目前，公司网销以第三方网销平台和网上银行为主；官方网站的定位为服务平台，提供查询、保全、理赔等功能，方便客户对保单进行统一管理。

上述公司业务人员表示，在传统渠道竞争十分激烈并且市场接近饱和的状况下，公司在银保业务中引入互联网技术和思维，银保线上业务作为互联网保险业务的重要渠道，对其互联网业务扩大影响及开拓客源具有重大意义。银保业务通过技术手段实现了客户由传统柜台转移至互联网平台及自助终端，网上银行逐渐成为公司理财型险种的重要销售渠道，未来公司还将在网银渠道推出期交及保障型险种。

资料来源：苏向杲. 坐拥 10 亿电子银行客户四大行遭险企"抢婚"[N]. 证券日报，2015-12-17.

（四）开发新的分销渠道

技术不断进步，新的营销平台也在不断出现，从短信营销、微博营销、微信营销到移动支付平台营销，只要大众关注的平台，都可以成为金融营销的新渠道。金融企业应该保持对新的分销渠道的关注和研究，结合自身服务特色，适时开发新的分销渠道。

实例 7-11　　借力移动支付平台变革保险营销模式

随着智能手机的普及和移动互联网的快速发展，移动支付业务正步入高速发展期。移动支付平台的迅猛发展，吸引了包括金融机构、电信运营商和第三方支付企业在内的众多行业参与角逐。移动支付灵活性高、覆盖面广、信息反馈量大，应当成为保险公司开展营销、展业活动的一个重要环节。

国内外移动支付平台现状

按照完成支付所依托的技术条件，移动支付可以分为近场支付和远程支付。近场支付 NFC(near field communication)是指消费者在购买商品和服务时，即时通过手机向商家进行支付，支付的处理在现场进行，并且在线下进行，不需要使用移动网络，而是使用手机射频(NFC)、红外、蓝牙等通道，实现与自动售货机以及 POS 机的本地通信。

谷歌钱包是一款采用近场支付模式的移动支付手机应用。它通过在智能手机和收费终端内植入的 NFC 芯片完成信用卡信息、折扣券代码等数据交换。谷歌钱包希望可以将驾照、医疗保险卡等各种信息都集中在智能手机内，力图通过智能手机打造从团购折扣、移动支付到购物积分的一站式零售服务。

2009 年，美国商人麦克·凯尔维因为不接受客户的信用卡支付而谈砸了一笔交易，这促使他与推特创始人之一的多西展开合作，共同开发出一款名为"Square"的移动支付解决方案。Square 将磁性读卡器与手机的耳机插孔相连接，将信用卡信息转为音频信号，通过手机应用软件将音频信号转制并加密，发送至 Square 的后端服务器，经服务器确认后实现交易。此后，Square 又推出了 Card Case 功能，商家能够通过"地理围栏"技术，自动感知进场消费的消费者，当用户需要埋单时，只需要调出 Square 软件中的个人信息，商户确认照片与本人无误后即可完成支付。

国内的移动支付业务主要围绕远程支付展开。在移动支付领域的应用中，具有代表性的是天安人寿和中国平安的做法。天安人寿于 2012 年 6 月携手快钱推出了 T-PAD 服务平台。快钱是国内领先的独立第三方支付企业，旨在为各类企业及个人提供安全、便捷和保密的综合电子支付服务。快钱公司为 T-PAD 平台提供了"快刷"产品，使该平台成为了移动 POS 机，可以覆盖远程支付、移动收款、SME 收款、P2P 付款等多种应用场景。天安人寿的业务员只需带上内装有天安人寿的 T-PAD 服务平台的平板电脑，然后再随身携带"快刷"的终端，便可以在客户家里完成保单的支付，从而实现移动保险服务。

而作为中国保险行业创新先行者的中国平安，即将于 2014 年春节前夕推出名为"壹钱包"的移动应用 APP。"壹钱包"定位为一款方便手机用户随时随地使用支付服务的移动社交应用。"壹钱包"除了电子钱包所具有的财务功能之外，最大的创新就在于其社交功能，平安期望通过该软件的推出，打通公司旗下保险、银行等业务环节。

从移动支付平台挖掘保险营销潜力

第一，保险公司应当利用好客户移动终端上所存在的海量信息，做好大数据处理工作，以期能够进行营销信息的推介服务。第二，保险公司可以利用移动支付工具，搭建多维度的消费平台，实现保险营销渠道的共享、资源的整合。第三，移动支付与社交网络的高度融合，为保险营销的革新创造了机会。移动支付平台处于终端用户和商户之间，履行支付中介的职能。社交圈内的推广、购买和支付流程，使保险营销深挖社交网络中的潜在需求成为可能。第四，移动支付业务的迅猛发展为保险公司开发移动支付安全服务提供了新的思路。移动支付为实现线上、线下支付业务的融合发展提供了可能。据三星经济研究院预测，在移动互联网整体爆发的市场状况下，移动支付将进入高速成长期。预计至 2016 年，移动互联网用户将达到 6.9 亿，将带动移动支付交易规模实现年均 81.5%的增速。随着移动互联时代的来临，借力移动支付平台，变革保险营销模式，将成为保险公司新的增长引擎。

资料来源：李政君，高桐. 借力移动支付平台变革保险营销模式[N]. 中国保险报，2014-01-07.

第三节　金融服务的网络分销

一、网上银行

（一）网上银行

这里所描述的网上银行是传统银行的网上服务，一般银行会成立一个网上银行网站，在这个网站为现有客户提供全天候金融服务。客户要使用一个银行的网上银行服务，一般需要在柜台注册网银账户，设置网银初始密码，有时还需要领取客户证书作为安全工具。

以中国工商银行为例，该行是中国较早提供网上银行服务的大银行，网站可以为个人客户和企业客户提供多种在线服务。

工行为个人客户提供包含了账户查询、转账汇款、捐款、买卖基金、国债、黄金、外汇、理财产品、代理缴费等功能服务，品牌为“金融@家”，如图 7-4 所示。

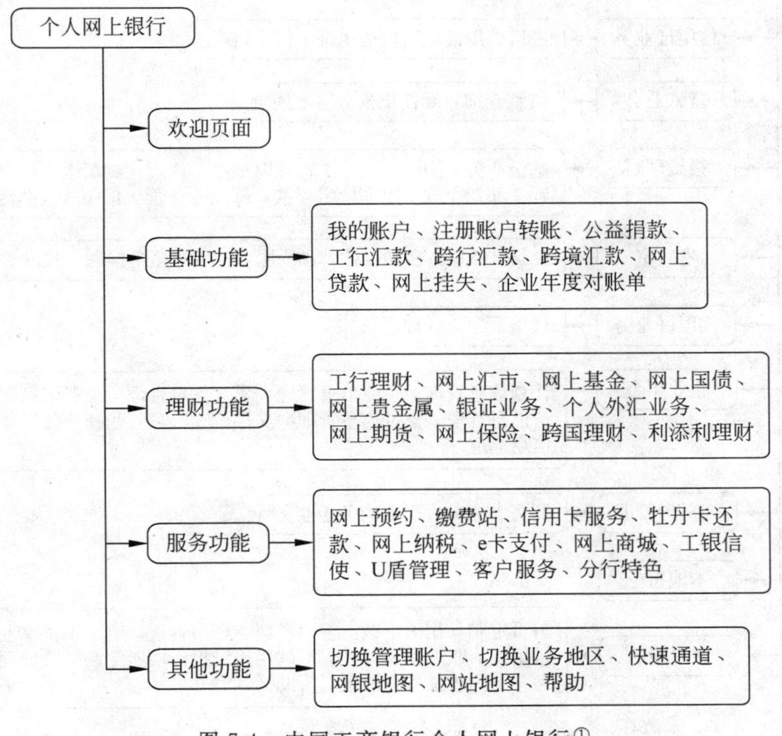

图 7-4　中国工商银行个人网上银行①

① 引自中国工商银行网站，http://www.icbc.com.cn/.

该行还为对公客户提供网上服务，在工行开立账户、信誉良好的企业客户，包括企业、行政事业单位、社会团体等均可开通企业网上银行。企业网上银行是指通过互联网或专线网络，为企业客户提供账户查询、转账结算、在线支付等金融服务的渠道，根据功能、介质和服务对象的不同可分为普及版、标准版和中小企业版。

该行的企业网上银行业务功能分为基本功能和特定功能。基本功能包括账户管理、网上汇款、在线支付等功能；特定功能包括贵宾室、网上支付结算代理、网上收款、网上信用证、网上票据和账户高级管理等业务功能。

图 7-5 为中国工商银行企业网上银行。

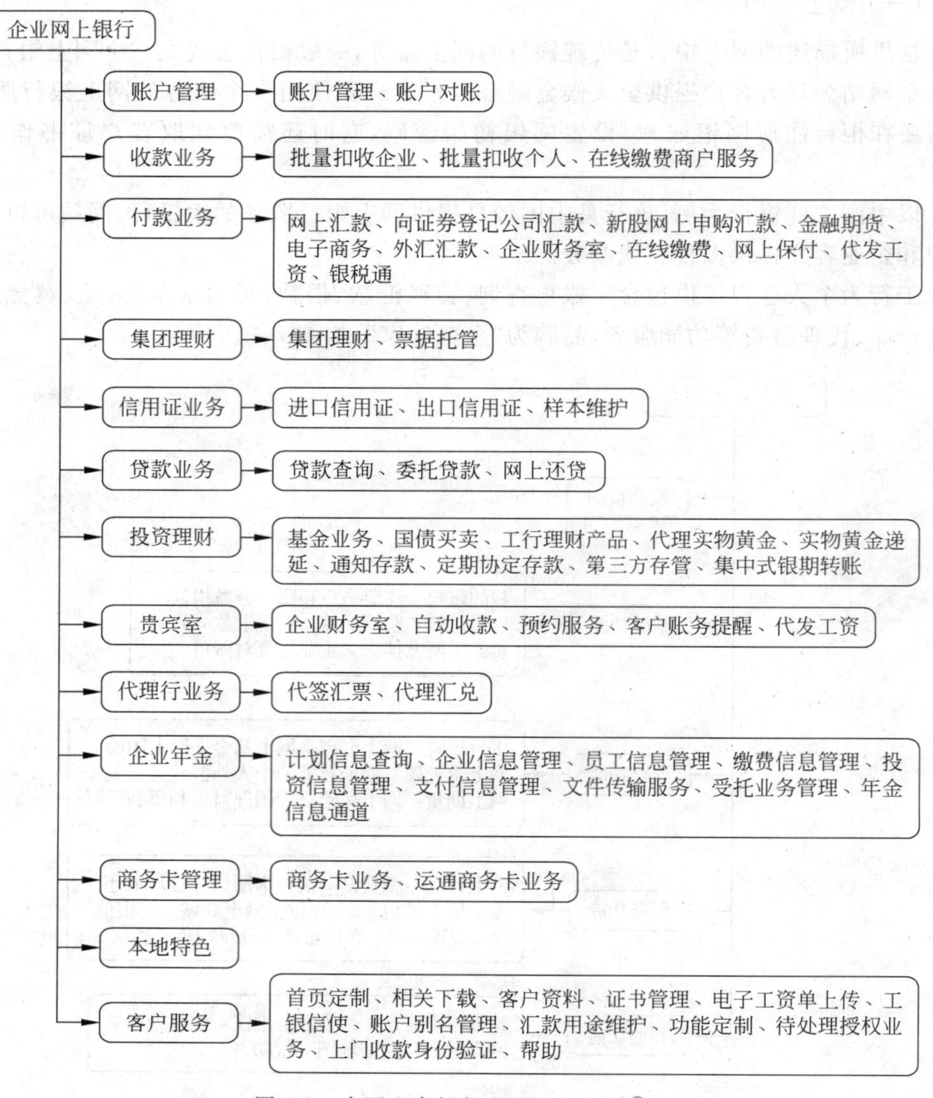

图 7-5 中国工商银行企业网上银行①

① 引自中国工商银行网站，http://www.icbc.com.cn.

（二）网上保险

网上保险的经营方式比较多元化，常见的是保险公司自己设立企业网站，为客户提供线上服务。这些服务一般包括产品介绍、保单查询、理赔查询、保险产品购买、保单贷款、门店网点查询等。

另一种网上销售方式是依托其他网站的网上代理，例如，有的保险公司较早地发现了商机，利用购物网站发售保险产品。2012 年国华人寿创造了“3 天 1 个亿”的网上销售传奇，2013 年“双十一”，淘宝理财的国华人寿华瑞 2 号，10 分钟成交金额 1 亿元，成为当时最短时间成功破亿元的商品。

实例 7-12　母婴代购网店店主也玩大数据：为客户私人定制个性保险计划

快递里夹着一张“高大上”的楼盘广告如果觉得不够稀奇，那么代购一桶奶粉却夹着一张保险计划书是否足够让你惊讶呢？

在自媒体和粉丝经济迅速发展的今天，保险营销员可以通过网络积累粉丝，轻轻松松就把保险卖了。

母婴代购卖保险

近日，有一些店家，会在快递里面加上一份保险计划书。这种新型的“交叉销售”到底是怎么回事呢？一位淘宝店主娜娜告诉《证券日报》记者，她其实有两个身份，第一个当然就是网店店主，而另一个则是保险代理人。

她在网店的主营业务是“代购”，代购的产品有保健品、奶粉等母婴产品。本身只是在闲暇时候做代购，但是如今却是完全沉浸其中。其实，娜娜一开始既不是代购也不是营销员。而正是因为怀孕时的经历，让她决定不做服饰了，而改做代购。同时，又在一位朋友的劝说下，加入了一家美资背景的寿险公司，成为一名保险营销员。“很多人说，做代购和做保险一样会没有朋友，但我却是朋友越来越多。”娜娜自豪地表示。不过，和部分保险营销员不一样的是，娜娜的朋友圈里并没有太多和保险相关的内容，问其原因，娜娜神秘地说：“我的‘战场’在网上。”记者查看娜娜的网店发现，商品不多，但是销量最高的一款却是“问好价自己拍”。娜娜表示，她店里的固定产品不多，但都是热销品，她的价格在同网算是便宜的。熟客对固定产品满意，就会成为回头客。而成为老客户后，经常会需要一些“定制服务”。而这个时候，客人就会向娜娜提供子女的年龄、家人的身体状况等诸多信息。娜娜在给客人推荐产品时，其实就会“偷偷”给客人规划保险产品，然后将保险产品规划书连同代购的产品，一起快递给客人。

那么，这种行为竟没有引起客人的反感吗？

娜娜表示，因为她主要做母婴代购，所有产品都是“亲身说法”，因此在产品介绍的界面就有表示自己是某保险公司的代理人。“很多客人在我没寄规划书时都会主动问我，不过寄之前我都会询问客人的意见，有需要才会寄，不会引起太多反感。”娜娜如是说。“其实，很多家长都很舍得为孩子出钱，什么都想买最好的。其实海淘并不难，很多家长就是觉得代购方便省事。因此，直接为他们做好计划书，反而比问他们的需求更受用。”娜娜表示。

微博红人卖保险

无独有偶，另一位在微博上拥有近10万名粉丝拥戴的“小V”然然，也在通过积累网络粉丝卖保险。作为认证的保险代理人，她平时在微博上的主要动态并不是推荐产品，而是晒娃，基本上每隔一天她就要更新一次。除此之外，她还会发一些其产前产后身体恢复迅速的励志博文。除了微博外，她还经营着属于她自己的微信订阅号。

而“成功的潮妈”“励志妈妈”等形象的建立，让她不用大张旗鼓地推荐都会有人主动跟她咨询保险产品的选购事宜。其实，作为年轻妈妈的娜娜和然然，她们的客户也都是以“80后”为主，购买的主要为儿童保险。不过，然然表示，在给儿童购置保险的同时，家长也需要注意自己的保障是否做足。因此，除了推荐儿童保险外，她还会为家长推荐适合的保险。

互联网时代的新途径

其实，网络红人转型做销售的消息，近几年间可谓屡见不鲜。在微博刚成立时涌现出的一批网络红人，如今基本上都有了属于自己的淘宝网店，部分人也开了公司，开创了自己的品牌。而如今，随着互联网的发展，自媒体的兴起，社区化、粉丝化的经营模式逐渐建立。在微信、论坛和购物交流网站上，也出现了很多“明星”保险营销员。他们一般都是以发送保险购买指南的连载文章，吸引大批粉丝的关注。随后，通过粉丝对于其专业度的认可，开始逐步推荐保险产品。

6月27日，北京保险研究院发布的报告显示，中国保险“互联网”销售渠道尚不足5%。但专家预计，在5年后通过互联网渠道的销售量将达到50%，占领保费市场的半壁江山。根据这份题为《互联网+对保险营销的新挑战》的报告，2011年至2014年间互联网渠道保费规模提升了26倍，已经成为拉动保费增长的一个重要因素。因此，利用好互联网工具，对广大的保险营销员来说，未来的市场将会更大。

资料来源：尹力行. 母婴代购网店店主也玩大数据：为客户私人定制个性保险计划[N]. 证券日报，2015-07-02.

（三）其他网上金融服务

近年来，基金公司也在积极拓展网上营销。最初基金公司营销基金的主要渠道是基金的银行，在一个基金的经营合作中，银行的身份十分重要，很多银行既是账户行，又是托管行。所以依赖银行柜台销售是基金营销的主要渠道，但是基金产品的复杂性导致推介产品和办理业务都耗时较长，所以银行后来就开发出网上银行营销基金渠道。很多银行鼓励客户从网上银行渠道购买基金，这是分流客户的一种手段，可以避免基金客户长时间占据柜台。为了刺激客户网上购买基金的积极性，有的银行还推出网上基金申购费打折活动。

除了银行的网上渠道，基金公司还积极与电商合作，在网上购物平台营销基金，试图把购物网民变成金融消费者。

实例7-13　基金扎堆“触网”——大数据基金“走火”销售渠道“塞车”

上证综指时隔7年重返4 400点关口，创业板指数重返新高。亢奋的投资者情绪向任何一个接近的市场蔓延。记者目前从基金发行市场获悉，由于三家老牌基金公司扎堆“触网”，大数据基金意外“走火”，南方基金与新浪合作的大数据 100 指数基金上线仅两小时便出现银行渠道堵车、原定的发行限额一日告罄的火爆场面。同城的另一家老牌基金公司博时与淘宝合作的淘金 100 指数基金，则已成为投资者瞄准的下一只大数据产品。业内预计，随着“80 后”“90 后”投资者陆续进入股票市场，具有“互联网＋”特色的基金产品将成为投资理财市场的下一个风口。

“互联网＋”催生大数据基金

大数据基金源自以 BAT 为代表的互联网巨头向公募基金领域的大举进军。

2014 年 10 月，由百度与广发基金合作的广发百发 100 指数基金率先亮相。最新数据显示，百发 100E 份额累计净值 1.722 元，这意味着该基金成立以来仅用 5 个多月就实现了 72％的收益率。

4 月 13 日，百发 100 基金 E 类份额第二次打开申购，线上销售超过 20 亿元，远超 5 亿元募集上限，最终确认的配售比例为 24.6％。

百度的首战告捷，显然让同行眼热不已。互联网巨头加快了向证券投资理财市场挺进的步伐。

4 月 21 日，由淘宝旗下蚂蚁金服与博时基金合作，为招财宝量身定做的博时招财一号大数据保本混合型基金上线。来自蚂蚁金服的最新信息显示，连续两天，该基金都刷新了招财宝的销售纪录，针对该基金的点击咨询量已迅速超过 16 万次。

接下来的一幕更令人目瞪口呆。几乎没有任何预兆，南方基金与门户巨头新浪财经合作的南方大数据 100 指数基金(i100)首日上线，便将发行渠道冲击得几乎瘫痪。当日上午 11 点半，来自大量用户的反馈显示，由于销售火爆，部分银行显示无法认购 i100。南方基金不得不紧急向各发行渠道提示，投资者可通过 APP 直销汇款认购，享受 0 认购费优惠。

至记者截稿时，来自南方基金的最新统计显示，该基金仅发行一日便已达到 10 亿元的募集上限，不得不启动比例配售。

4 月 27 日，博时与淘宝合作的淘金 100 指数基金还将在博时全渠道首发。针对南方 i100 当天出现的火爆场景，博时基金加紧了渠道准备工作，以应对可能出现的申购洪峰。

大数据基金业绩抢眼

为什么大数据基金突然“走火”？

一位基金业人士分析说，亮眼的业绩与新兴人群的定位，是催旺大数据基金的主要原因。

记者从多家已推出大数据产品的基金公司收集到的资料显示，大数据基金往往是针对互联网大数据量化开发出来的创新型基金产品，从其指数设计思路来看，就有着紧跟市场变化的先天优势。

例如，博时的淘金 100 指数基金，就充分利用了合作方淘宝网在电商领域的领先优势，将淘宝网 6 000 多种商品对应中证 35 个行业、1 700 只股票，根据淘宝商品的交易价格、交易量、用户行为等指标的变化，预测相关行业的盈利和景气程度。

博时基金副总裁王德英介绍说，该基金实际上是基于电商大数据的一款基本面指数基金，淘宝网的产品特点决定了该产品的投向更侧重消费行业。数据显示，2014年淘金100大数据全年收益116.25%，同期沪深300回报率51.66%，上证指数52.87%。

如果说博时的大数据基金侧重于基本面分析，那么，南方的i100则更擅长对市场情绪的跟踪。这只财经大数据基金，通过新浪的股票信息点击量、阅读量、互动量等信息挖掘出股票热度预期，结合南方基金量化投资研究平台，分析出股票的成长预期和估值提升预期，多维度选投标的。i100指数对样本空间的股票，按照财务因子得分、市场驱动因子得分、大数据得分进行模型优化，然后将计算的综合得分从高到低排序，选取排名在前100名的股票构成大数据100指数初始样本股。这部分样本股实施月度定期调整，以便及时捕捉市场动态。

显然，i100指数成分股更多地由投资者情绪和市场走势所驱动，在牛市环境下更容易紧跟市场节奏。实测数据也证实了这一点。Wind数据显示，截至2015年4月13日，i100指数自年初以来上涨幅度达到63.06%，大幅跑赢上证综指、沪深300等传统主流指数。

创新型产品更对“小白”胃口

实际上，本轮牛市的一个重要特征便是“80后”“90后”的新生代投资者成为增量资金来源，谁赢得了这批新生代投资者，谁就掌握了增量资金的重要入口。

为此，公募基金公司纷纷从产品创新、平台创新等多种维度寻找“互联网+”的突破口。

大数据基金的崛起，说明公募基金的触网潮已从平台合作走向产品开发的更深层次领域。一位基金公司的大数据基金研发人士告诉记者，大数据基金的真正战场是其背后互联网巨头之间的卡位竞争。由于大数据的开发能力决定了相关指数的含金量，基金公司的研发能力十分重要，因此，互联网巨头也往往选择偏股型基金投研能力更强的老牌基金公司作为合作伙伴。“现在市面上这几只产品，仅开发就做了几个月，其他公司要想快速赶上，短时间可能没那么容易。”

资料来源：王欣.基金扎堆“触网” 大数据基金“走火” 销售渠道“塞车”[N].深圳特区报，2015-04-23.

证券公司也积极为投资者提供各种网上金融服务，包括账户开户、网上培训、市场信息、研究报告、理财建议等。例如，中信证券可以为客户提供网上开户，开户必备要素为：身份证、银行卡和手机。海通期货网站提供网上开户，并设有网上培训学堂，提供期货市场咨询。国泰君安证券公司进行了网上股票发行。

实例7-14　国泰君安证券股份有限公司网上发行股票

2015年6月，国泰君安证券公司进行了网上路演，召开了A股网上投资者交流会，国泰君安的发行价格19.71元/股。单一账户网上申购上限是45.7万股。

公司对网络业务发展一直比较重视，2013年，公司设立了网络金融部，积极开展互联网证券业务。2014年4月，公司获得互联网证券业务试点资格。公司目前已完成了君弘金融商城、微信公众账号服务平台、APP应用集群三大新型互联网金融平台的首期建设，并推出了一批具有互联网特色的产品、工具和服务，为客户提供包括在线开户、在线理财、在线小额融资、转账支付、生活消费等在内的互联网综合金融服务。

该公司高度重视为广大机构投资者提供专业证券经纪及相关服务，大力推进互联网金融创新，构建线上国泰君安平台，为客户提供在线开户、在线理财、在线小额融资、转账支付等互联网综合金融服务。

资料来源：倪丹. 国泰君安证券股份有限公司首次公开发行 A 股网上投资者交流会精彩回放[N]. 上海证券报，2015-06-18.

二、互联网金融

中国人民银行等十部委于 2015 年发布了《关于促进互联网金融健康发展的指导意见》，认为：互联网金融是传统金融机构与互联网企业利用互联网技术和信息通信技术实现资金融通、支付、投资和信息中介服务的新型金融业务模式。[①]

简言之，互联网金融是借助互联网平台从事的金融活动。目前金融业内提到的互联网金融一般是指互联网企业从事金融活动，与金融互联网相对，金融互联网是指传统金融企业的业务借助互联网延伸服务。

互联网金融是新生事物和新兴业态，但是互联网金融本质仍然属于金融，利用互联网信息技术推动金融发展，有利于金融平台、产品及服务的创新。

专论 7-3　　互联网金融成 2016“两会”热议话题

据统计，在 2016 年“两会”李克强总理的《政府工作报告》中，“金融”一词被提及 14 次，而互联网金融更是成为“两会”热议的话题。在全国政协经济组的小组讨论上，全国政协委员、上海银监局局长廖岷表示，政府工作报告中“实现金融风险全覆盖”这句话非常重要，2016 年定调为互联网金融治理年。专家对此解读说，2014 年“两会”的政府工作报告首次提出“促进互联网金融健康发展”，2015 年用“异军突起”来评价互联网金融的发展，并延续了“促进互联网金融健康发展”这样的用词。今年，“互联网金融”连续第三年写入政府工作报告，关注重点已由“促进”转变为“规范”。从央行行长周小川到银监会主席尚福林……各路政府官员、专家学者热议不断。专家认为，在监管和治理的主旋律下，互联网金融行业正从野蛮生长的 1.0 时代迈向健康规范的 2.0 时代。

资料来源：互联网金融成 2016“两会”热议话题[OL]. 东南网，2016-03-16.

（一）纯网络金融机构

1. 互联网银行

1）互联网银行的产生与发展

互联网银行是指没有实体机构，纯粹依靠互联网渠道进行业务办理的银行，也被称为纯网络银行。

世界上第一家互联网银行诞生于美国，即美国安全第一网络银行（SFNB），1995 年 10 月，SFNB 对公众开放。该行上线四个月，客户达到 4 000 个，账户平均交易额达到 25 000 美元。尽管该行在三年后因亏损被收购，但纯网络银行模式在全球开始发展。

---

① 中国人民银行等十部委：《关于促进互联网金融健康发展的指导意见》（银发〔2015〕221 号）。

专论 7-4　美国互联网银行三种模式

Bofi：以房地产按揭贷款起步

Bofi 成立于 1999 年，2000 年开业；以线上线下结合、线上为主的方式开展负债和资产业务，背后以互联网平台和技术为支持，从而快速、有效地满足客户需求。负债端，Bofi 主要以互联网＋手机 APP＋借记卡形式，凭借有吸引力的利率和较少的收费来吸收存款。目前住房按揭贷款依然是 Bofi 最主要的资产运用方式，公司从中获取利息收入和相关手续费。

ING Direct US：直销银行

直销银行是以对公业务著称的荷兰 ING 集团拓展海外零售市场的重要手段。ING 美国直销银行于 2000 年在美国设立，2002 年实现首次年度盈利。2008 年、2009 年因为不良率大幅上升连续两年亏损，2012 年出售给美国区域银行第一资本金融公司。在 ING Direct 的品牌下独立运营一年后，2013 年年初在“Capital One 360”品牌下运营。ING 直销银行的目标客户是接受电话、网络等方式，受到良好教育，收入水平较好，对于价格敏感的客户群。ING 直销银行几乎不设立实体网点，而是通过网络运营，吸引对存款利率敏感、对互联网熟悉的用户。

Simple：提供个人综合金融服务的银行服务商

Simple 是由有银行从业经验的人士创立的银行服务商，本身并不是银行，而是与合作银行建立合作关系，由后者提供存款账户，Simple 在此基础上通过互联网＋手机 APP＋电话等方式提供一系列的银行服务，除了传统的存款和支付服务外，还提供消费储蓄计划的理财服务。Simple 的真正价值在于，为使用者的日常储蓄和消费提供综合的理财服务：通过增加消费计划功能和储蓄计划功能，促使用户合理安排现金；对于每笔消费支出，用户可以通过贴标签等方式归类，用于事后查询报告等。Simple 只做平台，不做资产运用。通过提供有附加值的消费储蓄计划的理财服务吸引客户，并从合作银行手中进行利息收入等分成。Simple 的收入来自存款带来的存贷利差与支付带来的收单费，按比例与合作银行进行分成。而先进的技术优势使 Simple 可以利用大数据技术满足运营和客户个性化需求，客户增长并不会带来边际成本的上升。

资料来源：美国互联网银行三种模式[N]. 21 世纪经济报道，2015-03-11.

2015 年年初，腾讯公司投资的深圳前海微众银行开业，这是中国首家互联网银行。之后背靠蚂蚁金服和阿里巴巴的浙江网商银行在杭州开业。浙江网商银行注册资本 40 亿元，由蚂蚁金融服务集团等六家股东发起设立，以互联网为平台，面向小微企业和消费者开展金融服务，模式是“小存小贷”，主要提供 20 万元以下的存款产品和 500 万元以下的贷款产品。2015 年年底，百度公司宣布与中信银行合资 20 亿元，筹建百信银行，计划经营直销银行。

这几家互联网银行的特点都是拥有大型互联网公司背景，拥有数亿互联网用户，因而备受瞩目。而且，拥有互联网技术和经验，互联网银行可以进行大数据营销，例如，百度有搜索数据，阿里巴巴有零售数据，腾讯有社交数据。这些优势是传统银行所不具备的。

2）互联网银行的优势

（1）便利性。互联网银行可以做到真正实现3A(anywhere，anytime，anyway)服务，不受时间、空间的限制，无须考虑网点的交通问题，也不用在柜台排队等待。

（2）自助性。互联网银行的客户在办理业务时，有更多的自助性，同时也拥有了更多的自主性，处理业务的流程是客户自己完成的，只要鼠标一点，就可以为自己办理业务了。与传统柜台业务相比，网上银行业务因为缺少了银行员工的直接参与，客户与员工的摩擦也会减少。

（3）节约成本。互联网银行没有实体网点，不需要占用太多固定资产；没有柜台人员，减少了对临柜人员的需求，大大节约人力成本；没有实体经营，不需要考虑营业厅秩序维护和安保等问题。

实例7-15　　前海微众银行：充满想象空间

2015年1月4日，李克强总理在深圳前海微众银行敲下电脑回车键，卡车司机徐军就拿到了3.5万元贷款。这是微众银行作为国内首家开业的互联网民营银行完成的第一笔放贷业务。李克强总理的到来，让微众银行火了一把。这家此前还名不见经传的银行到底有哪些与众不同之处？

"三无银行"开创历史先河

据前海微众银行负责人介绍，微众银行与传统银行相比，有很大的不同。该银行是一个"三无银行"，即无营业网点，无营业柜台，更无须财产担保，它是"以信用作担保，用数据防风险"，通过人脸识别技术和大数据信用评级，就可以发放贷款。前海微众银行负责人说："银行的大数据系统，汇集了40万亿条数据信息，因此我们不需要调查信用、上门担保，整个服务完全依托于互联网，省下的人力成本又全部返还给企业。"李克强总理参观该银行时还向银行询问了利率，得知为7.5%后，李克强鼓励它们进一步努力降低利率，让大众创业的成本大幅度降低，让小微企业有更大的发展。李克强总理称赞前海微众银行"服务小微企业和普罗大众"的理念非常可贵，同时强调，互联网金融一定要适度发展，"政府要为互联网金融企业创造良好的发展环境，让你们有'舒适度'，不再被绑住手脚。同时，你们也要有一道防控风险的'防火墙'"。

社交资源转化为竞争力

前海微众银行是2014年7月首批获得中国银监会批复成立的3家民营银行之一，由腾讯、百业源、立业为主发起人，其中，腾讯认购该行总股本30%的股份，为最大股东。从获批到12月28日上线，仅用了5个月的时间。微众银行注册资本金30亿元，是一家致力于服务小微企业和普罗大众的互联网银行。业内人士认为，腾讯最大的优势就在于社交资源，其庞大的社交账户体系具有超强的竞争力，与金融业务融合后，其发展的想象空间很大。

该行表示会借力腾讯既有的移动互联生态，尤其是拥有数亿级庞大用户群的QQ、微信等资源，陆续推出创新产品和业务，这些新型产品将覆盖"吃喝玩乐"等生活各方面，有效满足客户的各类金融需求。

账户IT成本或降至1元

记者了解到，微众银行自筹备开始即与腾讯云达成密切合作，在大幅提升IT竞争力的同时大大降低IT成本，双方合作目标是将微众银行每个账户的IT成本降至1元。腾讯公司副总裁、腾讯云负责人邱跃鹏在2014年10月底的腾讯全球合作伙伴大会上曾公开表示，前海微众银行在腾讯云的基础上，利用海量服务分布式的架构，将成本下降80%，只需要小型银行5%的负担用户成本。

资料来源：易运文．前海微众银行：充满想象空间[N]．光明日报，2015-01-09.

2. 互联网保险

互联网保险兴起于美国，美国的互联网保险早期以第三方平台为主，美国是第三方网络保险平台发展的先驱。Ins Web保险网站，曾经是美国乃至全球最大的第三方网络保险平台。该网站于1995年2月创立，经营内容是为客户提供方便、有效的保险购买方案。

中国首家互联网保险公司——众安在线财产保险股份有限公司（以下简称众安保险），被业内人士称为“三马”（马云、马化腾、马明哲）保险，这是一家由阿里巴巴公司、腾讯公司及中国平安保险公司合办的互联网保险公司。

该公司于2013年正式成立，牵头方为阿里巴巴公司，持股比例19.9%，是最大单一股东；中国平安、腾讯分别以15%并列为第二大股东。该公司在产品设计上以互联网思维和互联网特性为核心，核保、理赔、风险控制、客服等流程都依靠电商、社交等平台，比传统保险更加快捷、高效。

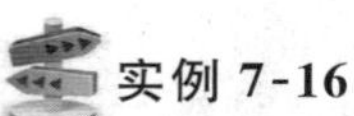

实例 7-16　“三马”保险的创新理念

公司除上海总部外，不设任何分支机构，完全通过互联网进行销售和理赔，主攻责任险和保证险两大类。

众安保险第二次进入大众视野是在2014年世界杯期间，它连出4款另类保险——夜猫子险、看球喝高险、足球流氓险和吃货险，在业内外引来一片热论。然而高涨的关注度却并没有令消费者买账，四款险种均遭冷遇。并且因受到安诚保险推出的“世界杯遗憾险”有博彩因素被叫停的影响，同为世界杯概念险的众安保险产品被人们不自觉地与之画上等号，认为其打着创新的名号销售理财产品。

众安保险“巨量碎片化”的模式亦为保险业界人士看好。

OK车险创始人齐石表示，众安保险的很多产品都有独创性，在产品层面没有竞争对手，尤其是很多产品是根植于阿里的品牌。他认为，从战略方面来看，众安保险树立了一种榜样和新的模式——以互联网的方式做碎片化的保险产品，未来可能会有很多新的保险公司效仿。

充满互联网特点的“巨量碎片化”，使技术环节的通畅意味着时间和盈利。目前，众安保险对海量保单处理的核心技术在于三点：保单高度自动化的业务处理流程、数据云储存和模块可扩展。

众安保险的承保、理赔业务处理系统与渠道（如淘宝、天猫等）业务系统实现嵌入式对接，相关承保、理赔业务数据可直接从渠道端提取并导入众安保险核心系统，实现自动化投保和理赔申请。例如，退货运险等业务在承保端的自助处理率就已经达到100%。

“重要的是，众安保险核心业务系统采用的是分布式设计架构，从应用、中间件、数据库均可水平扩展，理论上性能可实现无限扩展。一旦实时监控到业务处理瓶颈，众安保险将可以做到以10分钟扩展一台服务器的速度将新资源投入业务处理中(若按照传统方式,扩展一台服务器从安装到配置至少需要两天以上时间)。”姜兴补充说,这样设计的初衷,就是为了迎接类似“双十一”这种需要处理海量、高并发数据的挑战。

从产品设计逻辑上来说,众安保险所做的是将海量交易、支付、行为数据转化为精算数据,从而为产品定价与风控服务。不过,阿里、腾讯和平安这三大股东并不直接向众安保险提供数据。

界面新闻记者获悉,众安保险的保险产品设计流程,是由众安保险先建立初始的计算模型和方法,企业通过众安保险提供的模型测试数据,并将结果反馈给众安,众安保险再通过多轮测试结果对产品定价。但在测试过程中,阿里、腾讯、平安等互联网公司并不会直接将数据提供给众安,众安得到的是企业测试后的反馈结果。

资料来源:詹晨,高恺仪.还记得“三马”保险吗?它在“双十一”狂签1.5亿份保单[N].界面,2014-11-14.

除了互联网银行和互联网保险之外,近年来还涌现出大量的互联网金融公司,这些公司依托互联网技术提供金融服务,以提供互联网理财产品者居多。

(二)P2P网贷

P2P(peer-to-peer),peer有同事及伙伴等意义。P2P网贷是指互联网金融点对点借贷平台。一般认为P2P起源于英国,随后在美国、欧洲发展起来,其运行模式为网络信贷公司提供平台,由借贷双方自由竞价,最后撮合成交。

这种新的投融资模式有很多明显的优点。第一,收益高,对投资人来说,在网贷平台运用的效率常常达10%以上,达到20%以上也是可能的,但是如果存钱到银行,利率常常在5%以下。这是网贷吸引投资者的一个关键的优势。第二,P2P网贷操作简单,网贷认证、记账、清算等流程都是通过网络完成,而且一般无抵押,双方都很便利。

但P2P网贷的缺点也是明显的。该模式的信用风险较高,网贷是无抵押贷款,意味着贷款没有第二还款来源,一旦借款人违约,无力还款或不愿还款,资金出借者就会面临损失。而且P2P不易监管,这是一种新型的融资手段,缺少明确的法律法规指导,很容易被投机者利用。

实例7-17　3月末P2P网贷风险预警平台3 329家

第一网贷最新出炉的《2016年3月末中国P2P网贷风险指数快报》显示,3月末中国P2P网贷风险预警系统的风险池预警平台3 329家,占全国P2P网贷平台5 326家的62.50%;其中问题平台1 824家,占全国P2P网贷平台的34.25%。

3月全国P2P网贷参与人数日均35.76万人,环比上升27.08%。

网贷平台数量创历史新高

第一网贷报告显示,截至2016年3月底,纳入中国P2P网贷指数统计的P2P网贷平台为3 875家,这些平台基本反映了目前全国P2P网贷的全貌;未纳入指数、而作为观察统计的P2P网贷平台为554家;另外,还观察了其余的897家P2P网贷平台。三者合计共5 326家P2P网贷平台,创历史新高。

截至2016年3月底，中国P2P网贷指数在选择的样本3 875家P2P网贷平台中，涉及30个省、市，平台数量前三名是广东省(768家)、山东省(531家)、北京市(461家)，这三个省市的1 760家P2P网贷平台，超过了全国总数的45%。

样本平台注册资本1 637亿元，创出历史新高。在纳入中国P2P网贷指数统计的3 875家样本平台中，扣除12家非独立P2P网贷平台外的3 863家样本平台，总注册资本为1 637.49亿元，前三名分别是广东省(482.36亿元)、北京市(250.60亿元)、上海市(222.24亿元)，三省市P2P网贷平台注册资本合计超过955.19亿元，超过了全国总数的58%；全国P2P网贷平台平均每家注册资本为4 239万元。

3月末风险预警平台占全国P2P网贷平台5 326家的62.50%。2016年3月，新发生P2P网贷风险预警平台194家，累计3 329家，占全国P2P网贷平台5 326家的62.50%。其中新发生停止经营、提现困难、失联跑路等情况的问题平台(特别风险预警平台)82家，累计1 824家，占全国P2P网贷平台5 326家的34.25%。尽管问题平台大都是短命的小平台，但还是给投资者造成一定的损失。

P2P网贷参与人数日均35.76万人，环比(较上月28.14万人)上升27.08%，同比(较去年2015年3月13.99万人)增长155.61%。

P2P网贷监管呼唤“互联网+”

第一网贷负责人也坦言，第一网贷也遇到很多难题和困惑，包括债务人信息十分匮乏、P2P网贷平台的财务信息匮乏、部分P2P网贷信息严重不透明、P2P网贷平台的预警指标标准和P2P网贷风险判断模型还有待完善。这些问题严重影响了互联网金融风险监测预警的质量。

全国民间金融大数据系统负责人胡尔义指出，创造性地实现大数据、云技术与互联网金融的完美融合，应该首先建立全国各地方民间金融“互联网+”统计和风险监测预警系统。

业内专家也呼吁，民间金融“互联网+”统计和风险监测预警系统建立后，定期发布诸如黑名单、白名单或预警名单，让优质企业脱颖而出，让劣质企业提心吊胆，从而让网贷行业规范健康发展，真正地为公众创造价值、为行业创造价值。

资料来源：于德良.3月末P2P网贷风险预警平台3 329家[N].证券日报，2016-04-02.

目前，国内排名靠前的P2P网贷平台有陆金所、人人贷、宜人贷、拍拍贷、点融网、微贷网、积木盒子、有利网、投哪网、开鑫贷等。

（三）众筹

1. 众筹的概念

众筹(crowdfunding)，顾名思义，就是大众筹资，也被称为群众筹资，是通过互联网向网友募集资金的融资方式。一般是由拥有创意的发起人在网上进行项目宣传和募集资金，支持发起人的网友可以在众筹平台投资，通俗地说，就是大家出钱一起完成任务。

众筹是从国外引入的新式融资模式，在中国属于初创阶段，众筹平台常常肩负着创业融资平台的责任，例如，京东众筹的口号是“创业融资平台，为有梦想、有创意的人服务”。

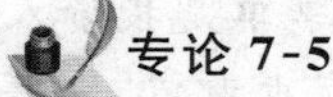

专论 7-5　众筹在中国：相关监管亟待出台

有统计数据显示，截至2015年12月31日，中国互联网众筹平台至少有365家，其中2015年全年上线的平台有168家，同比增长7.0%。其中，至少有84家平台停运、倒闭或转型，约占平台总数23%。业内已经有人士警告称，下一个e租宝案件或将发生在众筹领域。2016年“两会”，众筹第一次写入“两会”报告。然而，目前众筹行业仍处在相关监管政策缺失的窘境。

资料来源：2015年中国互联网众筹年度报告，199IT网，http://www.199it.comlarchives/444754.html.2016-03-05.

2. 众筹的特点

众筹有三个特点：预售性、排他性及有下限。

众筹项目的出资人在出资的同时，也相当于购买了产品和服务，而发起人相当于做了一个预售承诺。但是众筹与预售是不同的行为，不同之处在于：预售是卖方已经开始生产，拥有产品，而买方在了解产品的基础上进行预订。而众筹往往是项目刚刚发起，还没有进入生产阶段，产品也没有形成，如果筹资成功，项目立项，发起人根据投资人的需求组织生产，按照约定向出资人提供产品和服务。

排他性是指在众筹期间，产品仅仅在众筹平台这一单一的渠道进行发售，在其他渠道无法得到产品和服务。

众筹项目一般要设立下限，筹资如果达到这个下限，项目立项成果，发起人就可以组织生产；反之，筹资失败，项目不成立。

3. 众筹的种类

按回报方式分类，现有的众筹项目可以分为股权众筹、奖励众筹、债权众筹和公益众筹等。众筹的回报形式具体来看，非常多样化，有的是股权，有的是资金，有的是特殊的待遇，例如，有的电影众筹项目承诺出资人可以与明星接触等。

实例 7-18　两部热播电影都引进“众筹模式”为啥收益差这么多?

自7月10日上映的国产动画片《西游记之大圣归来》，15天内狂揽约6亿元人民币票房。这部电影背后的众筹模式也获得了关注。

2014年，阿里“娱乐宝”平台上线时，尽管阿里方面极力否认采用的是众筹模式，但一些业内人士还是认为它有“众筹”的影子，“实际上就是变相的众筹”。另一互联网大佬百度推出的“百发有戏”，也被认为和“娱乐宝”套路相似。记者发现，这些投资方式虽然都有众筹色彩，但收益天差地别。

《大圣归来》89位投资者人均净赚近25万元

《大圣归来》的出品人路伟日前向媒体透露，“曾经参与此片投资的89位众筹投资人，合计投入780万元，届时预计可以获得本息约3 000万元。”粗算算，平均每位投资人可以净赚近25万元。据相关媒体报道，2014年年底，路伟曾经发过为《大圣归来》众筹宣发经费的朋友圈信息。最终参与的投资人，有的是企业法人，有的是投资人，投资金额少则一两万元，多则数十万元。除了最终累积的780万元投资，部分投资人还在北京、上海等一线城市，为该片提供了长时间的免费户外广告。路伟透露，电影上映之初，单单是投资人的包场就有200多场，这些收益都直接贡献了电影票房。所有投资人的名字也都以“众筹出品人”的身份标注在《大圣归来》的片尾。除了众筹投资，《大圣归来》也和之前的《万物生长》等国产电影一样，拉电商企业一起联合出品，微信购票平台就是电影的联合出品人。微信购票平台还为《大圣归来》的票房逆袭出了不少力，电影在该平台上的销售数量占到总量的三四成，总额达到了两亿元。事实上，《大圣归来》的众筹行为在国产动画界也并非先例。早在2013年，《大鱼·海棠》就在网络上筹得150万元的投资，有数千人参与。而去年年底上映的《十万个冷笑话》，也曾在5个月时间内，筹得137万元资金。

《大圣归来》确实创造了一个股权众筹的成功案例，但失败案例其实也不少。同时，还要看到，这方面的监管将越来越正规。7月18日出台的《关于促进互联网金融健康发展的指导意见》中，首次对股权众筹融资做了规范，明确股权众筹是通过互联网进行的“公开小额股权融资的活动”，由证监会负责监管。

“娱乐宝”“百发有戏”只是理财产品

“其实，许多影视类的众筹项目只是营销噱头。”浙江一家大型影视公司内部人士表示，包括此前的电影《黄金时代》上线“百发有戏”，还有对接阿里“娱乐宝”的《小时代》系列电影。“业内不少影视制作项目都会开放一些准众筹产品，但投资者也许只是买了一个理财产品，门槛百元起、千元起算一份，并不是真正成为《黄金时代》的股东或者《小时代》的出品人。”

据记者了解，以阿里“娱乐宝”里的《小时代4》为例，最低投资金额是100元，这100元不是直接投到郭敬明手里的，而是先买成国华人寿的保险理财产品；然后，资金再采取合法合规的方式投向文化产业，获取投资收益，预期投资年化收益率为7%。假设一个用户向《小时代4》项目投资了100元，基本可以保证的是投资所产生的7元钱收益。

而阿里影业相关负责人表示，“娱乐宝”本身其实是一个有着稳定年化收益率，并打包了一些“粉丝”权益的理财产品，和《大圣归来》这样的电影众筹有着本质的区别。“众筹电影项目有一定的风险性，还需要有许可证，我们希望把风险降为零，所以暂时没有考虑过推出众筹项目。”

去年，时任阿里数字娱乐公司总裁的刘春宁也说过，“我们不是众筹，是一种投资。因为众筹项目不能以股权或资金作为回报，项目发起人更不能向支持者许诺任何资金上的收益”。再看百度的“百发有戏”。它的收益则与票房收入紧密挂钩，收益情况分好几个档次。如果所挂钩的电影票房低于2亿元，收益率为8%；每增加1亿元，收益率就提高1个百分点；如果票房超过6亿元，收益率可达16%。

以《黄金时代》为例，如果电影大卖，100元最多可以产生16元的收益，再不济也有8元钱。但现实是，“百发有戏”出师不利，《黄金时代》并未获得市场青睐。另外，所谓的“娱乐权益”事实上也不是每个投资者都可以享受到的。“娱乐宝”对接的好几个电影产品，都曾宣传过这样的权益：到影视剧组探班，获得主创见面会门票、电影点映会门票、独家授权发行的电子杂志、明星签名照、电影票等。而“百发有戏”产品也曾宣传过“让剧组在视频里大声说谢谢你”“和汤唯打个电话”“让冯绍峰帮你表白”等内容。这些权益，最终可能只有几个人能获得。据记者观察，不少活动资源向大城市影迷倾斜，而且参加者要随机抽取产生。

资料来源：庄郑悦. 两部热播电影都引进“众筹模式” 为啥收益差这么多[OL]. 浙江在线-今日早报，2015-07-30.

众筹与其他互联网金融产品不同之处在于，有时众筹项目不是为了盈利而经营。例如，某些众筹网站会出现公益性质的项目，这些项目五花八门，目的各不一样，有的是为贫困儿童寻求助学资金，有的是为大病患者寻求医疗费救助，有的是为了环保等。

实例 7-19　　县长众筹：永和核桃圆孩子读书梦

我叫程××，2014 年我作为扶贫干部被派到山西省永和县。在永和县，我看到了农民勤苦劳作却无法脱贫，孩子们渴望学习却无书可读。于是我发起了永和核桃圆孩子书屋梦项目。希望在帮助农民增收的同时帮孩子们建一个圆梦书屋。项目得到了大家的支持，筹资额达到 866 675 元，谢谢大家的支持，今后我会尽我所能，帮助更多贫困农户。

资料来源：众筹网，http://www.zhongchou.com/.

还有一些众筹项目既不是为了获取利润，也不是为了公益，而是为了实现个人愿望，发起人出于个人理想和愿景，在网上公开招募资金，寻找志同道合的出资人。

实例 7-20　　雪山乌托邦——500 元在雪山安个家

我是刘××，我放弃曾经舒适安逸的城市生活，去雪山搭木屋，想换一种活法，体验不一样的人生。我发起了"500 块，在雪山安个家"这一畅想，掏 500 块，过另一种生活的可能。最终筹资 367 928 元，有 337 人支持。总结全过程，真诚让人产生共鸣的文案、吸睛的标题以及我们积极的宣传是项目成功的重要因素。

资料来源：众筹网，http://www.zhongchou.com/.

除了以上专门的互联网平台和机构，还有些互联网企业涉足金融，提供理财产品，最典型的是淘宝网的"屌丝财神器"——余额宝。该产品以低门槛、及时赎回、方便购买而获得投资人青睐。

互联网金融发展是大势所趋，但是过度快速地发展，也带来了很多问题，如监管缺位、法规滞后、管理难度增加等，而且互联网金融风险频发，也使公众投资者对互联网金融的发展充满了担忧。有关部门正在不断地出台相关规定来遏制互联网风险。

专论 7-6　　监管与自律并重　互联网金融迈入"规范"时代

从 2014 年"两会"上《政府工作报告》首次提及互联网金融，到 2016 年的"规范发展互联网金融"，行业的发展基调由早期的鼓励、支持，转向规范与整顿。

2016 年是"十三五"规划的开局之年，同时也是互联网金融进入规范发展之年。专家认为，促进互联网金融行业健康发展需两方面发力，一方面要促进，另一方面要保证"健康"。

尽管行业中非法集资、虚假标的、庞氏骗局等乱象频现，亟须规范整顿，但业内专家仍看好未来互联网金融的发展前景。

从近几年的互联网金融发展趋势来看，行业存在的违法违规、监管套利及打政策擦边球问题的确令行业出现了"劣币驱逐良币"现象，伪互联网金融平台通过不正当营销手段吸引大众眼球，非法吸储，而合规的平台却很难被社会认知。

业内专家表示，通过监管，可以给互联网金融行业增加一定的“成本”。“这个行业并不是随便一个企业就可以介入的，它必须有一定的注册和备案，甚至要有一定的牌照才能够进入。”邓建鹏认为，互联网金融监管应该包含三个方面：政府的监管，第三方市场化机构的介入、推动及行业的自律。

3 月 26 日，首个国家级别的互联网金融行业自律组织——中国互联网金融协会正式挂牌成立，协会将在推动机构之间的业务交流和信息共享、创造行业诚信规范发展环境等方面发挥作用。

资料来源：李珮.监管与自律并重　互联网金融迈入“规范”时代[N].新华社，2016-04-02.

复习思考题

1. 什么是金融服务的分销渠道？
2. 金融服务的分销渠道有哪些？
3. 金融企业选择分销渠道要考虑哪些要素？
4. 互联网金融服务渠道与传统金融服务渠道相比有哪些优劣？
5. 近年来出现的新型金融服务渠道有哪些？

实训题

电话银行营销方案

某保险公司电话营销人员小王工作 1 个多月没有完成一笔营销任务。他发现电话营销成功率低，客户常常只听了几句话就挂掉了电话，他不知是否该继续坚持这份工作。

要求：为小王设计一套吸引客户听下去的电话营销开场白。

案例讨论

“e 租宝”为何成“黑天鹅”？

1 月 31 日，新华社发文揭露“e 租宝”非法集资案真相，一场空手套白狼的金融游戏终于暴露在光天化日之下，善良的人们对“e 租宝”这只“黑天鹅”也有了一定的认识。庞氏骗局之所以能在当下的中国再次上演，其中的关联因素不可小觑，如果不揭示真相背后的原因，总结出方方面面的教训，类似“e 租宝”的“黑天鹅”还会出现。

投资者太贪婪

“e 租宝”平台是由实际控制人、钰诚集团董事会执行局主席丁宁一手导演的。

“e 租宝”骗局算得上是一场跨越时空的“裸泳”，虽然时间只有一年多，地域竟涉及全中国。丁宁熟谙庞氏骗局的要诀，他用新投资者的钱，给之前的投资者分红。这样的骗术并非丁宁的发明创造。大约 100 年前，一个名叫“庞兹”的意大利商人就跑到美国上演了庞氏骗局，他持续把新投资人的钱拿来支付旧投资人高额的“分红”，在 6 个月内就有大约 4 万人投资了 1 500 万美元。当下，国内银行存款利率低，房地产和股市的疲软促使人们寻求其他投资途径,投资诈骗开始成为中国的一大问题。去年国内金融诈骗涉案金额超过1 560亿元,这与投资者贪婪且风险意识淡薄不无关系。

“举手之间,财富尽揽”是“e租宝”的宣传语,这8个字很有鼓动性,而其承诺的9%～14.6%的预期年化收益率远高于一般银行理财产品的收益率,也很有诱惑力。警方初步查明,“e租宝”实际吸收资金500多亿元,涉及投资人约90万名,遍布全国。在这90万名被骗的投资者中,有相当一部分是已经退休的大爷大妈,投入“e租宝”的钱是他们一辈子的积蓄,是他们赖以养老的“棺材本”。如果不是利令智昏,他们不会轻易把这些钱拿出来投资。而“e租宝”的骗术就是能蒙蔽一些人的眼睛,通过高息集资,用增量投资者的本金为存量投资者的利息埋单,玩“击鼓传花”式的游戏。早期,一部分投资者确实赚到了较高的利息,但大量资金被丁宁挥霍挪用,仅对钰诚集团总裁张敏一人,丁宁除了向其赠送价值1.3亿元的位于新加坡的别墅、价值1 200万元的粉钻戒指、豪华轿车、名表等礼物,还先后“奖励”她5.5亿元。为了显示“财大气粗”,运作“e租宝”的员工满身奢侈。豪华包装让“e租宝”极具欺骗性,投资者的第一印象是“e租宝”富贵豪华。投资者争先恐后地把钱往“e租宝”里塞,生怕错过发财的机会。丁宁之流抓住投资者的贪欲以售其奸,而投资者陶醉于纸面富贵,将到期的本金连同利息继续往“e租宝”里砸,最终一个个被套牢,许多人血本无归。

有这样一道招聘面试问题发人深省。三人应聘司机,主考者问:悬崖边有块金子,你们开着车去拿,觉得能距离悬崖多近而又不至于掉落呢?第一位说1米。第二位很有把握地说0.5米。“这个问题无须考虑,如果金子所在的位置真的是悬崖边,我会尽量远离悬崖,越远越好。”谨慎的第三位被录取了。事实上,能与第三位应聘者一样理性的投资人很少,大多数人漠视投资风险。

“e租宝”不过是将以往线下的诈骗模式搬到了线上,打着互联网金融的幌子行骗,其本质既不是P2P(“个人对个人”网络贷款),也不是其自我标榜的A2P(资产对个人)。这样的骗术,投资者若稍微有点警惕性,或有点戒备心理、风险意识,就不会上当受骗。许多时候,人们不是因为轻信而受骗,而是因为贪婪而轻信。既然享受了市场经济的自由,就要学会承担享受自由的代价。投资者切记,不了解的高风险投资产品不能碰,不要轻信任何人,不要盲目相信媒体广告,更不要贪婪或抱有侥幸心理。

监管疏漏乏力

路透社评论指出:“e租宝事件暴露了中国快速增长到2.6万亿美元的财富管理行业存在的风险。很多产品都是通过监管不严的渠道出售的,包括在线金融投资平台和私营交易所。”中国P2P行业缺乏监管已经有一段时间了。截至2015年年底,倒闭的P2P平台数量已经超过了新增平台的数量。

“e租宝”演绎出又一幕“黑天鹅”闹剧,与监管疏漏不无关系。从业务角度来说,“e租宝”以融资租赁债权交易为基础,服务模式属于互联网金融行业的细分领域,称为A2P即资产对个人。投资者通过“e租宝”平台,购买的是存量资产债权。但据“e租宝”嫌案人坦白交代,其投资项目即存量资产债权居然有95%是假的,都是通过购买企业的信息伪装而成,用于欺骗投资者。监管者须对互联网形势下违法犯罪的新把戏提高警惕,不能换了“马甲”就不认识。可以说,监管者只要稍微用点心,去有关企业实地调查一下,骗局就会被拆穿。但也许是眼下互联网金融企业多如牛毛，监管资源匮乏，监管者力不从心，无法实施精细监管，竟让“e租宝”这样的骗术大行其道。对资金量较大的金融企业及产品，监管者应当分配一定的精力，予以重点监督。待到“黑天鹅”展翅高飞，再开动监管机器，为时晚矣。

互联网金融是创新，需要探索，允许试错，但宽容并不意味着放纵欺骗。平心而论，包括P2P网贷在内的互联网金融给中国老百姓带来了一定的福祉，但行业风险却也在一次次凸显。寄望于金融行业自律只属于道德层面的呼吁，防范风险还得加强监管，特别是要对重点互联网金融平台加强信息监管，让投资者做明白人，方可防范“e租宝”之类的金融风险。

传媒追捧误导

“e租宝”实际吸收资金高达500多亿元，资金量相当庞大，且投资者覆盖全国，如果没有传媒力量的追捧和误导，“e租宝”是难以得逞的。“e租宝”之所以知名度这么高，增长这么快，就在于它舍得砸钱做广告。电视广告一马当先，地铁广告呼啸奔驰，公交广告无处不在，机场广告频繁映入人们眼帘，一些自媒体也跟着凑热闹，疯狂的广告信息轰炸之下，居然也让“谎言重复千遍就是真理”的神话成为现实。“e租宝”花在广告上的钱至少1亿元，某财经平面媒体甚至还授予钰诚集团总裁张敏“互联网金融风云人物”称号。在媒体的广告效应之下，投资者对“e租宝”深信不疑。

“你可以在部分时间欺骗所有人，或者在所有时间欺骗部分人，但永远不能在所有时间欺骗所有人。”林肯的这句名言险些被丁宁改变。人们在声讨“e租宝”的无良和丑陋之时，别忘了收敛自己的贪欲。同时，期待监管部门尽职尽责，媒体叩问良知，别让“e租宝”之类的“黑天鹅”再作恶。

资料来源：蔡恩泽.“e租宝”为何成“黑天鹅”？[N].人民邮电，2016-02-05.

案例讨论题

1. “e租宝”为何销售火爆？
2. “e租宝”经营管理中存在什么样的问题？

第八章 金融服务的沟通与推广

本章理论要点

- 了解金融服务沟通的过程
- 掌握金融服务沟通的目的和原则
- 掌握金融服务促销的四种方式

案例导入

真诚沟通方得始终

曾经有一个金卡客户从来不买基金，由于平时跟她电话联系比较多，每当市场开始转向时，我都会打电话跟她沟通，并且耐心地跟她分析账户内股票的情况，于是就和客户慢慢熟络起来。当时有一只"民企 50ETF"正在发行，于是我打电话给她，为她从股票讲起，然后再跟她聊基金，当时她一听，就开始不停地说起银行的人叫她买基金，但是她不会，所以就不买，问我"基金是怎么回事"，于是我顺势而为，耐心地给她讲什么是基金，有哪些种类，什么样的人适合买什么种类的基金，如何选择适合自己的基金，买基金要注意哪些问题，赎回基金的时候要掌握哪些要点。同时特别强调，买基金的前提是：一定要留够家里的紧急备用金，特别是老人家挣钱不容易，都是血汗钱，要考虑风险问题。

客户听后十分满意，于是，我当时就给她推荐一个"民企 50ETF"的基金，希望她的首次投资能有一个稳健的收益，感受一下投资理财的快感。当阿姨问我到时候是买一万元还是五千元，我认为她是第一次买基金，还是先买五千元感受一下。之后，我劝说客户下单，我并没有因为她是小买家而忽略她，于是之后又给她打了电话，通知了具体时间，并请她最好先把钱存好，证券卡办好。客户来了之后，我到大厅去见她，客户一见我就说："我问过好多人，但是我觉得你讲的最好，也最实在，我就相信你。别人都希望客户多买，你还劝我少买，你能替我着想，我就相信你的推荐，我就买这么多。"

通过后期多次电话交谈，了解到客户对自己的信任，于是我一直都密切留意"民企 50ETF"的上市交易价格，当收益达到 10%的时候，我就给客户进行了提示，请她考虑自己承受风险的能力，要考虑一下是继续持有，还是赎回，阿姨选择了继续持有。在收益达到 20%多的时候，我再一次进行了提示，客户再一次选择持有。当时，我觉得基金已经到了一个较高的水平位，于是我再一次对客户进行了提示，阐述了我个人对目前股市行情的分析以及如何把握对收益的掌控，客户根据我的分析以及自己对收益的期望，将此基金赎回，在短短的3个多月的时间里获得了30%的收益，于是十分满意。不久过后，股市大跌，基金净值大幅缩水，客户非常感谢我对她的提示。

资料来源：http://www.doc88.com/p-777868692807.html.

第一节 金融服务沟通

沟通是企业与消费者之间的桥梁，是建立良好消费者关系的基础，良好的服务沟通不仅能够提高消费者满意度，还能够提高企业的销售业绩。随着我国金融行业的市场化改革，金融市场的竞争正变得日益激烈，金融企业不仅要采取有力的促销措施，让消费者接受本企业的服务产品，还要强化企业的服务沟通工作，进一步推动自身的发展。

一、金融服务沟通的过程

金融服务沟通即金融企业借助广告、人员推销、公关关系和销售促进等手段，将企业服务与产品的各种信息传达给消费者，展现企业的特色并突出企业的竞争优势。有效的服务沟通不仅要让消费者了解企业的金融服务产品，还要使企业能够及时把握消费者的反馈信息，从而不断完善企业的产品与服务。

金融服务沟通是个循环不断的过程。一方面，企业要将服务与产品的信息传播到细分市场当中，以吸引目标消费者的注意力，从而使消费者注意到本企业的服务和产品，并对此产生印象。当消费者购买了企业的产品与服务时，营销人员需要进一步与消费者进行沟通，帮助消费者深入了解产品及服务的功能，从而节省顾客时间并提升顾客体验。同样，企业还需要提供良好的售后服务工作，通过售后的沟通，解决消费者的问题，让消费者对企业的产品和服务产生信任感，在提升顾客满意度的过程中提高顾客忠诚度。另一方面，金融服务沟通是一个双向的过程，金融企业不仅要考虑"如何传递企业信息""如何影响消费者"，还需要了解"消费者的基本情况"及"消费者对企业的反馈"，在金融服务的沟通过程中，企业要及时了解客户的反馈信息，并据此调整企业的工作，为顾客提供更加优质的产品和服务。

如图8-1所示，服务沟通是一个相对复杂而充满干扰的过程，服务沟通的起点是服务信息发送者。在信息传递之前，信息发送者必须要了解"顾客需要什么信息""自己要传递什么信息""以什么途径传递信息"以及"顾客的预期反应如何"，信息发送者要对沟通的流程进行统筹规划，尽量以简洁的方式，达到预期的沟通效果。接着要进行信息的编码，企业要传递的信息有很多，信息的编码就是将服务信息转化为消费者通俗易懂的内容，如生动的口头语言、简洁的书面语言、形象的图片视频等。在信息编码之前，首先要考虑受众的信息接收能力，并根据受众的喜好选择合适的信息表达形式；信息编码完成之后，企业要选择恰当的信息传播媒介，如电视、报纸、互联网等，但很多金融企业更喜欢通过柜台员工与客户直接接触的方式，向客户传递关于新产品及服务的信息，这种信息传播途径简单实用而且费用很低，消费者能够快速全面地了解企业的相关业务。信息通过一定的媒介传递给消费者之后，消费者首先要对信息进行解码，并从中提炼出有用的信息，然后根据获取的信息，选择自己感兴趣的服务及产品。

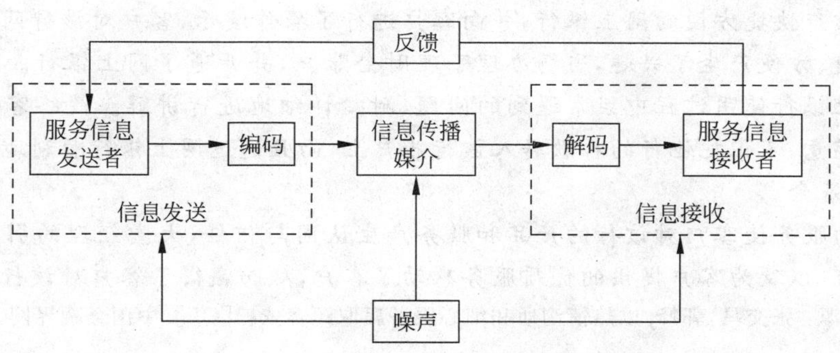

图 8-1　金融服务沟通的过程

在信息传递给消费者之后，消费者会选择并尝试相关的服务，而且在消费的过程中，顾客会遇到各种各样的问题及疑惑，他们会通过官方网站或服务热线等方式，将这些问题与疑惑反馈给企业，然后企业需要做出回应并解决消费者的问题。在企业与顾客进行信息传递与互动的过程中，会受到诸多因素的干扰，如信息编码的错误、沟通时电话线路不好、受众对信息无兴趣、信息解码的障碍等，我们统一称为“噪声”。信息传播中的“噪声”，可能形成于信息传递过程中，也可能来源于信息接收的过程，还可能源自信息传播与反馈的过程中。金融企业的服务与产品缺乏有形性，消费者无法直观了解服务的内容与形式，这要求营销人员在沟通的过程中，要用通俗易懂的方式，向消费者展示金融服务的相关内容，尽可能避免沟通噪声的影响。

金融服务沟通是企业与消费者进行信息互动的过程，其中既有信息的传递，也有信息的反馈，还有相关噪声的干扰。金融企业要根据行业特点和消费者的需求，有针对性地进行服务信息的传递，同时企业还要重视消费者的信息反馈，不断改进沟通机制，提高自身的服务质量。

实例 8-1　　以热情沟通和细心服务赢取顾客依赖

2011 年 8 月 19 日，工行淄博高新支行营业部来了一位男性中年客户，由于正处于业务高峰，大堂经理正在排队机前值班，引导、分流客户，见到这位客户礼貌地问了声：“您好，请问我有什么可以帮助您的?”这位客户考虑一下说：“想咨询点理财业务方面的问题。”大堂经理问：“您买过本银行的理财产品吗?”客户回答：“从他行买过，但已经很长时间啦。因为我经常在你行办理一些个人结算业务，你们的服务水准和服务环境都让我非常满意，所以我想咨询你行代理的理财产品。”听到这里，大堂经理判定该客户为一名优质客户，就引导客户来到贵宾客户理财区，并向正在坐班的网点值班主任进行了汇报。

值班主任热情地同客户进行了交流，了解到客户近期收回一笔款临时不用，想了解一下该行的理财产品，值班主任了解到这一情况后，和客户就基金的走势与投资理念进行了交流，同时给客户一些投资风险提示。在与客户反复沟通时发现，客户对该行前期代理的嘉实 300 指数基金很感兴趣，也可能是客户比较了解该只基金的缘故，客户称以前在他行买过 200 万元，收益还不错，但手续较麻烦，由于银行理财人员业务不熟悉，在赎回过程中造成了一些不愉快。值班主任详细地向客户介绍了该行的产品，并向客户推荐了理财金账户卡和该行快捷方便的网上银行，并向客户进行了操作演示，客户对该行网上银行办理业务的快捷、方便产生了兴趣，当场办理了理财金账户，并开通了网上银行。值班主任对客户在网上银行使用过程中经常遇到的问题，耐心详细地进行讲解。最终客户对该行的服务非常满意，不但把他行的存款转入该行账户上，而且通过网上银行顺利地一次购买了1 006 万元基金。

细心的服务使客户对该行的产品和服务产生认同与信任，大堂经理的引导和主任与客户的交流，以及为客户提供的优质服务感动了客户，从而赢得了客户对该行的信任。

资料来源：张交昌，郭峰. 以热情沟通和细心服务赢取顾客依赖[OL]. 中国金融界网，2011-09-07.

二、金融服务沟通的目的

明确的沟通目标是沟通成功的关键，也是沟通方式选择的基础。在金融企业与顾客进行服务沟通之前，必须确定金融服务沟通的目标，并在沟通目标的指导下，开展相应的宣传与沟通工作。服务沟通的目的和意义主要表现在以下几个方面。

（一）宣传服务与产品

金融服务产品与一般的商品相比，其特质与组成元素往往是无形的，人们无法触摸或凭肉眼感知它的存在，消费者只有在接受了服务之后，才会感知到它所带来的利益，所以为了让顾客了解这些服务，企业要通过一系列沟通促销措施，将金融服务产品形象地展示给消费者。特别是当消费者面对一个新的、复杂性和专业性都很强的金融服务项目时，他们会很难理解这项服务是什么、如何使用这项服务、这项服务能够带来哪些益处以及服务的质量如何，此时服务沟通将回答这些问题。

企业相关人员通过服务沟通，向顾客介绍服务的基本内容和作用，并采用各种有形展示，把服务的内容与操作流程展示给消费者，以消除顾客的陌生感并推动顾客购买服务。同时，在服务沟通的过程中，顾客通常会将本企业的服务与其他企业进行比较，所以营销人员不仅要展示服务的基本内容，还要向顾客介绍这些服务的独特性和优越性，以显示本企业与其他企业的服务差别。

（二）促成购买决策

无形服务的消费风险通常会大于有形商品的消费风险，不可感知的服务其生产与消费是同时进行的，服务生产的结束也就意味着服务消费的结束。顾客凭借初始的感知决定购买服务，如果企业的服务与顾客预期相差很远，那么顾客几乎没有反悔的余地，因为无形服务不像有形商品那样可以选择退货。

在服务沟通过程中，对服务内容的简单介绍将无法消除消费者的风险感知，要想说服消费者购买本企业的服务，企业人员不仅要向消费者提供服务信息，还要向消费者提供亲身体验的机会，让顾客在服务体验的过程中消除恐惧感。如果消费者对初次体验表示满意，那么他将很有可能接受并购买企业的服务，此时营销人员应趁热打铁，通过积极的服务沟通，促成消费者的购买决策。

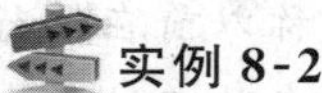

实例 8-2　　基金营销的小妙招

小王来营业部很长时间了，业绩也不错，但基金销售一直不太理想，为此小王十分苦恼。于是他向身边的高人请教，获得顿悟！近期突然爆发，成交了一笔175万元的大单。高人是怎么指点他的呢？

首先，要改变思路，由原来的“求客户帮忙”转变成我要“为客户进行合理的资产配置”，所谓鸡蛋不能放在一个篮子里，要给客户配置不同风险等级的资产投资，以减小风险。

其次，先做朋友，后做交易，消除客户的不信任感。多去联系客户，不要怕麻烦，而且越高端的越好，因为高端的客户才有能力和需要去做资产配置，而小王的这个客户就是通过一位基金朋友认识的，频繁的沟通与交流有助于拉近双方距离。

最后，给客户一些意外的优惠。券商和其他营销渠道相比，在认购和申购费用的控制上是很有优势的。我们完全可以利用这个优势，分享一下优惠给客户，让客户感觉在你这儿购买基金比在其他地方，尤其是银行有利可图。

就这样，经过高人的指点，又加上小王自己不断的实践和努力，才最终赢得了顾客的信任，成交了上面的这笔大单。

资料来源：http://wenku.baidu.com/view/f262ddf27c1cfad6195fa78a.html.

（三）创造顾客忠诚

服务沟通的首要任务是让顾客了解企业有哪些服务，以及这些服务有什么特点，能为顾客带来什么利益。当顾客对企业的金融服务与产品有了一定的了解之后，营销人员要通过沟通向顾客保证他们的选择是正确的，本企业的服务能够最大限度地满足他们的需求，从而消除顾客对服务的感知风险。顾客尝试和购买企业的服务，不代表服务沟通的结束，在顾客接受企业服务的过程中，营销人员依然要积极地与顾客进行沟通，充分了解顾客的消费情况，帮助顾客解决问题，从而不断强化顾客消费的满足感。如果企业的服务，给顾客带来了较好的消费体验，那么顾客会重复购买这项服务或向其他人推荐这项服务，这样会进一步强化顾客对企业的良好印象，并最终形成对企业品牌的忠诚。

服务感知风险是客观存在的，它使消费者对服务项目的选择更加谨慎，如果营销人员通过积极的服务沟通，帮助消费者跨越这道障碍，那么消费者将会接受企业的服务，并在享受服务的过程中形成对企业品牌的忠诚。

专论 8-1　　顾客忠诚的层次

在营销实践中，顾客忠诚被定义为：顾客购买行为的连续性，它是指客户对企业产品或服务的依赖和认可，是坚持长期购买和使用该企业的产品或服务所表现出的在思想与情感上的高度信任和忠诚，是客户对企业产品在长期竞争中所表现出的优势的综合评价。每一位顾客的忠诚度都不一样，顾客的忠诚程度可以划分为以下层次。

最底层是顾客对企业没有丝毫忠诚感。他们对企业漠不关心，仅凭价格、方便性等因素购买。

第二层是顾客对企业的产品或服务感到满意或是习惯。他们的购买行为是受到习惯力量的驱使。一方面，他怕没有时间和精力去选择其他企业的产品或服务。另一方面，转换企业可能会使他们的消费成本提高。

第三层是顾客对某一企业产生了偏好情绪，这种偏好是建立在与其他竞争企业相比较的基础之上的。这种偏好的产生与企业形象、企业产品和服务体现的高质量以及顾客的消费经验等因素相关，从而使顾客与企业之间有了感情联系。

最上层是顾客忠诚的最高级阶段。顾客对企业的产品或服务忠贞不贰，并持有强烈的偏好与情感寄托。顾客对企业的这种高度忠诚，成为企业利润的真正源泉。

资料来源：百度百科，http://baike.baidu.com/.

（四）树立品牌形象

现代社会的营销沟通已发生了很大变化，过去顾客主要通过电视和报纸等大众传媒，获得关于企业商品和服务的相关信息，因为信息传播渠道相对单一，营销人员不难勾画出统一的企业品牌形象，并与其承诺保持一致。现在信息传播渠道呈多元化趋势，消费者可以通过更多的渠道获取企业服务的相关信息，如互联网、特定杂志、促销工具等，需要服务的消费者还可以通过服务场所、顾客服务部门等获得更多的服务信息。服务信息沟通渠道的增多，一方面使消费者拥有了更多的信息来源，他们可以从多个角度了解企业的金融产品与服务；另一方面，信息来源渠道的增加，使各种信息之间更容易产生矛盾与冲突，从而导致企业品牌形象模糊不清，对消费者的承诺无法兑现，并引发消费者的不满。

在企业与顾客进行服务沟通的过程中，要统一信息宣传的口径，使顾客可以清晰地了解企业相关信息；同时，营销人员应尽量避免不切实际的许诺，并积极履行企业对消费者的承诺。在服务沟通的过程中，金融企业要积极满足顾客的需求，不断提升自身的服务质量，为顾客留下一个好的印象，从而树立企业良好的品牌形象。

专论 8-2　　品牌形象的有形要素

企业品牌形象的有形要素包括产品及其包装、生产经营环境、生产经营业绩、社会贡献、员工形象等。

产品形象是品牌形象的代表物质基础，也是品牌最主要的有形形象。品牌形象主要是通过产品形象表现出来的。产品形象包括产品质量、性能、造型、价格、品种、规格、款式、花色、档次、包装设计以及服务水平、产品创新能力等。产品形象的好坏直接影响品牌形象的好坏。一个好的产品可以使广大消费者纷纷选购，一个差的产品只能使消费者望而生厌。企业只有通过向社会提供质量上乘、性能优良、造型美观的产品和优质的服务来塑造良好的产品形象，才能得到社会的认可，在竞争中立于不败之地。

环境形象主要是指品牌的生产环境、销售环境、办公环境和品牌的各种附属设施。品牌厂区环境的整洁和绿化程度、生产和经营场所的规模和装修、生产经营设备的技术水准等，无不反映品牌的经济实力、管理水平和精神风貌，是品牌向社会公众展示自己的重要窗口。特别是销售环境的设计、造型、布局、色彩及各种装饰等，更能展示品牌文化和品牌形象的个性，对于强化品牌的知名度和信赖度、提高营销效率有更直接的影响。

业绩形象是指品牌的经营规模和盈利水平，主要由产品销售额(业务额)、资金利润率及资产收益率等组成。它反映了品牌经营能力的强弱和盈利水平的高低，是品牌生产经营状况的直接表现，也是企业追求良好品牌形象的根本所在。一般而言，良好的品牌形象特别是良好的产品形象，总会为品牌带来良好的业绩形象。而良好的业绩形象总会增强投资者和消费者对品牌及其产品的信心。

社会形象是指企业通过非盈利的以及带有公共关系性质的社会行为塑造良好的品牌形象，以博取社会的认同和好感。包括：奉公守法，诚实经营，维护消费者合法权益；保护环境，促进生态平衡；关心所在社区的繁荣与发展，作出自己的贡献；关注社会公益事业，促进社会精神文明建设等。

企业员工是企业生产经营管理活动的主体，是企业形象的直接塑造者。员工形象是指企业员工的整体形象，它包括管理者形象和员工形象。管理者形象是指企业管理者集体尤其是企业家的知识、能力、魄力、品质、风格及经营业绩给本企业员工、企业同行和社会公众留下的印象。企业家是企业的代表，其形象的好坏直接影响企业的形象，为此，当今众多企业均非常重视企业家形象的塑造。员工形象是指企业全体员工的服务态度、职业道德、行为规范、精神风貌、文化水准、作业技能、内在素养和装束仪表等给外界的整体形象。企业是员工的集合体，因此，员工的言行必将影响企业的形象。管理者形象好，可以增强企业的向心力和社会公众对企业的信任度；职工形象好，可以增强企业的凝聚力和竞争力，为企业的长期稳定发展打下牢固的基础。因此，很多企业在塑造良好形象过程中都十分重视员工形象。

资料来源：根据网络资源整理。

三、金融服务沟通的原则

（一）使无形服务有形化

金融服务具有无形性的特点，营销人员抽象、夸张、不切实际的语言并不能起到良好的沟通效果，所以要想让消费者充分认识和了解企业的服务产品，营销人员不仅要用通俗易懂的语言向顾客进行详细介绍，还要将无形的服务有形化，并为消费者提供与服务有关的线索和信息。

服务是无形的，消费者很难触摸并感知到它的存在，而将无形服务的相关信息传递给消费者，并不是一个简单的过程。金融企业在进行服务沟通的过程中，要尽可能地为消费者提供更多的有形线索和信息，以便让消费者更加直观地感受企业的服务。例如，银行在为顾客提供相应的金融服务时，可对产品的相关信息进行展示，如产品的特色及优点、新产品介绍、服务价格、产品期限及收益率等；信息展示的工具主要包括宣传册、宣传页、电子屏幕、信息栏、公告区等，通过上述服务信息的展示，顾客可以直观地感受来自金融企业细致入微的服务，从而有助于提高顾客服务的满意度。

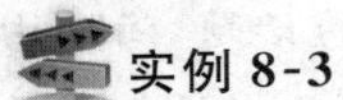

实例 8-3　　花旗银行的有形服务

金融产品的可复制性，使银行很难凭借某种金融产品获得长久竞争优势，但金融服务的个性化却能为银行获得长久的客户。花旗银行深刻理解并以自身行动完美地诠释了“以客户为中心，服务客户”的银行服务营销理念。在营销技术和手段上不断推陈出新，从而升华花旗服务，引领花旗辉煌。

花旗通过变无形服务为有形服务，提高服务的可感知性，将花旗服务派送到每一位客户手中。花旗银行在实施银行服务营销的过程中，以客户可感知的服务硬件为依托，向客户传输花旗的现代化服务理念。花旗以其幽雅的服务环境、和谐的服务氛围、便利的服务流程、人性化的设施、快捷的网络速度及积极健康的员工形象等传达着它的服务特色，传递着它的服务信息。

花旗在银行服务营销策略中，鼓励员工充分与顾客接触，经常提供上门服务，以使顾客充分参与到服务生产系统中来。通过“关系”经理的服务方式，花旗银行建成了跨越多层次的职能、业务项目、地区和行业界限的人际关系，为客户提供并办理新的业务，促使潜在的客户变成现实的用户。同时，花旗还赋予员工充分的自主服务权，在互动过程中为客户更好地提供全方位的服务。

资料来源：http://www.docin.com/p-348000757.html.

（二）利用口碑沟通

口碑在金融服务的沟通中具有重要的作用。良好的口碑是金融服务机构最有效的沟通工具，有利的口碑可以拉近顾客与企业之间的关系，消除顾客对企业服务的感知风险，为企业的服务沟通扫除诸多障碍；不利的口碑会使顾客与企业之间的关系变得疏远，当面对企业新的服务时，消费者会疑虑重重，甚至会避而远之。

当企业进行服务沟通和信息传播时，不仅可以通过商业渠道来完成，还可以通过公共关系和赞助活动来实现部分目标，因为积极参与社会活动所形成的良好口碑，会帮助企业更好地将相关信息传递给顾客。良好的口碑是企业的一种无形资源，企业可以宣传满意顾客的反馈，或者让满意顾客宣传他们的服务经历和感受，这种“良好口碑广告”可以降低消费者对企业金融服务风险的感知，使消费者从心理上接受企业的服务，并下定决心购买该项服务。例如，很多银行和保险公司会邀请消费者为他们的服务打分，还会设专栏来展示顾客的总体满意度，并通过这种形式向其他顾客展示其良好的服务质量和口碑。

专论 8-3　　口碑营销

“口碑效应”为任天堂前社长山内溥最早提出的，意指一些优秀的作品在发售之初并不为世人注目，但随着时间推移，玩家的不俗口碑却使之逐渐走红。经典事例如过去 PS《生化危机Ⅰ》、GB《口袋妖怪赤/绿》，现今的 GBA《瓦里奥制造》等。

“口碑营销”又称病毒式营销，其核心内容就是能“感染”目标受众的病毒体——事件，病毒体威力的强弱则直接影响营销传播的效果。在今天这个信息爆炸、媒体泛滥的时代里，消费者对广告，甚至新闻，都具有极强的免疫能力，只有制造新颖的口碑传播内容才能吸引大众的关注与议论。张瑞敏砸冰箱事件在当时是一个引起大众热议的话题，海尔由此获得了广泛的传播与极高的赞誉，可之后又传出其他企业类似的行为，就几乎没人再关注，因为大家只对新奇、偶发、第一次发生的事情感兴趣，所以口碑营销的内容要新颖奇特。

随着互联网技术的快速发展，网络口碑营销逐步兴起并迅速推广。许多企业借助于微博、微信、论坛、虚拟社区等互联网平台，宣传企业的新闻、新产品、新服务，取得了意想不到的效果。

资料来源：百度百科，http://baike.baidu.com/.

（三）避免过度承诺

顾客满意度是由“顾客对服务的期望”和“顾客对服务的实际体验”两个方面来决定的。如果顾客对服务的期望高于实际体验，那么顾客就会对企业提供的服务产生不满；如果顾客对服务的期望低于实际体验，那么顾客就会对企业提供的服务表示满意。企业在进行服务沟通时，要尽力避免因过度承诺而给顾客带来的过高期望，更不能为了吸引消费者眼球而做一些不切实际的宣传。在现实中，许多服务企业都希望通过优秀的广告塑造良好的服务理念，但是在实际的服务过程中，其服务质量却远低于广告的宣传效果，从而引发消费者对该企业的不满。

我国金融行业的竞争正变得日益激烈，企业要通过提高自身的服务质量来吸引顾客，与竞争对手开展竞争，而不是通过过高的承诺来吸引消费者的眼球，一旦企业的信誉受到损害，其未来的发展将会受到严重的制约。兑现承诺是良好服务质量的核心，如果企业连承诺都无法兑现，那将难以赢得消费者的信任，所以我国的金融企业要通过创新和差异化等方式吸引消费者，并尽力避免对消费者的过度承诺。

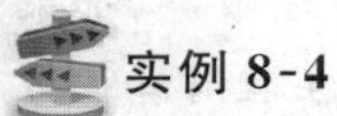

实例 8-4　　避免过度承诺　提升服务质量

花旗银行不断提升其服务质量，并通过银行服务营销赋予花旗服务以新的形象。花旗在引导客户预期方面决不允许作过高或过多的承诺，一旦传递给客户的允诺就必须保质保量地完成。如承诺“花旗永远不睡觉”，其实质就是花旗服务客户价值理念的直接体现。花旗银行规定并做到了电话铃响 10 秒之内必须有人接，客户来信必须在两天内作出答复。这些细节就是客户满意的重要因素。

同时，花旗还围绕着构建同顾客的长期稳定关系，提升针对性的银行服务质量。通过了解客户需求，针对性地提供相应的产品或服务，缩短员工与客户、管理者与员工、管理者与客户之间的距离，在确保质量和安全的前提下，完善内部合作方式，改善银行的服务态度，提高银行的服务质量，进而提高客户的满意度，提高服务的效率并达到良好的效果。

资料来源：http://www.docin.com/p-348000757.html.

（四）沟通具有连贯性

信息的获取是一个连续的过程，一般人很难在短暂的沟通中掌握大量信息，而服务又是一种特殊商品，普遍具有无形性的特点，一次沟通难以将大量的服务信息传递给消费者，而消费者真正掌握的内容更是少于企业所传递的信息，所以金融企业的服务沟通要有连续性，要让消费者在持续的沟通过程中掌握企业服务的相关信息。例如，企业会通过电视、广播电台、报纸及杂志等媒体，向消费者推送相关的服务广告，而消费者会通过这些广告了解企业的服务与产品。广告的推送是一个连续的过程，一般会持续较长的时间，营销人员只有在确定目标群体已完整的了解了广告所传递的信息之后，才能规划新的营销沟通信息。

（五）注重沟通的长期效果

企业在进行服务沟通的过程中，不能只顾眼前的利益，还要注重沟通的长期效果。有些沟通方式会在短期内带来良好的销售效果，而长期来看却不利于企业的经营与发展，因为随着时间的推移，消费者会对企业产生不满，并最终放弃与企业的联系。例如，一家金融机构推出了一款新的理财产品，并向消费者承诺了较高的投资回报率，在高投资回报率的吸引下，大批客户前来投资理财，经过一段时间之后，投资者逐渐发现该企业的理财产品并没有带来预期的投资收益，所以这些客户对该金融机构产生了厌恶，纷纷退出了这个理财项目。这家金融机构依靠不切实际的承诺，在短时间内吸引了大量的顾客，但是随着时间的推移，过高的承诺未能兑现，最终损害了自身的信誉。

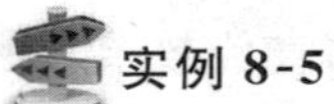

实例 8-5　　长效沟通带来的意外收获

团队成员小张在一次活动中结识了大客户原总(据了解身家过亿，在别的券商开户，交易资产千万元)，活动中大家聊得比较开心，就互留了电话，约定以后有股票投资上的事可以多交流。事后，小张与原总交流了几次，效果还不错，小张也提过转户到自己所在的公司做交易。原总虽然没反对，但一直以各种理由推脱具体办理的时间，这令小张十分不解，后来他向团队里的前辈请教才明白其中的原因：

首先，这些大客户在别的券商都是重点关注的对象，也有专门的客户经理服务，如果你也要把他营销过来，必须让客户感觉你的服务比原来的好很多才行，所以在理财咨询方面还要加大力度，在其他方面也要丰富一下。

其次，不要急功近利，先处朋友再谈业务，不要让客户感觉你就是为了转户才找他，平时要多关注他，例如生日、重大节日都可以送送小礼品或者打个电话发个短信问候一下，这样会使他感觉你像朋友，避免只谈业务而心生反感。

最后，这样的大客户一般不随便相信别人，所以要有耐心和恒心，要坚持不懈地追踪关注他，不但要让他相信你的能力还要让他相信你的人品。

明白了原因之后的小张，对症下药，坚持不懈，终于成功将客户转到了自己名下，而且惊喜地收获了那个客户的整个圈子的朋友，带来了意想不到的结果。

资料来源：http://wenku.baidu.com/view/f262ddf27c1cfad6195fa78a.html.

四、金融服务沟通的作用和途径

（一）金融服务沟通的作用

良好的服务沟通是指在顾客和金融机构之间，以一种有效的方式，及时地传递有价值的信息。服务沟通的目的则是利用消费者可以理解的语言，将金融机构的服务和产品信息及时地传递给消费者，或更新消费者已有的服务信息。及时有效的服务沟通能够对消费者感知产生正面的影响，使企业获得消费者的信任和支持，从而有助于企业树立良好的社会公众形象。

金融机构良好的服务沟通，一方面能够吸引潜在的员工加入企业，并满足企业内部员工和社会公众对相关信息的需求，同时也能够加深消费者对企业服务与产品的了解，并吸引潜在的消费者购买企业的服务及产品。另一方面通过积极有效的沟通，营销人员可以向老顾客和潜在顾客传递一系列信息，如金融服务的特色、该项服务的利益、服务的传递渠道和时间、服务的成本与价格等，这些说服性的信息会使顾客产生某些方面的偏好。沟通信息越有说服力，则服务沟通的效果越好，金融机构与顾客之间的关系就越牢固，顾客也就会更加信任企业，从而为企业带来持久且长期的利益。

（二）金融服务沟通的途径

随着信息技术的快速发展，营销沟通方式已经发生了很大的变化，信息来源和传播渠道的多样性，使消费者可以从多种途径获得金融机构的相关产品和服务的信息。多样化的信息来源，容易产生认知的混乱，即消费者会因为各种不一致信息而无法清楚地了解企业相关内容，所以企业要加强对服务沟通的管理，确保及时向消费者传递准确而又统一的信息，让消费者对企业的金融服务和产品，有一个全面而又准确的认识。

一般来讲，金融服务企业进行服务信息传递的途径主要有三种："外部沟通""内部沟通"和"内外互动沟通"。对有形产品来说，协调外部沟通渠道是必要的，而对服务产品来说，要形成服务承诺，还需要对内部沟通渠道和内外互动的沟通渠道进行组织与协调。金融服务企业要想实现这一目标，就必须加强内部沟通渠道的管理，并通过内部的垂直沟通和水平沟通，使员工和企业在向顾客传递信息时保持一致。

第二节　金融服务的促销与推广

金融机构，无论是银行、保险公司，还是证券公司、基金公司等，都需要将其金融服务与产品宣传并推广到市场中去，让顾客了解并产生兴趣，最终促发顾客的购买行为。总体来看，金融机构的促销推广方式与其他企业并没有太大差别，只是具体的手段有所不同，随着我国市场经济的快速发展，金融市场竞争的日益激烈，新的促销手段层出不穷，促销策略在企业的经营和发展中也具有更加重要的作用。

一、金融服务促销概述

（一）金融服务促销的含义

"促销"指的是营销人员将企业产品与服务的相关信息传递给广大消费者，使消费者了解、认识、信赖并最终购买企业的产品和服务，从而提高企业销售业绩的营销行为。促销的实质是企业营销人员与消费者之间的沟通活动，营销人员将企业服务与产品的相关信息传递给消费者，消费者接收信息并做出回应，只有在两者之间建立稳定而高效的沟通渠道，才能实现有效的沟通。促销的最终目的是刺激并引发消费者的购买行为，通过信息的交流与沟通，使消费者逐渐对企业的产品与服务产生兴趣，最终吸引消费者购买本企业的产品及服务。促销有两种基本方式——人员促销和非人员促销。人员促销主要指的是企业派出营销人员与顾客进行直接的交流与沟通，以维持企业与客户之间的关系，并说服潜在消费者购买企业的产品和服务；非人员促销主要指的是企业借助广告、公共关系以及各种营业推广方式等向消费者传递信息，从而引发消费者的兴趣，实现与消费者之间的沟通。

金融服务促销是促销策略在金融服务市场中的应用，其本质就是金融机构与顾客之间的信息沟通和交流。金融机构通过各种方式将其金融服务与产品的信息传递给消费者，从而引起消费者的注意和兴趣，激发人们的购买欲望，并最终促成消费活动。金融服务促销的方式主要有四种：广告促销、人员推销、公关促销和营业推广。由于每种促销方式都有各自的优缺点，所以金融机构一般会选择其中的几种促销方式形成一个促销组合，从而实现最优的促销结果。

专论 8-4　　促销组合

"促销组合"主张企业运用广告、人员推销、公关宣传、营业推广四种基本促销方式组合成一个策略系统，使企业的全部促销活动互相配合、协调一致，最大限度地发挥整体效果，从而顺利实现企业目标。

促销组合体现了现代市场营销理论的核心思想——整体营销。促销组合是一种系统化的整体策略，四种基本促销方式则构成了这一整体策略的四个子系统。每个子系统都包括了一些可变因素，即具体的促销手段或工具。某一因素的改变意味着组合关系的变化，也就意味着一个新的促销策略。

促销组合策略则是根据产品特点和经营目标的要求，有计划地综合运用各种有效的促销手段所形成的一种整体的促销措施。企业的促销组合，实际上就是对上述促销方式的具体运用。在选择采取哪一种或几种促销方式时，要确定合理的促销策略，实现促销手段的最佳结合，必须注意把握影响促销策略的各种因素。

资料来源：百度百科，http://baike.baidu.com/.

（二）金融服务促销的作用

1. 传递服务信息

金融服务促销最基本的作用就是传递服务信息并与消费者进行沟通。在市场经济的大环境下，如果企业不进行有力的宣传和沟通，即使金融企业拥有高质量的服务与产品，也难以扩大销量、提高销售收入。当企业推出某种新的金融产品与服务时，金融机构应采取多种促销方式，及时向顾客提供和传递相关信息，使顾客知道本企业有哪些金融产品和服务，并介绍这些产品与服务的基本功能、基本用途、具体特点及购买的地点条件等，这样就会方便顾客选购，从而扩大企业的销售。

2. 引导消费需求

促销的本质是宣传企业产品与服务的信息，刺激客户的消费需求，最终提高企业的销售业绩。当某种金融产品的销售量下降时，也可以通过一系列促销活动，重新刺激消费者的需求，提高该产品的销售量，并延长其生命周期。有效的促销策略，不仅可以引导刺激消费者的需求，还可以创造新的消费需求，从而为企业的新产品开拓新的市场，促进企业的进步与扩展。

3. 参与市场竞争

随着经济全球化的快速发展，以及我国金融行业进一步开放，金融市场的竞争正变得日益激烈。在这样的市场条件下，金融企业要使自己的服务与产品打入市场，并占据一定的市场份额，就需要采取一系列的促销活动，宣传企业产品与服务的特点及优越性，使本企业的产品在金融市场中脱颖而出。金融产品和服务的特色被消费者熟知之后，就会引发消费者的兴趣，使顾客对企业的产品产生偏爱，从而进一步提高企业的竞争力。

4. 树立企业形象

随着经济的不断发展，消费者对金融服务与产品的需求也在不断变化，金融机构要想在市场竞争中树立良好的形象、提高自身的地位，就需要通过促销宣传的手段，加深顾客对企业的良好印象。一方面，金融企业在进行促销宣传时，要避免过高承诺，防止因承诺无法兑现而引发消费者不满，兑现承诺是赢得消费者信任的前提和基础，也是树立良好企业形象的关键；另一方面，企业要着重宣传本企业产品的特色及优点，使企业在消费者心中留下一个与众不同的形象，这样既可加深消费者的印象，也有助于企业树立一个独特而良好的形象。

二、广告促销

随着信息技术的飞速发展，我们已进入了信息大爆炸的时代，广告已成为现代社会人们生活的一部分。我们每天都能通过不同的媒介接触大量的广告，丰富多彩的广告不仅充实了我们的文化生活，也为我们的消费生活提供了重要的指引。广告实际上是企业的一种售前服务，它向消费者传递关于企业产品和服务的各种信息，具有指引消费、促成交易的重要作用。广告促销策略在金融行业也有着广泛的应用，金融服务机构在其总体营销战略的指引下，通过广告促销策略对其广告宣传活动进行规划和指引，从而更好地向消费者传递金融服务与产品的相关信息。

（一）广告的定义

广告本质上是一种信息传播的工具，它由盈利或非盈利组织、政府机构和个体以付酬的方式，通过各种传播媒介安排通告及劝说性的信息，目的是向特定的目标市场成员传递产品、服务和组织的相关信息。广告所使用的传播媒介主要包括电视、杂志、广播、互联网等。

广告具有高度的公共性，但是企业通常会选择特定的媒介向特定的目标群体传递相关信息，以提高广告宣传的针对性。广告在大多情况下是一种单向的沟通方式，产品及服务的相关信息主要从企业流向消费者，顾客可以接收这些信息也可以忽略这些信息，而一旦顾客对广告内容和信息作出回应，那么该顾客很可能就是企业产品及服务的潜在购买者。

（二）金融服务广告的特点

1. 有偿性

广告宣传活动是一种有偿行为，金融机构只有向媒体支付一定的费用之后，才有权通过媒体进行广告宣传。同时，广告也是一种投资活动，金融机构投入资金进行积极有效的广告宣传，不仅能够吸引更多的顾客，还有助于提高企业的知名度，树立良好的品牌形象。

2. 广泛性

广告是沟通顾客和金融机构的桥梁。金融机构通过广告将其产品及服务的信息传递给社会大众，在同一时间和空间接受信息的人越广泛，受影响的人也就越多，广告的影响力也就越大。虽然广告宣传具有广泛性的特点，但也必须有针对性，金融机构要根据其细分市场目标客户的特点，选择合适的宣传媒体，从而将信息准确地传达给目标受众。

3. 非人员性

广告宣传与人员推销具有重要的差别。广告是通过媒体进行产品及服务信息的宣传,而人员推销则是通过销售人员进行宣传。广告宣传的非人员性,在一定程度上节省了企业的人力成本,使营销人员有时间策划一些更加重要的宣传活动。

4. 潜在性

广告促销的作用具有滞后性,它很难在短时间内对顾客的态度和购买行为产生影响,即难以立即促成消费者的购买行为,所以金融机构选择广告这种促销方式时候,要充分考虑这种滞后性对企业的影响。同时,由于广告宣传的持续性,它可以通过媒体进行反复的宣传,其传播的渗透力对于吸引顾客的作用也是不容忽视的。

5. 艺术性

广告是一种艺术化的信息,它通过图片、语言、文字等多种形式,展现企业的品牌形象和产品与服务的相关内容,更容易吸引消费者的注意力,加深顾客对企业的印象。一则成功的广告,不仅能够准确传递企业的相关信息,还因其富有艺术性的表现形式而让受众难以忘怀。

(三)金融服务广告的作用

1. 向顾客传递信息

金融机构向市场推出新的金融产品和服务项目时,要想让消费者尽可能地了解产品的特性与功能,可以通过广告宣传的方式向消费者提供情报、传递信息,展示金融产品与服务的具体内容,从而消除顾客的疑虑,说服顾客建立与企业的联系并立即采取购买行为。

2. 使无形服务有形化

金融服务具有无形性的特点,消费者很难感知它们的存在,而感知上的障碍也很容易引发顾客对金融产品与服务的不信任。广告作为一项售前服务工作,应该向消费者传递有关产品和服务的相关信息,激发消费者的购买欲望,引导消费者的购买行为,建立起消费者对企业的认同。金融服务的无形性决定了广告所展示的重点并非服务本身,而是与该项服务相关的各种数据和信息,以及该项服务的特色和价值所在,这样既能让消费者形象的感知这项服务的存在,也能了解服务的独特性和价值。

3. 拓宽企业的服务渠道

金融服务广告具有公共性的特点,也具有广泛的宣传效果,不仅能够影响到消费者对企业产品与服务的认知,还能够对中间商的行为产生重要影响。服务中间商位于金融机构与顾客之间,是两者信息与服务传递的桥梁,金融服务广告在吸引大批消费者的同时,也会对服务中间商产生重要影响,促使其积极与服务供应商取得联系,从而进一步拓宽了企业的服务渠道。

4. 树立良好的品牌形象

品牌建设是广告宣传的主要目标,对生产企业和服务企业都具有十分重要的作用。金融机构要想树立良好的品牌形象,不仅要为消费者提供高质量的金融产品和服务,还要通过各种传播媒介进行持续不断的广告攻势。企业必须频繁地出现在媒体上,其目的不仅在于提高企业的社会知名度,更在于提高品牌在消费者心中的形象与地位,并加强消费者与企业品牌之间的联系，最终树立企业良好的品牌形象。

三、人员推销

（一）人员推销的含义

金融服务的人员推销，是指金融机构的营销人员以促成销售为目的，与潜在客户进行言语交流，并向其传递金融服务与产品的相关信息。金融服务与产品不仅具有无形性的特点，还兼具专业性和复杂性等特点。所以，通过人员推销，顾客与营销人员可以展开良好的交流互动，从而使顾客更加了解企业的金融服务与产品，并最终促成顾客的购买行为。在金融市场竞争日益激烈的今天，人员推销因具有直接、灵活、详细及可反复等优势，在金融服务营销中发挥着越来越重要的作用。

（二）人员推销的特点及优势

1. 双向沟通

人员推销是一种双向交流的促销方式。一方面，金融机构的营销人员可以当面向潜在的顾客，介绍企业新的金融服务与产品，将产品与服务的特色、优势、价值等信息生动地传递给消费者，加强消费者对企业的了解；另一方面，在双方进行沟通与交流的过程中，顾客可以将自己的需求、问题和想法及时地反馈给营销人员，营销人员则当面回答顾客的问题，并将顾客的建议及时反馈到企业中去。

2. 灵活性强

人员推销具有非常强的灵活性，金融机构的营销人员与顾客进行面对面的交流，意味着营销人员可以根据顾客对其产品与服务的不同反应，及时地调整促销策略，从而最大限度地提高企业的促销效率。人员推销还可以满足顾客多方面的需求，例如，及时解答顾客的疑惑、快速解决客户的问题、满足顾客受到重视的心理需求，给顾客一种亲切感，使顾客消除对金融服务与产品的不信任感，并促成购买行为的发生。人员推销虽然具有较高的成本，但其灵活性与适应性是其他促销方式难以比拟的。

3. 针对性强

金融机构的每一种服务与产品都有其特定的目标市场和目标人群，并为其目标客户提供有针对性的服务。人员推销具有很强的针对性，他们会主动地选择那些成功率更高的客户作为促销对象，并针对这些客户的身份、收入、年龄等特征，采取灵活的促销手段。

4. 顾客忠诚度高

在人员推销中，金融机构的营销人员可以与顾客进行积极主动的交流，并向顾客介绍企业产品与服务的信息，回答顾客的问题，解答顾客的疑惑。在这种双向交流的过程中，双方都能够及时把握对方的态度，并立即做出回应，这将有助于顾客建立起对金融机构的信任感，并形成一种长期的合作关系。

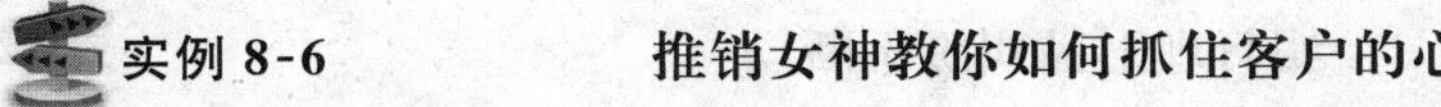
实例 8-6　　推销女神教你如何抓住客户的心

抓住客户的心，抓住客户的手，永远都是朋友。顶尖寿险行销人员，必须能牢牢抓住客户的心。柴田和子有一段这样的经历，有一天，一位担任设计师事务所社长的客户来电话:“我想为太太投保,请派一位秘书或任何一位工作人员来就可以了,因为好久不见了,柴田小姐你大概已经忘了怎么来我们公司了吧!”

柴田立刻回答:“说哪儿的话,我可是牢记得很,您的办公室是在赤阪消防署附近,对吧!”社长听了柴田的话,颇为感动地说:“你可真没忘记!”这位社长是在距第一次签约8年后,第一次打电话给柴田和子。因此,行销人员千万不要只顾着眼前的事情,而忘了花心思去思考如何使客户感觉更加快乐。遇到客户的生日,即使只是送一些价钱低廉的礼物,也要附上最诚挚的贺卡以表心意。若是耳闻客户要出外,不妨到寺庙求个护身符,保佑他平安。最昂贵的礼物,不见得就能取悦于人,游乐园的入场券,只要附上一张小纸条写明“我可没忘记你哟!”就可以收到预期的效果。

柴田有时拜访一些公司,顺便会买上几盒寿司前去,一进去便说:“哇,今天也在加班,真是辛苦了。因为一年只来这么一趟,所以我特地买了这些寿司来,这可不是钱的问题,而是一路捧来的重量问题,各位了解我的心意吧!好了,这个办公室里还没有投保的人,请举手!”“看在我这寿司的分上,还有我远道而来的这份情面上,总有几位要投保的吧!请帮我找一找。喂,请帮我把寿司搬一下,今天我可不空手而归。最近,我几乎不做个人保险,可是今天例外,我可要努力签几张保单回去。”平时要多花心思在客户身上,客户绝不会移情别恋,不论隔多久,一定还是会再度签约的。

资料来源:http://blog.sina.com.cn/s/blog_6ffa9db90100pn42.html.

(三)人员推销的指导原则

1. 服务专业有效

金融机构服务与产品的专业性和复杂性程度相对较高,营销人员在促销活动开展之前,要全面学习并熟练掌握新产品的相关内容,为营销活动的开展做好充足准备。在促销活动进行的过程中,营销人员不仅要向顾客熟练的介绍产品与服务的相关信息,而且他们的介绍必须要做到专业有效且通俗易懂,同时营销人员还要能够及时准确的回答顾客所提出的问题,并消除顾客的疑惑与不信任感。服务专业有效是人员推销成功的关键,所以营销人员的外表、动作、讲解和态度都必须符合顾客心中一名专业人员的形象。

2. 增进客户关系

金融服务机构进行人员推销的目的不仅仅是向顾客推销新的产品与服务,促成顾客的购买行为,更重要的是通过与顾客的交流互动,了解顾客的需求及态度,及时解答顾客的问题和疑惑,增进企业与顾客之间的感情,建立良好且长久的客户关系。营销人员与顾客交流过程中要实事求是,不能夸大收益、回避风险,并且要充分考虑顾客的风险承受能力,只有这样才能赢得顾客信赖,增进与顾客之间的关系。良好的客户关系是金融机构宝贵的无形资产,不仅可以提高企业的经营业绩,还能提升企业的社会美誉度。

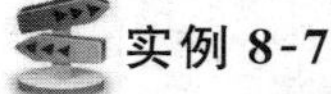

实例 8-7　　银行理财品纠纷不断

因银行理财产品在销售过程中出现的系列问题,导致客户与银行产生的纠纷日益增多。有媒体报道称,一客户在兴业银行买理财产品才9个月,23万元只剩15万元,直呼

"坑爹"不说,还指责银行营销人员"虚假介绍",说兴业银行不负责任,"口头介绍一套,实际操作又是另一套"。此外,一客户抱怨光大银行的一款理财产品,理财到期收益缩水五成,真是始料不及。有媒体还对"那些坑爹的银行理财产品"进行了盘点。

为何银行理财产品在营销过程中纠纷、质疑不断?为何有的投资者会直呼"坑爹"?目前国内理财市场处于"爆发性"增长阶段,在理财产品的销售过程中,银行方面往往忽略了给投资者的风险提示,而单纯向其强调潜在收益,这样会误导投资者选择一些与自身资产、风险不匹配的产品,从而诱发投资风险,造成客户与银行的纠纷。

有分析就认为,银行在销售过程中存在夸大收益,掩饰风险,信息披露不充分,推销产品不分对象等问题,从而导致纠纷不断。

其实,银行在销售理财产品时,要综合考虑客户所属的人生周期以及相匹配的风险承受能力、客户投资目标、投资期限长短、产品流动性等因素,为客户推荐适合的产品。此外,银行从业人员应客观地向客户说明产品的各种要素,让客户在购买产品前对产品类型、特点、购买方式、投资方向、收益预期、市场风险等有全面的了解。只有这样,才能体现银行业金融机构的专业性和社会责任感。目前来看,客户的专业知识是匮乏的,而银行应当为客户着想,敢于对客户说"不"。不要为了销售出去这款理财产品,不分对象、不分风险承受能力,轻易地推荐给客户。银行应本着对客户负责的态度,"对症下药"地去推荐或销售适合客户的理财产品。

资料来源:http://www.kj-cy.cn/article/201579/89085.html.

3. 维护企业形象

人员推销是企业营销人员与顾客面对面交流的营销活动,营销人员的礼仪、效率、关心度和销售技巧,在很大程度上影响企业在顾客心目中的形象。企业形象对于金融服务机构的营销和经营活动具有重要的影响,现有及潜在的顾客对于企业或某个员工的印象,在很大程度上直接影响他们的购买决策,所以营销人员在促销活动的过程中,要注重自身的言谈举止,从而维护企业良好的社会形象。

4. 推销方式灵活

金融服务企业在进行促销活动的过程中,可以从包含核心服务的一系列辅助性服务中获利。金融机构服务人员的工作不能局限于接待顾客,向顾客介绍相关的服务与产品,还应该采取更加积极灵活的沟通方式,这样做既能增加企业的销售收入,还能为顾客的购买活动省去很多不必要的麻烦。

四、公关促销

(一)公关促销的含义

金融企业的公关促销,指的是金融服务机构在促销活动中,采用多种传播方式与顾客进行积极有效的沟通,改善企业与顾客之间的业务往来,赢得顾客的信任和支持,最终树立良好的企业形象。

金融企业要想建立起与客户的良好关系,首先要向顾客详细地介绍企业的相关信息,让顾客充分了解企业的业务范围及经营理念;其次要满足顾客多方面的需求,为顾客提供热心周到的服务；最后要为顾客提供良好的售后服务，及时处理顾客投诉，解决顾客的一系列问题。良好的公关关系是企业无形的财富，会对企业的经营活动产生巨大的推动作用，从而提高金融企业的经营绩效，在顾客心中树立良好的企业形象。

（二）公关促销的策略

1. 借助新闻媒体进行宣传

新闻媒体作为大众传媒的一种工具，是社会公众重要的信息来源，对于宣传相关信息、引导社会舆论具有十分重要的作用，同时新闻媒体在说服力、影响力、可信度等方面都优于商业广告，其宣传内容也更容易被社会公众所接纳。金融服务企业为顾客提供良好的产品与服务的同时，还要与新闻媒体建立良好的关系，将企业内部有新闻价值的相关信息，通过新闻媒体传递出去，从而引发社会公众对企业服务与产品的关注。

实例 8-8　工商银行以新闻宣传为媒，为电子银行发展添彩

E路相依，一路呐喊。工商银行福建省分行营业部借力各新闻媒体，为加快电子银行的发展而助力，且成效显现。近年来，该营业部电子银行新闻宣传报道，一直走在其他专业考核评比的前列，发挥了电子银行业务宣传队、播种机和挖掘机的作用。

让社会、市场和众多百姓认识电子银行的特点、地位和作用等，始终是营业部新闻宣传报道的着眼点。例如，该部刊发《福建分行营业部加强业务分流提高电子银行贡献度》，该文细数电子银行的综合性效益，在方便客户办理业务，提高银行服务效率的同时，也大大降低了银行的经营成本，弘扬了大力发展电子银行的正能量。该文刊载后，反响良好。

电子银行产品日新月异，重点业务有赖于精耕细作。工行福建省分行营业部借助各类新闻媒体做好电子银行"播种"推广工作。工行手机银行功能丰富，既可以为个人客户提供全方位的、优质的金融服务，又可以为企业客户量身定制金融创新产品的业务。年初以来，先后在各类媒体上刊发的《福建分行营业部创新思维抢滩手机银行市场》《省分行营业部借力空港为高端客户e路护航》等5篇文章，以及《手机银行发展情况经营分析》等8篇专题文章，在读者中引起较好的反响。

为了提高电子银行从业人员的写作素质，该部重视发挥新闻宣传报道排头兵的作用，并形成经常写、深入写、长期写的良好氛围。重点业务、新业务及经验交流等文章，相关部门领导着力把关，组织业务骨干讨论酝酿，几易其稿。在稿件报道尺度上，多头并进，既有短小精悍，又有专题报道。良好的新闻宣传助推工行电子银行更快地发展。

资料来源：http://fj.qq.com/a/20140520/037467.html.

2. 积极开展社交活动

近几年来，我国的金融服务企业积极开展丰富多彩的交际性公关活动，举办了联谊会、招待会、茶话会、座谈会等一系列社交活动，还成立了文化沙龙、卡友俱乐部等。这一系列的公关关系活动，拉近了金融企业与广大客户之间的距离，并促进了两者之间的情感交流，有利于培养顾客对企业的忠诚度。同时，公关关系活动也因其直接性、灵活性和富有人情味等特点，在金融机构的公关促销中得到了广泛应用。

3. 支持并参与社会公益活动

社会公益活动是深入承担社会责任的活动，它要求金融企业要从长远着手，不计眼前的利益与付出，赞助和支持某项社会公益事业，体现了金融服务企业的社会责任感及商业道德水平。金融机构对公益事业的热情支持，能够赢得社会公众的普遍关注和高度赞誉，从而最大限度地增加营销机会，提高企业的经营业绩。目前，社会公益活动因其高度的社会认同感与公众支持，已经成为金融机构开展公关促销的主要方式之一。

实例 8-9　　参与公益活动　赢取社会认同

公益主题：中国农业银行支持教育事业发展，助力中国青年成长成才

项目介绍：

"助你成长——大学生优才计划"是继 2012 年以来，中国农业银行与《第一财经日报》再度联手打造的以大学生为主要覆盖群体的公益项目。项目以"汇聚大学生智慧，共同行走中国，携手青年力量耕耘美丽中国"为出发点，以"培养实践精神、开拓创新思维、塑造公益情怀"为目标，鼓励和资助中国在校大学生着眼于涉及公共利益的社会热点经济事件，利用专业所学分析实际问题，锻炼思辨思维，激发学生对解决之道的持续深究与努力，帮助大学生接触社会、了解社会、服务社会、回馈社会。

"助你成长——大学生优才计划"包含"未来中国经济领袖课堂""中国大学生经济调研""角落公益"三个子项目。

其中，"未来中国经济领袖课堂"公益主题：助力中国青年成长成才，接力中国经济前进动力。将邀请学、商两界励志人物走进校园，通过激励、分享，接力未来，塑造中国 21 世纪前进动力。

"中国大学生经济调研"公益主题：助力大学生亲身感触中国社会最细微的经济脉动。项目呼吁青年学生聚焦"三农"，深掘中国城乡经济社会发展问题，探索解决方法。

"角落公益"活动主题：引导大学生关注边远贫困地区，激励中国青年责任担当精神。通过实地调研，鼓励大学生做公益，用智慧、用爱心回馈社会。

自 2013 年 4 月 18 日起"优才计划"公益平台子项目之一"未来中国经济领袖课堂"将继续深入全国各个高校进行为期两个月的公益讲座活动，该子项目预计将横跨中国五个行政区域，覆盖全国超过 15 个城市的重点高校，预计直接受众人数将超过 3 000 人，间接影响人群超过 15 万人。

资料来源：中国农业银行官网，http://www.abchina.com/cn/，2013-04-18.

4. 与客户保持联系

金融企业要想与顾客建立良好的关系，就应该与顾客经常保持沟通联系，通过诸如个别访谈、新闻发布会、演讲、通信等方式，促进顾客对企业相关内容进行了解，从而在顾客心中留下一个好的印象。这种公关促销活动，不仅能够维持企业与老客户之间的良好关系，还能够吸引新客户购买企业的产品与服务，从而进一步扩大企业的业务往来。

（三）公关促销的作用

1. 维护企业的良好信誉

随着金融市场竞争的日益激烈，良好的信誉和形象成为金融企业在竞争中脱颖而出

的关键因素。信誉是由企业活动和公众评价两个方面的因素决定的，具体包括商品与服务的信誉和企业信誉。金融机构公关促销的根本目的在于：通过细致入微、持之以恒的具体工作，树立企业良好的信誉形象，为企业营造良好的舆论氛围，并引导社会舆论朝着有利于企业的方向发展。

2. 改善市场营销环境

金融企业的市场营销活动是在一定的社会环境下进行的，并与周围的环境形成了错综复杂的关系，企业可通过公关促销活动，实现企业与环境之间的良好沟通，使金融企业与周围环境相适应。金融企业要通过与顾客的双向沟通，为自身的发展营造一个良好的环境：一方面，企业要将产品与服务的相关信息及时传递给消费者；另一方面，还要根据顾客对企业产品与服务的评价，消除误判并改进企业的工作。

3. 增强企业的凝聚力

金融企业的创新与发展，离不开内部员工积极性和创造性的发挥，而一个企业的凝聚力将直接影响内部员工才能的施展。企业部门与部门之间的误解与冲突，员工与员工之间的矛盾，都会影响和制约企业营销活动的效率。通过公关活动所形成的良好企业形象，能够增强内部员工的荣誉感和责任感，从而进一步增强企业的凝聚力。

五、营业推广

（一）营业推广的含义与对象

营业推广指的是用短期的诱因激发消费者的购买行为，从而提高销售的效率。营业推广的方式具有非周期性和非规则性等特点，如为了吸引客户而进行的表演、展览等。

金融机构营业推广的对象有三种：一是金融企业的客户，既包括现有客户也包括潜在客户，既有机构客户也有个体客户；二是金融机构产品与服务的经销商；三是金融机构的推销人员。金融机构的营业推广既可以针对客户，如对客户采取优惠活动，也可以针对中间商和推销人员，其最终目的都是提高金融企业的销售业绩。

（二）营业推广的特点

1. 灵活性强

金融机构营业推广的方式众多，可以使用的营业推广工具也很多，所以企业选择的灵活性比较大。金融企业在开展营业推广活动的过程中，要根据其产品和服务的不同特点，灵活地选择营业推广工具，最大限度地提高促销效率。例如，银行的营业推广活动可依据具体情况，选择不同的营业推广形式：赠送产品宣传册、对顾客进行口头宣传、向顾客发送相关材料、给予顾客适当的优惠等，机动灵活地向顾客介绍金融产品及服务的相关信息。

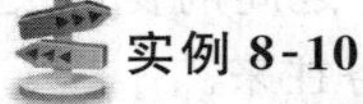

实例 8-10　“十一”来临各家银行促销忙

“十一”黄金周不仅是一个放松的假期，也是一个消费的假期。由于资本市场的活跃，很多人将大部分资金投入股市、基金中去，手头没足够的钱怎么过“十一”呢？这个时候信用卡就派上大用场了。借着“十一”黄金周出行旅游和商家打折进行消费“血拼”的大好时机，嗅觉敏锐的各银行也展开了刷卡促销大战，都在变着花样进行刷卡送礼、送积分的活动，而各地旅游、飞行分期付款业务给出的一些优惠条件也让人不能不心动。

此外，各银行还针对不同的内容推出了各项刷卡优惠活动，如抽奖、返还现金、赠送礼品等优惠。像浦发银行信用卡就推出了持卡人如在指定商家消费，可抽出摄像机、照相机等大奖的活动。一些股份制银行还推出持卡客户刷卡兑换精致时尚礼品等诱人的促销活动。而工行也在全省范围内开展统一主题的牡丹灵通卡刷卡促销活动。据了解，凡持有工行理财金账户、牡丹灵通卡·e时代、牡丹灵通卡及各类联名灵通卡，在带有银联标识的POS机上刷卡消费，就可参加总行组织的各类促销活动，比如，财富积分活动、"开心刷卡双倍积分""一卡在手自助有礼"等。

此外，各家银行对持卡人的出行费用也给出折扣。民生银行表示，该行的持卡人国庆旅游时能获得机票折扣、住宿免费的优惠。在刷卡消费时，持卡人还可利用分期付款的方式购买自己心仪的商品。省城多家银行2008年"十一"都将举办分期付款活动，持卡人只要在特约的商户购物，就能以分期付款的方式购买到平时难得一遇的优惠商品，为自己节省一笔不小的购物费用。

资料来源：郝薇.孟宝贵，"十一"来临各家银行促销忙[N].山西经济日报，2008-09-27.

2. 范围广

通常来说，金融机构中所有的成员都是营业推广的一员，他们既可以在自己的本职岗位上向客户介绍相关信息，也可以在营销活动之中宣传企业的产品与服务。金融企业的营业推广范围较广：首先，营业推广的对象广泛，与金融企业接触的所有人员都可以成为宣传的对象；其次，营业推广的人员广泛，金融服务机构的所有人员，都可以向他们接触到的顾客进行宣传；最后，营业推广的内容广泛，既包括金融产品与服务的相关信息，也包括企业文化与品牌形象的内容。营业推广的广泛性，有助于提高金融机构营销活动的有效性，从而提高企业的营销效率。

3. 短期效益明显

营业推广的目的就是通过短期的诱因，刺激消费者的购买行为，从而在较短的时间内将产品与服务推广出去，提高金融企业的销售业绩。营业推广的短期效果较为明显，而长期来看却效果不佳，一方面，金融机构无法在较长的时间范围内，持续为顾客提供各种优惠活动；另一方面，短期的促销宣传，也无法建立起顾客对企业及品牌的忠诚。综合来看，营业推广适用于短期促销，却无法建立起企业与顾客之间的长期友好关系。

4. 非规则性和非周期性

一般而言，营业推广是在一段时间内完成的短期任务，具有非规则性和非周期性的特点，并服务于金融企业营销活动的需要。例如，基金公司推出一项新的理财产品时，通常会采取短期的优惠活动，以吸引顾客购买这项产品，但是这些优惠活动的持续时间相对较短，如果持续时间较长则会加大企业的成本，从而减少企业的利润。

（三）营业推广的方式

1. 针对顾客的营业推广

针对顾客的营业推广，即金融企业向顾客提供短期的优惠，以吸引新老客户购买企业的产品与服务，具体的营业推广工具包括以下七种。

1）赠品或赠券

金融企业为鼓励顾客购买其产品与服务，通常会附赠另一种产品。例如，顾客办理银行卡，银行通常会赠送顾客雨伞、水杯、自拍杆等产品，或给予顾客一定的优惠。赠送赠品的目的是：对新产品进行推广、刺激顾客需求、增加销售量。

实例 8-11　　营销花样多　客户要求旺

推陈出新打造最佳品牌力的另一层次体现在多样化的品牌营销活动上。继实现O2O线上发卡当天领卡后，光大银行信用卡立体式营销模式日趋完善。2015年，光大银行针对不同消费者群体推出了丰富多彩的信用卡营销活动，让光大信用卡品牌影响力再上一个台阶。

针对国内消费，“光大10元惠”就是光大信用卡营销活动中的品牌明星，该活动一经推出即受到广大用户的欢迎。相关资料显示，“光大10元惠”活动含有“10元享美食”“10元看电影”“10元洗靓车”“10元唱high歌”等细分种类。对持有光大银行信用卡的消费者而言，无论是吃饭、看电影、洗车、去KTV，只需10元就能够享受到自己需要的服务。想客户所想，急客户所急，将“实惠、便捷、轻松”的消费生活带给每一位客户，自然赢得了客户。

针对国外消费，尤其是海外购物频繁的用户，光大银行推出“光大Visa白金优卡月月返不停”的营销活动，用户参与活动，可在境外刷卡获得返还奖励，相对以往返积分等实惠，该活动更令人心动。让持卡消费者享受了一把实惠、便捷、安全的海外购物体验。对于新办卡用户，光大银行已向新用户连续多次举办了首刷送话费营销活动。此外，申请光大Visa福信用卡的新用户首刷得100元京东E卡的活动，这些均体现了光大银行对新客户的贴心关怀。

资料来源：光大银行官网，http://www.cebbank.com/，2015-08-31.

2）赠送样品

金融企业推出一项新的产品时，不仅可以向顾客赠送一份样品，以刺激顾客需求，增加企业销售，企业还可以借此了解顾客对新产品的反馈和评价。企业赠送样品的方法主要有送货上门、直接邮寄等。

3）有奖销售

有奖销售主要指的是，金融机构对于购买企业产品与服务的顾客，给予抽奖的机会，对于中奖的顾客给予奖励。有奖销售的目的是吸引顾客尝试并购买企业的产品与服务。

4）数量折扣

数量折扣主要指的是，金融机构为鼓励客户更多地购买企业的产品与服务，为达到一定购买数量的客户提供额外奖励和优惠，常用于银行存款、投资理财、信用卡购物等方面，有助于建立起与顾客的长期关系。

5）专有权利

专有权利通常指的是，金融机构为自己特定的客户，提供特殊的权益或优惠。例如，国内的一些商业银行会为自己的高级别用户，提供某些机场的贵宾休息室服务。由于国内金融市场的激烈竞争，越来越多的金融机构向自己的特定客户提供专有权利，以吸引其他顾客的关注。

6）免费服务

金融机构为推广某项新的产品与服务，通常会为顾客提供配套服务或免费升级相关服务。例如，保险公司会为购买大额保单的客户免费提供一些小的险种，一些商业银行会为自己的高级别客户提供免费异地转账服务。

7）意见领袖

“意见领袖”指的是在社会群体中有威望、有影响力的一部分人，他们的观念、建议和想法会影响其他社会公众，并引发他人对其言论和行为的模仿。在营业推广的活动中，金融企业可以请一些专家或权威人士来促使促销活动达到高潮。

专论 8-5　　“意见领袖”的起源与特征

意见领袖（opinion leaders）是拉扎斯菲尔德等最早在《人民的选择》中提出的概念，在《个人影响》一书中得到进一步阐释。在传播学中，意见领袖是活跃在人际传播网络中，经常为他人提供意见、观点或建议并对他人施加个人影响的人物。意见领袖的特点主要有以下几个方面。

（1）生活经验丰富，知识面广。意见领袖阅历广，生活经验比较丰富，大多数文化程度比较高。良好的教育文化背景能使他们利用更多媒介获取信息，对相关事情有更多了解，知识面也就比较广，也使他们具有较强的判断能力和主观见解，对各种事物和现象能做出合理判断和解释，处理问题较为理智和恰当，易得到别人信任，因而容易说服别人。

（2）交际广泛，同公众联系密切，有较高的威望。意见领袖大多数社交能力比较强，交友广泛，有众多的社会关系，同时又平易近人，易与人接触，与公众联系比较密切。因此，他们大多博才多学，见多识广，能对群体成员提供有益的信息和意见，在群体有较高威信，拥有较大的影响力和号召力。

（3）具有较高的社会经济地位。意见领袖大多收入水平高，而且稳定，这是他们之所以成为意见领袖的经济基础。良好的经济条件使他们有能力成为新广告产品的早期采用者，获取有关产品知识。当然，意见领袖的社会经济地位不能比追随者过高，否则相差悬殊，两者之间无法沟通，其影响力也就会丧失。

（4）乐于创新。意见领袖思想活跃，性格外向，勇于创新，敢于接受新生事物。尤其是当整个社会倡导革新开放时，其创新精神更为突出，这也是他们成为新观念、新产品的带头者和鼓动者的一个重要内因。

总之，意见领袖是许多追随者学习效仿的榜样，在其具备领导资格的领域里，必须被公认为是见多识广或者是称职能干的人。那些对自己所谈的问题一无所知的人，其意见是很难受到关注的。同时，一个为他人效仿并且能干的人，若试图在某个领域中获得意见领袖的资格，也还得让该领域有兴趣的人能够与其接触交往。作为一个意见领袖，就不能没有追随者，而且意见领袖还要有较多的社会联系，能及时给群体成员提供有益的信息和意见。具备这些特征才能成为对别人有影响力的意见领袖。

资料来源：http://wiki.mbalib.com/wiki/%E6%84%8F%E8%A7%81%E9%A2%86%E8%A2%96.

2. 针对营销人员的营业推广

针对销售人员的营业推广方式主要包括：根据营销人员的销售数量和质量，给予一定的提成和奖金；为销售业绩突出的营销人员，颁发荣誉证书，授予荣誉称号；等等。这有助于激励销售人员，更加积极主动地推销企业的产品和服务，不断为企业开拓新的市场，从而推动企业不断发展。

3. 针对中间商的营业推广

针对中间商的营业推广方式主要包括交易折扣、数量折扣、帮助培训营销人员、进行精神及物质奖励等。对销售业绩突出的经销商进行奖励，有助于经销商更加积极主动地代理或经销本企业的产品和服务，也有助于吸引其他经销商的加入，从而提高企业整体的销售业绩。

复习思考题

1. 金融服务沟通的过程是什么？
2. 金融服务沟通的原则是什么？
3. 金融服务沟通的作用是什么？
4. 金融产品促销的方式有哪些？
5. 金融机构应该如何开展营业推广？
6. 分析公共关系在金融服务营销中的作用。

实训题

营销推广活动的策划

招财宝是一个金融信息服务开放平台，由上海招财宝金融信息服务有限公司独立运营，由阿里小微金服集团（筹）投资设立，于 2014 年 4 月 3 日成立。目前与淘宝网、支付宝和天弘基金公司达成合作关系。

各类金融机构可以通过招财宝平台发布由它们依法设立和管理的固定期限、稳定收益的低风险理财产品，如万能险产品、理财型基金产品等。另外，包括银行、保险公司等行业在内的金融机构还可以推荐发布由他们负责风险管理、提供还款保障的借款项目。用户则可以通过招财宝平台直接购买理财产品，也可以经银行和保险公司担保向中小企业借出资金。

招财宝旨在为交易双方之间提供相应的金融信息服务，通过大数据分析和处理，并借助合作金融机构的风险控制及风险定价能力，以海量客户的碎片化资金去匹配并满足来自中小微企业为主的碎片化融资需求。

提示：招财宝作为一个新的互联网金融平台，很多消费者对其不是很了解，也不知道如何购买招财宝的理财产品。

问题：请你策划一个促销推广活动，让更多的消费者了解并接受招财宝。

花旗银行的整合营销

花旗集团(Citigroup)是当今世界资产规模最大、利润最多、全球连锁性最高、业务门类最齐全的金融服务集团。花旗银行(Citibank, N. A.)是花旗集团旗下的一家零售银行,其主要前身是1812年6月16日成立的“纽约城市银行”(City Bank of New York),经过近两个世纪的发展、并购,已成为美国最大的银行之一,也是一间在全球近一百五十个国家及地区设有分支机构的国际大银行,总部位于美国纽约。

花旗银行是金融服务营销的推广者与践行者,其整合营销的模式也获得了巨大成功。所谓“整合”就是最大限度的调用媒体等宣传渠道,整合营销强调营销即传播,运作应摆脱粗放的、单一的状态,从而走向高效、系统和整体。本着以客户为导向的精神,花旗银行试图从客户及潜在客户那里得到最大的回报,建立长期关系。花旗银行的信用卡业务是“璀璨的明珠”,同其他业务一样,也时刻以服务于客户为准则,花旗能成为最大的信用卡发行者,除了一些坚定的理念外,更取决于它的整合营销策略。

整合营销传播提供一个战略平台,在平台上可以展开银行所有的基本活动,并且在客户为导向的战略指导下,进行营销与销售的整合,强化营销导向。它利用各种传播渠道,在电视、印刷、户外、店头等广告媒体上,以及包装、促销、营销等事件与推广等渠道上进行协调,奏响整合传播交响乐。目标客户接受不同的营销传播信息,如广告、直接邮寄、电话咨询等方式。与此同时,他们受到品牌的影响,如来自朋友的建议。花旗银行开始定义新的或者广义的传播概念,重新界定营销传播范围。它考虑更加广泛而不是局限于传统的功能性广告活动,销售促进、直接营销等,它综合使用了新闻宣传、广告、公关等传播手段,相对集中的传递信息。一般用户能够从新闻报道,特别是在广告立体(平面、电视、户外)轰炸中潜移默化与花旗银行联系在一起。比如,有名的“长尾巴”,强调花旗银行信用卡失卡免风险的广告。

一位先生在一个熙来攘往的大堂等人,他一不小心被后面的小偷乘虚而入偷了钱包。此时,奇怪的事情发生了,透过镜头,我们看到他的裤子后面走出了很多信用卡的签账单,旁白说:“一旦您的信用卡掉了,麻烦的还不是补发新卡,如果被冒用,损失就更大了。”那位先生裤子后面出来的签账单越来越多,变成了一条长长的尾巴。连过路的漂亮姑娘也忍不住回头看他的窘态。镜头一转,这位先生正在堆满他“尾巴”的电话亭旁求教:“花旗吗?我的卡掉了……”,那边的小姐安慰道:“先生请别担心,花旗会负担您所有被冒用的损失,而且在24小时内补发新卡给您。”这位先生拿着他补发的新卡走在街上,忽然发现从一位女士口袋里正生出一条信用卡签账单的尾巴,这时顽皮的字幕出现:“老天保佑,她用的是花旗银行卡”。产品出现时,旁白说:“失卡免风险,花旗信用卡。”

广告发挥了先导作用,提高了信用卡的知名度,使客户了解了产品的特点和益处。花旗银行还印发了许多内部宣传品,有详述产品特点和发放日期的营销通知的小传单,在雇员快讯上刊有介绍产品的文章。这样的内部沟通将员工所需要的重要信息传递给员工,让他们了解销售新卡的活动。强调投资是为了回报,而不是传播本身,营销者在信息时代中的工作不再是促成交易，而是建立关系。花旗银行制订了全面的产品培训和激励计划，使员工积极促销，营销队伍负责对客户的长期承诺，取得了很好的绩效。

最后是检测和评估绩效。为了确保产品不偏离原定的目标，花旗银行进行了客户动态分析，使用营销客户信息档案支持信用卡的营销，跟踪细分市场，检测客户利润，并实施生命周期营销和产品开发。

花旗银行的整合营销传播“评估各种不同的传播技能（如广告、市场推广、公共关系等）在策略思考中所扮演的角色，并透过整合提供清晰、一致的讯息，已达成最佳的传播效果”。将所有的营销和传播要素都变成可信的、有说服力的、含义丰富的、可测量的过程，而且这些过程的有效性和效率都是可以评断的。各种传播在时间、空间、金额等方面也有科学规划，达到了整合效果。

资料来源：彭程，武齐. 花旗营销，银行营销的新时代[M]. 北京：中国经济出版社，2003.

案例讨论题

1. 简述花旗银行的“整合营销策略”。
2. 花旗银行的整合营销策略中运用了哪些营销推广方式？
3. 从花旗银行“长尾巴”的广告中我们可以得出什么启示？

第九章

金融企业服务人员管理

本章理论要点

- 了解金融企业服务人员的重要性及地位
- 掌握金融服务人员显性和隐性职业素养
- 掌握金融服务人员行为规范
- 熟练掌握金融服务营销团队建设途径

案例导入

围城里的金融人

上海的目标是要打造国际金融中心城市，这座金融城里的金融人到底普遍的生存状态是否如我们了解的那样"痛并快乐着"？某权威机构日前针对该话题做的一次深入调查或许更有说服力。调查显示，自国际金融危机以来，日益复杂的国际国内形势使上海作为国际金融中心的人才储备工作面临新的机遇和挑战，高层次青年金融人才的发展现状与诉求也发生着相应变化。

首先，金融人的事业感很强，但幸福感有待提高。上海高层次金融青年人才普遍对自身事业有较强的满意度，认同社会发展的趋势，74%的青年人对自己职业发展前景的基本判断是"好"，63%的青年对目前职业收入的感受是"基本满意"。与此同时，这一青年群体对教育普遍重视，终身学习、在职充电、就读 EMBA、出国留学等各种学习方式为其所认同并积极追求。伴随他们在事业上的成功，他们对生活品位、生活质量有着较高的要求，希望"舒适生活"是这一群体的又一特征。

调查者也明显感受到这一青年群体在事业成功、光鲜亮丽的形象背后，承受着很大的来自社会发展和竞争的压力。92%的青年认为生活在当今时代"压力大"，工作、个人发展、人际关系是优秀青年承受压力的前三位。40%的青年认为没有达到自己所期望的角色。75%的青年平均每周进行体育锻炼的时间少于两个小时，多位金融人在接受访问时提到个人生活和工作的平衡感难以取得。

其次，金融人对政策环境的要求很高，期望有更多改善。近几年来，上海在建设国际金融中心过程中，努力推进上海金融人才高地建设，硬件环境不断改善，吸引了一大批通晓国际惯例、具有丰富从业经验和良好诚信记录的海内外金融人才来沪就业、创业。同时，他们也建议，上海在吸引人才、服务人才的软环境方面还有待进一步加强。大部分的被调查者认为，上海在国际化金融人才开发政策方面做了一些尝试，但在高税收、政策连续性等方面还需要改进，这样才会更有利于金融中心发展和金融人才集聚。

最后，金融人对社会生活的期望值很高，但城市归属感有待加强。经过多年努力，上海金融人才高地建设的成效初步显现，金融业从业人员超过20万人，金融人才队伍不断壮大；年轻化、知识化、专业化的特征逐步显现，金融人才结构不断优化；金融人才市场体系不断完善，初步形成了流动自由的金融人才市场体系。大量的人才涌入对城市发展是机遇也是挑战，除了金融政策、个人事业发展之外，文化、生活配套设施也是考量城市吸引力的重要因素。

总而言之，在压力与幸福感之间徘徊，这不仅仅是金融人的生活状态，也是上海这座特大城市不少白领生活的一个缩影。不过，金融人的感悟可以给我们更多启发——打造国际金融中心城市，需要硬件建设，更少不了软件配套，既要推进市场建设，也要关心金融人的生存状态，让他们进得来，留得下，干得欢！

资料来源：陆绮雯，张小乐．金融人，你们幸福吗[N]．解放日报，2011-05-21．

随着服务经济时代的到来，顾客对服务质量和服务人员的要求也越来越高。金融服务过程依靠顾客和服务人员的交往沟通来实现，服务人员的表现会直接影响顾客对服务的整体评价，因此“人员”这一要素显得越来越重要。为了能迅速发展，金融企业应在人力培养方面下足功夫，注重金融服务人员管理。

第一节　金融企业服务人员职业素养

一、金融企业服务人员的地位

对金融企业来说，要提高服务的质量，高素质的员工是必不可少的。即使企业产品较其他同类产品略有不足，一个高素质员工的良好形象、得体的行为和适当的语言都会让顾客选择该企业的产品，并且感到物有所值。因此，金融服务营销的成功与人员的招聘、培训、激励和管理密不可分。

服务营销三角形理论（见图9-1）认为，企业、顾客和员工是三个关键的参与者，服务企业想要获得成功必须开展外部营销、内部营销和交互营销，这三种类型的营销活动相互影响、相互联系，共同构成了一个有机的整体。外部营销是指企业在外部市场进行的活动，即对所传递的服务设定顾客期望，并向顾客做出承诺。为了在激烈的市场竞争中取胜，针对目标市场的顾客，企业需要进行外部营销；内部营销是指为了使员工更好地向顾客提供服务，金融企业从营销管理的角度管理员工，和员工进行内部沟通，帮助员工提高传递服务的能力。如何激发服务人员的服务热情，这就需要企业进行内部营销。交互营销强调员工向顾客提供服务的技能。企业必须向顾客兑现承诺，这就需要员工与顾客之间进行交互营销。服务

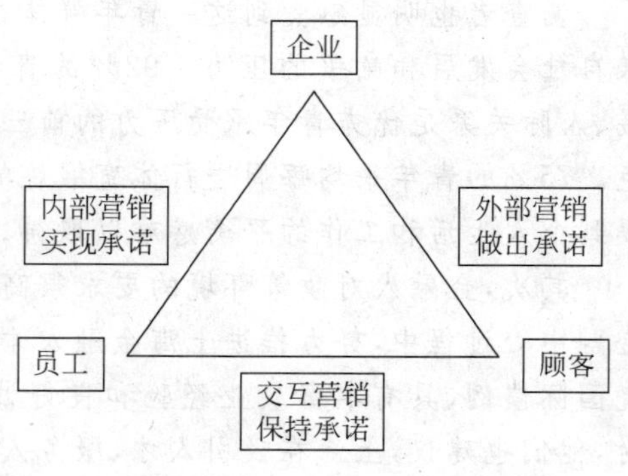

图9-1　服务业营销的三种类型

营销三角形理论表明，内部营销是企业开展外部营销的前提，是企业信守承诺和兑现承诺的基础。[①]

二、金融企业服务人员重要性

从金融企业人员的地位可想而知，金融企业服务人员在金融服务过程中的重要性。金融服务人员又分为前台服务人员和后台服务人员。

（一）前台人员的关键作用

1. 前台服务人员是金融服务的重要组成部分

服务产品的生产依赖于服务人员的参与，服务人员和服务产品是不可分割的整体，他们是服务的重要组成部分。在服务过程中，服务人员是对顾客的直接提供者，是顾客所购买的整体服务中不可分割的一部分，他们会影响顾客对服务的整体评价。例如在银行，我们在办理完业务后，都会对柜员的服务进行评级，满意还是不满意。

2. 前台服务人员是企业的形象代表

金融服务人员是连接金融企业与外界的桥梁，是企业形象及信息宣传的载体，直接影响公众对金融企业整体的判断，在沟通企业和公众双方信息方面起着至关重要的作用。在服务过程中，金融服务人员的形象和举止都被客户看在眼里，因此服务人员的一言一行和态度都会影响客户对企业的认知与对企业的整体评价。企业优秀的企业文化和服务质量能够通过服务人员得体的言行举止直接表现出来，从而给公众留下良好的印象，有利于树立企业的良好形象。

3. 前台服务人员是营销者

前台服务人员既是金融服务的一部分，又是企业的形象代表，因此可以说，他们扮演了企业营销者的角色，他们就是企业的活广告。有些金融服务人员在给顾客提供服务时，会和顾客进行交流沟通，捕捉顾客的一些重要信息，根据顾客的需求，介绍和销售顾客可能会感兴趣的服务或产品，让顾客感受金融服务人员的专业性和敬业度。

（二）后台人员的关键作用

1. 后台服务人员提供管理支持

金融机构管理者为企业的运行制订计划并控制企业朝着既定目标发展，为团体提供了一个好的典范。人力部门对各项工作和各个职位明确了具体责任，并对员工进行培训，引导员工以顾客为导向和具备服务意识，调动了整个服务组织对顾客提供优质服务的积极性，提高了服务的品质。

2. 后台服务人员提供技术支持

在服务过程中，需要借助服务设备，如电脑、打印机等。技术开发部门在服务设备出现故障时，可以及时进行维修，不影响对客户的服务。另外，在办理业务时，每家金融机构都有其系统支持，好的系统可以缩短办理业务的时间和减少出现错误的概率，技术部门对企业系统的维修和开发起着重要作用。

---

① 安贺新．服务营销管理[M]．北京：化学工业出版社，2011．

三、金融企业服务人员的职业素养

金融企业服务人员对一个企业那么重要，提高他们的职业素养，会直接影响我国金融业的持续发展。

专论 9-1 San Francisco 的《职业素养》

职业素养是人类在社会活动中需要遵守的行为规范，是职业内在的要求，是一个人在职业过程中表现出来的综合品质。职业素养具体量化表现为职商（career quotient，CQ），它体现一个社会人在职场中成功的素养及智慧。

职业素养涵盖的内容非常广泛，个体行为的总和构成了自身的职业素养。从表现形式上分为内化素养和外化素养。内化素养是职业素养中最根基的部分，包含个人的世界观、价值观、人生观等范畴；外化素养是指计算机、英语、建筑等属技能范畴的素养，是通过学习、培训途径比较容易获得，在实践运用中日渐成熟的。职业素养教育是一种养成教育。San Francisco 认为，职业素养的修炼需要经历以下七道关：印象关——初入职场形象管理；心态关——学生向社会人转变；道德关——职场安身立命之本；沟通关——打造职场“人气王”；专业关——“菜鸟”变“大虾”；诚信关——取得职场长期居住证；忠诚关——走进高层核心圈。通过七道关的培养，能够帮助个人具备良好的职业素养，快速融入职场，实现人生价值。

从“冰山理论”视角来看，职业素养可以看成一座冰山：冰山浮在水面以上的只有1/8，它代表着个体的形象、资质、知识、职业行为和职业技能等方面，是人们看得见的、显性的职业素养，这些可以通过各种学历证书、职业证书来证明，或者通过专业考试来验证；而冰山隐藏在水面以下的部分占整体的7/8，它代表着个体的职业道德、职业情感和职业态度等方面，是人们看不见的、隐性的职业素养。显性职业素养和隐性职业素养共同构成了个体所应具备的全部职业素养。由此可见，大部分的职业素养是人们看不见的，但正是这7/8的隐性职业素养决定、支撑着外在的显性职业素养，显性职业素养是隐性职业素养的外在表现。

资料来源：http://www.tubaobei.com/show-8097eb1c-0-09ebc39c.html.

（一）金融企业服务人员的隐性职业素养

金融服务人员的隐性职业素养主要包括责任心、职业操守、忠诚敬业、团队合作。

1. 责任心

责任心是指一个人对自己、他人、家庭和国家所负责任的认识，以及与之相应的遵守规范、承担责任和履行义务的自觉态度，也就是对事情敢于负责、勇于主动负责的态度。它是一个人应该具备的基本素养，是健全人格的基础，是家庭和睦、社会安定的保障。具有责任心的员工，会认识自己的工作在组织中的重要性，把实现组织的目标当成自己的目标，做到对自己负责，对顾客负责，对企业负责。如果你希望得到信任，首先要有强烈的责任感做支持，对自己的决策和行为负责。金融业是一个具有高风险的行业，是一个与社会紧密相连的行业，对员工是否有责任心有更高的要求。

2. 职业操守

职业操守是指人们在从事职业活动中必须遵从的最低道德底线和行业规范。一个人不管从事何种职业，都必须具备良好的职业操守，否则将一事无成。金融服务人员每天都要接触客户和金钱，拥有高尚的职业操守才能赢得客户的信任，提高自己的业绩，为公司的发展贡献自己的力量。良好的职业操守包括：诚信的价值观，始终以诚信的方式对人处事；遵守公司法规，遵守一切与公司业务有关的法律法规，严格按规章办事；确保公司资产安全，并保证公司资产仅用于公司的业务；作风正派，禁止向公司内部或外部组织提供不实的报告，或者误导接收资料的人员；保守秘密，与竞争对手接触时，应将谈话内容限制在适当的范围，为公司保密，为客户保密。

专论 9-2　　银行从业人员的职业操守

第四条　从业人员应当学法、懂法、守法，保守国家秘密和商业秘密，尊重和保护知识产权，自觉维护国家利益和金融安全。从业人员应当依法、客观、真实反映银行业金融机构业务信息。

第五条　从业人员应当具备岗位任职资格或能力，熟悉掌握业务技能，自觉遵守行业自律制度和本单位规章制度，合规操作；对已发生的违法违规行为或尚未发生但存在潜在风险隐患的行为，应当按照相关报告制度规定，及时报告。

第六条　从业人员应当遵循公平竞争、客户自愿原则，不得从事违规揽存、低价倾销、贬低同业、虚假宣传等不正当竞争行为。

第七条　从业人员应当尊重客户，了解客户需求，依法保护客户权益和客户信息。

第八条　从业人员应当关爱社会，积极参与公益活动，履行社会责任，发扬勤俭节约的优良传统，珍惜资源，抵制铺张浪费。

第九条　从业人员应当公私分明，秉公办事，不得谋取非法利益。从业人员应当遵守国家和本单位防止利益冲突的规定，在办理授信、资信调查、融资等业务涉及本人、亲属或其他利益相关人时，主动汇报和提请工作回避。从业人员未经批准不得在其他经济组织兼职。从业人员应当有效识别现实或潜在的利益冲突，并及时向有关部门报告。

第十条　从业人员应当遵守有关法律法规和本单位有关进行证券投资与其他投资的规定，不得利用内幕信息买卖资本市场产品；不得挪用本单位资金和客户资金或利用本人消费贷款买卖资本市场产品。

第十一条　从业人员应当遵守禁止内幕交易的规定，不得利用内幕信息为自己或他人谋取利益，不得将内幕信息以明示或暗示的形式告知他人。从业人员应当拒绝洗钱，及时报告大额交易和可疑交易，履行反洗钱义务。

第十二条　从业人员应当自觉抵制并积极向有关部门举报商业欺诈、非法集资、高利贷和黄、赌、毒活动。从业人员在社会文化和商业活动中，应当廉洁从业，自觉抵制商业贿赂及不正当交易行为。

第十三条　从业人员应当树立终身学习理念，与时俱进，追求新知，提升素质，完善技能。

资料来源：《银行业金融机构从业人员职业操守指引》.

3. 忠诚敬业

忠诚是对企业诚信、守信和服从，敬业是人们基于对一件事情、一种职业的热爱而全身心投入和无私奉献。低层次的即功利目的的敬业，由外在压力产生；高层次的即发自内心的敬业，把职业当作事业来对待。忠诚敬业要求在实际工作中，金融服务人员与所在机构签订正式的劳动合同或聘任合同，在相应机构对其直接管理下执业，对自己严格要求；保护公司财产、信息安全，严格在授权制度下履行职责，对工作一丝不苟；以最佳形象和态度接待和服务客户，耐心周到。

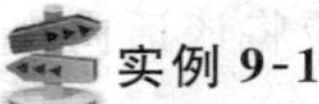

实例 9-1　　西藏的金融前辈

因为艰苦，所以难忘。白玛曲珍已经在人行阿里地区中支工作了 40 年，从县支行的小职员到总稽核，即将退休的她仍然记得起初参加工作时的许多细节。“在县里工作时，冬天半年封山，决算时到中支送报表，骑马要两三天。”那时的人行县支行条件极为简陋，两个土木结构的房子套间，金库外面就是办公室和宿舍，由于梁柱铁丝断了，一下雨就漏，只能用小盆子接水。“即使是在这样艰苦的环境中，大家也都感到充实而又踏实，齐心协力做好基层人行的履职工作”。

退休老干部、人行拉萨中支原副行长欧珠朗杰认为，西藏金融工作最艰苦的时期是在改革开放前，当时老百姓的金融意识极差，银行资金与财政资金分不清楚，只好不停地宣传。“行里只有一辆北京吉普，运送病号和决算时才用，到村里发放贷款时就骑马去，一个山头一个山头地翻，再苦再累也没有怨言。”抚今追昔，欧珠朗杰不由地感慨，“那时家里都很艰苦，床底下只有箱子、衣服，这就是家产，从来没有想到会有现在这样好的生活。”

资料来源：宋辅良，李文龙，韩雪萌. 雪域高原的坚守与责任[N]. 金融时报，2012-08-27.

4. 团队合作

团队精神就是在同一金融企业金融服务人员之间或与其他成员之间建立一种团结协作和互帮互助的精神。例如，在企业遇到客户需求多样化或复杂化，及时组成客户服务小组，明确分工，相互合作，共同为客户提供全面、满意的解决方案。金融业是一个服务行业，服务需要与人打交道，通常服务人员会感到烦躁、沮丧以及费神，维持服务人员动力的一个重要手段是团队合作。团队合作可以使前线人员从幕后工作人员那里获得更多的支持，可以提高人员的士气、满足感、成就感，缓解不良情绪，提高员工的服务热情，可以增加人员之间相互学习、相互鼓励的机会，有利于共同进步，可以提高信息在整个企业的流通速度，提高企业的整体效率。为了培养员工的团队协作精神，现在很多企业会定期组织员工集体旅游、做游戏活动等。

实例 9-2　　一个团结的队伍才能做好事情

记者了解到，交通银行深圳××支行办理公积金贷款业务的是一个五人小团队。小蔡等是该支行“攻坚五人组”成员。

“因为手头上的业务量太大，所以我们负责的人数也较多，总共五个人。仅是长安雪铁龙这个安居房的项目，我们在 5 月份时就接了 100 多笔业务，到 6 月份时 90%都已经发放出去。此外，我们现在手头上还有一个永福苑的项目，这是深圳首个安居房的项目，由于其特殊性，购房手续完成5年后才能办理房产证等相关手续，而这一批客户，大部分都有办理商转公的需求。到了今年，办证和商转公正好碰到一起，流程特别复杂，带来了很大的工作量。”小朱透露道。

小蔡还告诉记者，××支行之所以能够有效地完成这么大的业务量，主要是因为“我们团队这边做了一个比较细致的分工，分工很明确。我们分了一个人专门负责商转公，另外三个客户经理就主要负责这两个楼盘的接单、审批和处理等一系列业务，还有一个人来负责一些辅助类的工作。每天早上八点，我们团队都需要召集一次碰头会，梳理一下各人当日的分工安排”。

“一个团结的队伍，才能做好事情。所以在整个工作的过程中，我们最讲究的是团结和配合，多点开花。在这里面，哪一个环节脱节了，整个流程都无法走下去。”小朱说。

资料来源：交行深圳分行实打实做好住房公积金贷款服务[OL]. 交通银行官网，2014-08-18.

（二）金融服务人员的显性职业素养

金融服务人员的显性职业素养主要包括基本知识、基本技能、基本能力。

1. 基本知识

金融业是一个对知识面要求很广泛的行业。金融服务人员除了具备一定的专业知识外，还应该具备有关计算机以及法律等方面的知识。金融营销人员首先应该具备金融、经济等方面的知识，同时根据所进入的行业不同，学习相关知识。比如，进入银行就要学习银行的相关法律、操作流程、职业规范；进入期货公司，学习期货操作的基本理论知识。这样在遇到实际的问题时，才有解决的思路和基础。其次，金融营销人员应该学习营销方面的知识，增加自己的业务量，使自己的人脉变广，提高自己的综合素质。

实例 9-3　　农业银行××省分行 2016 年校园招聘公告——招聘条件

（1）招聘对象为境内外高校 2016 年全日制大学本科及以上学历应届毕业生。其中，部分县可招聘本县 2016 年全日制大专学历应届毕业生（详见招聘岗位的职位描述）。①境内院校毕业生应能够在 2016 年 7 月 31 日前毕业，取得毕业证、学位证、就业报到证；②境外院校毕业生应为 2015 年 1 月 1 日至 2016 年 7 月 31 日间毕业（以国家教育部学历学位认证的学位获得时间为准），并能够在 2016 年 7 月 31 日前获得学位证书及取得国家教育部学历学位认证。境外院校毕业生应满足境外留学人员就业落户条件要求（相关政策请咨询教育部留学服务中心）。

（2）遵纪守法，诚实守信，品行端正，无不良记录。

（3）具备良好的综合素质，身心健康，具有较强的学习能力、沟通能力、敬业精神和团队协作精神。

（4）符合应聘职位的其他资格条件和胜任能力。

资料来源：中国农业银行官网.

2. 基本技能

为增强自身的市场扩展能力，增加业务量，金融服务人员应该具备一定的技能。

（1）客户调研技能，即对目标市场的调查与分析能力。

(2) 服务组合设计技能。[①] 能充分利用调研得到的各种信息，结合企业实际和特定的市场营销环境，分析市场特点和消费者需求，并选择相应的市场营销策略。

(3) 娴熟的人际沟通技能。能够固定客户范围并对推销工作准备充分，以合适的方法寻找、拜访、接近顾客，善于运用各种谈判技巧，促成交易。

(4) 较强的客户关系管理能力。及时处理客户投诉，对客户的业务往来关系能进行有效的管理，并对客户档案资料进行及时的分析与处理，努力提高客户满意度。

(5) 熟悉网络营销。具备电子商务能力，熟悉企业网站的基础知识，实现对客户实时的交流，努力实现电子化交易。

3. 综合能力

通过基本知识的学习和基本技能的掌握，金融服务人员不断提高自己的能力。金融服务人员具备的基本能力包括：对宏观经济的分析以及对宏观经济政策的判断能力；擅长学习的钻研能力；把握机遇、灵活应变的应变能力；要有不屈不挠的抗打击能力、能言善辩的语言表达能力；善于揭示客户购买心理的观察能力，要有足够智慧的决策能力等。

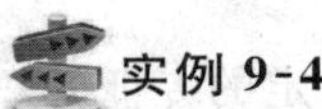

实例 9-4　　要让银行员工成为"金融营养师"

对汇丰中国来说，2013 年具有特别意义：一方面，开业内先河，汇丰集团在全球范围内取消与财富管理销售挂钩的薪酬机制；另一方面，在外资行不断退出零售市场的情况下，汇丰中国仍逆势扩张，营业网点达到 150 家。

与其他外资银行一样，汇丰中国在前进道路上同样面临机遇和挑战。外资银行的零售业务尤其是财富管理业务如何转型？如何利用境外优势推进零售业务？薪酬改革会否影响银行业绩？

证券时报记者专访了汇丰中国零售银行及财富管理业务总监李峰。

打造《金融营养师》

《证券时报》记者：汇丰中国 2012 年报显示，"零售银行及财富管理"项下的净利息收入同比增长 3.2%，但净手续费及佣金收入却大幅增长 48%，非息收入的快速增长是如何实现的？是否与理财业务的转型相关？

李峰：中国银行业过去主要靠利差收益，但是随着市场环境变化，利差收窄，转型迫在眉睫，银行都希望通过理财业务提高中间业务收入。汇丰中国发展财富管理业务有两股推动力：一是希望通过该业务提升业绩；二是汇丰本身具备国际化金融的天然优势。

银行早期的理财业务做法是"机构产品零售化"，即把对机构投资者和专业投资者销售的产品，分割成小份提供给零售客户。金融危机后，银行充分意识到，风险匹配、理财产品定位以及销售团队约束这些环节至关重要，汇丰中国目前更强调要把合适的产品卖给合适的客户。

"金融超市"是目前银行业的流行做法，银行销售员工俨然成了"金融超市导购员"。

---

① 王艳君. 金融服务营销[M]. 1 版. 北京：高等教育出版社，2014.

汇丰中国的定位有所不同，银行员工要成为客户的“金融营养师”，针对客户的需求缺口，帮助他们选择合适的产品。

《证券时报》记者：基金代销也是零售银行业务的重要一环。外资银行 2013 年获得了本地基金的代销资格，与其他外资银行相比，汇丰中国仅与关联公司汇丰晋信基金合作，推进基金代销业务的方式是否过于谨慎与保守？

李峰：代销本地基金资格确实是汇丰中国期盼已久的，我们从 2007 年开始一直在筹备，但是，我们拿到牌照之后却没有大范围寻找合作对象或大量推出产品，这背后有两个原因：一是汇丰零售强调将合适的产品卖给合适的客户，我们与汇丰晋信是同一个品牌，秉持同样的理念；二是我们推行了新的激励机制，员工薪酬不再与财富管理销售挂钩，这一点汇丰晋信完全能够理解，能在业务合作中很好地配合我们。当然，我们也希望从一个合作伙伴开始，形成一种行之有效的合作模式，再广泛推行汇丰的做法，循序渐进。

调整零售策略

《证券时报》记者：近年来一些外资银行收缩或退出在中国的零售银行业务，汇丰中国却反其道而行之，且策略正做出转变，开始关注国内客户的海外金融需求并推出相应服务，为何会做出这样的策略调整？

李峰：近年来有些外资行的业务规模稳步增长，有些却宣布退出中国零售市场，对商业银行来说，客户及客户存款是维系发展的根基，在中国做零售业务，最关键是要形成规模，产生规模效应，不然成功概率就很渺茫。

外资银行早期在中国做零售的典型服务模式是：舒适的环境、客户经理一对一的服务。这些都容易被模仿复制，但外资银行的国际化服务能力却难以复制。最典型的服务是汇丰卓越理财的全球客户身份互认、全球账户互通以及同名不同国账户间免费实时转账，这种环球金融服务能力对汇丰的零售业务帮助很大。

在具备环球金融服务能力的基础上，我们发现越来越多的中国客户具有跨国界需求，比如，中国富裕阶层子女留学，我们会利用国际化优势，为其提供国际化的金融服务和产品。另外，我们还在“环球金融”的理念上加强市场推广。

《证券时报》记者：财富管理是零售银行的重要组成部分，而与客户的理财产品纠纷是最令人头疼的问题，对外资行来说，合格境内机构投资者(QDII)的客户投诉很常见，您如何看待这个问题？今年开始，汇丰在全球的财富管理销售团队中取消产品销售激励，推行新的薪酬机制，这对汇丰中国的零售业务是否产生了影响？销售激励缺失，如何保证业务增长？

李峰：首先，理财纠纷是一个很值得重视的问题。汇丰中国在 2007 年开始推出 QDII 产品，受金融危机的影响，QDII 接到的投诉增加。对此，我们先从销售流程着手改革，汇丰在香港地区的产品销售流程开始录音和录像，加强信披，保证客户的风险承受能力与产品适应性完全匹配。

然后是产品设计上的改进。财富管理不能只有投资而没有保险与保障，2009 年我们开始引进保障类保险产品；理财产品要与商业银行传统定位相符合，为此我们开始推出保本或部分保本理财产品。

银行风险披露环节健全了，如果员工激励机制没有适当调整，还会存在道德风险，因此2013年集团决定在全球范围内取消与财富管理销售挂钩的薪酬机制。这其实是挺需要勇气的。

薪酬机制调整后，我们向前线员工和支行行长做了大量沟通和培训，希望他们从原来的销售管理向业务管理转型；另外，我们更多引入产品经理来辅助客户经理，向客户提供更专业的产品咨询。

薪酬机制调整后，外界普遍担心我们是否能完成业绩指标，但实际上，我们依然很好地完成了去年制订的阶段性目标。

资料来源：蔡恺.要让银行员工成为"金融营养师"[N].证券时报，2013-09-24.

第二节　金融服务人员职业行为规范

金融业可以细分为很多具体的行业，常见的有银行业、证券业、保险业及信托业等。本节从这四个方面谈金融业人员的行为规范。

一、银行营销人员行为规范

（一）银行理财产品人员行为规范

根据《商业银行理财产品销售管理办法》，对银行销售人员做出如下规定。

根据第五十二条的规定，销售人员在向客户宣传销售理财产品时，应当先做自我介绍，尊重客户意愿，不得在客户不愿或不便的情况下进行宣传销售。

根据第五十三条的规定，销售人员在为客户办理理财产品认购手续前，应当遵守本办法规定，特别注意以下事项：有效识别客户身份；向客户介绍理财产品销售业务流程、收费标准及方式等；了解客户风险承受能力评估情况、投资期限和流动性要求；提醒客户阅读销售文件，特别是风险揭示书和权益须知；确认客户抄录了风险确认语句。

根据第五十四条的规定，销售人员从事理财产品销售活动，不得有下列情形。

（1）在销售活动中为自己或他人牟取不正当利益，承诺进行利益输送，通过给予他人财物或利益，或接受他人给予的财物或利益等形式进行商业贿赂。

（2）诋毁其他机构的理财产品或销售人员。

（3）散布虚假信息，扰乱市场秩序。

（4）违规接受客户全权委托，私自代理客户进行理财产品认购、申购、赎回等交易。

（5）违规对客户做出盈亏承诺，或与客户以口头或书面形式约定利益分成或亏损分担。

（6）挪用客户交易资金或理财产品。

（7）擅自更改客户交易指令。

（8）其他可能有损客户合法权益和所在机构声誉的行为。

（二）银行信用卡人员营销规范

根据《商业银行信用卡业务监督管理办法》第三十九条规定，发卡银行应当建立信用卡营销管理制度，对营销人员进行系统培训、登记考核和规范管理，不得对营销人员采用单一以发卡数量计件提成的考核方式。信用卡营销行为应当符合以下条件。

(1) 营销宣传材料真实准确，不得有虚假、误导性陈述或重大遗漏，不得有夸大或片面的宣传。应当由持卡人承担的费用必须公开透明，风险提示应当以明显的、易于理解的文字印制在宣传材料和产品（服务）申请材料中，提示内容的表述应当真实、清晰、充分，示范的案例应当具有代表性。

(2) 营销人员必须佩戴所属银行的标识，明示所属发卡银行及客户投诉电话，使用统一印制的信用卡产品（服务）宣传材料，对信用卡收费项目、计结息政策和业务风险等进行充分的信息披露和风险提示，确认申请人提交的重要证明材料无涂改痕迹，确认申请人已经知晓和理解上述信息，确认申请人已经在申请材料上签名，并留存相关证据，不得进行误导性和欺骗性的宣传解释。遇到客户对宣传材料的真实性和可靠性有任何疑问时，应当提供相关信息查询渠道。

(3) 营销人员应当公开明确告知申请信用卡须提交的申请资料和基本要求，督促信用卡申请人完整、正确、真实地填写申请材料，并审核身份证件（原件）和必要的证明材料（原件）。营销人员不得向客户承诺发卡，不得以快速发卡、以卡办卡、以名片办卡等名义营销信用卡。

(4) 营销人员应当严格遵守对客户资料保密的原则，不得泄露客户信息，不得将信用卡营销工作转包或分包。发卡银行应当严格禁止营销人员从事本行以外的信用卡营销活动，并对营销人员收到申请人资料和送交审核的时间间隔与保密措施做出明确的制度规定，不得在未征得信用卡申请人同意的情况下，将申请人资料用于其他产品和服务的交叉销售。

(5) 营销人员开展电话营销时，除遵守第(一)条至第(四)条的相关规定外，必须留存清晰的录音资料，录音资料应当至少保存 2 年备查。

（三）银行代理保险业务销售行为

根据《关于规范商业银行代理保险业务销售行为的通知》规定，银行代理保险业务销售可以从事以下作为。

1. 规范代理销售行为

商业银行及其工作人员从事保险代理销售活动时，应当遵守法律、行政法规及中国保监会、中国银监会的有关规定，禁止出现下列行为：禁止混淆产品概念；禁止私印宣传材料；禁止夸大产品收益；禁止承诺固定收益；禁止从事诱导销售；禁止代替签名抄录；禁止隐瞒重要事项；禁止篡改客户信息；禁止行业诋毁攻击；禁止强制搭售保险

2. 强化制度源头管控

坚持亮证上岗制度，坚持投保提示制度，坚持风险评估制度，坚持消费公示制度。

3. 提升后续服务品质

(1) 协助开展售后服务。客户到商业银行申请退保、满期给付、续期缴费业务的，商业银行应当及时与保险公司取得联系，相互配合完成售后服务工作。

(2) 稳妥处理投诉退保。商业银行应当在客户发生投诉、退保等事件时，积极协调处理，不得推诿拒绝。要建立有效的投诉处理机制，制定规范的投诉处理程序，降低客户的

诉求成本，及时有效化解矛盾纠纷，避免产生负面影响扩大事态。

(3) 建立内部责任追究。商业银行要重视加强工作人员的素质教育，建立激励考核与违规惩戒并重的长效机制，强化对销售误导、错误销售等行为的内部责任追究。对客户投诉反映的银行代理保险业务中存在的问题，要及时进行核实，对查实的违规问题要及时做出处理。

实例 9-5　工行××分行开展员工行为规范教育

工行××分行营业部积极采取书面学习与网络大学学习并举等多项措施，集中学习与自我学习相结合等多种形式，推动全行员工行为规范教育活动深入开展，促使员工自觉遵守行为规范，努力完成各项工作任务。

营业部按照有关员工行为规范教育活动方案以及总行网络大学学习的要求，组织每位员工积极进行总行网络大学学习。目前，已有大部分员工利用班前班后时间通过总行网络大学学习了《员工行为守则》《员工行为禁止规定》等制度，累计学习时间最多的已达6小时以上。

营业部及时将总行编写的《员工行为规范培训手册》发放到全体员工手上，并以部门、网点为单位，组织员工开展学习，重点学习和理解手册对各项规定的讲解。要求不但知晓各项守则、各项禁止规定、各项违规行为的具体内容，还要了解这些制度制定的目的、意义和特点，从而加深对规定内容的理解，结合实际工作写出心得体会。

营业部还要求各个营业网点利用晨会或班后时间组织员工学习，结合实际工作中出现的问题，分析员工的日常业务操作行为是否符合规范要求，是否有违规行为。通过学习和讨论，达到互相提醒、互相监督的作用，让员工在学习中熟知个人行为守则，了解和掌握本岗位行为规范和禁止事项，自觉规范操作行为，遵守各项规定，杜绝违规违章现象的发生。

资料来源：www.china.com.cn.

二、证券营销人员行为规范

根据《证券经纪人管理暂行条例》规定证券经纪人从事客户招揽和客户服务等活动，应当遵守法律、行政法规、监管机构和行政管理部门的规定、自律规则以及职业道德，自觉接受所服务的证券公司的管理，履行委托合同约定的义务，向客户充分提示证券投资的风险。证券经纪人应当在本规定第十一条规定和证券公司授权的范围内执业，不得有下列行为。

(1) 替客户办理账户开立、注销、转移，证券认购、交易或者资金存取、划转、查询等事宜。

(2) 提供、传播虚假或者误导客户的信息，或者诱使客户进行不必要的证券买卖。

(3) 与客户约定分享投资收益，对客户证券买卖的收益或者赔偿证券买卖的损失做出承诺。

(4) 采取贬低竞争对手、进入竞争对手营业场所劝导客户等不正当手段招揽客户。

(5) 泄露客户的商业秘密或者个人隐私。

(6) 为客户之间的融资提供中介、担保或者其他便利。

(7) 为客户提供非法的服务场所或者交易设施，或者通过互联网络、新闻媒体从事客户招揽和客户服务等活动。

(8) 委托他人代理其从事客户招揽和客户服务等活动。

(9) 损害客户合法权益或者扰乱市场秩序的其他行为。

实例 9-6　齐鲁证券有限公司证券经纪业务营销人员日常营销活动管理制度

第五章　营销行为管理

第三十条　营销人员必须在公司的授权范围内开展营销活动。

第三十一条　营销人员在展业时必须向客户出示相关执业证书，明示与公司的关系及公司对其授权范围。

第三十二条　按照公司相关制度要求，重点对客户的基本情况、投资理念、风险承受能力等做详细的调查。

第三十三条　营销人员名片应由营业部统一按照公司要求的格式印制。

第三十四条　专职营销员不得在其他证券公司兼职，不得同时与其他任何单位签订非全日制以外形式的劳动合同；证券经纪人不得在其他公司兼职。营销人员不得在未经公司许可的场所开展业务，不与网络公司、网吧等机构合作开发客户，不拓展非本公司业务、被公司限制或禁止的业务。

第三十五条　营销人员不得以降佣、返佣、诋毁同行等非正当手段争抢客户、不得将公司原有客户转为自己的营销客户，也不得将客户推荐到其他证券公司。

第三十六条　营销人员未获公司许可，不得通过新闻媒体、报纸杂志、网络等任何媒介发表有关本公司的广告、宣传或接受采访。

第三十七条　营销人员必须诚实公正，不得隐瞒客户账户风险隐患或协助客户提供虚假资料和虚假信息，不得在任何由客户签字的重要文件上(如开户申请书、证券交易委托代理协议等开户资料、客户保证金三方存管协议、预约开户单等)伪造客户签名，也不得代客签字。

第三十八条　营销人员不得以公司或营业部名义与客户或他人签订任何协议与合同，亦不得以个人名义接受客户全权委托交易或与客户签订利益分成的协议(含口头协议)。不得对客户做出保证证券买卖收益或赔偿证券买卖损失的承诺。

第三十九条　营销人员不得泄露公司机密及客户资料，不得进行损害公司利益、破坏公司声誉和形象、给公司造成负面影响的不良行为。

第四十条　营销人员不得向客户提供证券价格涨跌或市场走势的确定性意见，不得向客户提供虚假信息，诱导、误导客户买卖。不准利用客户的名义或账户买卖证券，不得以任何名义向客户收取额外费用。

第四十一条　营销人员不得以任何形式扰乱公司或营业部的正常经营管理秩序。

第四十二条　营业部柜台人员必须严格检查、审核营销人员新开发客户的开户资料，确保开户资料真实、完整、合规。

第四十三条　各营业部应指定专人对营销人员新开发的客户进行回访，确认客户开户手续是否规范，确认营销人员是否存在代客签名、代客理财、代客操作、非现场开户等行为。负责客户回访的人员不得从事客户招揽和客户服务活动。

资料来源：http://3y.uu456.com/bp_74eaf1f20x02tjb2ir84_2.html.

三、保险营销人员行为规范

根据《保险营销员管理规定》，保险人员应遵守如下规范。

第二十八条　保险营销员从事保险营销活动应当遵守法律、行政法规和中国保监会的有关规定。

第二十九条　保险营销员应当在所属保险公司授权范围内从事保险营销活动，自觉接受所属保险公司的管理，履行委托协议约定的义务。

第三十条　保险营销员从事保险营销活动，应当出示《展业证》。

第三十一条　保险营销员应当客观、全面、准确地向客户披露有关保险产品与服务的信息，应当向客户明确说明保险合同中责任免除、犹豫期、健康保险产品等待期、退保等重要信息。

第三十二条　保险营销员销售分红保险、投资联结保险、万能保险等保险新型产品的，应当明确告知客户此类产品的费用扣除情况，并提示购买此类产品的投资风险。

第三十三条　保险营销员应当将保险单据等重要文件交由投保人或者被保险人本人签名确认。

第三十四条　保险营销员不得与非法从事保险业务、保险中介业务的机构或者个人发生保险业务往来。

第三十五条　保险营销员代为办理保险业务，不得同时与两家或者两家以上保险公司签订委托协议。

第三十六条　保险营销员从事保险营销活动，不得有下列行为。

(1) 做虚假或者误导性说明、宣传。

(2) 擅自印制、发放、传播保险产品宣传材料。

(3) 对不同保险产品内容做不公平或者不完全比较。

(4) 隐瞒与保险合同有关的重要情况。

(5) 对保险产品的红利、盈余分配或者未来不确定收益做出超出合同保证的承诺。

(6) 对保险公司的财务状况和偿付能力做出虚假或者误导性陈述。

(7) 利用行政处罚结果或者捏造、散布虚假事实，诋毁其他保险公司、保险中介机构或者个人的信誉。

(8) 利用行政权力、行业优势地位或者职业便利以及其他不正当手段强迫、引诱或者限制投保人订立保险合同。

(9) 给予或者承诺给予投保人、被保险人或者受益人保险合同规定以外的其他利益。

(10) 向投保人、被保险人或者受益人收取保险费以外的费用。

(11) 阻碍投保人履行如实告知义务或者诱导其不履行如实告知义务。

(12) 未经保险公司同意或者授权擅自变更保险条款和保险费率。

(13) 未经保险合同当事人同意或者授权擅自填写、更改保险合同及其文件内容。

(14) 未经投保人或者被保险人同意,代替或者唆使他人代替投保人、被保险人签署保险单证及相关重要文件。

(15) 诱导、唆使投保人终止、放弃有效的保险合同,购买新的保险产品,且损害投保人利益。

(16) 泄露投保人、被保险人、受益人、保险公司的商业秘密或者个人隐私。

(17) 超出《展业证》载明的业务范围、销售区域从事保险营销活动。

(18) 挪用、截留、侵占保险费、保险赔款或者保险金。

(19) 串通投保人、被保险人或者受益人骗取保险金或者保险赔款。

(20) 伪造、变造、转让《资格证书》或者《展业证》。

(21) 私自印制、伪造、变造、倒买倒卖、隐匿、销毁保险单证。

(22) 中国保监会规定的其他扰乱保险市场秩序的行为。

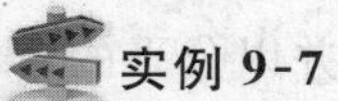

实例 9-7　　中国人寿员工行为规范(试行)

第七章　基本行为规范(三)——接打电话

第二十九条　电话来时,听到铃响,须至少在第三声铃响前取下话筒。

第三十条　接听电话须首先以“您好,中国人寿”来问候,电话结束时须礼貌道别。

第三十一条　通话须简明扼要,不得在电话中聊天。

第三十二条　对不知名的电话,自己不能处理时,可坦白告诉对方,并马上将电话交给能够处理的人。在转交前,应先把对方所谈内容简明扼要告诉接收人。

第三十三条　工作时间原则上不得接打私人电话,需接打私人电话时应使用手机,并且时间以不超过三分钟为限。

第三十四条　通话时声音以保证对方听清楚而不影响周围人办公为宜。

第三十五条　参加会议时应将电话置于振动模式或关闭,确实需要接听时,应走出会议室接听。

第三十六条　通话时有其他电话要接听,需征得对方同意,用最简捷明快的方式结束谈话。

第三十七条　办公区域应避免走动中接打电话,需要接听时应就近在不影响他人行走或办公的地方接听。

第八章　基本行为规范(四)——接待宾客

第三十八条　在约定的时间内接待客人,须避免迟到,有事不能按时赴约时应提前通知对方。

第三十九条　不得在前台、通道等非接待区域与客人长时间交谈,应引导客人进入接待区域,并在落座后开始谈话。

第四十条　客人来访而需接待的人不在时,其他相关人员应礼貌地接待对方,能解决的问题应主动为其解决。

第四十一条　无论是接待公司内部同事还是接待客户,均应主动、热情、大方、微笑。

第四十二条　根据具体情况决定恰当的送行方式。一般客人以送至前台为宜,重要客人应送至大门以外,送行时应在客人离去后返回。

资料来源:中国人寿保险官方网站.

四、信托人员行为规范

根据《中华人民共和国信托法》对受托人规定，受托人应当遵守如下行为规范。

第二十五条　受托人应当遵守信托文件的规定，为受益人的最大利益处理信托事务。受托人管理信托财产，必须恪尽职守，履行诚实、信用、谨慎、有效管理的义务。

第二十六条　受托人除依照本法规定取得报酬外，不得利用信托财产为自己谋取利益。受托人违反前款规定，利用信托财产为自己谋取利益的，所得利益归入信托财产。

第二十七条　受托人不得将信托财产转为其固有财产。受托人将信托财产转为其固有财产的，必须恢复该信托财产的原状；造成信托财产损失的，应当承担赔偿责任。

第二十八条　受托人不得将其固有财产与信托财产进行交易或者将不同委托人的信托财产进行相互交易，但信托文件另有规定或者经委托人或者受益人同意，并以公平的市场价格进行交易的除外。受托人违反前款规定，造成信托财产损失的，应当承担赔偿责任。

第二十九条　受托人必须将信托财产与其固有财产分别管理、分别记账，并将不同委托人的信托财产分别管理、分别记账。

第三十条　受托人应当自己处理信托事务，但信托文件另有规定或者有不得已事由的，可以委托他人代为处理。受托人依法将信托事务委托他人代理的，应当对他人处理信托事务的行为承担责任。

第三十三条　受托人必须保存处理信托事务的完整记录。受托人应当每年定期将信托财产的管理运用、处分及收支情况，报告委托人和受益人。受托人对委托人、受益人以及处理信托事务的情况和资料负有依法保密的义务。

第三十四条　受托人以信托财产为限向受益人承担支付信托利益的义务。

第三节　金融服务营销团队建设

一、内部市场调研

在[illegible]链理论中，员工满意是客户满意的必要条件。了解员工的情感和需求是提高员工满意度与实施对员工的有效管理的前提。参照外部营销和内部营销采用实地观察法、一对一访谈、专题讨论、问卷调查等调研方法，建立员工档案，了解员工的基本情况、技能特长及情绪、信仰、价值观等，对企业的态度、对管理者的评价和期望、对内部服务质量的要求、对企业产品和服务的看法及建议等。内部市场调研的目标市场，不仅包括现有在职员工，还可以包括潜在的员工和离职的员工，这样才能真正了解职业市场的劳动力供求趋势、人才分布结构、薪资福利水平、期望的工作类型、职业发展方向及人才流动趋势等总体情况。

专论 9-3　服务链理论

1994 年，由詹姆斯·赫斯科特等五位哈佛商学院教授组成的服务管理课题组提出了“服务利润链”，试图从理论上揭示服务企业的利润的决定因素，他们将服务利润链理解为一条将企业、员工、顾客和利润联系起来的纽带。在图 9-2 中，每一个环节的实施质量将直接影响其后的环节，最终目标是使企业获得利润并发展壮大。

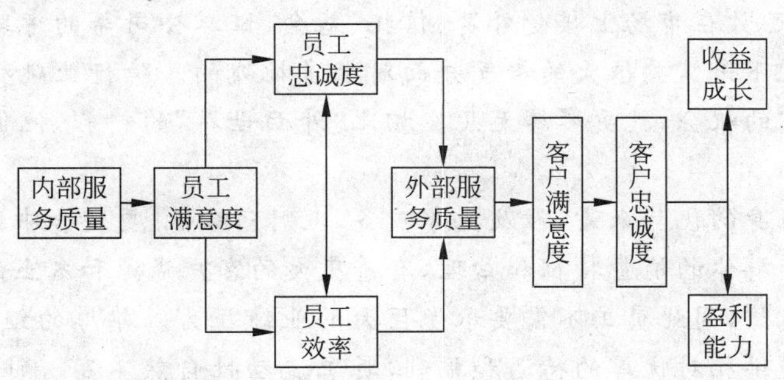

图 9-2　服务利润链

分析服务利润链图

在图 9-2 中我们可以发现：企业内部服务质量会影响员工的满意度，员工满意度影响员工的忠诚度和生产效率，进而影响外部服务质量，外部服务质量会影响客户满意度，客户满意度直接影响客户忠诚度，最终推动和激发了企业的利润和成长。简言之，企业内部服务质量影响企业的利润和未来发展。服务利润链是一个循环的链，企业盈利会提供更好的服务环境和奖励政策，员工的满意度就会提升。因此，一个良好的服务支持系统和相应的政策对企业的生存与发展是至关重要的。

资料来源：安贺新.服务营销管理[M].北京：化学工业出版社，2011.

金融企业应该尽可能地开展内部营销，使员工有归属感，有自豪感，愿意为企业积极地工作。员工的满意会使员工对企业忠诚。

实例 9-8　外资银行员工流动大中资银行稳定“更像家”

近日，记者到某外资银行办事，熟悉了中资银行的排队长龙，一下冷冷清清的营业大厅让人还有些不适应。等待的间歇与该行的一位客户攀谈起来，该客户表示，他在汇丰银行开立账户两年，已经换了三位客户经理。这并不是偶然现象，普华永道曾调查多家在华外资银行，员工流动率为 10%～20%，其中一线员工的流动率更超过 30%，相反中资银行大多数员工都工作数年未离职。

从中外资银行的业务差别到内部管理，到底是什么造成了如此大的人员流动差异？

中资员工：太稳定，我们无处走

银行一般涉及资产业务、负债业务、中间业务、国际业务、联行往来业务等几个方面，具体的划分各中资银行的优势会有不同。在这些岗位，从前台到后台的员工各司其职，每个人负责的部分都很具体而稳定。虽然业务繁杂客户多，但是工作时间很规律，建行的一位工作人员对《证券日报》记者表示："我们每天的工作内容很固定，虽然业务忙的时候会比较累，但是熟练之后却很单一，银行内部员工虽有轮岗时间，不过整体来看我们的分工比较细，接触最多的永远是自己负责的部分。"

的确，其他中资银行的情况也大体如此，从业务给员工带来的竞争力来看，中资银行的服务日渐完善，业务培训严格，但市场培训不够，他们对金融行业的整体把握和对宏微观市场的情况所知有限。若行业内更换工作，如到其他中资银行就职则没有什么特别的变动意义，而把自己放在市场上接受外资、信托、基金、证券公司等的考验，在专业不足承压能力有限的情况下是需要很大的勇气并面对很多挑战的。跨行业跳槽的员工，会面对更大的风险和更少的机会，就更寥寥无几。相比"外面世界"的精彩，他们更理解"外面世界"的无奈。

从中资银行自身的优势来看，涉及业务较多，理财门槛低，更适合中国国情，了解中国各个层次不同消费群体的消费特征和心理，有着庞大的客户资源和本土的网络优势，另有国家政策等多方保障，因此员工不需要承受巨大的业绩压力。雄厚的经济实力和盈利能力也能够给员工提供相对优厚的待遇和福利，员工流动性自然不高。员工们用这样的话概括自己的工作：谁愿意离开自己舒适的家而流离在外呢？可见稳定性是他们忠于自己工作的重要原因。

那么外资银行又是怎样一种情景呢？

外资员工：压力大，我们不想留

从外资银行的后台到业务大厅，从不见如中资银行那样等待排队办业务的客户。早在中国加入世界贸易组织，政府取消了外资金融机构外汇业务服务对象的限制开始，外资银行就纷纷进入中国市场。但事实上到目前为止，外资银行在国内业务有限，人民币业务只是陆续在展开，大多数针对的也都是VIP客户。花旗、汇丰、渣打及恒生等外资银行的目标都锁定在高端客户群，基本起点均是50万元人民币，最少也要10万元人民币。

从工作状态来看，外资银行没有中资银行员工永远办不完的业务和等待在大厅的客户，他们有的是永远不停地开拓客户和繁重的吸储任务。渣打银行的一位客户经理告诉本报记者："每天回到家躺下就再没有起来的力气，加班到晚上八九点是家常便饭，领导每天不停地追问业绩，有听不完的培训与各种变相的考核。"

外资银行的理财产品在如今的市场上竞争力有限，针对的客户又相对高端，营业网点少，工作人员只有靠着其专业度和优质的服务吸引客户。他们大多经过高强度系统化的销售培训，能准确说出市场上各银行的优劣势从而引导客户需求，能告诉客户市场上哪些理财产品表现良好，哪些业务能给客户带来更大的投资收益。这样的员工可是市场上的"香饽饽"，第三方理财、信托工作、证券公司，甚至投行都愿意用高薪吸纳这些经过严格训练有着相对高的专业度和抗压能力的员工。

从外资银行自身的管理来看，虽然其拥有先进的经营理念和管理方式，但一方面考核机制非常严格，通常连续几个月完不成业绩就会受到银行的各方压力排挤，而从外资银行自己的市场竞争力来讲，产品并不如中资银行丰富，中资银行的产品可以延伸至金融的整个产业链，外资银行则只能在选定的领域和中资银行进行差异化竞争。

另一方面，外资银行的薪酬和福利待遇并不比中资银行高，底薪还好，但奖金政策很苛刻。在他们标准的服务笑容背后，辛苦与心酸又岂是"围墙"外的人所能明白的呢？这就不难理解在相对性价比不高的情况下，外资银行的员工均会考虑另谋高就，既然承受了巨大的工作压力，自然希望得到相应的高薪回报，更市场化的机构就成了这些员工的下一步选择。

资料来源：相昕岚.外资银行员工流动大中资银行稳定"更像家"[N].证券日报，2011-08-12.

二、内部市场细分

细分的前提是差异性和专业性，因为每位员工在受教育程度、人生经历上的不一致，导致了工作能力、心理和性格上存在差别，因此，企业需要将现代营销的市场细分理论应用于内部营销，将企业的内部市场像外部市场营销一样进行细分，认真了解员工的工作能力、心理类型和性格，根据员工不同的需要及情感特征，将其分为不同的群体，实施不同的管理方法、有针对性的激励方式和沟通策略，安排适合员工个性和专长的工作岗位，采取不同的营销组合，这样才能留住员工、保持员工满意、提升员工忠诚度并充分调动每位员工的主动性，使之为实现企业的目标而积极服务。

内部市场细分的变量较多，除员工个性、知识特点等心理和行为变量外，主要还有"员工在组织中所处的层次"及"员工与客户接触的程度"等。有两点需要特别指出：高层管理者既是内部营销的目标客户之一，也是内部营销的领导者和发起者，如果没有他们的认同，内部营销的理念很难得到全体员工的认同、接受，并融入企业文化且成为其中的一部分；同时，后台接触员工和支持性员工对创建、维护整个企业的"客户意识"和"服务文化"，也发挥着重要作用。

实例 9-9　　中国工商银行培训发展——多层次、有重点的全员培训体系

按照人员类别细分培训对象，将全体员工划分为管理人员、专业人员、业务人员三大类别，分别开展需求调研，制订针对性培训计划方案，开发不同培训项目，并开展相应效果评估。管理人员培训侧重提高其思想观念、政治素质、职业道德、管理能力和专业素养；专业人员培训侧重锻炼其专业能力、研究能力和创新能力；业务人员培训侧重强化其服务意识、职业技能和市场开拓能力。管理人员培训项目主要包括党校培训、国际化人才培训、中高级管理人才培训、"深港联动"培训和境内外短期培训等。专业人员培训项目主要包括专业资格认证培训、高级专业人才培训和新产品新业务培训等。业务人员培训主要包括客户经理培训、中年员工培训、一线柜员培训和新员工培训等。员工除参加岗位工作所需的培训项目外，还可根据自身兴趣参加各类讲座、周末课堂等多元化培训。2012 年，全行共完成各类培训 3.6 万期(不含班后学习及晨训)，279 万人次(不含班后学习及晨训)，人均受训约 10.6 天。

资料来源：中国工商银行官网.

三、招聘教育和培训

不同的企业组织需要招聘不同类型的人才。企业与员工之间的相互匹配，是开展内部营销的先决条件。因此，企业在招聘选拔人才时，可以采取笔试和面试等方式考察应聘者的专业技能、价值观、性格特征等，看是否满足公司的发展方向和公司对该职位的要求。对金融业这种服务性企业而言，最重要的是具有服务意识、良好的言行和态度。

在员工正式进入工作前，对员工进行培训，使员工能达到或进入理想的工作状态。除了对全体员工培训企业文化、企业目标战略以及行为准则等外，对前台员工还应增强他们的服务意识、人际技巧、产品或服务知识和业务技能，提高其对客户需求的响应能力；对后台人员，提高其技术技能、知识更新速度和工作的责任感。当员工在实践中出现错误时，提醒对方并就实践中出现的问题进行总结，帮助员工更好地适应工作岗位。

四、授权

授权是指为了能让基层员工做出正确的决定，赋予员工相应的权力和自主性，使其能控制与工作相关的情况并及时对可能的差错补救。[①] 正确地运用授权，有助于减少员工的角色模糊和角色矛盾，增强员工的适应性和满意度，激发员工自我实现愿望，最大限度发挥员工的才能。

金融业在为顾客提供服务时存在很多不确定性，需要员工有高度的创造性思维和随机应变能力，服务质量很大一部分取决于员工的工作经验和个人能力，这就需要企业加强对员工的授权。这样，一线员工在服务过程中，才能更好地对顾客需求和期望做出反应，能使员工提供更个性化、更加优质的服务。在授权时，一方面要防范一些人员过度用权和道德风险以及一些员工不敢用权；另一方面也要考虑成本，如员工的培训费用。一般适用于定制化程度高，技术含量高的服务。

五、激励与认可

激励是指企业采取适当的刺激方式，调动员工的服务积极性，使员工发挥更高的工作水平，有更大的主动性和自觉性，往往一些不成功的企业就是因为没有有效利用各种奖惩办法。在短期，支付高于合理水平的工资是一种有效激励方式，长期而言，员工更希望获得持续的基于绩效表现的奖励。

实例 9-10　　保险中介试水“员工制”营销初战告捷

保险营销员队伍为行业发展立下了汗马功劳，却并不属于保险公司员工，缺乏归属感。因此，保险业长期以来在探索建立“员工制”，将这些销售人员纳入公司员工以激励发展。《北京商报》记者近日了解到，除了保险公司外，保险中介机构也在为“员工制”探路，且旗开“小”胜。

首家尝试“员工制”的代理公司中美国际保险销售公司，已实现人均每月 1.6 万元的标准保费产能，月均活动率高达 80%～90%。

在中美国际保险周年庆典上，北京分公司总经理刘亚波在接受北京商报记者采访时表示，中美国际自去年成立便试行“员工制”和“代理制”并行的方案，并介绍了“员工制”试行的相关情况。

---

① 安贺新. 服务营销管理[M]. 北京：化学工业出版社，2011.

截至目前，从业绩考核来看，中美国际推行的“双轨制”小有成效。公司“员工制”招募销售人员占比高达95%，正式员工月均活动率为80%～90%，远高于行业代理人50%左右的平均活动率。

据了解，中美国际对应聘员工提供了“双轨制”方案，应聘者可自行选择“员工制”或“代理制”。“员工制”签订劳动合同，给予2 000～5 000元不等的固定底薪和“五险一金”。刘亚波表示，这为代理人“正身”，为其提供了社会角色的转换与更加切实的保障。

对于从业已久的保险老兵或者是有意加入保险行业的其他行业从业者，可以选择“代理制”签订代理合同，中美国际将提供其多家保险公司的产品，合同签约以及系统对接的“一条龙”服务，让专注行销路线的销售高手获得更大幅度的回报。

事实上，代理人制度自1992年引入国内，一直占据寿险行业的半壁江山。中国保险行业协会数据显示，2013年，险企人身险保费收入为10 740.93亿元，其中寿险营销渠道保费收入为6 093.75亿元，占比56.73%。但从营销员收入来看，普遍不高，仅一成营销员月收入超3 500元，而且，有六成以上的寿险营销员月均收入在1 333元以下。由于营销员并非公司正式员工，无底薪和“五险一金”的保障，导致其销售业绩与收入紧密相连，这也致使很多营销员不惜铤而走险，为了高回报，夸大保险产品的保障范围及收益。

为此，自2003年起保险业试水“员工制”，以打破代理人的顽疾。恒安标准人寿早在2003年成立时就曾主打“员工制”，且呼声极高，但受挫严重。投入较大的培训效果不足。

2012年，建信人寿在股东更迭之后，也高调推出“一小时员工制”，为员工给予一小时合同的劳动者最低小时工资(根据当地最低小时工资与25元/小时取高者)；2013年，新光海航人寿也推出“猎豹个险精英干部培养计划”，营销员享受国家规定的“五(四)险一金”，除法定假日及年假、婚假、产育假等假期制度外，还享有补充医疗保险等与公司员工同等的其他福利。

此外，工银安盛人寿此前也试推“员工制”，即与达到考核标准的营销员签订劳动合同，享受正式员工待遇。但先后试点的保险公司，不是因“员工制”成本太高而放弃推广，就是对“员工制”带来的营销员惰性失去信心，造成试点步履维艰。

针对营销员“员工制”带来的消极影响，刘亚波表示，试行“员工制”最担心的就是员工成本问题，但是这可以通过前期的筛选以及后期考核来避免。入选中美国际的员工要经过包括团队总监及分公司总经理两轮严格的面试，具体需要过六道关，如初步简历筛选、首次面试、笔试测性向、小组面试、分公司人力发展部面试，以及分公司老总亲自面试。在后期考核中，中美国际对员工的试用期是3～6个月，且最低月均考核标准是7 000元的保费收入。

此外，刘亚波透露，中美国际还针对经理人及团队主管，计划设立虚拟股权制度，即除了正常的绩效奖金外，在年底还能再一次参与公司分红，但这一创新需要过监管这一关。

资料来源：崔启斌，陈婷婷. 保险中介试水“员工制”营销初战告捷[N]. 北京商报，2015-07-01.

例如，金融企业可以在内部调研的基础上，根据员工需求，使用薪资福利、股权等利益激励手段，以及授权、参与管理、建立建议制度等精神激励手段，实现对员工的个性化激励。

专论 9-4　　具有代表性的激励理论

名称	提出者	基本内容	对管理实践的启示
需要层次论	美国心理学家亚伯拉罕·马斯洛	马斯洛提出人的需要可分为五个层次，即生理需要，安全需要，社会需要，尊重需要以及自我实现。后来，他又补充了求知的需要和求美的需要，形成了七个层次	1. 正确认识被管理者需要的多层次性 2. 要努力将本组织的管理手段、管理条件同被管理者的各层次需要联系起来 3. 在科学分析的基础上，找出受时代、环境及个人条件差异影响的优势需要，然后，有针对性地进行激励
双因素论	美国心理学家赫茨伯格	提出两大类影响人的工作积极性的因素： (1) 保健因素 (2) 激励因素	1. 善于区分管理实践中存在的两类因素，对于保健因素要给予基本的满足，以消除下级的不满 2. 要抓住激励因素，进行有针对性的激励 3. 正确识别与挑选激励因素
期望理论	美国心理学家弗鲁姆	人们对工作积极性的高低，取决于他对这种工作能满足其需要的程度及实现可能性大小的评价。激励水平取决于期望值与效价的乘积，其公式是：激发力量＝效价×期望	1. 选择激励手段，一定要选择员工感兴趣、评价高，即认为效价大的项目或手段 2. 确定目标的标准不宜过高 3. 如果不从实际出发，只从管理者的意志或兴趣出发，推行对员工来说是不可能收到激励作用的
公平理论	美国心理学家亚当斯	人的工作积极性不仅受其所得的绝对报酬的影响，更重要的是受其相对报酬的影响。付出与报酬的比较方式包括横比和纵比两种	1. 在管理中要高度重视相对报酬问题 2. 尽可能实现相对报酬的公平性 3. 当出现不公平现象时，要做好工作，积极引导，防止负面作用发生

资料来源：http://wiki.mbalib.com/wiki/激励理论.

六、沟通

有效的沟通有利于员工准确理解公司决策，提高工作效率，高度拥护和支持企业目标；有利于管理人员了解问题的本质，更好解决企业存在的隐患；有利于激励职工，形成健康、积极的企业文化。有效沟通的关键是渠道的有效性和信息发送者与接受者的理解。面对面沟通、会议沟通及员工聚餐都是有效的方式，此外，现在很多金融企业都有自己的内部网站、内部期刊，这些也是有效的沟通方式。

对企业内部来说，沟通一般有横向沟通和纵向沟通。首先，员工要正确理解和接受管理者下达的命令和任务，双方可以通过正式或非正式形式沟通，沟通有利于工作正常进行和企业的运行。在服务过程中，服务质量和服务效率不仅取决于前台员工的服务态度与服务水平，还取决于后台工作人员的技术技能和其他部门的工作。因此，一线员工和其他部门的沟通与信息交流，有利于减少部门间因消息不通带来的摩擦，有利于消除企业承诺与兑现的差距，提高顾客的满意度和忠诚度。

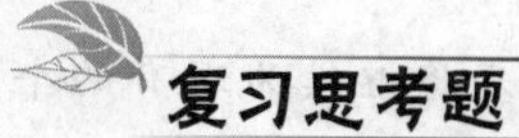

复习思考题

1. 在金融营销中，金融服务人员的地位是什么？
2. 金融服务人员的显性职业素养有哪些？
3. 金融服务人员隐性职业素养有哪些？
4. 简要总结金融服务人员的行为规范。
5. 如何建设金融服务营销团队？

实训题

某某银行员工因涉嫌非法套取亿元票据，同时利用非法套取的票据进行回购资金，且未建立台账，回购款其中相当部分资金违规流入股市，而由于股价下跌，出现巨额资金缺口无法兑付。由于涉及金额巨大，员工已被立案调查。该银行应该怎样减少这类事情的发生？

提示：由银行的内部管理方面考虑，如何加强内部控制，如奖惩机制、监督体系等。

要求：形成一份有关银行加强员工操作风险管理的建议书。

案例讨论

汇丰人寿关闭个人营销渠道引发员工维权

受汇丰人寿将关闭上海的个人销售渠道消息影响，昨日，几十名汇丰人寿员工聚集在上海陆家嘴汇丰大厦维权，要求与公司谈判。汇丰人寿企业传讯部经理张琳对《证券时报》记者表示，中德安联人寿方面愿意向汇丰人寿所有个人渠道的营销人员提供相对应的工作岗位。

昨日晚间，汇丰方面在给《证券时报》记者的回复中称，公司将重点发展银行保险业务，因此决定关闭仅在上海运营的个人营销渠道。关闭渠道后，公司将为个人营销渠道主职管理及销售支持的员工提供重新安置工作的机会：中德安联人寿愿意为汇丰人寿所有的个人营销员提供相对应的工作岗位。

据了解，关闭个人渠道所影响的员工既包括入职3年的老员工，也包括刚来不久的新人。有业内人士预计事件将波及200人，但相关部门回应称无法披露具体数据。根据汇丰人寿官网发布的《在册保险营销员名单》，公司营销人员为160余人。

汇丰人寿是由汇丰保险与国民信托合资成立的一家保险公司，2009年8月开业时注册资本为5亿元人民币，其发展路径与其他寿险公司有所不同。汇丰人寿以银行保险作为主要销售平台，个人营销渠道仅是辅助渠道，而在国内大多数寿险公司，个人销售渠道是最重要的业务渠道。据悉，汇丰人寿去年保费增长70%以上，其中90%以上的新单业绩来自银行保险业务。

个人渠道关闭之后，该渠道带来的客户可能会移交至其他部门管理，有人担心这些保单会成为“孤儿保单”,难以得到后续服务。

对此,汇丰人寿称,个人营销渠道客户的保单仍将有效,汇丰人寿将继续为现有的个人营销渠道的客户提供服务。然而,汇丰人寿将不再受理个人营销渠道之新客户业务。未来,汇丰人寿将重点为汇丰银行和其他战略合作银行(恒生银行和交通银行)的客户提供人寿保险方案。

资料来源:潘玉蓉.汇丰人寿关闭个人营销渠道引发员工维权[N].证券时报,2013-03-21.

案例讨论题

1. 该公司是否在人力资源管理上出现了问题?
2. 公司以后应该如何杜绝该类问题发生?

第十章

金融企业服务过程管理

本章理论要点

- 服务过程、金融服务过程
- 金融服务流程设计的几种常用方法
- 金融企业服务过程管理策略

案例导入

信托三大经典风控模式探秘之：平安“工厂式”审批流程全解

风险，风险，还是风险。

2014 年一开年，整个信托业似乎就没有与这两个字脱开关联。

当整体经济环境遭遇下行，越来越多行业面临不确定周期，如何全身而退，甚至弄潮其中游刃有余，都使风险管理能力，成为对 68 家公司的最高期许。

事实上，对以经营风险为核心竞争力的信托行业而言，过去几年中，以中信为代表的主流风控模式运行成熟，且各家根据自身情况加工风控细节亦偶有亮点。平安、中融独特的“工厂模式”与“独立审批人模式”的风控体系也独辟蹊径。

近日，《21 世纪经济报道》以走访等形式，对业内外贸信托、上海信托、华宝信托、华润信托、中融信托、北京信托等超过 10 家公司进行了年中调研，对话了数十位信托高管、中层、一线业务经理，力求冷静客观地把脉这个托管近 12 万亿元资产规模行业的最新生态。

平安的风控体系，在 68 家信托公司中有着极高的特殊性和辨识度，归其最核心的特点，即为建立在一套极其细化的“定性＋定量”方法论体系基础上，将风险控制的整个链条，打造成“工厂式”的标准化、批量化处理流程。

在这套流程里，参照内部数据库对交易对手的评级等量化指标，平安信托的大部分业务都能够模式化的执行匹配的交易结构、定价方案、审批流程等，其目的就是提高审批效率与专业度。而这一切，也与公司本身的“流水线作业”模式和“螺丝钉”文化一脉相承，形成了典型的“平安模式”风控。

在目前平安的风控体系下，一单业务基本的审批流程是以下这样的。

第一步，业务部门在准备好项目的简单材料后，就要与风控部门进行预沟通，由其考察可行性，平安内部的尽职调查和评级工作也多在这一阶段开展进行，相当于一个非正式立项的过程，通过后，再正式发起立项。

第二步，立项过程，也分为两种情况：一类被认为风险系数较低，或运作模式较为成熟的业务，可直接走“立项签报”流程；而其他业务，则需要通过“立项会”步骤，待由包括董事长童恺与首席风险执行官顾攀在内的几位负责人认可后，才能进入“立项签报”。

第三步，立项完成后，则开始进行“外部采购”，即通过招投标方式确定外部尽调机构，再进入企业就法律、财务、评估等多个维度开展尽职调查，并出具外部尽调报告。

第四步，即为由外部机构与风控、法务、财务约定召开尽调沟通会，再由风控部门就尽调结果出具尽调审批意见。

第五步，根据项目的进展情况，部分业务可直接进入“决策层签报”，而其他则仍需要进入“二审会”流程。在“二审会”上，童恺、顾攀等平安信托高层依旧列席，当然，风控、法务、财务等相关部门也被要求参加。

“二审会”也是一单业务能否最终落地的关键流程，由董事长童恺亲自扮演“主审”角色，如通过，即可进入“决策层签报”，项目正式进入实质性操作环节。

上述流程完成后，意味着与交易对手的合作基本敲定，此后，一般双方会先签署一个框架协议，落实项目要素、风控要件等内容，此基础上再就项目端一系列合同签署进行沟通，直至草拟和最终完成。

资料来源：冀欣. 信托三大经典风控模式探秘之：平安“工厂式”审批流程全解[N]. 21世纪经济报道，2014-07-11.

第一节　金融服务过程概述

一、服务过程的内涵

服务过程是指与服务生产、交易和消费有关的程序，操作方针，组织机制，人员处置权的使用规则，对顾客参与的规定、对顾客的指导、活动的流程等。简言之，服务过程就是指一件产品或一次服务交付给顾客的程序、任务、日程、结构和日常工作。完美的服务过程是指在正确的时间和地点，使用最少的资源来满足客户的实际需求，同时使客户获得深刻的印象以及感受高质量的体验。由于顾客通常把服务交付系统感知为服务本身的一个组成部分，因而服务过程是服务营销组合的一个主要因素。

图 10-1 是一个顾客的银行存款服务简易流程。

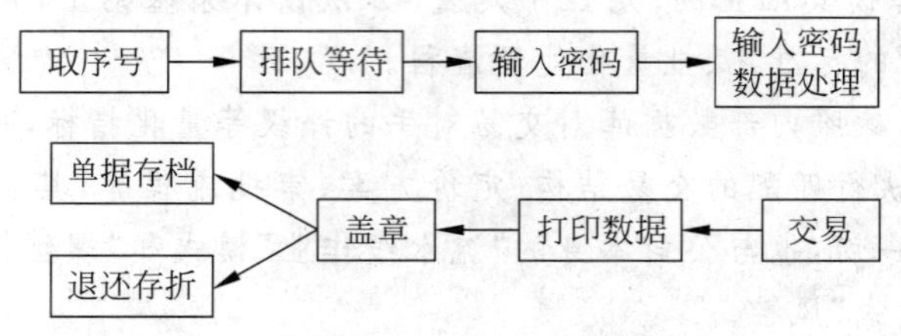

图 10-1　银行存款服务简易流程

资料来源：杨米沙. 金融营销[M]. 北京：中国人民大学出版社，2011.

这个过程仅仅是从顾客的角度出发，并不是金融机构日常交易的全部过程，而且仅是前台部分。存款服务过程还包括与服务接触相关的后台处理过程和支持系统运作，如簿记与凭证流程、现金与库存管理流程、大堂秩序管理流程等。

二、服务过程的特性

为了正确的设计金融服务过程，我们有必要着重剖析一下服务的过程特性。在这一节中，我们主要从服务的本质特性角度来剖析过程。

（一）服务过程的互动部分

服务过程受以下几个因素影响。

(1) 服务过程中的顾客。顾客是服务过程中必不可少的因素，因此，顾客的服务感受具有瞬间性、实地性、即时性的特点。在服务过程中，不论哪个环节出现了小小的纰漏，结果都会造成顾客对服务的不满意。

(2) 与顾客接触的员工。这类人员发挥着巨大的作用，他们直接面对顾客，因此需要在关键时刻对顾客的行为做出反应来判断和满足顾客的意愿和需求。员工与顾客之间的互动不仅表现在面对面的交流和沟通，还表现在邮件、电话等一系列的辅助工具帮助下的信息传递。同时，员工还需要对服务质量加以追踪，并针对发现的问题采取相应的对策。

实例 10-1　　优化业务流程　提升服务质量

自南昌邮储银行自成立以来，秉承“客户是我们的好朋友”的服务理念，坚持用心做市场，做客户的贴心银行，累计服务当地小微企业客户 4.7 万户，有效及时满足了客户生产资金需求 85 亿余元。

“三天快捷放款”是南昌邮储银行小额贷款业务在面临新要求，顺应新形势作出的发展抉择，发展的困境必须迫使南昌邮储银行积极主动参与竞争，打造竞争新优势，不断通过服务的提升、业务流程的优化寻求差异化发展。这有益于：一方面，服务质量的好坏，事关客户的利益，事关客户对南昌邮储银行提供金融服务的评价，南昌邮储银行通过提升服务质量，让客户满意度提升，特别是对核心客户的维护，才可以使存量的目标市场客户长期稳定化，而且还可以通过核心客户的影响带来新客户的增长，提高企业经济效益；另一方面，南昌邮储银行不断创新服务方式，延伸服务链条，提升服务质量，才能为当地城镇居民提供更多更好的优质金融服务，满足小微企业、“三农”日益增长的生产资金需求，履行社会责任，提高社会效益。

多一份责任就多费一份心思。南昌邮储银行“三天快捷放款”活动明确要求小额贷款客户在作出申请的表示后，信贷客户经理必须当天受理，不得借故拖延和拒绝受理，受理后原则上要在一个工作日内进行授信调查，对业务的审查审批时间也要在一个工作日内完成，针对一些需要补充的非关键信息可实行审查审批与补充资料同步进行，同时在放款资料齐全的情况下，会计结算部门原则上要当天审批通过当天实行放款，控制在半个工作日内完成，这些都是邮储银行为客户考虑、为客户服务的具体表现。

此外，为征询客户对南昌邮储银行小额贷款服务的评价，知晓与同类涉农机构在服务“三农”方面的长处和短处，扬长避短，改进服务质量，更好地改进金融支农服务，以优质、快捷的服务换取客户的满意，该分行以“征询小额贷款客户满意度调查问卷”的方式，完善补充“三天快捷放款”活动内容，让客户说出自己的需要，提出宝贵的意见和建议，使南昌邮储银行在服务客户的实践中找到努力和前进的方向。

未来,南昌邮储银行随时针对市场变化,持续提升服务质量,及时创新服务内容,不断满足当地农村经济建设和中小微企业资金需要,履行更多社会责任,实现开拓市场、增加效益双赢。

资料来源:江西网金融频道,http://finance.jxcn.cn/system/2015/04/15/013773371.shtml,2015-04-15.

(3) 服务系统和运行资源。包括排队系统、客户服务呼叫中心、自动柜员机、在线服务系统、银行的支票兑现系统等。这些系统都对顾客的消费方式有很大的影响,同时也影响服务质量。系统是否使用便捷和人性化设计所达到的程度,都将直接影响顾客的服务体验感知。

实例 10-2 工行吕梁分行以业务流程优化为抓手提升服务水平

工行吕梁分行扎实推进业务流程综合改造和优化工程,通过解决紧迫性问题、改善柜员操作体验、强化运行风险控制等一系列措施,最终使客户服务水平提升得到了充分体现。

一是重点解决严重影响客户服务和柜员业务处理质量及效率的紧迫性问题。根据总省行下发的实施方案,对急需解决的紧迫性问题进行了验证优化;按照要求将重要业务环节完成改造,从而降低了柜员业务处理的难度,提高了业务处理质量,加快了业务处理速度,有效改善了客户体验。

二是以柜员为主体改善操作体验。成功实施了交易界面和操作流程优化,使交易操作习惯更人性化,易用性明显增强,操作更加顺畅;实施了柜面交易整合精简,解决了交易功能分散、功能重复等问题;实施了交易命名标准化和智能定位项目,有效解决了柜员因交易代码繁多而难以记忆的难题;实施跨系统关联业务的联动处理等项目,有效提高了柜员业务处理效率。

三是在提升服务的同时强化风险控制。通过投产内部账户封装项目,提升业务流程的直通化水平,实现系统和流程对业务运营过程风险的硬控制;通过实施电子登记簿联动账务处理优化,确保了登记簿信息的完整性和业务处理的准确性;对需要进行客户身份识别的交易,实现了客户身份证信息的自动联网核查,有效提升风险防范能力;大力推广使用支付密码器,有效提高业务运营风险防范的技术水平。

资料来源:第一金融网,http://www.afinance.cn/bank/yhxw/201202/424814.html,2012-02-21.

(4) 有形资源。这些有形资源构成了服务环境组合,既包括室内设计、物品、计算机,也包括积极的服务氛围,甚至包括垃圾,这些都是服务过程的可视部分。这些有形资源对服务质量的提高起着一定的作用。有形资源的高质量可以提高顾客的满意度、增加品牌知名度,但是相应也会使企业的投入成本增加。因此,企业在服务过程中既要注意顾客与有形资源之间的互动效果,同时也要对成本进行控制。

(二) 服务系统的支持部分

(1) 系统支持。系统是否使用便捷和人性化设计所达到的程度,都将直接影响顾客的服务体验感知。此类系统的支持强调的是在可视背后的系统的支持,与前面的服务系统和运行资源是不同的。例如,银行使用的计算机系统运作起来速度很慢,无法满足日常的资金调转,数据库也不能为银行工作人员快捷地提供服务信息,这就是可视背后的系统影响了服务的过程。可见,服务系统在整个服务互动过程中的作用都是十分巨大的,只有让顾客主动、方便、快捷地运用系统,才能够提升服务的质量,真正达到顾客的满意。

(2) 管理支持。管理支持决定着企业的文化,决定了服务组织的理念、标准、工作人员的工作内容。如果管理层的管理模式不够优化,也就不能够保证服务组织和服务团队的服务效果,也就不能保证顾客的满意程度,那么整个服务团队就无法形成良好的服务意识,使为顾客提供优质的服务的积极性逐渐减弱,从而影响服务质量。

专论 10-1　　英国金融服务监管局

英国金融服务管理局为独立的非政府组织,是一家有限担保和融资的金融服务行业,具有完整的内部管理制度和完善的组织机构,只能行使手段以及查询和监督办法、执法调查等工作系统。

英国金融服务管理局(FSA)的基本原则如下所述。

(1) 重视成本与效益的经营观念。

(2) 加速金融服务业的改革。

(3) 重视金融管理及金融服务业国际化的本位,维护英国的竞争地位。

(4) 在加之于公司的负担和限制,以及对消费者和行业监管利益之间取得平衡,维持公司合理竞争的价值。

FSA 监管机构是全球比较严格的监管机构,直属英国财经大臣(英国是内阁制,没有部长一职),是非营利监管机构。但是不管怎么看,外汇服务商只是中介机构,不存在比如保险公司那种无力赔偿客户保单风险,因此只需要正规接受英国 FSA 监管即可,由于 FSA 每个月都会核查外汇服务商的资产情况,加上客户资金为独立托管,因此都是安全的,特别是拥有英国金融服务补偿计划(FSCS)。若经纪商受到 FSA 最高程度的授权,公司因任何原因倒闭或可能倒闭时,FSA 都会给与其客户最高上限为 85 000 英镑(约合 14 万美元)的赔偿金。

资料来源:易汇网,http://www.ieforex.com.

(3) 物质支持。服务人员之间需要互相支持,特别是与顾客直接接触的员工必须得到其他部门和员工的支持。这些辅助的部门和员工同样要将顾客视为自己的顾客,使这些提供辅助服务的员工和提供直接服务的员工的服务一样出色,否则就会影响服务的质量,一旦服务过程的某个环节出现了纰漏,将直接影响整个服务过程的顾客服务体验感知。

三、金融服务过程

(一) 金融服务过程的定义

金融服务过程就是金融服务活动从开始到结束的全过程。金融服务过程以市场及其变化为导向,以顾客和满足顾客需要为中心,有相应的服务阶段和程序构成,其目标是通过金融服务为顾客创造价值和检查交易的正确性。金融服务活动又是金融企业与顾客相互影响、相互作用、互利互惠的过程。

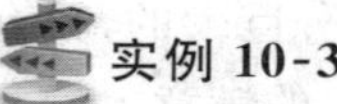

实例 10-3　　金融服务改革：外包≠外围

在 2015 年的政府工作报告中，把鼓励民营资本进入金融业，作为重要的改革措施。优化金融资源配置，改善小微企业融资难、融资贵的问题，成为"两会"的热点。

金融外包，作为引入竞争的重要方式，正在中国崭露头角。业内调查显示，中国金融外包业在过去一年爆发式增长 30%。所谓金融业务流程外包，是指金融企业将非核心业务流程和部分核心业务流程委托给专业服务提供商来完成，主要包括呼叫中心、财务技术支持、消费者支持服务、运营流程外包等。

全国政协委员贾康：比如说金融租赁，还有一些引入国外的市场引来的外包，只要是公平竞争，能够使金融产品多样化，应该允许实验在这方面来积极地探讨。同时，当然也要注意一些风险，特别是这样一些需要跟法规体系磨合的事情，要把它处理好。

"两会"前，国务院印发了《关于促进服务外包产业加快发展的意见》，其中明确要求："积极发展金融服务外包业务，鼓励金融机构进行外包。"这是国务院首次对促进服务外包做出全面部署。

全国人大代表赖小民：我觉得金融外包是必要的，特别在初级阶段，在发展起步阶段，在传统金融向现代金融迈进的阶段，利用外包是一个非常好的手段，它可以比较短的时间借助别人的力量，来实现我们自身快速发展。

专家指出：制约金融核心业务流程外包的原因，在于国内信息安全和风险管理能力不足，推动部分核心业务流程的外包，将大大提升金融竞争力。

资料来源：新华网，http://news.21cn.com/caiji/roll1/a/2015/0315/22/29216889.html，2015-03-15.

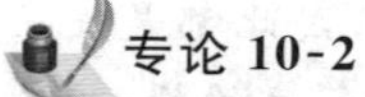

专论 10-2　　金融服务外包

金融外包(financial service outsourcing)是指金融企业持续地利用外包服务商(可以是集团内的附属实体或集团以外的实体)来完成以前由自身承担的业务活动。外包可以是将某项业务(或业务的一部分)从金融企业转交给服务商操作，或由服务商进一步转移给另一服务商(即"转包")。金融外包始于 20 世纪 70 年代的欧美，证券行业的金融机构为节约成本，将一些准事务性业务(如打印和存储记录等)外包。到了 90 年代，在成本因素及技术升级的推动下，金融外包主要集中在 IT 领域，涉及整个 IT 行业。据统计 2005 年整个 IT 行业的支出中有 45%为外包支出。

(二) 金融服务过程的特点

(1) 时间性。在金融服务活动过程中，金融企业的服务部门与服务人员与顾客同时参与服务互动过程。顾客是服务体系的一个重要组成部分，服务人员要特别重视顾客的时间意识和金融消费的时间特征，以便于合理地分配服务的时间资源。

(2) 空间性。金融企业的服务与其他理性的、网络的、虚拟的空间位置密切相关。要特别注意服务过程接近顾客，解决顾客的困难，突出便利性。

(3) 顾客参与性。金融服务活动过程都必须要求顾客的参与度，努力营造顾客的满足感、幸福感，这对金融服务的质量有很大的影响。同时服务人员要随时发现问题、解决问题，从而完善金融服务过程。

(三) 金融企业服务的具体流程

(1) 识别目标客户。识别目标客户就是要针对目标客户提供购前体验，明确客户范围，降低成本；同时进行细分，对不同类型客户提供不同方式、水平的体验；在运作方法上注意信息由内向外传递的拓展性。

(2) 认识目标客户。认识目标客户就要深入了解目标客户的特征、需求，企业通过市场调查获取相关信息，并对信息进行筛选、分析，真正了解客户需求，以便有针对性地提供相应的体验手段，来满足客户需求。

(3) 从目标客户角度出发，为其提供体验。清楚目标客户的利益点和顾虑点是什么，根据其利益点和顾虑点决定在体验式销售过程中重点展示的内容及步骤。

(4) 确定体验的具体参数。确定产品及服务的亮点，促成客户从中体验并进行评价；便于客户在体验后，就企业所展示的产品及服务内容的优劣形成一个判断。

(5) 强调目标客户体验。企业需要事先精心设计、充分准备目标客户体验的产品及服务内容，便于目标对象进行体验活动。

(6) 进行评价与控制。企业在实行体验式营销后，需要对前期运作进行评估。评估总结包括以下内容：效果、客户满意、客户风险释放、风险是否转移到企业能否承受等；通过审查和判断，企业了解前期执行情况并重新修正运作的方式与流程。

专论 10-3　银行贷款基本流程

一、企业办理银行贷款一般流程(见图 10-2)

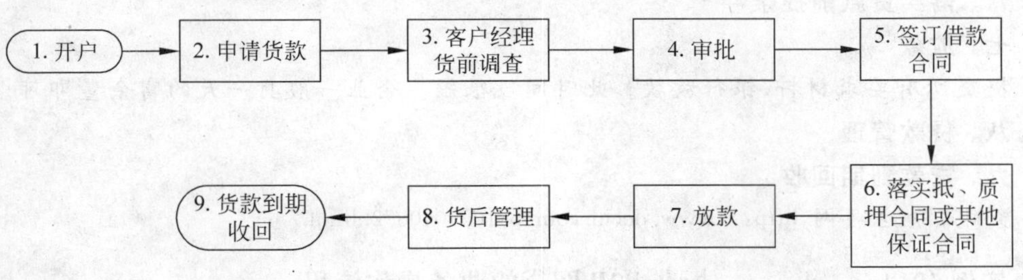

图 10-2　企业办理银行贷款一般流程

二、企业在银行开立账户

(1) 确定开户网点。

(2) 咨询开户手续、准备开户材料。开户材料一般需要：营业执照正、副本原件；组织机构代码证正、副本原件；税务登记证正、副本原件；基本账户开户许可证原件；法人代表身份证原件；企业公章、财务章、法人代表人名章；如委托单位财务人员办理开户手续还需提供法人书面授权书和代理人身份证原件。

(3) 开户。

三、申请贷款

(1) 进行融资安排：确定融资的主要目的；评估融资额度；评估融资成本。

(2) 评估授信条件。基本条件包括以下几点。①工商行政管理部门(或主管机关)核准登记的企(事)业法人或其他经济组织。②自主经营、独立核算、自负盈亏、有健全的财务管理制度。③借款用途合法、合理、合规，有按期还本付息的意愿和能力。④企业经营良好，借款确有经济效益，能按期偿还本息，一般有二年以上的正常生产经营和纳税记录，并能按要求提供符合担保条件的保证人或抵(质)押物品。⑤应在银行开立存款账户，并按规定报送财务报表，接受信贷和结算监督。⑥企业应持有人民银行颁发的贷款卡，并通过人民银行组织的年检。

(3) 准备提交材料，一般包括：①企业和保证人(如有)的基本情况，包括经年检的法人营业执照、组织机构代码证、验资报告、公司章程、法定代表人的身份证明或代表人授权书和授权代理人的身份证明、董事会或管理机构同意申请借款的决议；②企业和担保人(如有)经会计师事务所审计的会计报表和申请贷款日前一个月的会计报表；③抵(质)押物清单和有处分权人同意抵(质)押的证明，保证人拟同意保证的有关证明文件；④企业经年检的贷款卡。

四、银行内部贷款审理流程

(1) 贷前调查。①客户经理初步了解后，认为企业初步符合贷款条件。向企业提供须收集相关材料清单。②初步分析材料，对材料中需要了解的重点项和异常项进行佐证调查。③写出调查报告。

(2) 审批。

五、契约安排

审批通过后，银行和贷款企业签署合同，授信即可生效。

六、落实贷款前提条件

七、放款

提交所有要求材料，银行放款。此时间段很短。企业一般打一天的富余量即可。

八、贷款管理

九、贷款到期回收

资料来源：豆丁网，http://www.docin.com/p.1054040872.html.

实例 10-4　　标准 P2P 网贷的业务操作流程

P2P 行业发展迅速，业内人士预计至 2014 年年底，我国 P2P 平台的数量将达 1 500 家。对普通的投资者来说，如何从高达 1 500 家的 P2P 中选出值得信赖的平台，是个不小的难题。近日，银监会创新部副主任李志磊提及的标准化，则有可能成为突破这一难题的理想答案。标准化的 P2P 网贷平台的业务操作流程应该是怎样的呢？以在车贷领域佼佼者融金所为例进行解析。

第一步，资料受理，借款人提交《借款申请表》、身份证、驾驶证、行驶证、银行卡、车辆保险单、征信报告等资料；第二步，贷款初审，分公司进行当面审核和上门审核，按照系统要求将客户信息录入快易信担保系统，并上传扫描件；第三步，五级审批，客服主管在资料申请环节仔细检查已提交的资料，然后录入系统，由总部审核人员进行审批直至完成五级审批；第四步，合同签订，准备借款合同等资料——确认收集完成相关资料，抄取电话号码表——车辆价值评估——签订合同收集备用钥匙、领取 GPS——签订完毕系统上传相关文件；第五步，车管所办理抵押登记、安装 GPS；第六步，保险，商业险增加第一受益人(15 万元以上)；第七步，信号查询，GPS 信息录入与核查；第八步，放款；第九步，纸质资料归档。客服人员在结清时让客户签《资料归还声明》；第十步，贷后管理，还款提醒、客户维护、解除抵押、催收。

融金所在风控流程大胆创新，自主开发担保业务审批系统"融金云系统"，功能集业务申请、审核、发标、数据监控、贷后管理为一体，全部实现线上操作。融金所董事长孙明达表示，规范标准透明化的业务操作流程，旨在为投资者建立一个良性可供参考的行业标准，让每一个投资者在选择投资平台时有据可循，有准参考。

资料来源：网易财经，http://money.163.com/14/0919/10/A6GGBPND00253B0H.htmll，2014-09-19.

第二节 金融服务流程的主要设计方法

运行良好的服务流程系统需要考虑诸多方面的顾客感知体验，包括设施、运行资源、显性服务、隐性服务，并使它们完美、有机地结合。通常有以下几种设计方法可以帮助达成服务最终目标。

一、生产线法

生产线法的服务程序设计源于制造业的生产活动。工人各自在其生产领域完成生产线上的程序操作，使生产效率大大提高，并且不易出现差错。受这种生产程序的启发，金融企业也采用类似的方法进行服务流程的设计，提供给顾客标准化的、程序化的服务活动。

这种方法适用于差异程度低、操作简单的服务过程，如银行存取款业务、资金划转汇兑、证券业的股票交易、保险业的保费分期支付等。

(一) 生产线法的基本思想

生产线法的基本思想是应用制造业的经验来管理服务业的运营。

(1) 改变对服务是"非主流经济"的认识。抛弃人本主义的观点，重新认识服务，把服务看作针对个人和家庭生活基本需求的日常服务的从属社会经济活动。

(2) 借鉴制造业控制质量的思路。服务业的传统运营方式难以控制服务质量和效率，而在制造业中，通过使用程序化操作、严密监控系统，可以较好地控制产品的质量和特性。

(3) 借鉴制造业提高产出水平的方法。金融企业在提供金融服务时，可以借鉴制造业的自动化系统等现代化措施来完善服务系统，从而提高服务质量。

(4) 借鉴制造业的过程控制思想。对从接受顾客需求、进行服务准备、提供相应服务等一系列的过程进行精确控制，具体为"精确地生产，精确地服务，减少人为影响因素"。

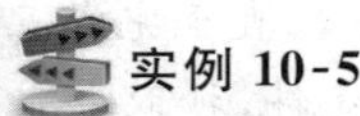

实例 10-5　　一站到底　畅享全流程金融服务

对许多白领一族来说，去银行网点排队办理业务是一件很让人头疼的事情。工作时间外出不方便，午休时间太短，等到下班后银行网点也停止营业了。一定有很多人畅想过，如果银行网点可以 7×24 小时不下班就好了。如今，北京银行做到了这一点。

北京银行结合银行金融服务特性，对物理网点的业务操作、营销服务与客户关系管理模式实行全流程的电子化提升，在国内创新推出了首家“京彩 E 家”智能“轻”网点。兼具 7×24 小时全天候服务、灵活低成本的网点部署以及轻松便捷的客户体验三大特色，“京彩 E 家”以全天候、全功能、全流程的优质服务，致力营造广大市民百姓的精彩生活。

与“京彩 E 家”智能网点一同亮相的还有北京银行打造的“京彩 e 屏”多媒体橱窗屏。这一新型宣传工具悬挂于营业网点外窗处，以电子画面的形式向来往行人滚动展示最新的金融知识、财富资讯以及北京银行产品、活动信息。其极富现代感的设计，将银行网点橱窗、灯箱外框与 LED 显示屏完美融合，大幅优化了宣传工具的画面感以及内容的时效性，在有效控制内容更新成本的同时提升了传播效果。据介绍，“京彩 e 屏”将在北京多城区同时点亮，覆盖上百家服务网点，成为首都的一道亮丽风景。

精心设计　极致轻松体验

网点分为五个标准化功能分区：信息展示区、营销互动区、自助操作服务区、开卡签约区及产品购买区。五个分区的设计都体现着“以客户的视角为核心，以客户的想法去思考，以客户的语言来表达”的原则，让信息流、产品流、服务流统一于客户这一中心，一切由客户自己做主。

网点布局处处体现出人性化和精细化。例如自助机具的布设，取款机离出入口最近，满足取款客户在时间上的高要求；存款机位置相对靠里，是因为存款业务办理时间较长，同时也兼顾到客户操作的私密性。此外，在不同设备上的信息投放同样经过科学设计。

两翼齐飞　协同线上线下

踏入“京彩 E 家”智能“轻”网点，产品介绍、服务信息、金融资讯一目了然，帮助客户迅速了解各类服务与产品，更理性、更专业地进行资产配置，安排理财方案。“京彩 E 家”同时提供免费的 WI-FI 接入，通过便捷的短信推送、时尚的二维码功能，让客户在“京彩 E 家”看到最新的财经信息、理财资讯、产品介绍，只需点一点、扫一扫，就能“随身携带，随时阅读，随心分享”。

在“京彩 E 家”背后，是北京银行强大的电子银行体系支撑。在线银行、网上银行、电话银行、手机银行、微信银行与触屏设备、远程智能柜员机、存取款机、自助缴费终端等自助设备无缝衔接、高效协同，实现线上线下完美结合，将有限的人力、网点资源高效利用。

北京银行相关负责人表示，接下来将逐步在全国推广复制“京彩 E 家”和“京彩 e 屏”，坚持从“客户体验最佳”出发，掀开北京银行惠民服务的新篇章。

资料来源：凤凰财经，http://finance.ifeng.com/a/20141112/132671020.shtml，2014-11-12.

（二）生产线法的设计要点

（1）限制个人的自主权，提供无差异服务。对服务的具体内容进行规范，明确每项工作的具体流程、每个流程的具体做法，尽量减少服务人员个人的自主权，使顾客享受平等的、无差异服务。

(2) 明确分工，发展员工的专门技能。针对每个员工不同的特性和技能，分配给他们不同的具体服务内容。发挥员工的专业技能，会使服务质量获得事半功倍的效果，使服务效率具有显著的提高，同时也会增加顾客满意度。

(3) 只要可能就用技术替代人工。对服务运营的各个阶段加以分析，在适当的地方采用机械和自动化设备来代替人工，充分地运用技术来弥补人工的不足，从而提高标准化程度和效率，并能够减少人为差错，如银行的自动柜员机、网上银行、电话银行、信用卡网络与机具布置等。

(4) 服务标准化，行为活动符合规范。对服务本身重新进行分析，尽量减少其中的可变因素，使之标准化、程序化，如各类电子银行业务系统、信用卡业务系统、票据汇兑业务系统等。同时规范金融企业服务人员的行为，设定具体的服务行为准则和要求，为顾客提供稳定、一致的服务，保证顾客的服务质量。

(三) 生产线法的利弊

总体来看，生产线法带来了许多积极效果。

(1) 效率提高。自动化服务系统代替了人工，不仅工作效率大大加快，准确率和可控制水平也大幅度提高，使服务系统的运营效率得到较大提高。

(2) 管理水平提高。制造业的管理思想有效地改变了服务业管理混乱的局面，分工明确、责任明确、权利明确、义务明确，运营系统的设计更加科学，运营管理水平也得到较大提高。

(3) 服务规模扩大。当按流程进行工作时，其交易量也会因效率高而剧增，实现规模效益，同时也有利于促进大型服务企业的形成。

(4) 顾客服务水平得到提升。在大多数情况下，生产线法的服务程序设计降低了服务供应者的管理和运营费用，减少了顾客了花销，也降低了顾客的服务支出。同时，生产线法比较容易培训员工，员工对于工作方式和方法也较容易理解和操作，而且也给顾客展现出规范的工作流程的状态。

(5) 劳动力就业结构和知识结构发生了改变。原有的许多人工劳动力被自动化系统所取代，从而使服务业中的劳动力就业结构发生了变化，导致部分员工面临失业的压力，这就促使了他们努力学习新技能。同时，新的管理方法对服务人员的技术水平和操作技能有较高的要求，因此促进了员工知识结构的改变。

但生产线法在应用中也有一些不可避免的局限性。首先，新技术和自动化系统一旦出现故障，便很难在短时间内得以修复，给顾客带了相当大的麻烦。例如，ATM 机器故障，取款卡因记载的信息发生错误而被机器吞没，给顾客造成了较大的消极影响。其次，自动化系统的界面往往不尽如人意，许多顾客不能够熟练地掌握系统的操作，而且系统只会一成不变地执行预先设定的指令，顾客的问题也得不到及时的解决。此外，生产线法设计思想在日新月异的现代化金融发展的时代还存在两个较为严重的问题：一是顾客的个性化需求问题。生产线法是遵循预先设定好的程序，按照标准化的思想进行，而现代消费者的需求确是非标准化的。面对顾客的个性化服务需求时，生产线法的设计思想很难达到顾客的满意；二是员工管理问题。生产线法遵循按程序操作，员工之间分工明确，忽略了员工的激励、员工的满意度和员工的忠诚度，从而影响了服务水平和服务质量的提高。

实例 10-6　　南京银行惠民出新措　ATM 吞卡自助取

随着银行自助设备的普及，越来越多的市民习惯通过自助存取款机办理小额银行存取款业务，方便快捷、省时省力，不过因为忘记取卡而导致的设备吞卡现象也频频发生。据悉，目前客户想要取回自助设备吞卡，须本人持有效证件与吞卡凭条到指定网点办理，2～3 个工作日才能拿到银行卡；即使开通绿色通道，指定专人配合，确保当天还卡，通常客户也要原地等待两个小时。

为破解自助设备取吞卡难题，优化自助银行惠民功能，南京银行自 2013 年启用专业团队，研究自助设备取吞卡流程改造，成功在自助设备上推出“延时吞卡”功能，实现客户超时未取卡时，自助设备读卡器自动保留吞卡，客户可在卡片被吞后的 5 分钟内凭交易密码取回吞卡。但很多客户取完钱忘记取卡后便匆忙离开，等到发现卡片未取再回去时往往已经超过 5 分钟，无法在 ATM 上操作自助取吞卡了。

为进一步解决这一问题，南京银行自助银行团队继续深耕，积极探究基于加装“自助退卡模块”的解决方案，推出了科技新成果——自助退卡器。“自助退卡器”的应用突破了 5 分钟的时间限制，ATM 会将卡片暂时存在机器设备的“暂存区”，持卡人可以根据银行卡卡号和交易密码等关键信息，随时在吞卡的设备上取回被吞的银行卡。这样既有效节省了客户取吞卡的时间，也节省了银行还吞卡的时间人力成本，是一举多得的惠民创新举措。目前，南京银行已经在 45%的存、取款机上安装自助退卡器，每台自助退卡器每月归还吞卡 10 余张，受到自助银行用户的一致好评。

资料来源：网易财经，http://money.163.com/15/0916/03/B3JQSSLH00253B0H.html，2015-09-16.

二、顾客合作法

服务产品的特点是服务和消费同时发生，顾客不应该总被当成被动的服务接受者，有些场合顾客可以或者愿意参与到服务中去。因此，出现了这种不用于生产线法的新型服务方式，即顾客合作法。例如，在理财咨询中，顾客向金融机构提供的想法和资料越全面，咨询顾问的理财方案越容易达到顾客的满意度。

（一）顾客合作法的主要内容

(1) 充分理解和把握顾客的个性化需求。根据不同的金融服务类型，研究顾客的需求和特点，分析其偏好，预测顾客在金融服务过程中的可能行为，综合考虑各种可能出现的状况，从而分析服务的整个流程，确定哪些工作让顾客参与效果会更好，或者可以让顾客有更大的控制权和存在感；确定顾客在服务的不同环节的可能参与程度。

(2) 在流程设计中突出服务的灵活性。给予顾客更多的参与和操作空间，保证顾客型的金融服务效率与质量并存。由于在金融服务过程中需要顾客更多地参与并发挥其自主权，因此就需要在金融服务过程中加入对顾客学习的支持，使顾客能够快速、简易地掌握所需要的知识和技能，以避免由于顾客的参与而造成系统的运营效率降低。

(3) 给予员工更大的自主权。为服务人员制定与自身相匹配的服务措施和授权方式,使他们在服务过程中充分发挥其主观能动性。

(4) 动态监控和评价服务绩效。不同顾客的需求不同,因此要频繁地关注服务的过程和结果,并及时地进行总结和反思,才能够保证服务系统的不断完善和服务质量的稳步提高。

与生产线法比较,顾客合作法能够更好地满足顾客的偏好,更好地为顾客提供个性化的服务,并通过顾客的参与和主动调节供需平衡使得在某些方面服务效率有所提高。但总的来说,金融服务的个性化要求必然会影响服务系统的运营效率。因此,必须合理地确定顾客的参与以及合作程度,从而努力实现满足个性化需求和提高金融服务效率并存的状态。

实例 10-7　　　　中国民生信托:绝不再做银行的附庸

身为最年轻信托公司的掌舵人,中国民生信托总裁张博在 2014 年踏入信托业之时,便坚定了“行业急需变革”的想法——“因为我所看到的信托行业,是一个大而不强的银行附属行业”。

解析五大市场定位。

第一个定位——投资。

“传统的信托公司将投资分为固有和信托两个板块。固有方面,重点是流动性和安全性,收益性流于平淡。当一家信托公司,拥有非常强大的资本实力的时候,才有足够力量拿出部分资金做真正的理财业务和对外投资业务。”张博说,对外投资可以锻炼自身对外投资的能力;另外,也是通过投资不断增强资本实力,将投资回报沉淀至固有项下,这也是信托公司长治久安、持续获得客户信赖的基石。

第二个定位——融资。

在张博看来,融资业务是信托传统业务,不是主营业务。“在融资过程中,我们强调投融资相结合,将资本融资项下和资金融资项下紧密结合;同时要提高客户黏性,也提高信托公司对项目和对资金、资本的把握。参与度更高,把握程度更高,风险控制的手段就更多更强。”

第三个定位——投行。

投行业务主要在资本项下,紧紧围绕资本展开。资本的链条很长,考虑到信托公司的金融属性,不可能贯穿整个全流程的资本链条。张博认为,投行业务最好的起点是在 A 轮融资,有着最高的容忍度。当一个企业基本成熟,发起第一轮资本融资的时候,可能是介入的最早起点,当然最好的方式是投资于企业上市之前(Pre-IPO)。“之后的一级、一级半、二级,市值管理以及其他需求,包括上市公司并购重组及最终的私有化等,都可布局投行业务。”

第四个定位——资管。

张博将中国民生信托的资管定位在两个领域,包括金融资产及非金融资产领域的资管。“目前金融资产规模高达 200 万亿元,市场容量足够大,中国民生信托想做主动管理型金融资产的准证券化和证券化,绝非传统的穿马甲业务。”

第五个定位——财富。

所有的金融业态，都是左手资产，右手资金，无一例外。财富板块与之前提到的四个板块，是1∶4的对应关系。

“但传统信托公司重资产轻资金，很多信托公司建立了财富管理总部，却没有实现直销，直销尚未成为行业主流。无论是监管要求，还是自身发展的要求，都要求我们要走自主发展的财富经营管理道路。2016年开始，中国民生信托也将在财富方面加大投入，主要定位在金融市场、高净值人群、互联网等方面。”

行业服务体验亟待提升。针对财富直销，张博已为中国民生信托搭建好具体模式——准备第一步在北京、上海、深圳、武汉四个城市建立VIP服务体验旗舰店。

信托关系，本身基于信任。张博反思现实情况称，将高端旗舰店运用得最好的是骗子公司横行的个人网贷平台(P2P)领域。他感慨这是一种劣币驱逐良币的现象。

资料来源：和讯网，http://trust.hexun.com/2016-04-20/183419842.html，2016-04-20.

（二）顾客合作法的利弊

总体来看，顾客合作法的意义表现在以下几个方面。

(1) 用顾客劳动取代员工劳动获得成本优势。既然顾客是服务过程中的一部分，就应该把顾客作为一种生产资源纳入服务设计中，引导顾客参与服务过程，部分员工的工作可由顾客进行，有利于减少企业的员工成本，也使服务过程更易达到顾客的满意度。

(2) 提高服务的个性化程度。在服务过程中，让顾客拥有更大的自主权，并注重顾客的个性化需求，以尽量满足顾客的偏好。同时，顾客型设计方法将如何提高员工的满意度和忠诚度也作为设计的重要方面。因此，能够提供较为个性化的服务，使顾客的满意度大为提高。

(3) 调节服务能力与需求的矛盾。针对金融服务需求时间和地点的变化幅度较大的特点，引导顾客主动调节服务的供需平衡，从而提高了服务系统的运营效率。

任何事物都具有两面性，顾客合作法同样存在着局限性：一是服务系统的运营效率降低。由于顾客型服务流程设计方法与顾客的接触增加，产出与提供过程的不确定性增大，因此会影响部分服务流程的工作效率。二是服务流程的管理难度加大。一方面，顾客的个性化需求使服务过程的管理和控制更加复杂；另一方面，要充分调动员工的积极性，给予员工自主权，也使管理的难度加大。三是新技术在服务系统中的应用难度增加。强调顾客的参与与重视员工作用相矛盾，使技术的选择以及设计情况更加复杂。

三、顾客接触法

这种方法的基本思想是，将服务过程分为与顾客的高接触部分和低接触部分。在设计服务流程之前，明确服务类别及其服务流程各环节顾客接触程度，对较低接触的后台服务流程偏重生产线法，充分利用现代信息服务产业技术的优势。而对较高接触的前台服务流程偏重顾客合作法，使顾客能够感受个性化服务，同时又通过标准化的业务操作实现规模经济效应，兼顾服务水平和服务效率两方面的提高。①

（一）顾客接触法的主要内容

1. 界定核心流程

核心流程是主要业务流程，是流程设计的重点。界定核心流程的原则有：

(1) 价值原则。核心流程是一个增值的过程，能够为企业的发展带来真正的利益。

(2) 顾客原则。核心流程直接影响顾客利益、顾客满意度和忠诚度。

(3) 绩效原则。核心流程影响组织绩效，改善核心流程可以有效提高组织的绩效。

2. 划分顾客的高接触部分和低接触部分

在对服务过程进行全面考察和分析后，划分出高接触部分和低接触部分，将其分为两个系统（见表 10-1）。在这两个系统内部，分别找出最关键的运营目标，并据此明确各体统以及其下的各单元的工作内容。同时还需要做好两个系统的衔接，使它们能够良好的协作。

表 10-1　高接触与低接触流程设计思想

设计项目	高度接触活动	低度接触活动
设施地址	接近顾客	考虑成本、信息等生产因素
设计布局	考虑顾客生理和心理需求和期望	提高生产能力
产品设计	环境和实体产品决定了服务质量	顾客在服务环节外
过程设计	服务环节对顾客有直接影响	顾客不参与大多数处理环节
进度表	顾客包括在表中且必须满足其需要	顾客主要关心完成时间
工人技能	一线员工是产品的大部分，应该具有较高公众接触能力	员工只需一种技能
质量控制	质量标准取决于评价者，可变	质量标准可测量、可固定

3. 设计高接触部分

这部分的设计，主要在于主要评价与顾客接触的各环节的重要程度以及不同环节的不同顾客需求，并尽量减少影响服务效率的不必要因素。

4. 设计低接触部分

这部分主要遵循生产线法的设计思想，采用新技术和自动化系统，并精确的控制系统的资源、过程和产出。这样得以降低费用，提高效率。

5. 全面考察和评价

全面设计系统的各个部分，并找出衔接不合适或未能使系统的综合运用水平达到理想目标的环节，从而优化整个服务过程。

（二）顾客接触法的设计特点

(1) 人员设计。首先，高接触部分是顾客、员工与技术三个因素之间的相互作用，而低接触部分主要是员工与技术的相互作用。其次，高接触部分的员工要求具有较高的人际交往能力、良好的沟通技巧和服务态度；而低接触部分的员工主要要求生产技能。

(2) 决策程序。高接触部分灵活性较强，需要根据实际情况的变化而及时做出反应；

① 杨米沙. 金融营销[M]. 北京：中国人民大学出版社，2011.

而低接触部分受预先设定的程序影响较大。

(3) 管理。高接触部分的运营计划的灵活性较强，而低接触部分则相对较为稳定。高接触部分的设施和员工能力主要是符合顾客的需求，而低接触部分更侧重于生产率最大化。

(4) 目标。高接触部分的目标是最佳服务效果，而低接触部分的目标是最高运营效率。高接触部分强调人与人之间的交流和沟通，而低接触部分更多的是人机交流。

(5) 结果。高接触部分的结果最主要的表现就是顾客的满意度，因此就需要一些客观的属性，如心理感受、环境氛围等。

(6) 流程。高接触部分的流程设计主要体现在直接地对客户产生的影响，着重考虑面对顾客的情况。同时也需要低接触部分的默契配合。

(7) 时间标准。高接触部分的时间主要看顾客的需求程度，根据顾客办理业务的不同而有所不同，一般因此其标准不易确定，而低接触部分的时间标准则较为明确。高接触部分往往只能进行短期预测，而低接触部分则可以进行较为长期的预测。

实例 10-8　不止于增加互联网渠道　广东南粤银行探索互联网金融新路径

随着移动互联网时代的到来，互联网金融发展如火如荼，对传统银行业而言，这既是挑战更是机遇，尤其是城商行而言，极有可能借助互联网金融实现弯道超车。在 2016 年"两会"上，全国人大代表、广东南粤银行董事长韩春剑再次强调金融机构应大力发展创新型金融即互联网金融，通过新技术降低服务门槛和融资成本，缓解中小企业融资难问题，助力实体经济发展。

银行互联网化不止于增加互联网渠道

传统银行互联网化并不仅仅是增加了一个互联网渠道，而更多的是利用云计算、大数据、电商平台和搜索引擎等互联网工具探索新型金融模式。以广东南粤银行为例，该行早在 2014 年就推出了网络微贷产品"南粤 e 贷"，利用电商数据对客户进行风险分析、信用评分、交易监测等，替代银行传统的准入要求，产品设计上实现随借随还功能，解决客户融资难、融资慢的问题。同时该行积极与第三方数据平台进行合作，借助互联网大数据以及建模有效的提升小微金融服务能力和风险防控能力，大大降低了银行的经营风险。

同时，为了弥补城商行网点不足的先天缺陷，广东南粤银行很早就发布了直销银行"南粤 e+"，坚持以客户为中心，以差异化为竞争手段，提供网页端、微信及 APP 多种入口，支持多个平台的浏览体验，不断创新优化平台产品和业务，客户体验值和满意度也持续提升。此外，直销银行快速发展也大大扩展了该行的金融服务覆盖范围，为该行带来了大量的金融客户。官方数据显示，截至 2015 年年底，广东南粤银行网络银行有效客户超过 42 万户，增长 73%，而移动端渗透率超过 52%，网络支付交易量达到 20 亿元，是 2014 年的 4 倍。毫无疑问，互联网金融业务将成为南粤银行实现弯道超车的重要利器。

打造银行业合作生态链实现共赢

广东南粤银行在跨境收付业务上，除了聚焦自贸区跨境电商客群，为其提供线上收付通路及资金清算平台，推动出口贸易线上化，同时为国内其他银行提供业务接入，致力建设成为重要的跨境支付及清算平台。作为国内最先取得 VISA 和万事达国际卡组织会员资格及收单资格的城商行，广东南粤银行与其他股份制银行、城商行合作，为其提供跨境支付的通路，建立起区域的跨境支付平台。

2015年广东南粤银行还开创了金融互联网咨询业务模式，即利用该行自身在网银、手机银行、微信银行等金融互联网产品的开发、运维、优化的经验，为其他中小银行提供相关产品的建设及实施解决方案，建设成以南粤银行为核心的合作生态链。据内部人士透露，目前，该行已经陆续与贵州等地的部分村镇银行开展金融互联网咨询项目，包括联合发卡项目、官网、手机银行、微信银行的开发及运营，支持落后地区的金融发展，实现智力输出。

资料来源：中国经营网，http://biz.cb.com.cn/jinrong/2016_0503/1200280.html，2016-05-03.

（三）顾客接触法需注意的问题

（1）明确与顾客的接触程度。划分高接触和低接触部分的主要依据是明确金融服务过程中各环节与顾客接触的程度。顾客的接触程度即顾客在该部分系统中的存在程度，以及顾客对金融服务过程与结果的影响程度。高接触也就意味着服务过程的时机与性质完全取决于顾客，顾客的感受决定服务总体感受和服务质量。

（2）关注前后两部分的衔接。由于顾客接触法分为高接触部分和低接触部分，即把服务过程分为前台和后台，并分别运用了不同的设计思想，因此这两个部分的衔接就显得尤为重要，直接影响服务流程的整体运行效率。同时，如何明确顾客、环境、前台、后台之间的相互作用关系，如何应用整体优化的方法使服务系统的运营效率达到较高的水平，都是设计需要考虑的重要内容。

第三节　金融企业服务过程管理策略

金融企业服务过程管理是服务营销的一个重要环节，它能直接带给企业经济效益，因此企业应该重视其复杂性，加强企业内部的相互协调和员工与顾客间的相互沟通，不可忽略顾客关心的细节，注意把握顾客的感受。金融企业须利用科学的流程设计和管理策略，使服务过程的无形性转化为有形展示表现出来。

一、金融企业服务过程管理应遵循的原则

（一）以客户为中心的原则

金融企业服务过程优化必须坚持以客户为中心的原则，即按照客户的需求和为客户提供最方便、最优质服务的思路重新设计各项业务流程，建立能响应和满足客户不断变化的需求的运营机制及相关的业务流程，并将决策点定位于业务流程执行的地方，在业务流程中建立有效传递、反馈及协调机制，从而大大消除原有各部门之间的摩擦，减少无效劳动，提高金融企业的内部运行效率和市场竞争能力。这里的“客户”既指金融企业的外部客户，也指内部的“客户”。企业客户部门的工作质量由企业的客户来评价，企业支持保障部门的工作质量也应该由它的客户——前台客户部门来评价。

（二）过程与市场优先的原则

服务过程优化强调“组织为过程而定，而不是过程为组织而定”，金融企业服务过程优化应主张以“过程”为中心，先过程后部门，即先设计好企业的各项服务流程后，再根据流程的需要设置相应的职能部门，将目前分拆开来的部门进行重新归并和整合，并对影响过程运行的多余、重叠，甚至起阻碍作用的部门进行删减。同时，根据市场客户需求的变化、业务传递过程的变化和拥有的技术优势，重新认识和设计客户服务系统，改革组织结构，重点是围绕金融企业的高端客户、优良客户来组织业务，以提高业务效率和经营效益。

实例 10-9　　E 路前行，富德生命人寿以科技优化服务

当下，互联网的蓬勃发展极大地降低了社会交易成本，提高了企业和整个社会的资源利用效率，成为传统产业升级换代的重要驱动力。对保险行业来说，要如何在“互联网＋”时代中顺利转型升级、实现跨越式发展，是所有保险公司都要面临的重大课题。

富德生命人寿紧随时代行业发展步伐，坚持与时俱进，充分以“互联网＋”思维布局企业发展，创新互联网保险服务技术，加速产品研发，提高保险服务水平。

创新技术，打造 E 服务平台

在互联网思维下，富德生命人寿将创新保险服务技术摆在首位，致力于营运创新，将先进的科技技术与保险服务紧密结合，打造 E 服务平台，升级 e 行销方式，实现用科技优化业务、用业务促进发展。

据悉，富德生命人寿 E 服务平台渠道非常广泛，包括富德生命官网、E 动生命 APP、微信公众号、E 服务自助终端等多平台服务，充分利用互联网平台、手机客户端和移动支付工具，实现保险服务流程电子化和远程化操作。

在 e 行销方面，富德生命人寿全面上线新契约电子签名移动 APP(安卓版)，取消了硬件终端限制，变硬件为软件支持，并支持 Wi-Fi 环境使用，不受运营商信号限制，成功解决业务员网络困扰问题。

E 化服务提升效率体验

富德生命人寿致力于用科技全面提高客户服务水平，优化客户服务体验，为客户提供更便捷优质的服务。

富德生命人寿打造的 E 服务平台，具有会员专享通道、查询服务和保单服务等多项功能。就保单服务而言，保单信息查询、万能账户查询、联系方式变更、续期交费方式变更、保单还款、追加保费、自助理赔、在线客服、视频通话等二十余项保单服务均可以通过移动端操作完成，服务更趋向人性化和个性化，服务效率大大提升。

电子签名移动 APP(安卓版)的成功上线，也全面提高了客户服务水平，优化了客户服务体验，同时提高业务员为客户办理业务的服务效率。

未来，富德生命人寿仍将坚持创新互联网保险服务技术，加速产品研发，提高保险服务水平，实现企业顺利转型升级与全新发展。

资料来源：大洋网，http://news.dayoo.com/finance/201603/05/141887_47029848.htm，2016-03-05.

（三）专业化经营和集约化经营相结合的原则

在专业化经营上，首先，应该实施管理会计体系，为企业经营管理决策提供信息支持并提高金融企业经营成本控制的能力。其次，集中处理后台，以充分利用资源、降低成本、提高效率和强化风险控制。企业通过计算机系统平台的建立，将全国范围内所有客户资料信息、单据处理、账务处理等后台工作集中进行。后台数据大集中后，可以大大降低运作成本。从金融企业服务过程优化入手，可以从根本上消除多余的成本支出，有助于企业取得最佳经营成果。同时金融企业要注重信息技术的运用，真正实现金融企业的集约化经营。

二、金融企业服务过程管理措施

根据服务过程优化应遵循的上述三项基本原则，本书从核心业务过程的设计、过程设计的灵活性要求以及过程设计的集约化要求三个方面对金融企业服务过程的优化提出三点措施，以期能够为金融企业操作风险的降低创造良好的制度环境。

（一）从价值链分析入手，突出核心业务流程

从价值链分析角度来看，企业应着眼于活动和过程对客户价值贡献的大小。对一个企业来说，任何一个对产品或服务没有贡献的过程都是不增值的过程。金融企业服务过程优化必须从价值链分析入手，突出有利于形成核心竞争能力的核心业务流程，在人力、物力和财力等内部资源的利用上，把经营注意力集中于最核心的业务，而把一些低附加值的、不能体现领先优势的流程，有偿委托具有比较优势的公司，或者果断予以放弃。这种建立在比较优势基础上的服务过程的优化，有助于金融企业致力于核心业务，既可以节省人力、物力和财力，又可以大大提升具有比较优势的业务的回报率。

专论 10-4　　BPM

BPM，即业务流程管理，是一种以规范化的构造端到端的卓越业务流程为中心，以持续的提高组织业务绩效为目的的系统化方法，常见商业管理教育如 EMBA、MBA 等均将 BPM 包含在内。

BPM 需求的产生是在 20 世纪末，20 世纪 90 年代，Michael Hammer 和 James Champy 的成名之作《公司再造》（*Reengineering the Corporation*）一书在全美公司领域引发了一股有关业务流程改进的汹涌浪潮。这两位管理学宗师在书中展示了这样一个观点——重新设计公司的流程、结构和文化能够带来绩效上的显著提高。但是由于缺少对变革管理以及员工变革主动性的关注，在很多致力于把他们的理论付诸实践的公司身上产生了反作用的结果。曾经的有关业务流程再造的金科玉律黯然失色，并且变得落时。今天，业务流程改造有了新名字——业务流程管理（BPM），而且再次进入了流行时段。受到全球竞争压力、消费品化以及政府监管的刺激，美国公司正在重新审视他们的业务流程，寻找更高效的方法，通过自动化甚至外包的手段去实施它们。公司再次把业务流程管理——这种通过分析、建模和监控持续优化业务流程的实践，当作一种解决业务难题和帮助公司实现自己财务目标的系统方法。

资料来源：谁该掌握 BPM 的主导权[J]. IT 经理世界，2007，(12).

（二）以客户为中心，服务过程设计体现差别和柔性要求

过程优化应围绕客户需求，强调企业在服务上应具有更多的灵活性。一是按照客户的信用水平和各类业务风险程度的不同，从审查的层次与权限、审查的内容与环节、风险的防范与保障、操作的标准与程序等方面出发，分别设计不同的流程版本。二是要改变过去的审查审批方式，直接报有审批权限的机构进行审批决策，从而大大减少审批环节，提高审批效率。三是按照区域的信用和经济发达程度及业务的发展点设计服务流程。根据中国的经济金融特点，至少应划分为5类区域，即发达类、次发达类、中等类、欠发达类、落后类，对于不同发达程度的区域，在业务的范围、过程的设置、风险的控制等要求上必须各有侧重。对于发达的区域，原则上没有业务范围的限制，可致力于提供包括存贷款、债券、投行、信托、证券、租赁在内的全方位的金融服务，并在流程简化、金融衍生品使用、产品及业务创新上给予更多的自主权；对于次发达的区域，则以开办存贷款、债券、投行等业务为主，一般使用标准化流程，对超出范围的业务实行集权审批；对于不发达的区域，主要业务方向是为当地企业提供现金管理、短期融资、外汇交易服务和零售业务，业务办理范围受到限制。差异化的过程使金融企业的业务和服务能更贴近市场与目标客户。

实例 10-10　上海银行杭州分行：造全流程金融服务平台助经济转型

当前，中国金融体系呈现创新、发展、融合的态势，多层次资本市场体系不断完善，自“新三板”突破地域限制，面向全国所有符合条件的中小企业，广大中小企业迎来发展的另一契机。

3月初，李克强总理在2015年工作报告中，提出形成“大众创业、万众创新”新局面，打造中国经济提质、增效、升级双引擎之一。近日，中共中央国务院又提出了加快实施创新驱动的发展战略。

据了解，2014年10月，上海银行与新三板签署战略合作协议，承诺为挂牌公司和拟挂牌公司提供不低于100亿元的意向授信额度。同时，上海银行与海通证券等一批重点券商开展新三板业务的紧密合作，联合打造“股、贷、债”三位一体、投融资相结合的“新三板整体解决方案”，充实和深化对高成长性企业的综合金融服务内容。

上海银行杭州分行方面表示，在经济新常态下，中小企业面临较大的转型升级压力，部分企业不免被市场淘汰出局，这是必然的市场规律。杭州分行服务中小企业的战略不会动摇，在客户结构上会根据区域经济重点和产业转型升级而逐步调整。

上海银行对成长型企业，从初创期、成长期到成熟期，各阶段都设计了系列相适应产品，如信用贷、股权质押贷、应收账款质押贷款、私募债等产品，使主业前景良好的中小企业能专注做好主业，提高资金运营效益，银行全程助力提供资金支持，帮助企业提升价值。

据了解，为助力中小企业更好发展，上海银行在15万户小企业客户中层层筛选、严格评定，选出具备管理精良、运营稳健及较强核心竞争力和较高成长性的优质客户——“小巨人”。在2014年度，杭州分行11家客户获“小巨人”认证。

“目前重点做好小微金融和成长型企业金融服务，并针对小微金融推出‘结贷一卡通’产品，以真实交易流量和资金流量为贷款额度审批依据，弱化对小微企业担保的要求。”该行表示。

资料来源：中国新闻网，http://www.chinanews.com/fortune/2015/06/03/7319695.html，2015-06-03.

（三）优化业务处理过程，提高服务工作集约化程度和反应速度

统一梳理整合各个服务环节和工序，将分开、重复的多道工序按营销、审批、管理等不同板块进行整合与归并，使每一板块内的业务处理做到集中、突出、有序。例如，在营销板块中，要将金融产品按功能、方便客户、满足需求和创造消费的角度进行捆绑整合，形成组合、系列的产品体系和“一对多”的工作格局，即一个营销客户经理在流程中被赋予综合使用多种金融产品的角色，为众多客户的个性化、复杂性需求提供配套服务，将分产品的业务营销过程改为“一揽子”业务营销过程；通过推行和培养客户综合服务专员——客户经理，使其成为能够为顾客提供全面了解金融信息的客户经理人，将金融企业的部分传统业务统一交由客户经理负责，由客户经理向客户“点对点”的提供一体化营销和全面的金融服务，使其工作内容从单一化向多样化转变，也使客户不再面临众多的业务柜台，只需与单人接触即可，即使过程非常复杂分散，顾客仍能获得完整且迅速的服务。这既提高了顾客的便利程度，同时也有利于金融企业实现交叉销售。

实例 10-11　　价值转型持续优化　寿险本业增速抢眼

3 月 26 日晚间，新华人寿保险股份有限公司正式对外公布了 2013 年业绩报告。年报显示，新华保险 2013 年保险业务收入达 1 036.4 亿元，同比增长 6.1%，归属于母公司股东的净利润为 44.22 亿元，较 2012 年同比增长 50.8%。

战略转型把握均衡

“新华保险转型设计的一个极其重要的原则是‘把握均衡’。规模与价值并非绝对排斥，我们所要的价值必须建立在一定规模基础之上，而非此即彼的极端做法显然与商业运作规律相悖。”在谈及 2013 年转型历程时，康典表示，新华保险的战略是以客户为中心，逐步为客户提供更加丰富的差异化产品。

事实上，过去一年，新华保险积极推进以服务核心客户群为重心的九大体系建设。与此同时，大力加强管理能力、投资能力和创新能力。这些举措经过一年的实践，尤其在客户与队伍两方面的持续优化上，均已取得了显著成效。

固定收益类配比提升

在投资业务上，新华保险通过加大对固定收益类资产和高收益金融产品的配置力度，2013 年公司总投资收益率为 4.8%，较上年上升 1.6 个百分点。

与此同时，新华保险明显加大了债权型和股权型等另类资产的投资力度，这两类资产绝对规模及占比均得到提升，而债权型投资利息收入和投资资产买卖价差收益的增加，也直接带动投资收益大幅增加 82.7% 至 247.34 亿元。

渠道经营“质”“量”并举

在康典看来，新华保险在全公司范围内提出的“全面提升客户体验”理念，将进一步全面推进客户全生命周期管理。同时，公司还将持续强化成本优化与财务管理，并不断健全风险控制和合规管理。

康典表示，在渠道经营方面，着眼于当前市场特征，新华保险将继续“质”“量”并举：在个险渠道，一方面加大培训投入，加强队伍的基础管理，帮助队伍提升核心考核指标，进一步强化绩优队伍建设；另一方面继续加大对队伍招募的投入，力争在扩大队伍基数基

础上夯实组织架构，逐步打造一支高稳定、高留存、高产能、可持续发展的个险队伍。在银保业务方面，一方面银行代理仍然是获取规模的重要渠道；另一方面将继续致力于加强与渠道合作共赢模式的深入拓展，加强期缴产品和高价值率产品的销售，同时进一步强化流程管理，继续在防范化解销售误导风险方面加大力度。

资料来源：沃保网，http://news.vobao.com/news/global/783451273717563202.html，2014-04-15.

复习思考题

1. 什么是服务过程？有什么特点？
2. 简述服务流程设计方法的核心思想以及适用对象。
3. 分别说明生产线法、顾客合作法、顾客接触法的主要内容和设计方法及优缺点。
4. 金融企业服务过程管理原则有哪些？
5. 如何对金融企业服务过程进行管理？管理措施有哪些？

实训题

任选一个金融企业，调查分析其服务过程，找出服务过程的优势和劣势，并针对其服务过程中问题，给出相应的设计方法以及管理方案。

案例讨论

规范流程　强化管理　服务实体

近年来，为更好地助推地方经济发展，沭阳农商银行通过阳光信贷工程、银农连心工程、扶贫贷款发放、信用贷款“整村推进”等措施不断提升信贷服务水平，从贷款年检季检、尽职免责、事业部制、绩效考核优化、信贷流程架构改革、客户经理制等方面逐步夯实管理基础、苦练内功，按照现代金融企业的要求进行流程规范，逐步强身健体、壮大自身实力，充分发挥了农村金融主力军的作用。

优化流程架构

(1) 在信贷流程架构上实现“三台”分离，为农户、小微企业提供高效快捷信贷服务。

一是推行事业部制大三台信贷管理模式。为推行阳光信贷管理，实现管理层级扁平化，更好地服务地方经济，我们推行事业部制改革，在农村地区按自然片分设六大事业部，并在实践的基础上逐步发展完善，推行以事业部为单位的大三台管理模式，由事业部统一组织异地调查、异地授信，实现采信、授信、用信、贷后管理全程阳光操作，充分体现“职责分明、操作规范、环环相扣、相互制衡”的原则。事业部在监督、管理、指挥、服务等各个方面实现关口前移、重心下沉，拉近了与客户间的距离，缩短决策链条，提高服务效率。

二是构建“三大中心”管理架构，促进信贷管理扁平化、集约化、流程化。针对小企业及个体工商户融资“短、小、频、急”的特点，成立公司贷款授信中心和个私贷款授信中心，将公司贷款和城区个私贷款进行归口管理，实行最大化营销，阳光授信流程化操作，实现专业化、扁平化、规范化经营和管理。上述两中心和六大农村事业部，构建了公司、个私和农户信贷业务“三大中心”管理架构，促进信贷管理扁平化、集约化、流程化，保障了服务效率。

三是规范信贷“流程化”操作。遵循“三台制衡”核心理念，按照“严准入、细管理”的总体思路，在授信管理部分设公司贷款、个私贷款、农户贷款三大授信中心，信贷管理部下设用信中心，对授信、用信业务风险实行集中流程化管理。严格落实各岗位、各流程职责和责任，严格授信环节的准入，细化用信过程的风险控制。

(2) 实行客户经理制，推进“保姆式”服务。制定客户经理管理办法、岗位职责，组织考试、考评定级，客户经理以组织资金为主，兼顾贷款营销、贷后管理及其他中间业务营销，按照级别组织认领黄金客户，实施一对一全方位营销服务。客户经理从专业化角度，在营销和服务过程中，查看客户现金流情况，完善客户存款、贷款、中间业务及其他财务信息等近几年历史资料，以坐标模式形成曲线图，对现金流变化较大的分析原因并说明情况，将收集的客户信息，通过科技支撑，及时反馈至信贷、授信、市场、风险、合规、审计等部门，实现信息共享，促进效率提升。

资料来源：和讯网，http://bank.hexun.com/2014-04-21/164103479.html，2014-04-21.

案例讨论题

1. 沭阳农商银行从哪些方面改善服务过程，具体管理措施有哪些？

2. 结合本章内容，谈谈沭阳农商银行的服务过程管理给你带来了什么启示。

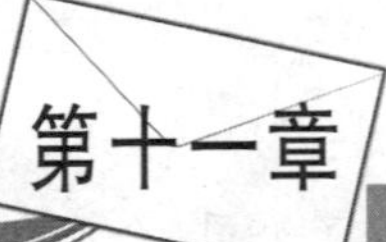

第十一章 金融服务企业有形展示与 CIS 战略

本章理论要点

- 了解金融服务有形展示的特点和概念
- 掌握金融领域 CIS 战略

案例导入

改变传统形象 Frank 银行吸引年轻人

在前不久举行的 2012BAI-Finacle 全球银行创新颁奖会上，新加坡华侨银行(OCBC Bank)凭借其全新的银行概念——"Frank by OCBC"，一举拿下了最佳产品服务创新奖。这个为年龄介于 18～28 岁的学生及年轻上班族量身打造的品牌，是新加坡华侨银行经过一年多的筹备，于 2011 年 5 月正式推出的一款全新服务概念。它将目标锁定在 70 多万的年轻客户，并旨在于一年半的时间内吸引新加坡一半的年轻客户。

虽然很多家银行已经认识到随着年轻一族消费能力的不断增长，他们已经成为银行最具潜力的客户，并积极展开行动争取他们的关注和忠诚。但 Frank 甫一推出，即在社交网络和媒体上掀起一番热潮，引起大量的年轻一族前呼后拥，交口传颂。究其原因，在于新加坡华侨银行彻底改变了银行与年轻人的沟通模式，通过非传统的方式，吸引年轻人上银行。正如该银行所宣扬的一样，"FRANK，一个前所未见的银行模式"(FRANK，The brand new way to bank)。

是商店，不是网点

在对 1 000 多名年轻人及上班族的调查中，新加坡华侨银行了解到，年轻客户是银行沟通最少的客户，也是提供产品和服务最少的一部分客户。他们感觉银行离自己的生活很遥远，去银行办理业务是不得已而为之。因此，华侨银行总结，要想抓住这个庞大的潜力无限的客户群体，就必须得抓住年轻人的普遍诉求和爱好，创造性地为年轻人打造全新的银行体验。

顾名思义，FRANK 一词来源于"坦率地说(frankly speaking)"，其品牌战略的三大核心价值观是诚实(Honest)、真诚(Integrity)和质朴(Simplicity)。正如年轻人喜欢表现自我，追求时尚一样，FRANK 紧紧地贴切了年轻人的渴望和诉求，从各个方面对银行进行了创新。首先，就让我们从最直观的银行营业网点来看看它是多么的与众不同。传统的银行网点，给人的感觉是千篇一律，形式严肃，客户很难将它们与休闲娱乐联系在一起。而FRANK却以零售商店的形式表达了零售银行的概念，无论是门面包装还是店内设计，都一改传统银行的模样。客户走进银行，感觉像是踏入明亮宽敞的apple store，可以自由地浏览、触摸和咨询产品问题，并且讨论他们的银行需求。

这种紧追潮流的温馨布局，从一开始就改变了年轻群体对银行的印象：去银行不再成为一种负担，反而是一种体验。而从华侨银行对其营业部的名称定义为“store”（商场）、而非branch（网点）也可见一斑。事实上，在商店选址上，华侨银行也是别具用心。目前，FRANK共开设了四家商店，其中有三家分别位于新加坡理工大学、南洋理工大学和新加坡理工专科学院校内。通过此种方式，FRANK银行拉近了与学生之间的距离，能够更加便捷的为年轻人提供专业化、个性化服务。

多种产品提供个性化服务

为了吸引年轻人，FRANK银行依托于华侨银行强大的渠道优势，在成立初始就为他们量身打造了FRANK银行账户、储蓄卡和学费贷款这三款产品，之后，FRANK银行又顺应形势，推出了信用卡项目。这四款产品相互交叉，互为一体，既含纳了产品本身的功能型服务，又能适应年轻人的特征，满足他们个性化的需求。

对于那些愿意开设银行账户的年轻人，FRANK银行的要求很简单，任何年满16岁以上的年轻一族，都可以申请。该账户没有每月最低存款额度的限制，对于26岁以下的客户免收年费，而提供给客户的利率，也是新加坡其他银行储蓄账户的三倍之多（存款越多，利率越高，最高时是其他银行的六倍）。一旦申请成功，每个年轻人都将会拥有一个储蓄卡，可以在国内1 200多家ATM机上和国外任何带有MasterCard logo的取款机上取款，并享有网上银行和手机银行等多种服务。

信用卡业务是FRANK银行最新推出的一款产品，适应于两类不同的人群：一种是信用卡主要持有人，年龄要求在21岁以上和年薪在3万美元以上；另一种称为补充用户，任何年满18岁的青年人都可以申请。在收费条件上，这两种客户并没有什么区别。任何信用卡持有人可享有第一年免交年费的优惠，且一旦当年消费记录在6 000美元以上，也可免交当年手续费。在其他条件下，持有人需要交纳30～60美元不等的年费或是预期未缴罚金。

满足这些条件后，年轻客户即可享受FRANK银行提供的多种服务。该信用卡不仅提供多种优惠和折扣，还将取款、透支、付款等多种功能合为一体。客户只要将信用卡和个人银行账户绑定，即可像储蓄卡一样，在新加坡国内1 200多个ATM机和海外一百多万个取款机上自由取款。同时，该信用卡还能够充当交通一卡通，可携带乘坐地铁、公车和出租车等多种交通工具，如果客户安装了NETS FlashPay电子支付工具，还可实现交通卡自动充值的功能。一旦发现卡内余额不足，系统会自动为信用卡充值50美元，用于公共交通乘坐。

当然，为了帮助年轻人适度消费，FRANK信用卡还设置了奖励和提醒措施，首年持卡用户若能够连续6个月按时还款，即可获赠5美元Coffee Bean & Tea Leaf代金券一张。而对于那些即将到期而未还款的客户，FRANK银行会发出短信，提醒客户即时还款。此外，FRANK还为学生提供助学贷款。最高可以获得相当于90%学费的助学贷款。目前,FRANK银行推出了针对助学贷款的促销活动,现在申请助学贷款的学生,可享受信用卡3年免年费的优惠。

与此同时,FRANK银行与众多商家联合推出了众多优惠措施,除传统的折扣外,信用卡客户还能拥有特定时期消费返款优惠,以及丰富的礼品赠送的好处。而如果能拉动4个及以上的朋友一起开办账户,还可当场获赠价值50美元的Ben & Jerry's冰淇淋。

银行卡也潮流

在FRANK银行的众多产品中,银行卡绝对是最新颖、最时尚的一种。无论是储蓄卡还是信用卡客户,只要花费10美元到50美元,就可在130多种卡片中挑选自己最喜欢的图案和设计。为了符合年轻人的潮流,这130多种卡片的设计并不都是循规蹈矩、严肃认真的。很多卡片的图案活泼大方,甚至能满足年轻人特定的口味。如一张卡片上印上乳沟的特写照片,并标以"在山谷深处"的提示语;另一个印有一瓶啤酒照片的卡片上则配有"干杯"的标语。

可以想象,这些制作精美、设计别出心裁且含有"酒精"和"色情"的卡片,即使本身没有任何服务功能,也会让年轻人们争相拥有。事实上,很多年轻人前赴后继地踏进FRANK银行商店,仅仅只是为了想收藏一张银行卡,因为它——的确很酷。

而FRANK银行在银行卡的宣传上,也是不遗余力。除了在传统的商店(网点)里陈列出所有的卡片种类外,还在官方网站首页上配上银行卡的清晰照片。同时,在年轻人常聚集的社交媒体上(如Facebook),FRANK银行也积极地上传了所有银行卡的图片,吸引年轻人观摩和评论。

助推年轻人成长

FRANK银行不仅在品位、包装和产品设计上贴近年轻人的风格,还承担了一定的社会责任,推出一系列的"一揽子"成长计划,积极引导和教育年轻人,培养他们正确的消费观和世界观。例如,FRANK账户最妙之处在于设立了"储蓄罐"这一服务,旨在帮助年轻人培养存钱的习惯。账户持有人根据系统提醒设置了一定存钱目标后(如为了一次旅行,计划每月存款100美元,共一年),在接下来一年里,系统即自动每月存100美元于"储蓄罐"里,除非亟须用钱且通过银行审核,账户持有人在平常消费中没用使用该笔款项的权限。一旦合同到期,系统会自动释放这笔款项,账户持有人即可兑现当初旅行的承诺。如果资金充沛,持有人可以同时设定两个及其以上的目标,也可在一个目标实现后继续接下来的存钱目标。

而在2012年的7月23日,随着FRANK银行第四家商店落户于新加坡理工专科学院,该行推出了专门针对该校学生的实习计划。该实习计划旨在每年培养30名该校学生。每轮会有5～10名学生在经过两轮的面试后成功应聘,每一轮实习周期计划共12周,在一学期内完成。银行会根据他们的兴趣、性格和特长将他们安排在不同的岗位,各尽其职。这些岗位会分布在华侨银行不同的网点,每个实习生都会在华侨银行网点行长的指导下,协助FRANK银行工作小组从事市场开发、产品设计及商业收购等方面的工作。通过这些实践,FRANK银行旨在提高学生市场开发、预算管理及活动管理等一系列的技能,帮助他们积攒工作经验和建立职业目标。

此外,FRANK 银行在其官网上,提供了关于资产管理、职业规划和生活常识等方面的建议和知识,如投资小常识,如何合理规划金钱和社保基金等。在文字和版面的设计上,该版字体活泼,且配有让人忍俊不禁的卡通图画,非常贴近年轻人的风格。

对拥有近百年历史的新加坡华侨银行来说,其为年轻客户打造的"FRANK BY OCBC"概念得到了业界和年轻人的极力推崇。在 BAI-Finacle 的颁奖词中,评委们评价此种概念"为银行与年轻人沟通创造了一种全新的模式"。而在 FRANK 银行推出的半年时间内,FRANK 账户和储蓄卡持有人更是以每月成倍的速度增长。

《福布斯》杂志即认为,在现在全球经济环境恶劣和银行声誉日渐下降(如著名的"占领华尔街"运动)的背景下,开发年轻客户是银行获得重生的重要利器。很多银行虽然已经认识到这一点,却没有真正地贴近年轻客户。

所以,除了传统的利用社交媒体和电子银行等手段,银行需要融入年轻人的生活之中,真正了解他们的诉求和特点,同时,需要借鉴一些成功品牌的案例,如苹果,创造性地为年轻人提供服务。而 FRANK 银行,正是顺应了这两点趋势,并从多方面打破了传统银行的布局和特点,改变了银行的传统形象,专门为年轻客户打造出一个完全 cool 的银行。

资料来源:新浪财经,http://finance.sina.com.cn/money/bank/ywycp/20121204/133213891342.html.

第一节 金融服务企业有形展示及其类型

一、有形展示的内涵

(一)有形展示的内容

有形展示是指在商业营销的过程当中,一切实际存在且能够传达企业文化形象、服务特色优势及产品定位的有形组成部分,主要包括实体环境、品牌标记、员工形象、信息资料等。

根据环境心理学的理论,顾客能够通过自身的感官对周遭的环境做出一个基本的判断,比如,具体有形的产品设计、服务宗旨,甚至是营业厅的装修布局,都会给顾客留下一些具化的印象,在客户内心形成一个基本的判断。比如,客户走进一家证券公司的营业室,可以从前台的摆设、服务人员的态度、周围其他客户的定位得出该营业室所处于的一个等级结构。也可以让客户自行决定是否以后来这个营业厅办理业务。而企业也可以借助这样一个过程来向外界介绍自己的定位,推销自己的产品。例如,招商银行就有一个以客户的需求为最重要出发点的理念。在其营业厅的服务流程中都可以感受员工的微笑服务和友好的服务态度。

具体来看,有形展示可以从两个方面来理解。狭义的角度上讲,有形展示就是公司的一个营销设计,是对公司服务产品的物证表现手段,属于服务产品组合开发的有机组成。但从广义上说,有形展示是渗透于整体公司运行当中,包括对产品形象的设定、对客户和市场的把控等各个方面,是服务营销决策组合当中不可或缺的组成部分。通过广告设计、资料宣传,或者企业管理等有形的设计和操作方法,向市场上传递自己的定位和价值,在顾客心目中树立鲜明的企业形象，作为之后一切营销战略的基础。

专论 11-1　　五大国有银行的标识设计

中国工商银行(Industrial and Commercial Bank of China，ICBC)成立于1984年1月1日，总部设在北京，是中国内地规模最大的银行。徽标释义：白底红字，镂空"工"，表示服务工商行业，行徽图案整体为中国古代圆形方孔钱币，图案中心的"工"字和外圆寓意的是商品流通，表明工行作为国家办理工商信贷专业银行的特征；"工"字图案四周形成四个面和八个直角象征工商银行业务发展和在经济建设中联系的广泛性；图案中两个对应的几何图形象征工行和客户间相互依存紧密联合作的融洽关系。

中国银行(Bank Of China)是1912年1月24日由孙中山总统下令，批准成立的。历经近百年的发展，中国银行已经成为中国国际化程度最高的商业银行。徽标释义：白底红字，行标从总体上看是古钱形状代表银行；不贯通的'中'字代表中国；外圆表明中国银行是面向全球的国际性大银行。

中国建设银行(China Construction Bank)成立于1954年10月1日。当时行名为中国人民建设银行。徽标释义：以古铜钱为基础的内方外圆图形，有着明确的银行属性，着重体现建设银行的"方圆"特性，方，代表着严格、规范、认真；圆，象征着饱满、亲和、融通。图形右上角的变化，形成重叠立体的效果，代表着"中国"与"建筑"英文缩写，即两个C字母的重叠，寓意积累，象征建设银行在资金的积累过程中发展壮大，为中国经济建设提供服务。图形突破了封闭的圆形，象征古老文化与现代经营观念的融会贯通，寓意中国建设银行在全新的现代经济建设中，植根中国，面向世界。标准色为海蓝色，象征理性、包容、祥和、稳定，寓意中国建设银行像大海一样吸收容纳各方人才和资金。

中国农业银行(agricultural bank of china)于1955年3月成立，1957年4月，国务院决定将中国农业银行与中国人民银行合并。徽标释义：白底绿图，麦穗标示，表示服务农业为主，象征绿色丰收。

交通银行(Bank of Communications)始建于1908年(光绪三十四年)，是中国早期四大银行之一，也是中国早期的发钞行之一。徽标释义：交通银行的行徽是将交通银行英文译名BANK OF COMMUNICATIONS的字首"B"和"C"综合起来，构成一个立体面，表示出企业雄厚的实力和业务的综合性。整个图案具有延伸感，体现了交通银行不断发展、壮大、日益繁荣的趋势。

资料来源：中国五大银行LOGO设计[OL]. http://mt.sohu.com/20170219/n48112111.shtml. 2017-02-19.

(二) 有形展示的功能

有形展示是整体公司运作和营销策划的基础，所以它的最重要功能就是支持企业的整体营销战略。在建立市场营销的战略是，应特别注意有形操作所能带来的影响，针对不同的目标市场使用营销手段时，要充分利用好有形展示。具体来看则是落实客户的具体需求，例如某些产品的市场推广需要为员工制造怎样的氛围，为客户提供什么样的感受，让他们能够产生什么样的反应。有形展示在营销的过程中占有重要的地位，他的整体战略功能不可小觑，不同方向的有形展示往往伴随不同的战略影响，具体分为以下几种功能。

1. 确立独特形象

有形展示是客户接触企业的第一道门。企业通过有形展示向客户所传达的信息，就是企业能否在客户心中所建立深刻独特印象的重要依据。因此，运用有形展示来迎接客户不仅可以塑造一个企业的鲜明形象，还可以因此与同市场内的其他竞争群体区分开来，吸引客户的注意力，引导客户的选择。

实例 11-1　　尧都农商银行服务礼仪形象大展示

为进一步引深文明规范服务创建工作，提升整体优质文明规范服务水平，展示尧都农商银行员工风采以及团队合作精神，总行优质服务办公室根据 2013 年工作计划，于 6 月 7 日晚 19 时，在财政收付大厅五楼会议室举办了“优质服务礼仪形象展示竞赛活动决赛”。

参赛选手们在优质服务礼仪展示中，主要包括服务礼仪形象展示、即兴演讲、现场模拟演练三个方面来展示主题，表演形式丰富多彩，礼仪姿态形象生动。

通过此项活动培养了员工和团队展现意识及自信心，加强了核心竞争力。提高优质服务综合素养以及规范服务行为标准。促进团队和谐精神，共创优秀业绩；树立品牌形象，提高知名度，推动尧都农商银行科学发展使全行将优质服务工作作为业务发展的主要推手，大力推进优质服务工作和优质服务水平再上一个新台阶。

资料来源：临汾银行业协会网站，2013-06-09.

2. 引导客户消费

有形展示可以通过所展现出来的服务信息对客户产生一定的感官刺激，使他们更加容易进入一个大环境当中去，继而影响他们的消费决策。在这一过程中注入许多新鲜，时尚的创意或者加入一些与众不同的调和方式，以此作为一个与众不同的营销元素，消除客户的厌倦情绪，激起消费者的购物欲望，使顾客可以通过感官刺激和服务体验来抉择。加深对企业的信任，尤其是新客户，在这一方面会比较敏感，对于企业的第一选择显得尤为重要。这样不仅可以建立自己的一个更具特色的企业形象，还能够为给客户带来不同的消费体验，以此博得更多的客户群体。

3. 约束管理行为

有形展示的过程必然包括运作人员的管理行为、优秀的员工管理和有序的工作流程，可以从正面、侧面反映出企业的有形状态。只有高效严谨的工作作风才能彰显出金融企业优越性，同时也可以影响客户的行为。例如，服务行业一贯遵守的微笑服务就是典型的例子，不仅可以营造和谐融洽的气氛，还能够传递给人一些温暖的能量，加强与顾客之间的联系。

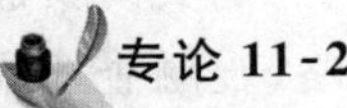

专论 11-2　　汇丰银行的核心展示

汇丰银行独一无二的“新型”组织

“汇丰的管理架构遵循两方面原则：一是按地区来组织；二是按业务系统来推动。前者是一种横向管理模式，以分行为运作中心；后者则是一种纵向管理模式，以总行部门为指挥中心。”汇丰中国相关负责人表示，遵循这种原则，历史上，汇丰银行组织架构曾几经调整。

“基本趋势是业务线越来越综合、简单，众多业务部门都在向两类业务线靠拢：一是零售金融业务；二是批发金融业务。概括而言，就是管理架构向业务单元制模式演变的趋势越来越明显。”曾前往汇丰英国总部进行考察的天津市银监局副局长王俊寿总结认为。

一位资深业内专家指出，今天，汇丰与花旗两家国际先进银行都采取“大总行、大部门、小分行”的纵向管理模式，其特点在于，分行很多，但并不一定很大，职能也相对单一，很多业务集中在总行部门完成。“大总行”机构设置通过“大部门”来体现，部门内汇聚主要业务专业人才，分工细、专业性强。

“按照矩阵式和事业部制结构，汇丰通过四大条线和五大区域进行纵横式复合管理，风险、内审等突出条线报告独立性；合规、营销等则明确条线报告双向性，减少博弈成本，提升控制水平。”前述汇丰中国有关负责人透露。

前述业内资深专家认为，汇丰经历了从企业家型组织向部门协作型组织过渡的演变。事实上，协作型组织是对两个概念上几乎完全对立的组织类型进行融合：一是支持型组织，自上而下管理，强调合作气氛和综合职能；另一个则是企业家型组织，自下而上管理，强调竞争氛围和独立利润中心。

“协作型组织正是将两者进行优化组合，同时强调职能作用和利润中心作用，使部门间利益达到均衡，管理效能达到最大化。”

资料来源：汇丰成就国际一流银行梦想秘密何在[OL]. 新浪财经，2012-03-05.

二、金融服务企业有形展示的基本分类

有形展示可以根据不同的角度做不同分类，不同类型的有形展示的侧重点也有差异，因此，其所营造的环境以及对客户造成的影响是不同的。从不同的角度看，可以有如下几种分类。

（一）根据有形展示能否被客户拥有进行分类

根据能否被客户拥有可以分为边缘展示和核心展示。

1. 边缘展示

边缘展示是指客户在实际消费的过程当中能够实际拥有或者体验到的展示。这种展示自身往往并没有价值，或者价值并不高的一些服务。例如银行的宣传手册、贴心提示，甚至一些初期免费试用的服务项目都是属于边缘展示的范围。

2. 核心展示

核心展示是指客户在获得金融服务的过程中不能真正拥有，却对客户的购买决策起重要作用的展示，如一个金融企业核心的企业文化、服务客户的理念和战略、金融企业表现出来的自我定位等。

（二）根据有形展示的构成要素分类

按照有形展示的构成要素，可以分为三类：实体环境、信息沟通和价格。

1. 实体环境

企业的实体环境是由背景因素、设计因素和社交因素所决定的，如表 11-1 所示。

表 11-1　实体环境的构成因素

实体环境	环境特点	相关因素
背景因素	不引起客户反感的背景条件	控制的质量、噪声、气氛、整洁度等
设计因素	客户最容易察觉的刺激	艺术设计：建筑样式、风格、颜色、格局等 功能设计：布局、舒适程度等
社交因素	环境中的人	客户：人数、外表和行为 服务人员：人数、外表和行为

资料来源：安贺新，张宏彦. 服务营销[M]. 北京：清华大学出版社，2015.

(1) 背景因素是指客观存在却并不易被客户察觉到的因素，如整洁度、温度、气味、声音或者整体室内装修的布局背景等。一般来说，只有在良好的实体背景之下人们才会更愿意去接受其提供的服务。

(2) 设计因素具体所指的是顾客在了解产品过程当中所触及的有形表达，如产品宣传的印刷图样、包装的质感、艺术设计的颜色材质风格等。通过对这些的接触，可以满足客户对整体产品和公司形象的了解，因此引起客户对产品的积极性，适当地引起他们的消费兴趣。

(3) 社交因素主要是指服务过程当中的服务人员和消费者。金融服务人员的态度、衣着和谈吐对整个服务过程都显得尤其的重要。服务人员就是客户与企业接触的第二道门，因此多方全面的培养服务营销人员是非常重要的一个工作环节。

实例 11-2　私人银行"非典型性"财富管理模式：打破物理网点幻象

私人银行对大多数人来说完全陌生而遥远，以至于提及私人银行，就会浮现出电影中的场景：严密的安保、奢华的装饰、外加一间布满保险柜的密室。但对于国内各家银行，面对日益增长的富裕人群，私人银行业务则是摆在眼前的实实在在的一块蛋糕。

在学界还在争论走事业部制还是大零售模式的时候，国内银行已经悄无声息地走出了一条适合本土化的中间路径。"1＋1＋N"的服务模式既实现了总行的统一管理，同时也激发了分支行挖掘、维护客户的潜力。

"私人银行不是一个物理概念，本质上是综合服务。"业内人士的解释打破了普通人对私人银行的幻象。私人银行在中国的独特发展模式，使其隐于无形。因为每个网点都有可能是私人银行的前端，而私人银行则更像是一个整合行内资源的平台，为客户提供资产配置和财富管理的服务。

"1＋1＋N"服务模式私人银行化身整合资源平台

对于私人银行，提到最多的便是富人们的财富"管家"，但"管家"也并非所有事都亲力亲为的。"管家背后有厨师、司机、园丁，是一个团队在提供服务"，农业银行北京分行私人银行部副总经理这样跟《证券日报》记者解释道。

所说的厨师、司机和园丁对应于私人银行业务，则是包含了金融证券、法律、税务，甚至玉石、国画等艺术领域的专家都会被列入行内的专家库。这样一个专家团队就是所谓的"N"。组建专家团队在私人银行客户经理背后提供专业化支持的模式,是国内大多数私人银行普遍采用的一种组织框架。

资料来源:肖怀洋.私人银行"非典型性"财富管理模式:打破物理网点幻象[N].证券日报,2012-11-16.

2. 信息沟通

信息沟通是指来自企业本身或者外界赋予企业的一些交流信息或者评价。具体可以分为服务有形化和信息有形化。

服务有形化是指具象化的服务形式,让一些潜在服务表现得更明显,让客户的感官受到更明显更强烈的刺激。在服务的过程当中加入一些元素来表达作为服务者想要传达对顾客的了解和热情。比如,在麦当劳或者肯德基等快餐店内就永远会有一个为小孩子提供的娱乐场所,虽然不是很大,但是,的确能够使他们最大的客户群体——小朋友,感受到快乐并且愿意一次次地光临。

信息有形化是指宣传广告或者产品交流过程中所带来的有效信息的可信程度或者精确度。信息的传播主要涉及两个方面。第一种是对大众广而告之的宣传,这种信息所表达的是一个产品特点和定位,所起到的作用主要是让大众客户对其了解,有一个大致的印象。第二种则主要出现在服务人员的交流上,其中包括电话、文字以及面对面的直接交流。其中,直接交流所产生的效用是最直接有效。也只有更真诚的态度可以赢得客户的信任,引导他们购买产品甚至忠于品牌。

3. 价格

价格的决定实质上是一个技术问题,它需要综合考虑各种方面的因素,如竞争对手的定价、自身的成本控制、市场的空白程度等。一个好的定价不仅能够吸引更多的客户,还可以表达出自身产品的定位水平,因此对服务行业的金融企业来说,制定合理的价格表现得尤为重要。

第二节 CIS战略

一、CIS的概述及作用

在当今的市场竞争中,企业间的竞争已经由传统的商品竞争、价格竞争和市场占有竞争发展到了企业整体的形象品牌竞争,旨在通过公司的文化和形象来吸引更多的客户,并将自己独特的形象印刻在客户的心里。因此,制定企业的形象战略在当今的市场竞争中就显得尤为重要。

(一)CIS的概述

CIS是企业形象识别系统(corporate identity system)的简称,是一种新型的现代企业经管战略。主要针对企业的形象做出的一系列设置和规划,在整体市场当中通过整体形象竞争脱颖而出。

CIS的形成并非一蹴而就,它经历了一个从CI到CIS的演进过程。CI(corporate

identity)意即企业识别，所指的是一种统一的企业视觉，将统一的企业识别形象标示渗透于企业的方方面面，设置企业的标志来引起大众对企业的注意力，以提高企业的知名度。CI出现于工业时代的大量企业相互竞争之中。早在20世纪初，意大利在伊布里亚开设工厂生产打字机的企业家密罗·奥利威蒂，为了提高自己产品的竞争力，便开始重视企业标识的设计并不断完善其企业商标，同时还通过开设托儿所来增强自己的企业形象。

CIS在各个不同的国家拥有的战略意义有所不同，欧洲的CIS战略主要表现为对公众的形象展示，通过独特的设计和视觉效果来达到识别的过程。美国CIS的特点则在于其主要是以标示来展示企业的精神，美国也是世界上首次将CIS作为企业识别策略的国家。日本CIS则汲取了前两种的优势，将这种战略发展向公司的治理方面，侧重于改革企业的理念和经营方针。以企业理念为发展核心，注重视觉美感的同时，通过灌输企业的文化来促进企业的生产，创造更大的利润。而在我国，最先引入CIS战略的则是美术教育界。通过设计美学上的文化传达标志和完善企业的形象，直到1988年中国"太阳神"的企业设计成功引起社会的广大注意，才将中国计划经济下"企业无形象"的印象逐步消除，使中国进入一个新的CIS时代。

各个企业所设置的CIS战略侧重点也不一样，但此战略已经成为了世界各国企业都认可的卓有成效的企业形象识别战略。就金融企业来看，运用CIS战略谋求更好发展也是当前的一个主流形式之一。金融企业的CIS战略是指企业运用多种手段把银行的经营思想、形象、服务宗旨等具象地表达出来。通过标识显示、活动策划、促销方案等方式将企业的理念与实际表达紧密地结合起来，具体通过广告宣传、创意策划、公共关系等手段来塑造企业形象，以此战略打造出与众不同的金融企业形象，增强竞争力。

例如，诸暨农商银行自2013年至今制定的CIS战略，通过更换本银行的设计门面等方式来集合地向外界展示企业的形象，将言简意赅的"金融新生态，城乡新生活"确定为银行使命，将"诚信，融聚你我"作为银行精神，确定"更亲、更近、更知心"为核心价值观，"差异化、专业化、便捷化"为经营理念。诸暨农商银行作为区域性地方银行，其存在与发展的意义在于服务"三农"，服务中小企业，助力地方经济发展，为员工和股东创造价值，实现共赢。

实例11-3　　工行济南市中支行着力建设支行特色文化体系

工行济南市中支行着力建设支行特色文化体系，围绕重点，突出特色最终将文化建设落脚于服务文化、内控文化、营销文化、管理文化和家园文化五大文化板块，充分体现出"市中人"的正能量，彰显了该行作风实、处事稳、行为正的行风。

(1) 做到至臻服务，践行至诚责任。该行抓住所属营业室创建"百佳"这一契机，高度重视客户体验，真正急客户所急，想客户所想，不断完善各项服务软硬条件，提升了各网点服务功能和品位。各网点结合工作实际制订出一套符合本网点的服务方案，为实现"窗系统最佳品牌，办客户首选银行"这一目标不断努力，为客户提供细心、暖心周到的服务，起到留住现有优质客户又起到深挖外拓潜力客户的作用；完善设施，优化服务环境。该行通过统一服务设备、指示标识、便民设施、宣传物品等设置营造功能齐全规范便捷的服务环境，让客户满意而归。保持自身底蕴的同时注入新鲜服务观念，最终形成“服务暨责任，服务无止境”的特色服务文化。

(2) 保质增量促营销，抢抓发展机遇。如今同业竞争日趋激烈，随着网络金融理财产品的兴起，如何外挖内拓留住存款成为商业银行面临的严峻问题。该行认真贯彻“真抓实干，创新发展”的工作部署，全员立足实际，努力攻坚克难，统筹推进各项工作，做到以良好的服务文化促进营销文化的长远发展，将两种文化相结合共同助力支行发展。

企业文化是贯穿企业长远发展之魂。纵观全局，企业文化带来的力量足以牵动工行济南市中支行每一位员工的心，该行散发的巨大正能量让大家拧成一股绳，劲往一处使，共同努力将市中支行建设成工行的标杆。

信息来源：中国金融网，2014-04-08.

（二）CIS 战略的作用

CIS 是一种崭新的管理理念，它通过对于企业文化和宣传的管理建立企业形象，确定最合适的客户群体。同时还要对企业的价值、个性、理念及经营目标通过特殊的方式更加系统、美观、个性地表现出来。

1. 增强自身影响力

金融机构之间由于业务和规章的限制导致同业之间的经营经常会出现易模仿的特征，同业之间在产品设计、服务手段等各个方面的差距是日益缩小的，因此要增强自身的独特性就必须使用 CIS 战略来保证企业形象的维持和扩展，这样同时也有助于建立金融企业的信誉和品牌管理，以保障公司在本行业中的地位。

2. 增强企业文化内涵

CIS 战略的核心在于确立企业文化并宣传，因此，设计企业的核心思想文化是确立公司市场地位的重要依据。通过企业的文化确立不仅能够激发员工的工作热情，让他们更多地自愿奉献企业，还能因此感染客户带动企业的更多盈利。同时加强企业的形象宣传，企业就能够拥有更多因公司文化而选择该公司客户群体。因此，通过 CIS 占领略来传播企业文化就能够塑造鲜明的企业形象，也有助于企业在后续的市场竞争中通过客户的反馈和市场信息对自己的文化内涵加以完善。

实例 11-4　　香港中资保险公司的企业文化建设

迈入经济全球化的新兴时代，面对市场环境带来的各种挑战，当今社会的企业竞争正由成本的竞争，逐步演变成为文化的竞争。身处国际市场一线，香港中资保险公司在政治生态特殊、高度开放的激烈竞争环境下，如何与众多国际金融巨头分庭抗礼，抢夺市场先机？打好“文化建设”这张牌，建立一个有香港中资保险公司特色的企业文化，俨然成为了当前的重要课题。

立足香港地区的社会实际，笔者认为，有香港中资保险公司特色的企业文化应该是“以人为本”的企业文化。以下，本文将从“香港中资保险公司为什么要建设以人为本的企业文化”“怎样建设以人为本的企业文化”以及“如何更好地建设以人为本的企业文化”三方面入手，以中国人寿(海外)这几年，在香港地区开创的以人为本企业文化建设实践为例，对有关内容分别进行阐述。

香港中资保险公司要建设以人为本的企业文化

首先，香港地区的政治生态决定了，香港中资保险公司需要建设以人为本的企业文化。香港作为亚洲区内重要的国际金融中心和商业枢纽，是一个和世界经济全面接轨的传奇城市。自开埠以来，长达近160年的英国殖民统治，不仅造就了香港中西合璧的时代特色，更形成了香港地区社会外资力量强大、多方势力交错竞争的复杂政治生态。

其次，香港市场激烈竞争的格局决定了，香港中资保险公司需要建设以人为本的企业文化。香港市场是一个全面开放、高度竞争、深度发展的成熟市场。区内竞争者众多，营商环境竞争异常激烈。在这仅有1 100平方公里土地和700万人口的弹丸之地，获授权的保险公司就有162家，其中多数为世界金融实业巨头，拥有几十年甚至上百年历史的保险公司亦不在少数。在严峻的市场环境中，要找到自己的定位，就必须找到自己不同于外资的特色所在。考虑到和国内的平衡，以及自身实力和外资的差距，香港中资企业不可能完全采取香港的企业文化。经过选择，香港中资企业决定从承担对香港社会的繁荣稳定出发，“以人为本”围绕人的需求，即内部员工和外部客户来建立，为员工创造宽松和谐的工作氛围，为客户提供优质细微的温馨服务，并根据人群需求的增长而不断予以完善和发展，建立以人为本的企业文化，建立真正为香港社会所需要的先进的企业经营管理文化，走出中资企业自己的发展之路。

再次，建设以人为本的企业文化，符合香港中资保险公司对于文化建设的内在要求。在港中资企业，从本质上讲是中资企业，尤其大部分是国有企业，在企业文化建设上传统优势不能丢，国家对企业的要求不能因为在香港经营就有所松懈。

最后，建设以人为本的企业文化，有利于最大限度地培养中资保险公司的团队精神。据有关部门统计，目前经国家有关部门批准在香港设立的企业达3 500家，拥有总资产8.5万亿港元，香港员工5.79万人，实现当年税前利润5 430亿港元，中资企业的发展对香港经济和社会稳定发挥了重要作用。

资料来源：宋旸. 浅析香港中资保险公司的企业文化建设[N]. 中国保险报，2013-01-22.

3. 增强企业内部的凝聚力

由于CIS战略的要求是将企业的内在文化和外在宣传手段紧密地结合起来，所以在极大程度上，企业对外能够宣传自己的统一形象，对内可以让员工对所在企业产生依赖感，更加明晰自我价值，鼓励员工士气。尤其是在竞争激烈的金融市场当中，一个公司的员工凝聚力可以为公司带来很大的价值。

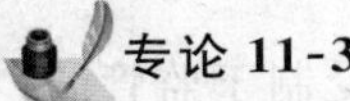

专论 11-3　　宁波银行企业文化

诚信敬业

信誉是银行的生命，信誉直接关系到银行的价值。诚信是我行的品格准线，也是员工最为基本的品格和职业操守，有三层要求：一是对银行的整体要求；二是对管理者、对每位员工个体的品格和人格的要求；三是对我们经营每项业务的道德要求。而敬业是各级员工的基本职业素养，要求我们以明确的目标选择、正确的价值观、积极的工作志趣、认真负责的态度，做好每一项工作。

合规高效

是我们必须一以贯之、积极实践、矢志追求的经营作风和理念。我们经营管理的环节和过程、各项业务的开展首先必须确保依法合规、严谨精细、风险可控，在此基础上，确保各项业务高效运行、高效决策，同时追求最好的效果、取得最好的效益，为股东创造更好的回报。

融合创新

是我行经营管理氛围和精神风貌的总体要求。有两层意思，对银行整体、对经营团队来说，作为一家中外合资银行，我们要保持良好的开放性，营造宽容的、和谐的、奋发进取的环境，善于调动各级员工的积极性和创造性，善于融合吸收各类优秀人才、先进文化和经营理念、管理技术，不断地进行变革和创新，努力提升自身的竞争力；对员工来说，相互间相融信任，善于协作，善于与不同的人一起和谐相处，友好共事，同时要善于学习、积极进取、不断创新。

诚信敬业是信誉、确保我行合规高效经营的基础，合规高效是对各项经营活动的要求，融合创新是寻求更快更好发展的动力。

资料来源：宁波银行官网.

（三）CIS战略的特点

1. 战略性

CIS是一个长期性的工作，贯穿于金融企业的整体运营布局之中。无论是品牌标志的构想还是经营理念和企业文化的建立，都并非在短时间之内即可完成的，所以设计好了的企业形象战略也是需要企业坚持遵循和长期完成而不轻易改变的战略目标。由于企业形象识别系统并不仅仅是对于企业内部的一种要求，更多的是向外界的展示，因此CIS也有全局性的特点，涉及整个金融企业经营的方方面面。所以CIS是一个有全局性战略特点的系统。

2. 系统性

CIS实质上是由三个子系统所组成的，即MI理念识别系统、BI行为识别、VI视觉识别。三者相辅相成，缺一不可，只有三者的统一、和谐运用才能够收到预期的效果。在金融企业的日常经营当中，所有的经营活动都应当以基本理念和经营哲学为基础，而经营理念则又与内部文化紧密结合，通过规范化的行为等视觉信息传递出来。所以CIS是一个系统性，渗透于企业各个方面的一种设计。

3. 独特性

金融企业之间在市场上的竞争是相当激烈的，由于金融产品的创新是受制于监管的，且在同行业当中也极其容易被复制，所以产品的独特性上会有所干扰，然而服务的独特性确实是难以被取代的。CIS就是在金融企业的服务方面加强了个性的设计，区别于整个市场上的其他金融机构，来塑造金融企业的独特识别功能，向外界传达出企业的文化和价值。

4. 传播高效性

CIS的设置偏重于企业的文化传播的有效性，需要在较短的时间内打入市场，为更多的受众客户所接纳并信赖。所以设计的过程往往也伴随这种意识,例如,用精练的语言来描绘某一个产品的营销策略,或者用对偶顶针的语言技巧来传播企业的文化内涵。这种易于记忆的文字表达在很大程度上成就了企业文化或者产品推广传播的高效性。

二、CIS战略的主要内容

(一) MI理念识别

理念识别即MI(mind identity)是确定企业的经营的基本理念,根据企业自身确立特色形象,增强影响性。这是在银行发展、经营、管理过程当中的总体界定和规划,也可以看作为金融企业对当前以及未来一段时间内所有的经营思路和营销战略的主要方向。MI系统具体包括基本要素系统和应用要素系统。

专论11-4　　　　中国银行企业文化——理念识别(MI)

在近百年岁月里,中国银行以其稳健的经营、雄厚的实力、成熟的产品和丰富的经验,深得广大客户信赖,并与客户建立了长期稳固的合作关系。中国银行将秉承"以客户为中心,以市场为导向,强化公司治理,追求卓越效益,创建国际一流大银行"的宗旨,依托其雄厚的实力、遍布全球的分支机构、成熟的产品和丰富的经验,为客户提供全方位、高品质的银行服务,与广大客户携手共创美好未来。

追求卓越　历久弥新——发展是第一要务,以人为本,全面、协调、可持续的科学发展观,在弘扬中华民族和中国银行优秀传统文化的基础上,借鉴国内外优秀企业文化成果,以诚信经营为基础,以提升绩效为宗旨,以增强责任为核心,以学习创新为动力,以促进和谐为目标,追求卓越,努力建设理念先进、内涵丰富、特色鲜明的中国银行企业文化.

愿景:系统内争创一流　区域内领航同业

使命:促进财富增值　繁荣辽宁经济

精神:只争朝夕　追求卓越

核心价值观:责任　合规　创新　协作

经营理念:"稳健经营　客户至上,统筹优化　注重绩效"

管理理念:发展观——坚持发展是第一要务;人才观——人才是立行之本;执行观——执行力决定竞争力;团队观——凝聚产生力量　团结铸就辉煌;服务观——卓越服务成就一流品牌

资料来源:中国银行官网.

1. 基本要素系统

基本要素系统是企业在建立或设立或者发展过程当中所逐渐界定出的精髓理念,也是企业从上至下一切员工所奉行的基础理念,共同拥有的价值观和共同信仰。具体包括企业经营的基本价值观以及经营哲学、企业文化、行销风格以及社会责任等。

2. 应用要素系统

应用要素相对于基本要素则显得更加具体,是企业执行基本要素的具体手段,也就是企业员工所奉行企业文化基本思想所运用的具体方式,如企业的宣传口号、公司示训、广告标语等。

（二）BI 行为识别

行为识别即 BI(behavior identity)是指企业在经营理念指导下所表现出来的具体活动，也是对企业的理念识别的具体表达。作为一种动态识别形态，行为识别是企业的经营管理理念在其具体业务中的表达和反映。通过统一银行的具体运作方式使员工达成共识，统一行为规范，获得社会公众对银行的识别认同。BI 的主要内容则包括对内行为识别系统和对外行为识别系统。

1. 对内行为识别系统

金融企业对内的行为识别系统所指的就是建立企业的内部行为规范，通过 BI 的建设和执行对内部人员实行管理，培养内部员工共同遵守的行动指南和行为准则，包括规范员工的体态语言、仪容仪表、职业道德等。主要应该注意如下几个方面。

(1) 制度严格化。企业必须有一个严格的制度才能有有力的规范制度作为保证，才能规范自身的言行，统一自己的整体形象。只有这样企业才能够维护自身的信誉、赢得客户的信任。企业的每一项规章制度的建立也应该基于人性化的原则，根据自身的定位和实力制定合适且新颖的规章制度以保持自身的活力和个性。在对待内部员工管理的问题上也应该提出相应的奖惩制度，以鼓励士气，优化企业的整体效率。

(2) 服务规范化。企业的服务质量集中表现于员工服务态度和服务流程当中，服务的好坏直接决定了金融机构在竞争当中的成败。因此，在实际的操作过程当中，员工们应当以熟练的操作技术和诚恳的态度来面对客户，将客户需求的服务真正地落在实处。而这种效果的来源则只有服务规范化能够提供帮助。

(3) 操作标准化。由于金融企业的业务范围比较广，各个业务之间会存在很小的差异，因此标准的操作则成为避免操作风险，成就银行标准化业务的最佳方式。操作标准化有两个方面：一是对行业的操作进行规范，将业务之间的操作流程细分出来；二是对员工进行内部的培训，将所有的业务流程都能够熟练地掌握。

2. 对外行为识别系统

金融企业的对外行为识别系统即为企业向外部所传达的企业形象，旨在将企业的经营观念和企业精神传达出去，让外界更为清晰地了解公司的经营文化以维持自身的公众形象。具体的传播方式则包括各种公司的对外活动，如公共关系、公益活动、文化活动等。

（三）VI 视觉识别

视觉识别 VI(visual identity)是指通过具体化视觉化的表现形式来显示公司的独特形象，是公众能够明确地识别出该公司的企业文化，接受企业所传达出的理念。由于金融企业的理念较为抽象，因此公司需要通过标识、广告等具象的表达来传播。所以视觉识别是传播力量于感染力量最为直接的一种形式。一般来说包括两个部分：基本要素系统和应用要素系统。

专论 11-5　　汇丰银行的建筑

在外滩建筑群中，有一座最为有名、在学者的著作甚至教科书中出现最多的建筑，它就是位于外滩中山东一路12号的汇丰银行大楼。

说到汇丰银行，大家应该都不陌生。在旧中国的银行中，没有一家可以与之相匹敌，直到今天，它依然是全球最大的跨国银行集团汇丰集团的核心成员。汇丰银行的全称叫“香港上海汇丰银行有限公司”（HongKong & Shanghai Banking CO.），英文简称“HSBC”，其中的“S”代表上海，足见上海在汇丰的分量。在汇丰银行发行的货币中，还能找到外滩的历史痕迹。汇丰1993年版1 000元港币上的铜狮“施迪”，就是当年汇丰银行大楼门前的标志物。当年的老上海人，一度还把汇丰银行称为“狮子银行”。

1. 基本要素识别系统

基本要素识别是值得能够直接表现企业名称、任务、理念等的专用符号或者标语标识。通过利用这些具象化的文字、颜色、字符等的组合，加上广告传播等手段来对企业自身进行宣传来达到扩大市场占有率，提高知名度等目的。基本要素识别系统主要包括企业名称、企业标识、宣传标语等。

2. 应用要素系统

应用要素系统主要是用来传播银行基本要素系统的媒介，是指通过具象的环境设计来传达企业精神的方式。具体包括外部标志，如建筑风格、旗帜、招牌等；办公室内设，如部门标志、办公室装修环境及用品等；广告媒介，如公司网页、报纸电视广告等。

第三节　金融服务企业形象设计

一、企业形象策划的基本流程

（一）成立CI策划委员会

CI策划委员会是由企业内部的CI策划办公室成员和企业外部的策划部门共同组成的。就企业内部的CI策划而言，是指在企业高层管理领导下由广告部、公关部以及其他相关部门一同组成的非常设组织机构。其主要的职能是为外部的策划部门提供企业内部的有关资料，分析和策划适合于企业自身条件的形象设计，同时也担任了对内部员工的培训工作。

企业的外部策划部门则是公司通过招标等方式，面向公众所选择的专业的策划公司，如广告公司或者大型的策划中心、市场研究所等。外部的策划部门职责主要是根据企业全优的形象调查和现阶段企业的实际情况来制定适合当前的具有差异性的企业理念精神，再基于这种理念精神之下确定该企业的社会定位和产品定位并制定出公司的营销风格。外部策划公司还应该为企业设计出能够适应企业精神思想的一系列形象设计，展示企业的形象、突出企业的风格，并通过大众媒体和非大众媒体进行宣传获取市场上的认可度。最后，外部策划部门还应当与企业的内部策划部门共同进行人员的培训和教育，共同为塑造企业的良好形象而努力。

CI策划委员会的成立在人力方面建立起了一定的规则和制度，充分协调好了CIS在实施之前的调配任务，在人员管理和形象设计本身上都有很强的管理作用，由于CIS是迄今为止最科学最成熟的金融机构形象设计及管理系统，所以在制定和实施的过程中一定会存在很多的配合和协调。CI策划委员会的职能不仅仅是在企业进驻市场时为整个市场,包括同业的竞争机构、市场的认可程度以及客户的接受程度等提供机会,更重要的是需要企业内部的员工自我对企业文化和形象产生认同与赞赏,也只有在内部员工充分信任自己的企业以后,才能为企业创造出更多的利润,执行和传播更真实可信的企业文化。

实例 11-5　　我国首次对金融企业家公众形象调查

这项调查由天下英才传媒主办,中欧国际工商学院学术支持,本土权威调查机构联信在成功实施中国演艺名人公众形象满意度调查之后推出。首届华德奖中国金融企业家公众形象满意度调查历时半年的时间,通过网络在线、员工访问、街头拦截、经理人问卷四种形式,采集样本覆盖国内25个代表性地区。入围的100位金融企业家从道德修养、业绩表现、企业信誉、社会责任、竞争力5个指标以千分制接受考评。其中道德修养权重占13.75%、业绩表现权重占26.5%、企业信誉权重占15.45%、社会责任权重占32.80%、竞争力权重占11.5%。

从27 495份问卷样本统计结果上可以看到,第一次入选的100名金融家分别是来自银行、证券、基金、保险、投资5个金融行业各20名的金融企业家精英。此次公布的经理人问卷调查结果,除100名企业家综合指标排名之外,5个金融行业还列出各个行业的排名。银行方面,招商银行马蔚华以922.7分获得金融总榜及银行行业的第一名;证券方面,申银万国董事长丁国荣以918.9分获得行业第一名;基金方面,华夏基金董事长范勇宏以921.8分夺魁;保险方面,泰康人寿董事长刘经纶以916.2分斩获第一名;投资方面,红杉资本中国董事长沈南鹏以918.1分高踞榜首。

对金融企业家进行公众形象满意度调查在我国尚属首次,通过权威的调查数据确定金融企业家在榜单中的排名,反映的是企业家在2008年8月以来的综合表现。公众对金融企业家的评价,不仅仅考虑其在经济指标方面的贡献,更重要的评估他们对整个社会发展的整体贡献。华德奖评审会秘书长王堃表示:"企业家公众形象调查打破了国外调查机构对中国市场'话语权'的长期垄断,满意度调查结果不仅可以激发企业家的成就感,同时鞭策他们在经济建设上不断进取,更多地履行社会责任。满意度调查是金融界的风向标,势必引导金融企业健康和谐发展。"

资料来源:新浪财经,2009-12-14.

(二) 金融企业形象的调查与分析

金融企业的CIS最终目的是让公众对整个企业有一个正面积极的印象,且愿意信任这个企业。所以企业的管理者需要时刻地关注公众对于企业的形象状态的看法,所以存在一个长时间的调查分析来确定CIS的实施。这项工作由公司外部的专业策划部门来承担,对企业的形象进行调查、分析、评价和诊断。

1. 金融企业的形象调查

(1) 调查方式。企业的形象调查可以运用多种形式,包括现场观察、访问调查、座谈交流、问卷调查等。

现场观察主要分为自我体验观察和现场侧面观察两种。前者是调查者自身亲自前往金融机构的与客户有直接关系的部门办理业务体验当时的客户服务情况。后者则是亲临现场，然后看着金融机构的服务人员为客户办理业务，从而了解具体的客户服务情况的一种方式。

访问调查是针对特定的调查对象，通过采访他们对于某家金融机构的看法或者建议来判断企业在公众眼中形象的方式。在访问调查的客户群体中应当注意选择的样本的广泛性，不能让被调查的样本受到局限，这样会很容易导致调查结果的有偏和失真等情况。

座谈交流一般是通过企业自己举办交流活动的过程中获取信息的方式。企业可以邀请一些客户来公司定期举办一些活动，获取顾客对自己的意见和想法。

(2) 调查对象。不同调查方式所对应的调查对象是不同的。

企业的公共关系对象。涉及整个企业所面对的全部公共关系对象，包括经销商、供应商、面对的政府有关部门例如税务部门和工商部门，以及新闻媒体等。这些公众关系的部门大多可以很明确地反映出该金融企业在外界的真实形象。

各个类型的企业员工。通过调查不同层次的企业员工对公司形象和文化的看法可以获得真实的企业形象内部信息。员工是企业文化形象的奉行者，他们所表达的意见应当被作为非常真实的企业文化内部效果。不同层次的员工所站的立场也是不相同的，因此企业对他们的调查可以获得更多真实全面的信息，为企业之后修改 CIS 设计也有很大帮助。

其他社会公众。所谓对其他社会公众的调查，更重要的就是要获取企业的文化在社会当中传播的效果，检验企业形象在市场上建立的成果。社会公众所反映的信息大多可以更真实地还原该企业在社会当中的认可程度。

(3) 调查内容。首先是银行内部情况的调查，主要包括企业的理念调查、企业的使命感、执行方针与战略、经营组织结构状况等内部环境的调查。最直接有效的调查内容就是对企业内部人员于企业文化形象的建议和感受。通过对员工的了解和调查可以更有效地了解企业内部各部门之间的联系，对各部门之间做出有效的沟通协调。

2. 金融企业的形象状况分析

在对金融企业的形象调查中获得一些信息之后，就应当开始对企业形象的调查做一个分析，根据调查结果通常会从该企业的人员形象、市场形象、社会形象、综合形象等方面来进行考察。

(1) 人员形象。金融企业对外业务的人工服务即为该企业对外宣扬自我服务态度和服务价值的窗口。所以根据工作人员的服务态度来考虑公司的人员形象是最真实的。通过考察服务人员的亲和力、耐心、微笑、服务效率和质量等方面来分析企业的人员形象，精神面貌是否得到了顾客的认可。

(2) 市场形象。作为市场上的竞争者，市场形象是从整个金融市场当中获取和判别出来的，具体表现为该金融企业的产品质量是否过关、定价是否合理、市场推广程度是否到位、服务质量是否优秀、网点是否全面、同业竞争能力是否突出等在市场范围内判定的指标。也只有当金融企业完善了其大部分的市场指标后才能在整个金融市场上占据一席之地。

(3) 社会形象。金融企业不单是一个独立运营的公司,它还是服务社会公众的重要单位。由于业务的特殊性,金融企业在社会中的认可度和信赖程度则显得尤为重要。只有当金融企业获取了社会公众的良好印象,其自身的业务才能得到有效地展开。所以金融企业应当注重自身的合法合规性、维护好自我范围内的金融秩序、积极投入公益事业中才能从社会公众中获取更好的认可程度。

实例 11-6　　“老鼠仓”频出引发行业信任危机

2009 年以来,内地基金公司相继查出四例“老鼠仓”,证券公司的分析师也被曝出违规代客理财丑闻,一时间,整个证券业被信任危机所困扰。被查出“老鼠仓”的四名基金经理分别是融通基金张野、长城基金刘海和韩刚,以及景顺长城基金涂强。张野被拉下马是缘于媒体报道,而后三名基金经理则是被深圳证监局在“严打”中揪出来的。寻遍本次金融企业家公众形象满意度调查榜单,却不见景顺长城基金董事长徐英和长城基金董事长杨光裕的身影和踪迹。显然,直至今日,刘海、韩刚和涂强涉嫌“老鼠仓”事件,以及叶志刚违规代客理财事件仍无定论,基金负责人无法令投资者满意是他们这次落榜的主要原因。更令人担忧的是,这些个案背后可能还隐藏着许多没有揪出来的“老鼠”,证券业面临信任危机。

一位业内人士表示,从根本上来说,“老鼠仓”问题是制度缺陷和缺乏完善监管体系大背景下催生的必然利益输送方式。由于基金经们靠利益太近,如果缺乏足够的监管,则极容易利用手中权力来谋取个人私利,而“老鼠仓”则是谋取利益的主要方式。而基金经理利用手中权力为相关利益者服务的同时,则必然会损害大部分基金投资者的利益。

资料来源:新浪财经,2010-11-16.

3. 形象评价和诊断

在分析完企业的形象状况之后可以根据分析出的结论再作进一步的评价和诊断,以得出企业现阶段的形象问题的最终情况。具体的评价标准可以从如下几个方面来考虑。

(1) 金融企业的公信力。公信力是从金融企业置身于整个社会公众当中所获得的信赖度和知名度,只有合理合规的管理模式所成就的企业正面形象才能获得客户的信任。当企业建立了良好的企业公众形象之后,其形象传播才能更快更有效。所以通过金融企业公信力的判断可以得出该企业在市场上形象和文化被认可的有效程度。而对公信力并不优越的金融企业而言,则应该根据自身的情况进行调整,拓宽自身在市场中的占有力度,树立永恒的优质形象。

(2) 金融企业的差异性。差异性是针对金融企业对同业的竞争情况而言所具有的特性。当市场当中的金融企业都纷纷趋于同一种模式或者销售几乎相近的金融产品的时候,差异化的金融企业就会很快地占有市场获取更多客户的青睐。正是这种独特的市场形象和品质能够让金融企业立足于整个市场当中占有份额。如果在形象分析的结论中发现该企业于同业的其他公司在产品、文化、形象上都处于同等地位没有独特的个性化文化的时候,该企业就应当着重于创新,按照自身的优势创造出适合自己的独特品质,开拓更适合自己的细分市场,树立差异化的企业形象。

(3) 金融企业的竞争性。竞争性是对于金融企业在市场上的最高要求，只有存在强势的竞争能力的时候，企业才能够获取最大化的利润。竞争性对于企业的要求主要表现在企业的业务能力、业务范围、经营效率和服务能力等方面，使企业对细节和管理模式把控的最高体现。在公信力和差异性的改造基本完成后，企业应当更注重利润的获取，如何采用营销战略来获取更多客户，如果利用规模经济和自身的优势来锁定目标群体都是企业自身在完成竞争性时应当考虑的内容。如果竞争性不强的公司，则应该仔细审视内部的战略设定，得出最适合自己的市场和营销战略。

二、CIS 设计

(一) CIS 导入

市场上成功的金融企业形象设计都需要导入 CIS，该系统的导入是在结合了企业的自身情况并根据长期调查以及市场环境等因素综合考虑后推行或再次推行的过程。根据每个金融企业的不同设定，对 CIS 的整体设置和推进情况也有不同的要求，但在实施详细计划的时候必须保证公司的所有员工都参与其中，在建立好了 CIS 委员会之后，具体的导入分为如下几个部分。

1. CIS 战略的确定

在经过前期对金融企业的文化和形象的调研分析之后，根据不同的结果，委员会往往会给出不同的解决方式。在现有的金融企业文化精神的情况下，CIS 战略目标一般分为三种情况：企业形象的巩固推广目标、企业形象的改善推广目标、企业形象的重塑推广目标。

对在调查分析当中获得优异成绩的金融企业而言，其拥有的内部文化和外部形象都由于同业的现有水平，说明该企业的 CIS 战略方向正确，前景也很光明。在这种情况下委员会需要的工作就是在原有的基础上进一步地加深这种形象的印象，向社会公众转播更多的企业能量，保持现有的发展势头。而那些在调查分析当中获得的评价一般，没有太强的公信力、差异性或者竞争力但运营机制良好，营运能力没有问题的企业，则应该保留自有优势，在该范围内不断推进，并开始发展新的领域来为自身创造更多的利润，这时候的 CIS 战略目标则是在原有基础上进行修改以获取更大的市场份额。在大多数情况下，企业都是依照这种战略目标在努力改善的。还有一些金融企业在前期的分析评判中成绩并不理想，在这种情况下 CIS 就应该以重塑企业文化，在企业资源合理分析的基础上为企业订造一个全新的核心文化，打造特色的企业形象。

实例 11-7　　四大国有银行公众形象满意度堪忧

工农中建四大银行老总的公众满意度形象排名垫底。自 2008 年 9 月全球金融危机爆发以来，美国、欧洲大陆以及加拿大、澳大利亚等国家金融机构特别是银行都遭受了重创，许多银行都陷入了危机、困境之中。然而，中国的金融机构却一枝独秀屹立于世界的东方。特别是在全球银行市值缩水、利润大滑甚至亏损情况下，中国商业银行盈利仍然大幅上升，位居世界第一，工商银行(5.44,0.02,0.37%)盈利位居世界单一银行第一名。同时，金融系统特别是商业银行的稳定、流动性充足给中国应对金融危机冲击奠定了坚实基础。但是本次调查却显示,除中国银行股份有限公司董事长肖钢(890.2分)和中国建设银行(7.11,0.04,0.57%)股份有限公司郭树清(881.7分)位列第16、19名之外,中国工商银行股份有限公司董事长姜建清(863.8分),中国农业银行股份有限公司董事长项俊波(510.3分)的排名均在二十之外。这比起夺魁的招商银行董事长马蔚华、位列第三名的中国光大银行董事长唐双宁(920.2分)、位列第七名的国家开发银行董事长陈元(915.2分)、位列第十二名中国民生银行(10.99,0.06,0.55%)股份有限公司董事长董文标(902.1分),四大银行企业当家人确实有失色彩。

究其因缘,报告指出,银行的服务水平很不能令百姓、居民满意是四大银行垫底的主要原因。王堃秘书长指出:“面对企业家公众形象满意度排名垫底,四大行应该深刻反思,如果以为背靠国家这棵大树就可以长久乘凉,就大错特错了;国家有关监管部门应该密切关注,督促四大行尽快改善服务、提高服务质量,提升百姓和客户满意度。”

资料来源:新浪财经,2009-12-24.

2. CIS的导入计划

CIS纲领的确立。在CIS计划实施之前要首先确立实施的纲领,具体纲领的确立则是由CIS委员会共同完成的,设置好CIS的进程安排、时间和步骤,以便在日后实施过程当中更为流畅无阻。

CIS具体内容的确立。根据CIS的具体内容即MI、BI、VI的不同领域来确立具体的形象改进措施。具体涉及经营理念、营销手段和宣传方式等。要求在宣传的过程当中最好运用容易记忆,更易于让客户接受的宣传标语或者图像,来传达企业的精神文化。例如汇丰银行的宣传标语及其经营理念则被概括为:The World Local Bank。汇丰银行致力于打造世界性范围内的当地银行,在通过不断的并购之后,汇丰银行在全球近八十个国家设置了分支银行,为了扩张其企业的全面覆盖能力,加强银行的同业竞争能力,所以将这句标语深深地印在客户的脑海中。

3. CIS计划导入的落实阶段

CIS实施之前的检验。在CIS的实施阶段之前,应当对整个战略进行检验,确立它的可实施性。如果制订的CIS计划没有得到内外部门的一致认同则会很容易给计划的实施带来困难。因此应该征询外界部门的建议和内部人员的建议征集然后对整体的计划进行分析和改进。如果在检验过程当中并没有得到一致的认同则需要重新订立。

CIS的引进介绍。在CIS的导入过程当中委员会应当给予CIS一个详细科学、具象化规范化的导入步骤,让所有的相关人员能够获取一个整体有效的文化思想,明确理解该计划的全部制订意义和实施的步骤措施,这样则对于日后的推进进程带来了很大的便利。

(二) CIS的全面实施、控制阶段

当企业成功导入CIS,获取所有相关人员和部门的认可之后则开始对CIS的具体实施,其主要目标依然是通过企业的各个部门的配合协作来完成企业形象设计,向公众传播企业重设崭新的新形象,在市场当中获得更多的客户群体。具体的实施步骤如下。

1. 对金融服务企业理念的持续传播

通过媒体访问、广告公关、网络宣传等直观有效的宣传方法来打开市场,向公众宣传

企业的精神面貌和文化理念。但仅仅让社会大众认知是远远不够的,重要的是要让大众对其产生深刻的印象,让他们做到当自己的金融业务有需求的时候第一想法就是这个印象深刻的金融企业的程度。因此不断重复的企业精神文化推广是实现CIS整体布局成功的第一要素。

2. 沟通和培训

作为一个系统性的形象设计战略,再把控好外部的认知程度之外还应当做好内部的建设,培养内部员工对企业文化形象的信赖程度和积极程度,在这个过程当中,企业应当随时与员工进行沟通获取他们的建议和思想,以此作为长期内CIS不断修改的重要依据。企业更应该从指导员公开实践性CIS开始,逐步构建一个内部的CIS体系。尤其是对于新晋员工,更应当注重这方面的培养,从他们开始构建CIS体,让员工都真心实意地遵守企业文化内涵并发扬光大。

3. 多渠道提升金融服务企业对外形象

在企业的经营运作当中,应当及时地策划好企业对内对外的关系,对内体现更多的人文关怀,对外体现更有效的办事能力在客户心中留下一个干练认真地工作形象。同时应当更积极地投身公益事业或者多多举办一些大型的活动来打响自己的知名度,利用赞助的活动或者自己策划的活动来向广大的社会群众推广自己的品牌和精神面貌。利用这些方式让客户领会金融企业的内在文化形象。

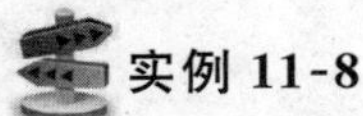

实例 11-8　　招商银行企业形象建设

在100名金融企业家公众形象满意度调查中,招商银行股份有限公司董事长马蔚华成为最大的赢家,以综合922.7分荣登榜首。自担任招商银行行长以来,马蔚华始终把“创新”二字贯穿于招商银行的发展之中,他导演了招商银行近年来“网络化、资本市场化、国际化”的三出大戏,使得招商银行拥有全行统一的电子化平台。他率先开发了一系列高技术含量的金融产品与金融服务,吸引了大批高端用户,同时树立了技术领先型银行的社会形象。当政十年,马蔚华领导招商银行,成为中国最新锐的具有国际网点业务的商业银行之一。2008年,当华尔街陷入金融危机最冷的寒冬之际,马蔚华却在当地庆祝招商银行纽约分行成功进驻,让美国银行业很惊喜也很惊讶。“越是金融危机,中国银行(5.10,0.09,1.80%)业越应该走出去,走国际化之路。不去大海,永远也学不会游泳。”马蔚华以超强的魄力,使招商银行接连上新台阶。他敢打敢拼,迎难而上的企业精神值得业界拍手叫好。在企业社会责任方面,招商银行业走在了金融行业的前沿,在四川汶川县发生7.8级地震后20个小时,招商银行通过中国红十字会向地震受灾地区紧急捐款800万元,用于受灾严重地区群众的救助和安置工作。据中国红十字会表示,该笔捐款是地震发生后该会收到的最大一笔捐款。招商银行全行2万多名员工捐款还在积极募集中,员工捐款已经超过710万元。招商银行先后为灾区人民总捐款额已达到2 110万元之多获得本次金融企业家公众形象满意度评比第二名的华夏基金管理有限公司董事长范勇宏也同样有着良好的表现。南方雪灾,华夏基金管理公司在全公司范围发起抗灾救灾捐助活动,公司捐款100万元,全体员工捐款30余万元。作为企业公民,华夏基金积极承担社会责任,公司成立10年来已多次参与各类社会公益活动及慈善事业,从抗击“非典”到捐助希望小学、援建敬老院，从"大学生创业计划"、"温暖2008贫困山区送电视"到今天的抗震救灾。华夏基金不仅以优异的投资业绩回报投资人，更以一个负责任的企业公民形象回馈社会。

资料来源：新浪财经，2009-12-14.

复习思考题

1. 有形展示的具体分类是什么？
2. CIS 战略包括哪些部分？

实训题

请用 CIS 战略来解释某个商业银行的形象塑造。

要求：

1. 分析该行形象塑造的成功之处。
2. 找出该行形象设计中的不足之处，并提出改进意见。

案例讨论

"银行如何树立良好的金融企业形象"交流实录

由《银行家》杂志主办的"2013中国金融创新奖"颁奖典礼在北京举行，中国最大的财经门户网站和讯网全程进行图文直播。"银行如何树立良好的金融企业形象"演讲及交流文字实录：

主持人：非常感谢各位参加我们的活动，首先我想问一下来自五家银行业机构的负责人，如果让你们现在在一个品牌的推荐会上推荐银行，用几个词来形容我们的品牌形象是怎样的，你会用哪几个词，我们从王行长开始。

王希全：我想工商银行大家都非常了解了，我们的目标是建设世界最具盈利能力、最优秀、最受尊敬的银行。

主持人：最赚钱我们都知道了，您觉得哪个更重要。

王希全：同样重要。

主持人：曾先生。

曾俭华：我们的目的是把银行打造成国际一流的银行，我们要树立这样的形象，一个让投资者、客户、和我们员工深感信赖和温暖的银行。

贾沁林：我是八个字，草根银行、尊贵服务。

韩兴柱：我们的口号是草根银行、市民银行。我们的定位是市民银行，是争取打造令人尊敬的银行。

侯慧聪：我们一直以来是以小微企业作为定位，我们要做最好的小微企业金融服务集成商，我们也提倡没有不还款的客户只有做不好的银行。

主持人：我不知道台下各位嘉宾是不是能非常明晰的对这几家银行有一个辨识度，

刚才王行长说工商银行要做最赚钱、最优秀、最受人尊敬的银行,我们想了解一下工行为什么要追求这样一个诉求,塑造这样一个品牌形象。

王希全:首先非常高兴参加这样一个颁奖仪式,也感谢评委,组委会给我们工商银行这么大的荣誉,我觉得今天这样一个创新主题,问到建设、突出什么样形象的问题,相信这样一个活动会对我们工商银行包括整个银行业形象的改善、品牌的维护与社会公众地位的建设,起到非常好的,积极的推动作用,我简单说几句。

一是基础是什么?良好的经营管理能力应该是企业形象的一个重要的基础,这就像一个人的形象,形象应该是一个人内在素质的外在表现。工商银行在经营管理方面,改革创新方面做了尝试,做了很多的努力,现在工商银行的资本、资产、存款、盈利、市值及品牌价值,都在世界银行业的第一位,包括我们银行的国际化、综合化也取得了很大的成就,从内部来讲,工商银行也在改革内部的流程,改善我们的服务这是一方面,做了大量的工作,这也能够使我们的企业形象得以展示,这是我讲的第一个问题。

二是作为一个大的银行,履行社会责任是我们树立企业形象的重要内容,或者说是一种我们在市场主体,商业银行由市场主体向企业公民的一个重要转变,这里需要我们履行的是经济责任、社会责任,还有企业公民的责任,这些方面工商银行作为大的商业银行,我们觉得根据企业发展的需要,根据大众的需要,在支持中小企业发展方面,我有一个数字,大概是90%左右的新增贷款都投入到中小企业方面,中小贷款规模占整个贷款规模的72%,这是一个很大的数字。比如我们在支持环保企业,我们实行的是绿色信贷,一票否决,如果你的信贷投入有违反环保法规政策的这是通不过的,另外在公益卫生等行业的贷款投入,也是在履行我们社会责任方面也做出努力的。

三是一家企业的品牌形象的维护,形象的树立,需要品牌的维护与管理,对于广大用户的服务方面,也是对于企业形象的树立,需要各个方面共同来维护,所以我非常感谢社会公众,监管机构,以及领导的关心、关爱。

……

主持人:嘉宾都从产品本身、服务、社会责任、核心价值观及文化观等方面谈了他们对品牌、对企业形象塑造的理解,这是一个大的话题。我们在这由于时间关系不能再展开说,大家可以在台下进行更多的交流,我们请杨再平副会长给我们点评一下,您觉得从银行业协会的角度,整个的银行业应该是什么样的形象。

杨再平:说到形象,我想大家可能有企业形象设计、形象大使、形象代言人,但是我在想,他们能够代表形象吗?形象是能够设计的吗?形象是能够代言的吗?形象能够通过大使表现的吗?我觉得不是的,这最多只是一个名誉形象的载体,比如说请哪一个明星做你的大使,做形象代言人,形象背后的东西,企业形象来说,他应该是商业活动和商业存在,在消费者群体,或者社会公众心目中间的一种反应。我们就银行来说,银行的形象就是钻进一定的消费者群体,或者社会心目当中的银行,这样说形象是打造出来的,是打拼出来的。首先要有这种商业存在,有这种行为,它才能够有形象,也就是有了这种行为,有了这种存在,然后为一定的消费者群体,能够感知得到,能够感觉得到,并且钻到他的心中去,这样才是形象。形象的重要性就在于,它是招揽消费者、吸引消费者的标识,因为这个银行有一个形象的问题。

我回答你刚才的问题，作为银行它要打造形象有共性和个性之分。就银行来说，要做银行，那一定要做能让老百姓感知到的东西，让老百姓感知到。我觉得五个元素，一般来说就是责任，第一，你是一个负责任的，你这个银行；第二，你是诚信的，比如说你的理财产品，是怎么样就是怎么样，是怎么样的风险要告诉他；第三，光有诚信还不够，还应该是友善的，友好的；第四，我觉得信贷银行还应该是智能的，你要能够聪明地解决各种难题，能够提供便利；第五，就是它是安全的，是可靠的。之我觉得做银行必须要有鲜明的形象，即要有共性的，也要有个性的。

资料来源：和讯网，http://bank.hexun.com/2013-05-29/154647094.html?from=rss，2013-05-29.

案例讨论题

1. 金融企业应树立什么样的对外形象？
2. 金融企业的对外形象对经营有什么影响？

第十二章

金融企业服务质量管理

市章理论要点

- 金融服务质量的含义和属性
- 金融服务质量的测评体系
- 提高金融服务质量的方法和策略
- 金融服务质量管理

案例导入

从日本 ATM 管窥金融服务精细化

为迎接 2020 年在日本举行的奥运会，满足国外游客的金融需求，日本政府要求三菱 UFJ 金融集团、三井住友金融集团以及瑞穗金融集团等几家大型银行进一步增加与海外联网的 ATM 数量。在日本，ATM 是客户使用最频繁的金融服务之一，其使用体验直接影响着公众对于银行的满意度。因此，政府和银行对于 ATM 金融服务都高度重视。作为从中国到日本工作的一名银行员工，笔者对于日本 ATM 的布设与精细化服务有着更多感受与体会。

选址灵活：生活场所全覆盖

据统计，目前日本共在 13.5 万处设有 19 万台 ATM，运营主体包括日本几大银行网点、邮政储蓄银行、都市银行、地方银行、信用组合、农协、便利店等。除银行网点之外，在 24 小时便利店、大小百货商场、大学、办公大楼、各个车站(电车站、地铁站车站)等和人们生活相关的场所基本都设有 ATM，给人们的生活带来了极大的方便。所以，在日本真正去银行办业务的人并不多，人们更多地是使用 ATM。

适用广泛：纸币硬币“通吃”

日本所有银行的窗口营业时间统一为 9:00—15:00，双休日及法定假日全部休息，窗口营业时间较中国国内短了很多，这就要求银行在 ATM 的自动化功能上多下功夫。目前，日本的 ATM 基本能够实现在柜台办理的所有业务及交易，不仅可以使用银行卡也可以使用存折，可单独使用也可同步使用。但各银行 ATM 的功能会有所不同。在 ATM 上涉及使用现金时，无论是存款还是取款，只要是日本央行发行的、目前在市场上流通的所有货币(纸币包括最小 1 000 日币到最大 10 000 日币，硬币包括最小 1 日币到最大 500 日币)，均能在 ATM 上存款和取款，非常方便。存入纸币时一次最多可放入 200 张，ATM 在几秒钟之内就能自动数清货币的金额，速度非常快。存入硬币时，客户只需将一把硬币一次性撒入硬币投入箱即可，不需要逐一将硬币塞入。

界面亲和：人性化提示

日本ATM的画面清晰、简洁，对于ATM的利用状况、手续费等都做了详细的说明，并配有语音提示和确认提示来告诉使用者下一个操作步骤、使用方法及注意事项。ATM一般使用触摸液晶屏幕，字体设计比较大，还设计有动态人像的欢迎、感谢使用等界面。如果钱和卡被遗忘在机器内，ATM会自动发出较大的提示音，非常人性化。ATM的画面高度以及倾斜度都做了精心设计，使用者的视线是自然往前看，既考虑到使用的舒适度，又能防止后面人的偷窥。ATM旁边还会有一个架子，放着印有银行标识的信封，使用者可以在取钱之后将钱放到信封里。如此细心体贴的服务，着实让人感动。

安全性强：客服指纹双保障

在日本，每台ATM旁都配有一部紧急联络电话，如果ATM发生故障或者在操作中遇到困难，客户无须拨号，拿起话筒就可以和客服中心取得联系，最重要的是无须等待！笔者曾亲眼看到同事的银行卡消磁了，拿起电话立即就接通了，银行客服人员耐心帮助和指导，让人瞬间感到安心。

在安全方面，日本银行业的ATM营业时间平时为7:00—21:00，双休日及法定假日照常使用，超过规定时间会收取手续费。在有人值守的24小时便利店等地段设置24小时营业的ATM，以解人们急时之需。为了防止银行卡的伪造，日本很久以前就已经开始推广IC卡。有的ATM还配有指纹确认装置，考虑到使用者手指可能受伤，可以接受两个手指指纹认证。

“他山之石，可以攻玉。”尽管国情不同，但日本银行业在ATM设置、使用、管理等方面的一些好的做法，值得我们学习。比如，在设置地点方面，除营业网点、车站、百货大楼之外，在便利店（尤其是24小时便利店）布设ATM是一个既安全又有客流量保障的选择；在网点内设ATM方面，布设数量更多、功能更全的ATM可以更多地分流客户，减少柜台压力；此外，在ATM上设置硬币投入箱，可高效解决一些客户大量硬币兑换难的问题。简言之，“为客户提供优质、精细化的金融服务”不是一句空话。商业银行经营管理者只有真正用心体会不同用户的各种需求，在高精度、多功能、安全性和人性化方面下真功夫，客户的满意度才会更高。

资料来源：孙瑜. 从日本ATM管窥金融服务精细化[N]. 中国城乡金融报，2015-04-13.

“中国质量管理之父”、中国工程院院士刘源张不无感慨地说，“质量从来没有像今天这样受到我们全社会的关注。中国质量从来没有像今天这样受到国际质量界的关注。”① 而对于金融服务质量同样如此。随着中国利率市场化的完成以及资本项目的不断深化，银行业、证券业、保险业等一些金融企业正面临越来越大的竞争压力，而作为金融机构未来发展的“马前卒”，金融服务质量管理则显得尤为重要。

① 刘源张教授在第七届上海国际研讨会上的演讲。

第一节　金融服务质量的含义和属性

服务是服务营销学的基础，而服务质量则是服务营销的核心。服务质量不仅是企业的生命，而且是企业在竞争中致胜的法宝。服务质量的内涵与有形产品的内涵有着很大的差别，消费者对服务质量的评价不仅要考虑服务的结果，而且要涉及服务的过程。服务质量应被消费者所识别，消费者满意才是好的质量。服务质量的特点、类别和基本属性均有区别于有形产品的内涵。

一、金融服务质量的含义

质量是指一组固有属性满足规定或要求的程度。服务质量是产品生产的服务或服务业以其拥有的设施设备为依托，为顾客所提供服务在使用价值上适合和满足顾客物质与精神需要的程度。按此理解，金融服务质量是指金融企业所提供的金融产品所有有关的特性及这些特性满足客户需求的程度。

金融服务质量有预期服务质量与感知服务质量之别。预期服务质量是客户对金融企业所提供服务预期的满意度。感知服务质量是客户对金融企业提供的服务实际感知的水平。如果客户对服务的感知水平符合或高于预期水平，客户获得较高的满意度，从而认为金融企业具有较高的服务质量；反之，客户会认为金融企业的服务质量较低。

从这个角度来看，服务质量是客户的预期服务质量同其感知服务质量的比较。预期服务质量是影响客户对整体服务质量的感知的重要前提，如果预期质量过高，不切实际，即使从某种客观意义上说客户所接受的服务水平是很高的，客户也会认为金融企业的服务质量较低。

专论 12-1　《银行营业网点服务基本要求》等 9 项金融服务国家标准发布

质检总局、国家标准委联合中国人民银行在京发布 9 项金融服务国家标准，将从保障基本服务、规范新兴服务、降低服务风险 3 个方面，系统规范金融服务。质检总局党组成员、国家标准委主任田世宏，中国人民银行副行长范一飞出席发布会并讲话。

田世宏指出，9 项金融服务国家标准是支撑供给侧改革、促进金融服务实体经济的重要技术规范，将进一步规范金融机构的管理与服务行为，对提高金融服务供给质量和效率，实现金融机构与消费者之间信息有效传递，保障消费者合法权益发挥十分重要的促进作用。质检总局、国家标准委将联合中国人民银行加强标准宣贯，扩大标准知晓度，提升社会认知度，并制定配套实施办法，开展监督检查和评估，推动标准更好地贯彻实施。同时积极与有关国家打造区域协调标准，制定国际标准，推动我国金融标准“走出去”，从而带动我国金融产品、金融服务“走出去”。

范一飞指出，标准在规范经济金融发展秩序、加强社会管理等方面都具有重要地位，是政府管理和市场自律的重要手段。未来金融标准化工作要进一步为金融监管提供支持，为金融业发展创建标杆，不断完善政府与市场共治的金融业标准体系。金融机构应自觉地用更高标准来规范服务，防范风险，不断提高金融产品和服务质量。

据介绍，9 项国家标准分别是《银行营业网点服务基本要求》《银行营业网点服务评价准则》《银行业产品说明书描述规范》《银行业客户服务中心基本要求》《银行业客户服务中心服务评价指标规范》《商业银行客户服务中心服务外包管理规范》《商业银行个人理财服务规范》《商业银行个人理财客户风险承受能力测评规范》和《金融租赁服务流程规范》，将于 2016 年 6 月 1 日起正式实施。9 项标准系统提出了金融服务技术规范，有利于提高金融机构精细化管理水平，提升服务质量，保护消费者权益，推动银行业转型发展。

资料来源：中国质量网，http://www.chinatt315.org.cn/news/2016-1/6/31404.aspx，2016-01-06.

二、金融服务质量的构成要素

金融服务是一种主观经历的过程，在顾客和服务提供者之间存在着内在互动关系，所以服务质量是由技术质量、功能质量、形象质量和真实瞬间构成，它取决于顾客感知质量与预期质量之间的对比(见图 12-1)。

(一) 技术质量

技术质量是指服务过程的产出，即客户从服务过程中所得到的实实在在的东西。它包括服务本身的质量标准、环境条件、网点设置以及服务事项、服务设备和服务时间等。金融企业为客户所提供的具体金融产品，如储蓄类产品、保险品种、理财类产品、基金产品。对于技术质量，客户容易感知，也便于评价。

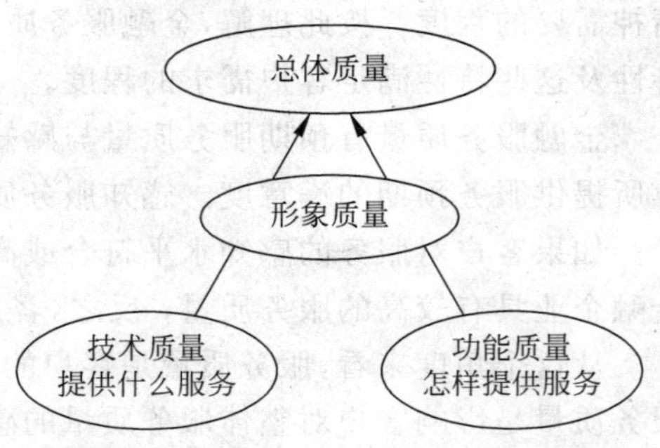

图 12-1 服务质量的构成因素

(二) 功能质量

功能质量是指顾客如何得到这些服务的，具体表现为在金融服务接触的过程中，服务人员的服务行为、服务态度、服务程序、言谈举止、仪表仪态等给顾客带来的利益和享受。功能质量完全取决于顾客的感受，与顾客自身的喜欢、个性有关，所以不同的顾客对统一服务的评价可能是不同的，因此难以进行量化。技术质量和功能质量构成了感知服务质量的基本内容。

(三) 形象质量

形象质量是指金融企业在社会公众心目中的总体印象，它不仅影响顾客的服务期望，还影响顾客的服务感知。形象质量分为金融企业的整体形象和企业的所在地形象两个层次。企业形象通过视觉识别系统、理念识别系统和行为识别系统多层次进行体现。客户可从金融企业的资源、结构、市场和行为等多方面认识企业形象。如果金融企业具有良好的形象质量，那么顾客对于服务过程中的个别服务失误就比较容易谅解；倘若金融企业形象质量不佳，则任何微小的失误都会导致顾客的不满意，所以人们将金融企业的形象质量称为是顾客感知服务质量的“助涨助跌器”，而顾客感知的服务质量反过来又决定企业的形象质量。

实例 12-1　　　　展现活力四射金融形象

马拉松原本就是一场自我挑战的严肃游戏，它没有既定的规则，也没有炫目的技巧，唯独需要和自己对话的耐心。作为上马五年战略合作伙伴的兴业银行也深以为是，他们认为马拉松赛事主张的"健康向上、拼搏奋进、坚忍不拔、自我超越"价值理念，与银行所倡导的精神高度重合，所以，在上马服务中，作为一家坚持"以客户为中心"服务理念的企业，兴业银行认为自己有责任参与进来，更好地为各类人群服务，也更多地支持全民体育和社会公益事业的发展。

在昨天的上马现场，所有人都能深刻感受到他们的用心，除了在赛道中有"金融兔"保驾护航以外，赛道周围布满了 12 个兴业银行"加油站"，志愿者们主动提供补给，为每一位跑友补充能量，而在终点嘉年华现场，除了能领取到兴业银行为完赛运动员提供的礼品外，上马的跑友们更能近距离感受到兴业银行最新推出的产品，兴动力信用卡具有首创的"积分＋"计划，配合可穿戴移动支付手环，这无疑是跑友们出门练马的神器。

而伴随着兴业和上马的联手，"黏合剂"效应也在企业内部开始逐渐显现。昨天凌晨 5 点，兴业跑团就已经在外滩的起跑点集结，几十位上马官方"金融兔"更是整装待发，一派活力景象。这一抹蓝色成为昨天马拉松赛道上特殊的风景，他们在用自己的脚步脚踏实地地告诉全世界，金融人不仅仅沉浸在数字世界里，他们也有着阳光朝气的精神面貌。

兴业银行作为上海国际马拉松未来五年的战略合作伙伴，将成为今后五年上马"荣耀赞助商"、上海半程马拉松"官方合作伙伴"和上马赛事唯一指定合作银行。昨天，只是他们和上马合作的一小步，但已经开始向全世界展现出一个活力四射的金融企业形象。在接受记者采访时，兴业银行副行长陈锦光表示能和上马牵手本身就是一种缘分，"'真诚服务，相伴成长'是我们兴业银行一直秉承的经营理念，'绿色金融，共创美丽中国'是我们兴业银行倡导的新常态下的社会发展模式，我们一直致力于挖掘客户全方位的需求，我们注重产品与客群需求的贴合，我们提倡环保健康的社会和人类发展模式，所以，跑步的火热和老百姓生活水平的提升本来就存在着必然联系，在这样一条纽带之下，金融和马拉松，势必成为不可分割的一个整体。"而在未来几年的合作时间里，他们更希望能把这场 1＋1＞2 的方程式更好地发扬光大。

资料来源：黄嫣．展现活力四射金融形象[N]．上海新闻晨报，2015-11-09．

（四）真实瞬间

真实瞬间是服务过程中客户和金融企业进行服务接触的过程。这个过程是一个特定的时间和地点，是金融企业向客户展示自己服务质量的时机。真实瞬间是服务质量展示的有限时机。一旦时机过去，服务交易结束，企业也就无法改变客户对服务质量的感知；若在这一环节出现了问题，也无法补救。真实瞬间是服务质量构成的特殊因素，这是有形产品质量所不包含的因素。服务生产和传送过程应计划周密，防止棘手状况的出现。

三、服务质量的基本属性

（一）有形性

有形性要素主要指金融服务的实物方面，包括金融服务企业的服务设施、工具、员工形象、服务的实物表征(胸卡)、企业提供的宣传资料等,这类要素常常是新客户衡量一个企业服务质量的最直观标准。

(二) 可靠性

可靠性是指金融企业能够准确无误地完成其承诺的目标,为顾客提供及时、准确、可靠的服务。可靠性意味着企业能够按照承诺收阅行事,顾客对于信守承诺的金融企业服务质量往往给予高度评价。比如,严格在规定的时间内的转账制度等。

(三) 响应性

响应性要素表示金融企业员工能及时提供顾客所需要的服务,自觉为顾客提供一切帮助,并能够迅速有效地解决顾客面临的各种问题,尤其在面对顾客咨询、投诉、建议等情况时,表现出的解决问题的时效性。比如,在理财咨询过程中,当电脑系统出现故障时,服务人员提供饮料或者糖果让顾客暂时等待一下机器的维修,则可以使一些顾客潜在的不满情绪逐渐淡化。

(四) 安全性

安全性要素是指金融企业员工提供的服务能够赢得顾客信任,增强顾客对金融企业的信心,使顾客消除疑虑,特别是金融企业涉及顾客的切身利益,安全性显得更为重要。

(五) 移情性

移情性要素是指金融企业员工能够设身处地地为顾客着想,进行"换位思考",给予顾客关心并积极提供个性化服务,通过个性化或定制化服务使顾客充分感受到来自服务企业的尊重和重视。比如,掌握详细的用户信息,了解用户的需求和喜好,为不同用户提供个性化的独特服务,以增强企业的竞争力。

实例 12-2　　社区银行:以个性化服务树立银行竞争力

招商银行独树一帜,打出了"银行+咖啡"的鲜明旗帜。目前,招商银行与知名咖啡连锁品牌——咖啡陪你签署了一份合作协议,将陆续在北京、上海、杭州、重庆、武汉、深圳等城市打造咖啡银行服务网点。招商银行不仅继续与咖啡陪你保持结算、收单领域的合作,还将在咖啡银行网点合作、特惠商户、客户优惠活动、小微金融产品等方面做更深入的探索。

在咖啡店里办理银行业务是一种银行服务模式的创新。这虽然与国内银行业当前广泛探讨的社区银行有一定的差异,但是本质上都表现为服务的人性化、以客户为中心并满足客户的需求。

20 世纪 80 年代,面对美国国内市场化改革,富国银行没有跟随摩根大通、花旗银行等将投资银行作为主业,反而逆其道而行之,坚持传统商业银行的业务阵地,坚持以社区银行为主营业务,即主要为个人及小企业(年销售额小于 2 000 万美元)提供包括投融资、保险、信托等全方位金融服务。最终,社区银行成为富国银行最主要的收入来源,自 2000 年以来,社区银行的收入占比一直保持在 50%以上,部分年份高达 70%。

富国银行旗下的社区银行取得骄人成绩,主要得益于社区网点的精准定位、金融销售服务理念的创新、独到的风控机制、专注小微业务能力培养以及强大的电子银行服务功能。

富国银行的网点非常之多,规模不大,服务俱全。小店面不仅降低了成本支出,而且拉近了客户距离，更好地满足了客户需求。其社区银行基本实现了无纸化办公，设有私人对话小空间，用于客户与银行经理探讨个人理财规划等，人性化的设计、专业化的服务凸显其竞争力。

富国银行的经营目标为“满足客户在财务方面的所有需求，帮助他们在财务上发展成功”，力图成为一家能够为客户提供所需任何产品的百货超市式的全能金融机构。富国银行提出销售金融服务理念，以客户为中心设计了80多个业务单元，覆盖客户整个生命周期中可能出现的主要金融需求，并培育了强大的交叉销售能力，建立了一个高效的客户关系管理平台，实现并继续拓展一站式金融超市服务。

资料来源：http://finance.eastmoney.com/news/1670,20140806408972926.html，2014-08-06.编者略有删改.

第二节　金融服务质量评估

一、金融服务质量体系

金融服务质量是由顾客感知的质量，金融服务是一种生产和消费同步进行的主观体验过程，顾客对服务质量的评价不仅要考虑服务的结果，而且要设计服务的过程。由于服务的无形性、可变性和不可分离性，使顾客感知的金融服务质量在构成要素、形成过程、考核依据、评价标准等方面与有形产品质量存在差异。

1982年，瑞典著名服务市场营销学家克·格鲁诺斯提出“顾客感知服务质量模型”，其认为顾客对服务质量的评价过程是将其在接受服务的过程中的实际感觉与其接受之前的期望感觉相比较的结果，服务质量是顾客的期望服务质量同其感知服务质量的比较。期望是指顾客在接受服务前所具有的信念和观念，顾客将其作为一种参考，它与实际绩效即感知进行比较，从而形成顾客对金融服务质量的判断，如图12-2所示。

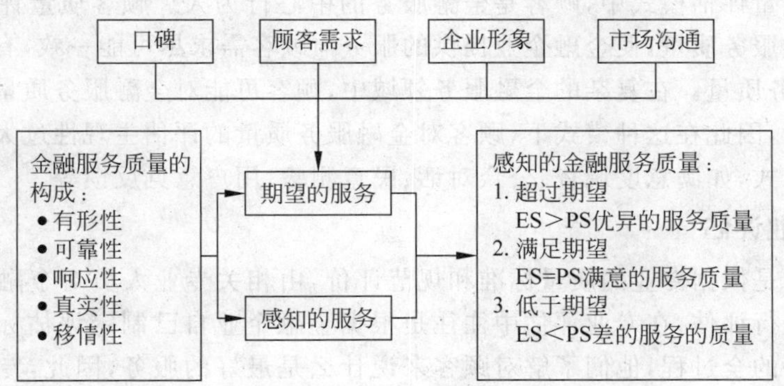

图12-2　顾客感知服务质量的模型

资料来源：A parasuraman，V A Zeitthaml，and l Berry. A Conceptual Model of Service Quality and its Implications for Future Research[J]，Journal of Marketing，1985(49)：48.

图12-2显示了顾客的服务期望来源四个方面：①口碑、顾客需求、企业形象、市场沟通；②当顾客对服务的感知水平高于预期时，则顾客感知到的服务质量是卓越的；③当

顾客对服务的感知水平符合预期时，则顾客感知到的服务质量是满意的；④当顾客对服务的感知水平低于预期时，则顾客感知到的服务质量是较差的。

市场沟通是指那些诸如广告、直接邮寄、公共关系以及促销活动等直接为金融企业所控制的活动。而金融企业形象和口碑虽然受到很多外部条件的影响，不能被企业直接控制，但是基本表现为与企业绩效的正相关函数关系。顾客需求则是金融企业的不可控因素，顾客的需求千变万化及消费习惯的不同，决定这一因素对期望服务质量的巨大影响。

顾客感知服务质量模型对营销实践工作的启示是：通过管理顾客期望来提高顾客感知的服务质量。顾客期望对顾客感知服务质量的水平具有决定性的影响。如果服务提供者承诺过度，那么顾客的期望就会相应提高，所感知的服务质量就会相对下降。

以顾客的视角来看，虽然顾客体验到的服务质量可能很高，但由于顾客的期望水平更高，两者会形成一定的差距，因此降低了顾客感知服务质量的水平。所以承诺过度或者承诺过早，都会使改进金融企业服务质量的努力前功尽弃。从营销实践来看，将顾客期望控制在一个相对较低的水平，营销活动的余地就会大一些。控制好顾客的期望水平，金融企业就可以根据具体情况来超越顾客的期望，使顾客产生满意感，这对提高顾客的忠诚度大有裨益。

例如，在银行营业厅里设置的取号排队系统，都会明确地告知顾客从该时刻开始知道开始享受服务还须等待的顾客人数，这种方式的运用可以使顾客自助调节自己的期望值，减少了客户排队等待的沮丧和抱怨，也减轻了顾客对企业的不满。

二、金融服务质量评估模式

服务质量评估模式根据服务的不同方面和行为人不同可以分为顾客评估和专业评估两种。

（一）顾客评估

在顾客质量评估模式中，顾客是金融服务的中心行为人。顾客质量评估的目的是控制和界定金融服务质量，使金融企业提供的服务与顾客需求尽可能一致，有助于确保服务效能，提高服务质量。在复杂的金融服务领域中，顾客可能对金融服务质量有着不同的理解和评价尺度，因此在这种模式下，顾客对金融服务质量的评估主观性过大。顾客评估有各种不同的形式，如满意度调查、公众对话、民意测验、用户意见反馈等。

（二）专业评估

专业评估是依据专业的质量标准和规范评价，由相关专业人员对金融服务产品和金融服务绩效进行评估，在专业评估中往往是根据金融企业自己制定评估标准。专业人员熟悉金融服务的全过程，他们了解对顾客来说什么是最好的服务，因此，专业评估模式能够保证金融服务效率，是对顾客评估模式的有益补充。

当然，任何质量评估模式不会在所有情况下都行之有效，在实践中这两种服务质量评估模型一般是结合使用的。

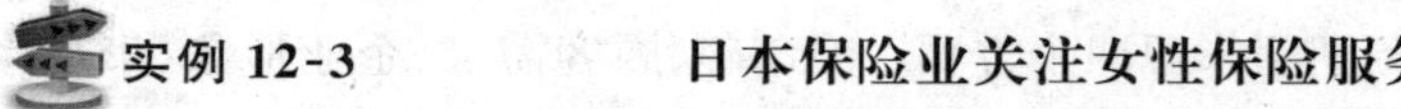

实例 12-3　　日本保险业关注女性保险服务

据日本《读卖新闻》日前报道称，为迎合女性的保险需求，日本保险业开始拓宽针对女性的保险产品和服务，包括专为女性设计的医疗保障项目，涉及子宫纤维瘤和剖腹产手术等。

2010 年 2 月，日本住友生命保险公司推出一款专为女性设计的保险产品，为女性提供包括人寿保险在内的养护保障。此外，在基本保险计划的基础上，在住院并追加女性特有疾病(如乳癌)保险保障的情况下，投保人可要求得到相关福利。这是该公司在近 9 年中首次推出的专为女性设计的保险产品。

此外，太阳生命保险公司开始出售一款服务女性的保险产品，该产品的保障选项可自由组合。朝日生命保险公司也在准备推出一款女性疾病保险产品，该公司表示，女性投保人的数量呈现上涨的趋势，男性投保人的数量则保持稳定。

资料来源：杨林. 日本保险业关注女性保险服务[N]. 中国保险报，2010-04-08.

三、金融服务质量的评估标准

根据金融服务质量的基本构成要素和五个基本属性，以及考虑服务管理的自身特点，一项优质的金融服务应满足下列标准。

(一) 服务的规范化和技能化

金融服务提供者必须具备一定的专业知识和技能，并达到一定的行业、国家或国际通用的等级标准。在提供服务的过程中，能运用专业知识和技能规范，解决顾客疑问，为顾客提供满意服务。

(二) 服务过程中的专业态度和行为

金融服务人员应该以平易近人的方式，文明规范的举止行为为每位顾客提供良好的服务。

(三) 提供服务的灵活性

提供金融服务的地点、时间、人员和服务系统的设计和安排，应充分考虑不同层次顾客的需求，并根据顾客的不同需求进行灵活的调整，使顾客满意。

(四) 服务的可靠性

金融企业在服务过程中是否履行自己明示或暗示的一切承诺，并最大限度地满足顾客的利益，使顾客在服务过程中得到舒心的感受。

(五) 及时有效地服务补救

对于金融服务过程中出现的各种差错和意外情况，能够提供及时可行的补救方法，这是提高顾客服务满意度的重要手段。

(六) 服务企业的信誉度

金融企业良好的业绩和品牌价值，能够为企业创造良好的声誉。对顾客来说，一个值得信赖的金融企业经营活动，是他们选择投资的重要因素。

四、金融服务质量测评

金融服务质量控制规范是评价、控制金融服务及服务提供特性方面的规章制度。金融企业可根据以下的客户测评体系、银行测评体系和第三方测评体系来进行服务质量监控。

（一）客户测评体系

金融机构可以开展“客户满意度调查”，从“7P”的角度进行测评，如表12-1所示。

表12-1 金融服务营销“7P”组合

金融服务营销P要素	金融服务营销P要素所包含的内容
服务产品（product）	服务范围、服务质量、服务项目、服务品牌、服务担保、服务档次、服务业的售后服务
服务定价（price）	服务收费的档次、服务收费的打折、服务收费的项目、顾客对收费的评估、收费与质量的匹配、服务的差异收费
服务渠道或网点（place）	网点的位置、顾客进入网点的便利程度、服务渠道及设计的相关地区和行业
服务沟通或促销（promotion）	营销广告、人员的推销、服务业的营业推广、服务业的公共宣传、服务业的公共关系
服务人员与顾客（people）	服务人员的培训、服务人员的处置权、服务人员的义务和职责、服务人员的激励、服务人员的仪表、沟通技能、服务态度、参与服务的顾客行为、顾客参与的程度、顾客与顾客之间的联系
服务的有形展示（physical evidence）	服务环境的装修、环境的色彩和氛围、服务环境的布置、服务环境的防噪声水平、服务设施和用品、有形线索
服务过程（process）	服务过程的运作政策、服务流程、相关的组织机制、服务过程中人员处置权的使用规则、服务过程对顾客参与的规定和指导、服务活动的流程

资料来源：杜芹平，张洪营．商业银行服务营销[M]．上海财经大学出版社，2005：193．

此外，在进行“客户满意度调查”时，可结合SERVQUAL模型，从服务质量的五个属性分别了解顾客对服务质量的感知标准。

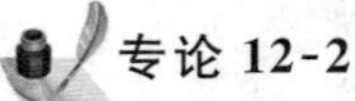专论12-2　　SERVQUAL模型①

对于服务质量的评估透明和尝试通过要以用户调查的方式进行，目前学界公认的比较经典和使用的评估服务质量的方法主要有定性和定量两类。

定性法主要是由PZB(A. Parasuraman，A. Zehthaml，L. Berry)三人提出的SERVQUAL量表评价和关键事件法，是顾客对服务过程的描述和评价；定量法主要是运用模糊综合评价法和顾客满意度指数方法。前者是由于服务质量特征具有一定程度的模糊性而引入的，后者是一种新型宏观经济指标和质量评价指标，通过对顾客满意度的测量反映企业服务质量的好坏。在实际应用中，通常是将定性法和定量法相结合进行服务质量评估，例如，通过SERVQUAL量表收集数据资料，再通过模糊综合评价法对数据进行分析。

SERVQUAL理论是20世纪80年代末由美国市场营销专家依据全面质量管理理论TQM(total quality management)在服务行业提出的一种新的服务质量评价体系，其理论

① 安贺新．服务营销管理[M]．北京：化学工业出版社，2011．

核心是“服务质量差距模型”，如图 11-3 所示，即服务质量取决于用户所感知的服务水平与用户所期望的服务水平之间的差别程度（又称“期望—感知”模型），用户的期望是开展优质服务的先决条件，提供优质服务的关键是要超过用户的期望值。其模型为 SERVQUAL，即分数＝实际感受分数－期望分数。

SERVQUAL 对顾客感知服务质量的评价是建立在对各科期望服务质量和顾客接受服务后对服务质量感知基础上的，根据服务质量的五种属性，设计出包含 22 项问题的调查表（见表 12-2），这被称为 SERVQUAL 评价方法。

表 12-2　服务质量评价方法——SERVQUAL 量表

服务质量属性	组 成 项 目
有形性	1. 有现代化的服务设施
	2. 服务设施具有吸引力
	3. 员工有整洁的服装和外表
	4. 公司的设施与他们所提供的服务相匹配
可靠性	5. 公司对顾客所承诺的事情都能及时完成
	6. 顾客遇上困难时，能表现出关心并提供帮助
	7. 公司是可靠的
	8. 能准时地提供所承诺的服务
	9. 正确的记录相关的服务
响应性	10. 告诉顾客准确的服务内容
	11. 为顾客提供及时的服务
	12. 员工乐意帮助顾客
	13. 员工不会因为太忙而疏忽回应顾客
保证性	14. 员工的行为会建立顾客的信心
	15. 顾客与公司打交道时有安全感
	16. 员工保持对顾客有礼貌
	17. 员工有足够的知识
移情性	18. 给予顾客特别的关怀
	19. 为顾客提供个性化的服务
	20. 了解顾客的现实需求
	21. 优先考虑顾客的利益
	22. 提供服务的时间要便利所有的顾客

资料来源：Parasuraman A, Zeithaml V, Berry L L. Refinement and reassessment of the SERVQUAL scale [J]. Journal of Retailing, 1991, 67(4)(winter): 420-450.

SERVQUAL 量表明确了决定服务质量的多种方法，模型中建立的五个维度在一定程度上可以作为对于服务质量的描述，但服务质量的感知是一个复杂的过程，因此，衡量指标必须具有鲜明地满足一生五个属性的要求。

实例 12-4　满意度测评：保险服务质量的“试金石”

一份来自陕西保监局的最新测评结果显示，寿险消费者、新闻媒体和社团组织对陕西寿险业自 2007 年以来的服务质量进行了打分，总体满意度指数得分为 88.75 分，顾客满意度指数 87.49 分，其中，便捷化指标得分 87.38 分、规范化指标得分 90.29 分、增值化指标得分 83.73 分、个性化指标得分 88.32 分。

客户对服务的满意度是衡量服务水平的重要指标之一，不仅影响寿险市场的开拓能力，还是维护行业永续发展的关键。而陕西保险业此次大胆尝试，将寿险业服务满意度测评的“打分器”交到客户手中，可见在陕西的保险业中，加强社会监督和提高服务质量的意识已悄然升级，他们已经“愿意并且敢于”运用透明化的手段来监测和加强自身的服务质量建设。

精心打造测评方案

一次成功的测评首先需要一个完善的测评方案，在这方面陕西保监局做了大量细致而周密的准备工作。据了解，在满意度测评方面，应用最为普遍的是 SERVQUAL 量表和以顾客满意度理论为基础的费耐尔模型(Fornell Modeling)。“但是作为一个宏观模型，无法给企业欲提升顾客满意度提供详细的指导信息，这加大了企业微观应用的难度。因此，陕西寿险业服务满意度指标体系在综合借鉴以上两个模型的基础上，建立了由顾客满意度调查、行业内评价和行业外评价三部分组成的综合评价体系。”

陕西保监局的相关负责人介绍，本着公开、科学、高效、强化监督的原则，测评方案在广泛开展调研的基础上设计了涵盖顾客评价、新闻媒体评价、消费者协会和行业协会评价的寿险业服务满意度测评指标体系。“测评共涉及二十多个问题，重点了解客户对保险公司销售、保全、回访等主要业务环节和服务人员素质、理赔效率、投诉处理质量的满意度，以及对保险服务便捷化、规范化、增值化和个性化程度的评价。共发放调查问卷 12 000 份，收回有效问卷 10 056 份，问卷有效率 83.8%。”

全程控制测评质量

要得出准确的测评结果和具有建设性的指导意见，还需要在测评的组织实施过程中严把“质量关”，全程控制测评质量。陕西保监局相关负责人告诉记者：“为确保测评工作顺利推进，我们专门制定下发了《陕西寿险业服务满意度测评实施方案》，召开了测评工作动员会，统一部署测评工作，明确了分工和责任。省保险行业协会和各地市协会负责行业内评价和行业外评价的实施，并统一领导和监督所在地市寿险公司测评工作。”此外，为确保测评数据的真实可靠和结果的公正可信，本次测评采取全程控制的质量控制策略。在测评实施前，按照实施方案组建了测评领导组织机构，召开了服务测评动员会，明确分工与责任。在测评过程中，督导组和测评办公室加强对各公司顾客满意度测评的督导检查，各地协会和测评办公室双重抽查调查问卷，狠抓调查质量。在数据整理阶段，对回收问卷采用双人复核录入，使用 EpiData 3.0 软件和 EXCEL 建立数据库，并进行逻辑查错。在数据分析前再次逻辑查错，剔除不合理问卷。

仔细分析测评结果

自 2007 年以来，陕西保监局推动全省寿险业紧密围绕服务便捷化、规范化、增值化和个性化目标，开展了内容丰富、形式多样的服务创新活动。此次测评结果显示，陕西寿险业服务创新初见成效，寿险业服务质量明显改善。但同样值得关注的是，测评工作除测评寿险服务满意度水平之外，对与服务有关的几个问题也给予了关注并得出了一些具有指导意义的结论。一是消费结构较为均衡。39.88%的顾客购买有保障性寿险，34.30%的顾客购买有投资性寿险，54.74%的顾客购买有健康险，21.22%的顾客购买有意外险。二是中高端市场开发不足。调查结果显示寿险顾客大学及大学以上程度仅占14.22%，文化程度较低，中高端寿险客户开发需要加大力度。三是公司与客户沟通渠道较为单一。从购买渠道看，92.62%的顾客通过营销员购买保险，3.1%的顾客通过银行或邮局购买保险，通过营销网点购买保险的比例仅为4.17%，其他渠道占0.11%。四是大部分公司市场知名度有待提高。除中国人寿知名度较高（为92.43%）以外，太保寿险、平安人寿、新华保险、泰康人寿等均低于70%，而开业时间不满一年的嘉禾人寿、太平人寿、华夏人寿的知名度较低，均不足20%。五是顾客满意度决定顾客忠诚度。测评结果显示，愿意及较愿意继续购买或向他人推荐购买的顾客占83.64%，不愿意继续购买的顾客仅占1.98%，总体满意问项与顾客忠诚问项的相关系数为0.553（$P<0.01$），说明寿险业顾客满意与顾客忠诚存在正相关关系。

服务满意度测评在摸清当前寿险业服务现状之外，更重要的是为了发现当前寿险服务中存在的不足和问题，明确加强和改善寿险服务的努力方向。"下一步，我们将针对理赔效率、问题处理的快速响应机制、增值服务等方面存在的突出问题，着手从提高服务效率、深化服务内涵、加强中高端客户开发、强化客户资源综合利用、畅通宣传沟通渠道、强化服务监督等方面研究改进的对策措施。"陕西保监局相关负责人如是告诉记者。

资料来源：满意度测评：保险服务质量的"试金石"[N].金融时报，2012-04-01.

（二）金融企业内部测评体系

内部测评体系即服务质量差距模型——5GAP模型，该模型是专门用来分析质量问题的根源，如图12-3所示。该模型认为，金融企业服务质量低下的原因是源于服务过程中出现的五个差距，这些差距共同决定了顾客对服务质量的满意度。其中，顾客差距（差

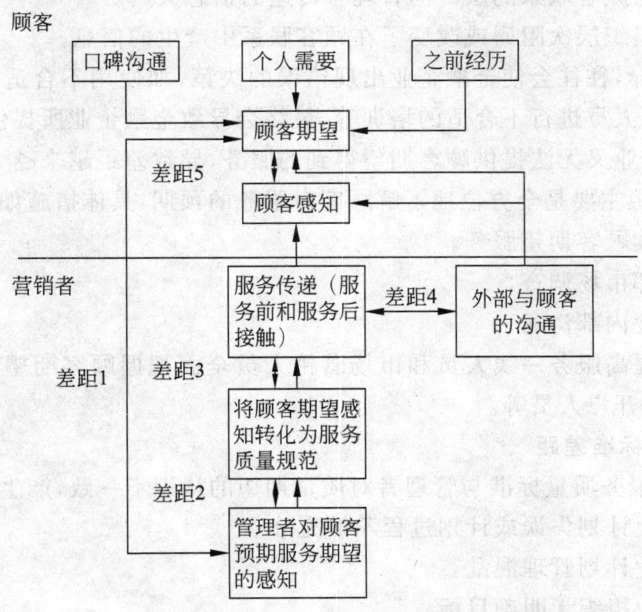

图12-3　服务质量差距模型

距5)即顾客期望与顾客感知的服务之间的差距是服务质量差距模型的核心。要缩小这一差距,就要对以下四个差距进行弥合:差距1——不了解顾客的期望;差距2——未选择正确的服务设计和标准;差距3——未按标准提供服务;差距4——服务传递与对外承诺不匹配。

模型说明了服务质量是如何形成的,模型的上半部分涉及与顾客有关的现象。期望的服务是顾客的之前经历、个人需求和口碑沟通的函数,另外,也受到企业营销沟通活动的影响。实际经历的服务,在模型中称为感知的服务,它是一系列内部决策和内部活动的结果。在服务发生时,管理者对顾客期望的认识,对确定组织所遵循的服务质量标准起到指导作用。诚然,顾客亲身经历的服务交易和生产过程是作为一个与服务生产过程有关的质量因素,生产过程实施的技术措施是一个与服务过程的产出有关的质量因素。

这个基本框架说明了必须考虑哪些步骤,才能查出问题的根源。要素之间的五种差异,也就是所谓的质量差距,质量差距是由质量管理前后不一致造成的,最主要的差距是期望服务和感知服务差距。

金融服务质量差距包括管理者感知差距、服务质量标准差距、服务交易差距、营销沟通差距以及感知服务质量差距。

1. 管理者感知差距

即管理者对期望质量的感觉不准确,会出现认知落差。这种差距产生的主要原因如下。

(1) 金融企业未进行需求分析。

(2) 金融企业进行市场研究和需求分析的信息不准确。

(3) 管理者对预期的解释不准确。

(4) 从企业与顾客联系的层次向管理者传递的信息失真。

(5) 臃肿的组织层次阻碍或改变了在顾客联系中产生的信息。

一旦出现差异,往往会使金融企业出现错误的决策,如使用不合适的设备、雇用不合适的人员、对这些人员进行不合适的培训等,最终会导致金融企业所提供的服务对顾客用处不大,而金融企业又无法提供顾客期望得到的服务,导致差距越来越大。

消除这一差距主要是全方位地了解顾客对服务的预期,具体措施如下。

(1) 正确解读顾客期望服务。

(2) 加强外部市场调查。

(3) 加强企业内部沟通。

(4) 经培训提高服务一线人员和市场营销人员全面把握顾客期望服务的能力,如银行柜台人员、证券开户人员等。

2. 服务质量标准差距

该差距是指服务质量标准与管理者对质量期望的认识不一致,产生原因如下。

(1) 金融企业计划失误或计划过程不够充分。

(2) 金融企业计划管理混乱。

(3) 金融企业组织无明确目标。

(4) 金融服务质量的计划得不到企业最高管理层的支持。

消除这一差距主要是要建立正确的金融服务质量标准，具体措施如下。

(1) 加强最高管理层的市场导向观念，不断努力从顾客的观点定义服务质量。

(2) 围绕顾客的期望或者需要来制定服务标准。

(3) 对管理人员进行培训，以加强其领导服务人员传递服务的技能。

(4) 将重复较多的服务进行标准化、程序化。

(5) 进行绩效评估并定期反馈。

3. 服务交易差距

这一差距是指在金融服务生产和交易过程中员工的行为不符合质量标准，产生原因如下。

(1) 标准过于复杂或苛刻。

(2) 员工对标准意见不一。

(3) 标准与现有的企业文化发生冲突。

(4) 服务生产管理出现混乱。

(5) 金融企业内部营销基础薄弱。

(6) 金融企业的技术和系统没有按照标准为工作提供便利。

消除这一差距主要是使金融服务的具体方法达到规范的标准，具体措施如下。

(1) 注重内部营销或者人力资源管理。

(2) 加强服务中间商的管理。

(3) 对顾客进行有效的管理。

(4) 有效协调服务需求和服务供给平衡问题。

4. 营销沟通差距

该差距是指营销沟通行为所做出的承诺与实际提供的服务不一致，产生原因如下。

(1) 金融企业营销沟通计划与服务生产没有统一。

(2) 金融企业传统的市场营销和服务生产之间缺乏协作。

(3) 营销沟通活动提出一些标准，但组织却不能按照这些标准提供服务。

(4) 企业在营销沟通中有意夸大其词，承诺太多。

消除这一差距主要是使服务的传递与承诺互相匹配，具体措施如下。

(1) 在做广告等沟通策划时，尽可能地让生产人员参与其中。

(2) 可以考虑用真正的员工来参与金融企业的产品宣传广告。

(3) 开展有销售人员和生产人员共同参与的顾客交流会。

(4) 保证不同地点和时间金融服务质量标准的统一性。

(5) 对于金融服务中出现的差错，要给出确定的、合理的或不可控的理由。

5. 感知服务质量差距

该差距是指顾客感知或实际经历的服务与期望的服务质量之间的差距，是上述四种差距的综合反映，受前述四个差距的大小和方向的影响，是前四个差距累计的结果。所以，降低和消除前四个差距有助于缩小感知服务质量差距。同时，还应做好以下几点。

(1) 灵活运用所学知识，积极开展服务补救措施。

(2) 努力提升企业形象。

(3) 建立良好的顾客关系。

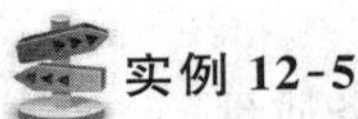

实例 12-5

"老人昏迷急用钱,不懂密码如何取?特事特办,银行上门服务激活存款"

南宁市民小农的父亲农某因病住院且昏迷不醒,由于医药费告急需动用父亲的存款,但家人都不知道存折密码,去银行取钱无果。《南国早报》记者将小农家的情况反馈给相关银行,银行根据相关原则,特事特办,为小农家提供重置密码服务,方便他们取出存款。记者了解到,针对一些特殊客户,邕城多家银行在做好风险防范的情况下,尽量为客户提供人性化服务。

1. 昏迷病人家属遇到难题

"银行上门核实情况后,我们可以取出存折里的钱了,谢谢你们,我正在去医院的路上。"9月22日,南宁市民小农在电话里对《南国早报》记者说。

从十几天前,小农的父亲因病住院且昏迷不醒,每天的重症监护费加上其他治疗费是沉重的负担,家中的存款很快就告急。小农的父亲农某有一个两万多元钱的存折,但其他人不知道密码。

9月12日,小农拿着一份父亲的病情说明,去工商银行南湖支行营业大厅取钱,工作人员表示无法办理,必须出具农某及小农的身份材料、医院开具的病情证明材料,或者由公证处出具证明。但小农表示,他不清楚公证处的证明怎么办,医院的证明也可能无法取得,随后离开。无奈之下,9月16日,小农拨打《南国早报》热线求助。记者跟银行相关负责人沟通后,对方表示,根据小农家的情况,在符合相关原则的情况下可特事特办。

9月17日下午4时许,工商银行南湖支行3名工作人员前往南宁市第二人民医院重症监护室,对农某的身份进行了核实,同时询问了该医院科室的医生,得知家属出具的病情说明属实,农某确实因"右侧基底截区脑出血破入脑,高血压三级"进行了脑颅手术,目前在昏迷之中,暂时丧失民事行为能力。银行工作人员根据该行个人金融业务"特事特办"的相关规定,请农某的妻儿,带着各自的身份证件和相互之间的关系证明到银行网点,写下风险自担的承诺书等,然后由农某的妻子作为法定监护人代办银行卡密码重置。随后,农某的家属支取了2.6万余元。

2. 不少银行均有上门服务

记者了解到,除了工商银行之外,中国银行、建设银行等国有大行都有类似的特事特办工作流程。早在2006年,中国银行邕州支行营业部就制定了面向残疾人、重病人,提供上门服务的应急措施,每年都会为有特殊情况不能亲自到网点办理业务的客户提供上门服务,将网点服务延伸至客户家中、病床前。

2013年年底,一男子持父亲的存折和身份证到中国银行邕州支行营业部取款,但不知道存折密码。原来他的父亲因重病急需医疗费,老人有一本多年前在中国银行开立的存折,但由于身体情况无法亲自到网点办理。由于未能妥善保管,存折上的字迹已模糊,而且因为该存折账户为多年前在旧系统中开立,信息核实难度较大。该营业部立即启动了延伸服务方案和弹性排班方案,联系上级部门申请调阅当年的开户资料,安排员工着手办理查阅复印档案申请手续,快速完成了档案查询工作,还抽调两名员工到医院病房核实信息办理业务,最终使客户顺利地取到了救命钱。

“我们目前提供的上门服务，主要针对那些行动不便的客户，他们可以自行签字，因此处理起来并没有上述工行那一客户的情况那么复杂。”中国银行广西区分行有关人士对记者说。该行目前还没有遇到昏迷不醒急需取钱的客户案例，“一旦碰到这种情况，我们也会启动相关程序特事特办，但前提是符合我行的风险控制相关流程”。

3. 控制风险情况下特事特办

据介绍，多家银行在提供特事特办服务的情况下，一再提到风险控制的相关原则和流程，其实也是从客户资金的安全角度出发。有一个在邕城银行业界比较典型的案例——某国有大行县域支行一老年客户因高血压昏迷，他的儿子拿着病情相关材料请求取出父亲在银行里的存款。银行工作人员调查后发现，这一家只有父子两人，老人有一个弟弟，但也不懂究竟该怎么办。

为了确保稳妥处理此事，银行工作人员连续3天到医院及客户家里调查。第三天去医院调查时，工作人员发现病人似醒非醒，有点想说话又不想说的感觉。待老人的儿子离开病房之后，老人突然抓住工作人员的手表示，不希望取出这笔钱。原来，老人在一天前就已清醒，由于儿子是赌徒，他不希望儿子取走自己的养老钱，可当着儿子的面又不太好说出来。老人之前故意装作似醒非醒的样子，就是希望银行工作人员能看出点什么苗头。

一位不愿透露姓名的银行人士说，在特事特办的过程中，银行必须掌握好相关流程和原则。比如说，之前小农去工行帮父亲取钱，虽然有相关材料，银行也不敢随意启动特事特办程序，主要是担心一些家庭的子女有赌博或吸毒的恶习，偷拿父母亲的存折去取钱，之后其家庭成员又到银行来讨说法，这样会给银行带来风险。

“但只要按照银行的相关流程来做，基本上不会有太大的问题。”中国银行有关人士认为，遇到特殊情况，需要银行方面多花些时间和精力，上门去调查核实，然后让客户亲属尽可能将所有的直系亲属聚集到一起证明此事，实在不行的话就找公证处来证明。尽可能在做好人性化服务的同时，做好风险控制，就能避免给客户和银行带来不必要的损失和麻烦。

资料来源：唐志强.老人昏迷急用钱　不懂密码如何取？特事特办，银行上门服务激活存款[N].南国早报，2014-09-23.

（三）第三方测评体系

金融企业可以考虑外界的咨询机构或者高等院校周期性地进行“神秘性调查”。

此外，建立服务质量管理体系和服务管理文件，有外界的咨询或者专业机构，定期对企业的服务质量进行相关的评审和测评，从而对金融企业的服务水平和管理水平进行全面、系统的评估。

第三节　提高金融服务质量的方法和策略

一、金融服务质量低下的常见问题

由于服务的抽象特性，导致服务质量管理中存在很多金融企业难以控制的因素，在看似简单的管理过程中——确定服务战略→制定服务标准→服务工作分解→实施，就会存在很多问题并导致低劣的服务质量。

在服务战略方面，最常见的问题在于对服务管理的错误理解，比如，试图用同样的服务系统为不同的目标市场提供服务。此外，不深入了解顾客期望，根据管理人员的主观想象制定服务战略也是常见的失误之一。

在管理措施的制定和实施中，常常出现很多服务质量低下的问题，其原因是多方面的，主要包括如下。

（1）金融企业高层管理人员对服务质量不够重视。企业高层管理人员对员工起榜样作用，如果他们不重视服务质量，不把提高服务质量作为竞争的关键，即使企业已经制定了服务质量标准，也不会长期为员工们接受和实施。

（2）金融企业高层管理者把服务质量作为专业人员的问题。许多企业还没有把服务质量放在整体的观念下考虑，往往把提高服务质量和服务质量控制认为是应该由专门的部门来解决的问题，认为服务质量的评估、处理和沟通应由这样的部门来完成。但服务与消费同时发生的特性也告诉我们服务质量及控制的责任属于实施服务工作的部门，即企业的各个部门应在平时就贯彻服务质量的观念。

（3）金融企业员工的角色定位不准确。在关于什么想法与行为能产生优质服务的问题上，如果服务人员和管理人员没有达成共识，就会导致角色定位模糊。一旦金融服务人员不了解鼓励人员的具体要求，在对顾客的面对面服务过程中就无法依照质量标准做好服务工作，无法满足顾客的需求。

（4）管理措施的制度和实施呈短期性。适当的金融服务质量管理措施在短期内能提高服务质量水平，通常这样的管理措施是以合理的计划、富有魅力的领导者以及一些有效的交流工具为前提的，但仍存在一定的风险：这种“第一阶段的质量提高”很可能存续时间不长，除非金融企业采取系统化的努力措施以保障持续的提高质量的机制。

（5）金融企业管理人员没有认识到服务质量与社会进步的关系。顾客的期望在不断变化，很多企业管理人员不重视社会的发展及其多带来的顾客需求的变化，不能及时注意这些变化对服务及服务质量的影响。在管理中遇到这些问题的时候，管理人员不是根据顾客需求而改变管理要求和措施，而是代之以调整价格的方法。

二、提高金融服务质量的方法

金融企业提高服务质量的方法很多，这里介绍两种常用的方法：标准跟进和蓝图技巧。

（一）标准跟进

标准跟进是指将产品、服务和市场营销过程同竞争对手尤其是最具优势的竞争对手进行比较，在比较、检验和学习的过程中逐步提高自身的服务标准和服务质量。金融企业可以从策略、经营和业务管理方面着手对企业的服务与产品进行考量。

1. 策略

将自身的市场策略同竞争者的成功策略相比较，寻找它们相关的因素。例如，竞争对手主要集中在哪些细分市场，其实施的是低成本策略还是价值附加策略，竞争者的投资水平以及市场开发等方面。通过一系列的比较和分析，企业将会发现以往被忽视的成功的策略因素，从而制定出新的、符合市场和自身资源条件的策略和方针。

2. 经营

主要集中于从降低营销成本和提高竞争差异化的角度了解竞争对手的做法，并制定自己的经营策略。

3. 管理

在业务管理方面，根据竞争对手的做法，重新评估某些职能部门对企业的作用。比如，在金融企业中，与顾客脱离的后勤部门，缺乏适度的灵活性而无法同前台的质量管理相适应，应该使二者步调一致，协同工作，提升金融服务质量。

（二）蓝图技巧

蓝图技巧又叫服务过程分析，是指通过分解组织系统和架构，鉴别顾客同金融服务人员的接触点，从这些接触点出发来提高金融服务质量。金融企业欲求提高服务质量和顾客满意度，必须理解影响顾客认知服务产品的各种因素，蓝图技巧则为有效地分析和理解这些因素提供了便利。其借助流程图分析服务传递过程的方方面面，包括从前台到后勤服务的全过程。主要步骤如下。

(1) 将金融服务的各项内容绘入服务作业流程图，使服务过程一目了然地客观地展现出来。

(2) 找出容易导致服务失误的接触点。

(3) 建立体现金融企业服务质量水平的执行标准与规范。

(4) 找出顾客能看得见的作为金融企业与顾客的服务接触点的服务展示。

在每一个接触点，金融服务人员都要向顾客提供不同的功能质量和技术质量，而顾客对服务质量感知的好坏将影响企业形象。

三、提高金融服务质量的效益管理

提高劳动生产率和改善服务质量是提高服务质量效益的主要方法。劳动生产率的提高绝不意味着企业应该降低服务质量，那种认为提高生产率和改善服务质量是相互矛盾的观点是站不住脚的。实施金融企业效益管理，要从员工的服务技能、服务观念和企业服务技术几个方面着手。

(1) 提高员工的服务技能。优质服务首先意味着金融从业人员知道怎样正确服务。如果金融企业员工缺乏足够的技能，服务生产过程的技术质量就会受到损害，而且在功能质量方面，将造成客户长久等待和被迫协作，否则便不能获得良好的服务质量。因此，金融企业应该集中力量狠抓员工的技能培训，既能提高服务质量，又能提高生产效率。

(2) 强化员工的服务观念。在任何金融企业中都可能存在部分对提供优质服务缺乏兴趣的员工，他们认识不到服务质量的重要性，对客户服务不热情、不友好。这种消极态度和行为必然对客户感知的服务质量，特别是对功能质量产生消极影响，也会影响生产效率的提高。

强化员工的服务观念是金融企业日常经营管理活动中的大事。若想改善员工的服务态度，不仅要建立起必要的管理制度，而且要重视对员工进行服务意识教育和培训，提高其认识能力，使员工认识到服务态度的优劣与金融企业的存亡生死攸关。

建立良好的金融服务观念,改善服务态度:一方面可以提高服务产品功能质量,客户对服务感受的看法得到好转;另一方面还可以提高服务的技术质量,即随着功能质量的改善,工作效率提高,工作失误减少,服务技术质量也得到了改善。

(3) 提高金融企业的服务技术。伴随现代网络技术信息技术的不断发展,互联网金融的不断促进,金融电子化加快了全球资金的清算速度,为巨额资金从全球一个市场划入另一个市场提供了极大的便利。

金融电子化对金融业的影响不仅仅有利于提高企业内部资金的周转速度,更重要的是它可以为消费者提供全方位的金融服务。金融电子化后,金融机构只需提供必要的安全的网络交易平台,开发相应的终端客户端,就可以方便客户在手机、电脑上操作,金融机构不再受固定营业网点的局限。从理论上说,只要是网络和通信能到达的地方,都可以成为金融企业的市场范围,客户可以坐在家中或远在异国他乡指令特定金融服务。这将大大提升金融企业经营规模和能力,使金融业务能够突破时间、空间的限制,促进无形金融市场的发展。

金融电子化能够融合银行、证券、保险等分业经营的金融市场,减少各类金融机构针对同样客户的重复劳动,拓宽金融企业进行产品和服务创新的空间,向客户提供更多个性化的金融服务,推进金融企业全面发展。

实例 12-6　　华夏银行首推"小龙人"移动银行加快金融互联网化

2 月 28 日,华夏银行举行"小龙人"移动银行品牌发布会。据华夏银行介绍,"小龙人"移动银行是电子银行整体品牌"华夏龙网"旗下的移动银行子品牌,寓意华夏银行在传承华夏文化的基础上,不断创新进取,通过安全便捷、随时随地、随心而行的全天候智慧金融服务,带用户轻松步入移动互联时代,一同畅享快乐的移动金融新生活!

华夏银行副行长王耀庭表示:"小龙人"移动银行是华夏银行电子银行整体品牌"华夏龙网"全面向"智慧电子银行"转型的重要产品。"智慧电子银行"包括"智慧网银""智慧移动银行""智慧客服"等服务,通过智慧化的金融服务,迎合客户习惯的同时无缝接轨互联网金融,引领客户全面进入"智慧金融生活时代"。

"一站式""移动"金融服务

"在利率市场化的过程中,银行依靠利差的传统盈利模式将产生一定的变化,敏锐的银行早就已经走在了改革的道路上,而未来银行能够赢得客户认可、选择的标准更多将被定义为银行服务的质量上。"某银行人士曾向笔者坦言。

据了解,"小龙人"移动银行便贴近生活,轻松快乐。华夏银行相关人士表示,"小龙人"移动银行是华夏银行在手机银行、PAD 银行的基础上,整合了多种新型业务模式,为客户提供金融、生活、投资、购物等全方位的移动金融服务。

"同时,'小龙人'移动银行具有'华夏金融'和'华夏生活'两大板块,金融功能全面、生活功能丰富。其中金融功能覆盖了对本行、他行账户的统一管理、本行及跨行账户收付款,以及购买基金、黄金、理财产品等服务;生活功能提供便民缴费、手机充值、机票购买及在线值机、电影票实时购买及在线选座、交通罚款缴纳、预订酒店、ETC 充值等众多服务。"华夏银行相关人士说。

除此之外，“小龙人”移动银行拥有“安全安心、快捷便利、轻松畅享”三大特色。一是安全安心：“小龙人”移动银行采取预留信息、绑定设备、挑战问答、限额控制等多重安全措施，切实保障客户信息及资金安全。二是快捷便利：“小龙人”移动银行提供客户日常生活最频繁使用的汇款、无卡取现、理财、订机票、电影票等服务，全面满足客户的金融和生活需求，实现了一站式“移动”金融服务。三是轻松畅享：“小龙人”移动银行每周推出“周末0元抢快乐”的O2O营销活动，通过线上抢快乐，线下兑换的方式，为客户带来轻松愉悦的生活！

努力打造“第二银行”

2014年，为提升用户体验并提供灵活、智能化的金融服务，华夏银行电子银行全面向“智慧电子银行”转型，将网上银行、移动银行和客服中心三种渠道的金融服务智慧化，通过“智慧网银”“智慧移动银行”“智慧客服”3种特色服务，全面开启客户的“智慧金融生活”。

“智慧网银”包括智慧搜索、智慧匹配、智慧展示、智慧菜单、智慧提醒、智慧归集等功能，在网上银行处理个人金融业务时，更加注重“客户体验”，提供了更加人性化的服务；“智慧移动银行”包含智慧汇款、智慧取现、智慧订票、智慧观影等多项功能，将客户使用最多的汇款、取现、订机票、电影票等金融和生活服务纳入服务；“智慧客服”包括95577客服中心智慧导航、智慧收付、智慧理财、智慧提醒、智慧识别等功能。

据华夏银行介绍，“小龙人”移动银行品牌的推出，进一步丰富了“华夏龙网”电子银行品牌内涵，是华夏银行顺应移动互联网发展潮流，不断深化电子银行服务的又一成果。华夏银行将以这次品牌发布为契机，加快推进金融互联网化，进一步提升电子银行服务水平，努力把电子银行打造为“第二银行”。

在华夏银行看来，“小龙人”移动银行，是该行送给消费者的一份快乐礼物，是种植在消费者生命中的一粒快乐种子，并坚信这种快乐会不断被传递，在分享中扎根、发芽，生长成一棵具有旺盛生命力的快乐之树。

资料来源：http://business.sohu.com/20140304/n395973425.html.2014-03-04.

第四节　金融服务质量管理

一、影响金融服务质量的因素分析

（一）金融服务产品设计

质量是设计制造出来的，而不是检验出来的。金融服务产品的设计影响技术质量。这是功能质量的一个来源，如顾客参与设计过程。这可以改进技术质量，对功能质量也有影响。

（二）金融服务提供者的个人技能、态度

如果没有金融业务知识能力过硬的员工，仅有良好的设计也只是徒有其表，是无法保障服务质量的。各种服务产品均需要特定的提供方式和技术标准。服务提供者的个人技术水平往往可以通过其拥有的资格证书和等级证书来体现。但即便具备高超的技能，如

若服务提供者的态度不好，也会影响其服务质量。

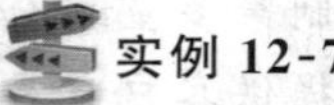
实例 12-7　　银行这些服务最让人不爽

春节前夕，记者聚焦传统银行服务，看看哪些方面问题最多、意见最大、最亟须改善。

VIP 窗口空无一人　普通窗口人满为患　不能变通下吗？

对网点柜台服务，排队等待是用户投诉最多的问题，尤其客户较多的大型国有银行，用户排队等候时间更长，投诉率更高。

1月19日中午，记者来到工商银行北京金台路支行，想要办理磁条卡升级，取了一张Y字母开头的普通号码，这时Y开头的业务有十几个人在排队。但记者发现，营业厅里并没有办理Y开头业务的窗口，6个窗口除了有2个暂停业务，其他分别正在办理L、W和D开头的业务。经理表示自己也没法改变排队顺序。

旁边一位大妈也表示不满，她还说："经常遇到VIP窗口空无一人、普通窗口排队人满为患的情况，银行为啥不能变通一下呢？"

大额转账还得"过周末"传统银行该提速了！

最近，北京市民张明却因为一次不能实时到账差点误了大事。张明看中一处房子，位置、价格都合心意，只是户主急着用钱，希望第二天就能把钱打过去。张明立刻用网银把钱转了过去。可是第二天才发现出了大问题。系统提示，周末超5万元的跨行转账不能实时到账，要到下周一才行。无奈之下，张明找到户主，说破嘴皮才劝住他不把房子转给别人。"现在都讲究闪付，为什么银行转账也'过周末'了？"张明抱怨道。

据了解，单笔超过5万元的大额汇款，无论是通过柜台、网银还是手机银行，都要经过大额支付系统才能完成，而该系统在双休日和法定节假日关闭，资金到账一般要顺延到下周一。

不仅是大额转账慢，理财产品到期日和资金到账日之间也存在时滞，一般滞后2～3天。"而且这段时间半分利息都没有，这钱都绕哪儿去了？"有客户质疑。

资料来源：互联网金融越来越方便快捷　传统银行服务却"槽点"满满[N]. 人民日报，2016-01-26.

（三）设备与载体

金融企业的服务质量服务设备或载体的影响较大，如银行的ATM自助取款机，自助取款机的损坏会给顾客产生非常恶劣的影响；金融企业网站的崩溃，顾客图其方便，上网查询相关的资金信息，恰逢网站崩溃，导致顾客丧失满足感。因此，设备与载体对金融服务企业的服务质量有很大影响。

（四）顾客自身影响

由于服务生产和消费同时进行，顾客直接参与到服务的生产中，因此，顾客自身也是影响服务质量的关键要素之一。顾客的认知水平、情绪状态也影响其对服务的满意度，从某种意义上说，顾客满意度决定着服务产品的质量。

（五）价格因素

金融服务的价格影响顾客的预期服务质量。价格高，顾客对服务质量的预期就高；价格低，顾客对服务质量的预期就低。如果体验的服务质量高于预期的服务质量，顾客就认为服务质量较高；如果体验的服务质量低于预期的服务质量，则顾客会认为服务质量差。所以，金融企业应该根据服务质量的高低决定服务产品的价格。

（六）企业形象

良好的企业形象使顾客对金融服务的预期质量提高。如果顾客的体验服务质量高于顾客的预期服务质量，则顾客认为质量好，企业竞争力强，并有利于提升企业形象。

二、金融企业服务承诺

服务承诺是金融企业对顾客能够得到的服务的具体内容、利益，以及出现服务失误时能够获得补偿而向社会公开作出的保证服务承诺，又称作服务保证，是一种以顾客满意度为导向，在服务产品销售前对顾客许诺若干服务项目引起顾客好感和兴趣，招徕顾客积极购买服务产品，并在服务活动中履行承诺的制度和营销行为。服务承诺可被看作企业整体产品中的延伸产品。

服务承诺通常包括对服务质量、服务时限、服务附加值及服务满意度的保证。服务承诺不仅可以作为一种营销工具，同时也可以作为组织内部对质量进行定义、培养和维护的一种方法，一个有效的服务承诺不仅可以帮助金融企业实现服务补救，还能提高金融企业内部和质量的实现效率。

（一）服务承诺促使企业关注顾客

作为顾客导向型的金融企业要做出一个有意义的承诺，必须充分了解顾客的期望和价值，了解满意对于顾客来说意味着什么，从而让承诺更有效地发挥作用，企业只有了解顾客所希望的"满意"内涵才有可能针对性地提供相应的产品和服务，而且只有以此为基础所提出的承诺才是最有效的。

（二）服务承诺为企业设立了清晰标准

有效的承诺使金融企业能够清晰地定义对员工的期望，并据此与他们进行沟通，服务承诺为员工提供了以顾客为导向的目标，让员工围绕顾客策略一起行动。服务承诺可以让金融企业员工确切地了解在顾客抱怨时应该做什么，明确企业的重要目标，提高员工的服务补救效率，使企业可以采取快速的行动进行补救，提高顾客的感知服务质量。

（三）服务承诺能得到顾客反馈信息

服务承诺可以对顾客的服务抱怨进行引导，让顾客了解到对服务不满意的抱怨是一种权利，从而为金融企业提供更具代表性的反馈；同时金融企业可以追踪这些反馈信息，并因此对金融企业服务加以改善，这样就强化了顾客和服务运作决策之间的反馈联系，进而改善加强顾客和企业的关系。

（四）服务承诺能塑造金融企业的良好形象

企业一旦建立了有特色的服务承诺体系，就能在竞争对手无法达到的高度为顾客提供服务，并通过履行这些承诺向顾客证明企业存在就是为满足顾客的需求。对顾客来说，有效承诺降低了顾客的风险感并建立了他们对服务企业的信任。因此，有效的承诺使顾客满意的同时也为企业赢得了竞争优势，提高了顾客忠诚度。同时，员工也感受到了这种忠诚,促使其更加努力地为顾客服务,达到一种多赢的效果。

专论 12-3　　ISO 质量认证体系[①]

ISO(International Organization for Standards)是国际标准化组织的英文缩写,是由70 多个国家的标准化机构参与的世界联盟下属的 TC176 委员会,即质量管理和质量保障技术委员会,历经十多年的工作,总结发表的一整套科学、系统、先进、适用、封闭式的质量管理和质量保障的标准,即 ISO 9000 族质量管理和质量保障体系,是国际上第一个“管理和科学方面”的标准。

ISO 9000 质量认证体系是现代质量管理和质量保障的结晶,它提供了建立质量体系的基本要求,也是企业进行质量管理的基本要求。ISO 9000 质量认证体系能发挥企业质量管理的实际功效,同时也为顾客和第三方认可打好基础,提供认证。

在 ISO 9000 标准中,售后服务是一项重要的直接质量职能,是第 19 个质量体系要素。售后服务是企业服务的重点内容,既能使顾客正确使用产品从而实现其功能,又关系到产品质量的改进甚至新产品的研发,优质的售后服务能够提高企业信誉,增加产品销量。

三、金融企业全面服务质量管理

ISO 8402 将全面质量管理定义为:一个组织以质量为中心,以全员参与为基础,目的在于通过让顾客满意和本组织所有成员及社会受益而达到长期成功的管理途径。全面质量管理和传统质量管理比较,其特点有:把过去以事后检验为主转变为以预防为主,即从管理结果转变为管理因素;把过去就事论事、分散管理转变为以系统的观点为指导进行全面综合治理;把以产量、产值为中心转变为以质量为中心,围绕质量开展组织的经营管理活动;由单纯符合标准转变为满足顾客需要,强调不断改进过程来达到不断改进服务产品质量。[②]

其基本要求如下。

(一)全员参加的质量管理

全面服务质量管理要求金融企业的全体职工参与,因为服务质量的优劣,取决于金融企业全体人员对产品的认识和与此有密切关系的工作质量的好坏,是金融企业中各项工作质量的综合反映,这些工作涉及金融企业的所有部门和人员。所以,保障和提高服务质量需要依靠企业全体职工的共同努力。

(二)全过程的质量管理

全面服务质量管理强调要对与服务质量有关的各个过程进行质量管理。服务质量的产生和形成过程从售前到售后,包括设计、制造、成套供应、安装、调试、使用过程中的故障排除、维修等。

---

① 安贺新.服务营销管理[M].北京:化学工业出版社,2011.

② 安贺新.服务营销[M].北京:清华大学出版社,2015.

（三）全企业的质量管理

从组织的角度看，全企业的质量管理就是要求金融企业各个管理层次都有明确的质量管理活动内容；从质量职能角度看，要保障和提高服务质量，就必须把分散子企业各部门的质量职能充分发挥出来。为了有效地进行全面质量管理，就必须加强各部门的组织协调。

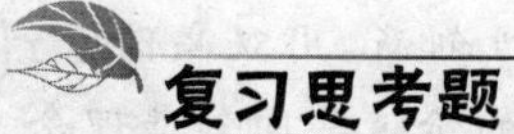

复习思考题

1. 金融营销服务质量的内涵是什么？你怎样理解？
2. 金融营销服务质量管理的要点是什么？
3. 简述老顾客对金融企业的经济意义，并利用质量管理的方法阐述怎样更好地把握老顾客？
4. 根据差距分析模型，说明金融服务企业与顾客在服务质量感知方面的差距是如何形成的？
5. 提高服务质量的策略和技巧通常有哪些？

实训题

实际考察一个金融机构的服务网点，对其服务质量进行调查，并提交调查报告。

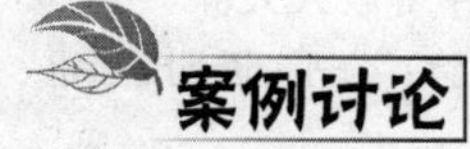

案例讨论

ING直销银行金融服务营销中的价值主张与价值共同创造研究

ING总部位于荷兰首都阿姆斯特丹，是一家较早开创互联网金融的大型金融集团，业务主要包括保险、资产管理、批发银行和传统零售银行。ID(Ca)是ING在海外的第一家直销银行，成立于1997年4月，其存款有加拿大储蓄与保险公司(Canada Deposit and Insurance Corporation，CDIC)的保险保障。ID(Ca)的公司战略特色是创新性的金融服务营销，低成本地运营高收益产品，开业第三年就成为加拿大直销银行中的翘楚，并开始盈利，打破了自1970年以来加拿大零售银行不赚钱的记录。

ID(Ca)的成功加快了ING在美国的布局节奏。2000年，ID(US)在美国落地，通过互联网向被传统银行忽视的“普通美国先生和美国太太”销售基本金融产品与服务。ID(US)开业6个月，赢得10万客户，亿美元资产，第二年便见盈利，到2007年中期，已拥有近900万客户，存款860多亿美元，并始终保持每月新增客户10万和存款10亿美元的发展势头。ID(US)用6年时间引导了460万美国人“回归储蓄”的传统，公司赢得了650多亿美元的资产，成为全美最大的互联网直销银行。ID(Ca)的金融服务营销理念和具体体现ID(Ca)标识由一头橙色坐卧的雄狮和蓝色大写字母拼成的公司名称构成，蓝色下标写着“前瞻银行”(Forward Banking)，即突出了“前瞻性的金融服务”。标识背景为纯白色。

这些元素共同传递了强健、创新、公开、公平和以人为本的品牌形象。实际上,20 世纪 90 年代末期的加拿大银行服务业总体上看已经饱和并呈供大于求的状态,传统银行习惯性地视客户储蓄为廉价的资金来源,存款利率普遍很低。ID(Ca)在饱和的市场中发现了传统银行普遍忽视的一些大众需求,并适时推出了传统银行所不想做的产品和服务;同时,ID(Ca)倡导储蓄创收的理财思想,激活了消费者的潜在需要,更实实在在地帮助消费者解除了低存高贷之痛。ID(Ca)的价值主张与消费者的价值主张一拍即合,各方在资源配置投入方面也驾轻就熟。ID(Ca)借此实现了金融服务中的颠覆性创新,用双高储蓄产品(高利息和高流动性)满足了客户需要,充分体现了以客户为中心的价值共同创造理念。ID(Ca)是 ING 集团互联网直销银行海外发展战略的第一块试验田,它不可避免要和加拿大的传统银行竞争存贷款业务。ID(Ca)发展历程中所秉持的基于服务逻辑的金融服务营销理念为 ID(Ca)指明了资源投入的方向和竞争手段,在与消费者共同创造价值方面取得了骄人业绩。ID(Ca)的金融服务营销理念来自其总裁 Kuhlman。

Kuhlman 认同现代金融服务营销的理念,遵照银行与客户(金融服务消费者)共同创造价值的金融服务营销逻辑,领导制定了 ID(Ca)营销模式。这一以客户为主导的价值创造模式描述如下(见表 12-3)。

表 12-3 以客户为主导的价值创造模式

ID(Ca)	价值创造模式	消 费 者
定位:建立 ING 品牌形象,积累直销银行经验,提供前瞻性金融服务 价值主张:储蓄创收,创造卓越的收益,即客户价值 需求:拓展零售业务 资源:ING 电子银行的成功经验、集团资金支持、团队共同愿景、对市场的理解、信息、专家知识、专业技术、积极热情的员工等 商业模式:简单、低成本、高存低贷、薄利多销的规模收益	营销理念:客户主导的价值共同创造营销策略 产品和服务:种类有限、简单、标准化和易于变现 渠道策略:简化、优化、便捷,低成本 定价与盈利模式:高存低贷,零服务费;薄利多销的规模收益 营销沟通:公开、透明、平等的原则,包括:①线上和电视广告;②线上线下交互式消费体验;③特色营销沟通活动;④口碑式营销	客户定位:中等收入人群 金融消费体验:公平、透明、尊重、自信 价值主张:安全、高收益、自助 需求:简单、易懂、省时、省力的产品服务、平等、尊重和自信 定价:有吸引力的性价比 资源:资本、网络技能和网络消费习惯等
流动性:产品简单便于变现;**收益性**:高存低贷、零服务费;**风险性**:CDIC 保险保障,低风险运作		

在营销渠道方面,ID(Ca)鼓励和支持消费者主动参与和投入资源,尊重消费者的价值判断。ID(Ca)通过互联网技术,融合了客户和银行自身的资源禀赋,用易操作的服务平台方便客户直接在网上自主、自助地消费金融服务。在产品策略方面,ID(Ca)采取简单化和标准化策略。当时的银行业几乎都依赖金融创新推出眼花缭乱的复杂金融产品进行竞争,而 ID(Ca)则反其道而行之,只提供最能满足客户需要的低风险金融服务,从简单的投资储蓄账户和担保投资证开始,逐步引入房屋按揭贷款、普通基金理财服务等。最关键的是,其产品与传统银行的产品不构成竞争关系而是互补关系,从而巧妙地实现了与同

业的差异化，而且还降低了对价格竞争的依赖。这样ID(Ca)既可为客户创造高收益，又能避免与传统银行产生竞争，而ID(Ca)简单、低成本、高收益和多方共赢的独特优势真正颠覆的是人们对储蓄的认识和理解，引导了一种理财新思维，并与客户共同创造了金融服务营销的新体验，分享了价值共同创造的过程与成果。在营销沟通方面，ID(Ca)用线上广告和电视广告宣传ID(Ca)品牌和“储蓄创收”的价值主张，传播金融知识、引导消费理念和行为。更主要的是，ID(Ca)以创造客户满意的消费体验为核心，多维度地投入和整合资源，全力打造以直销为主，简单、容易和快乐的客户体验。ID(Ca)参考客户端需求和资源禀赋，形成一套由外向内的服务营销渠道体系，以拉动策略吸引消费者到ID(Ca)来，与之互动沟通，找到理财解决方案。这个体系的核心就是它简单而优化的服务系统平台(早期的电话、邮递和电子邮件、1999年后以互联网和电话为主)和为数不多的ID实体咖啡屋，两者呼应形成线上线下立体交互的营销渠道体系和交互沟通平台。满意的消费体验带动广泛的口碑宣传，提升了ID(Ca)品牌知名度，赢得众多储户把资金转入ID(Ca)，形成了大量存款“逃离”传统银行的商业奇观。尽管多数客户起初只为高利率而来，但ID(Ca)高质量、贴心的服务赢得了客户的忠诚。当ID(Ca)利率不再是市场最高时，他们依然不舍不弃。

ID(US)在成立之初就立意要扶持小人物，为中等收入人群的大众需要提供服务，为他们提供安全、稳定的高回报，同时传播回归储蓄的思想，激发储蓄行动，引导消费者享受踏实、安心的生活，为未来负责任地消费。结合美国的市场环境，ID(US)复制了ID(Ca)的成功要素，包括：首先是清晰的营销理念和价值主张、零收费、简单的产品组合、简单的运营模式和特色营销沟通活动。与ID(Ca)相比，ID(US)最大的变化在于价值主张，凸显了“引导美国回归储蓄”的使命宣言。其次是逐渐丰富的产品组合，还有别具一格的营销沟通活动。ID(US)沿用了ID(Ca)的标识，唯一变化的是蓝色下标定位语由“前瞻银行”变成了“为你省钱”，从而体现了“简约理财服务”。而且，为了凸显其标识颜色橙色，推出各种“橙色”标识的产品，包括橙色储蓄账户、橙色存单、橙色投资账户、橙色房屋按揭贷款、橙色快易贷、橙色房屋资产信贷和电子支票等。这些产品都成为ID(US)的主打产品。

特别值得一提的是ID实体咖啡屋在公司营销沟通中的贡献。咖啡屋的初衷是提供温馨的人际交流互动空间，以弥补越来越虚拟化的金融服务中人际接触缺失，减少由此带来的信任无依无靠的困扰。ID咖啡屋旨在与消费者的互动中创造与银行营业部不同的体验。所以，咖啡屋的内饰和外观与传统银行的营业网点大相径庭，有醒目的公司标志、明亮的橙色渲染、香浓的咖啡、饮品、ID纪念品、联网计算机终端；还有专业的理财顾问倾听客户的理财心愿，提供理财参考。尤其独特的是，理财顾问就是这里热情好客的服务员，擅长与客户用大众语言沟通金融话题。ID咖啡屋带给光顾者温馨、轻松、自在的非银行体验。ID在咖啡屋组织各类金融知识讲座、主题聚会和慈善活动，引来许多媒体的关注和报道。可见，ID咖啡屋的主要设计功能是公关，而非业务推广。它所营造的真实感、亲近感和快乐体验创造的客户价值和营销价值可谓四两拨千斤。在营销沟通方面，ID(US)充分发挥其持之以恒的优质服务的口碑资源优势，40%左右新客户由老客户的口碑宣传推荐而来。

ID(US)开展了很多创新的体验式营销活动,令人耳目一新,也被同行们视为很另类,如加州海滩电影、凤凰城热气球之旅、旧金山哈雷摩托车自由行等。这些活动的主旨是通过慈善义举宣传回归储蓄理念,号召公民为了踏实、安心的生活行动起来,养成储蓄理财的习惯。活动创造了ID(US)员工、客户与消费者面对面交流的机会,参与者可以更生动地了解和共同体验ID品牌的真实存在、它的营销理念、价值主张和服务激情。尽管这些活动的成本不菲,但借助与慈善机构、非营利组织、商业企业的合作、公关公司的策划,响应者云集,总能吸引大量媒体报道。ID从中获得了宣传,树立了品牌形象,传播了经营理念和价值主张,赢来了公众对ID的认同和认可,自然也赢得了客源,同时给个人、企业和社会带来非凡的影响。

从营销角度分析ID商业模式的成功,发现ID营销理念所清晰阐述的社会使命感、责任感、商业伦理和对社会弱势群体的关注,始终对其营销策略和实践发挥着纲领性的指南作用。ID营销活动中的价值引导、金融知识普及、理财咨询和消费调查都传递了ID对消费者的关心和呵护。ID商业模式的每一环节都体现了基于服务的营销理念和由客户主导的价值共同创造逻辑,在整合各方资源、满足需求方面总能胜出一筹。

资料来源：王桂琴、曾勇. ING直销银行金融服务营销中的价值主张与价值共同创造研究[J]. 管理学报,2015-05. 编者略有删改.

案例讨论题

1. ID(Ca)的价值创造模式在服务质量管理中是如何具体运用的?

2. 结合所学内容,谈谈ID(Ca)和ID(US)的服务质量的具体运用对你有什么指导性启示。

第十三章

金融服务企业客户关系管理

本章理论要点

- 掌握客户关系管理的内涵和主要内容
- 了解客户满意度的概念，掌握金融服务企业客户满意度的影响因素
- 了解客户忠诚的概念、类型、衡量标准，掌握金融服务企业客户忠诚的影响因素
- 掌握处理客户拒绝、客户抱怨及金融服务失误的方法

案例导入

民生“金融 e 管家”：大数据驱动公司业务智能化

在历时 2 个月、进行 31 次版本更新、完成 3 200 多次登录测试后，被命名为“金融 e 管家”的民生银行客户关系服务平台日前正式上线。这是民生银行充分利用大数据分析挖掘技术、实施精准营销制导的又一大创新，将推动对公业务操作从“手工时代”升级到“智能时代”。

“大数据时代，银行业格局正在发生深刻变革。”民生银行党委委员林治洪表示，民生“金融 e 管家”以全新的管理、服务与开发理念，打造了集一站式服务、互联网思维和大数据分析于一体的客户关系管理与服务平台，将大幅提升公司业务营销管理水平和平台用户体验，显著增强公司业务的核心竞争力。

据介绍，民生银行“金融 e 管家”具有四大特征：一是大数据挖掘，结合上市公司数据、工商数据、征信数据等，整合了民生银行 200 多个系统的数据；二是供应链开发，对公司业务交易网络进行全网络分析，实现精准的客户推荐和产品推荐；三是完善的客户关系管理体系，客户经理可以正确运用平台的客户拜访、到期提醒、产品推荐、产品专家等功能和服务；四是科学的客户绩效评价体系，实现对客户绩效的全面评价，为不同特点的客户提供个性化金融服务。

民生“金融 e 管家”究竟能做什么？简言之，就是提供深度的数据产品、成为交易的信息中心、提高客户的认可度，清晰回答了“巩固哪些客户？提升哪些客户？培育哪些客户？”三大公司业务转型的关键问题。

例如，民生银行有一个上市集团客户，总资产达 80 亿元，市值 297 亿元，但其 2014 年上半年净利润仅为 1.5 亿元。通过“金融 e 管家”平台分析发现，该集团有 370 家上下游企业，年往来资金量超过 10 亿元，但通过民生银行结算的仅占 26%，集团整体的交易成本非常高。为了帮助该集团打通供应链，“金融 e 管家”分析了其资金往来特征，建立了交易网络模型和上下游客户推荐模型，并为其匹配了最佳的金融产品，推荐了优质伙伴。近半年来，该集团的盈利水平实现了大幅提升。这一案例足见民生银行运用大数据开展业务，进行业务模式的创新之处：一是对线下业务资源的整合。"金融 e 管家"基于对客户信息更深层的探测，将有效信息放大，筛选出最高效的企业关系群体，优化、加速这一群体的资源配置。二是有前瞻性的整体架构意识。"金融 e 管家"运用复杂网络科学、力导向布局图等大数据分析手段，加大了行内外数据资源的整合力度，构建了客户基因图谱模型和智能产品推荐模型，实现客户价值的最大化。

"这是迄今所见的最好的银行客户关系管理与服务平台。"IBM 大中华区全球企业咨询部副合伙人谢国忠评价说，"金融 e 管家"是一个可持续发展的金融生态环境，是一个智能化的融资理财和资源整合平台。"这一平台引入了'体验至上'的互联网开发思维，开启了银行业管理理念、业务模式和服务手段转型的深层变革。"谢国忠说。

据悉，为更好地适应公司业务转型的需要，民生"金融 e 管家"将围绕"聚焦重点行业、重点区域、战略客户"，同时聚焦核心大客户的交易融资等，持续推进二期、三期开发计划，加快推动大数据时代的业务作业模式变革。

资料来源：民生银行上线新 CRM 平台[N]. 渤海早报，2015-03-19.

第一节 客户关系管理概述

面对日益激烈的市场竞争，对金融服务企业来说，无论是商业银行、保险公司、证券公司，还是担保公司、金融租赁公司、信托投资公司等，客户资源对其生存发展具有重要意义。建立良好的客户关系、提升客户满意度、增强客户对企业的忠诚度，依赖于有效的客户关系管理。客户关系管理通过将企业的内部资源进行有效的整合，实施以客户为中心的业务流程，改善客户关系，提升客户满意度，从而增强企业竞争力，最大限度地提高企业的盈利能力。

一、客户关系管理的产生

客户关系管理（customer relationship management，CRM）源于西方的市场营销理论。作为一门独立的管理学科，市场营销理论及其方法极大地推动了工商业的发展，并对企业的经营产生深刻影响。美国著名的营销学家杰罗姆·麦卡锡（E. Jerome McCarthy）于 1960 年在《基础营销学》（*Basic Marketing*）一书中将企业的营销要素归结为四个基本策略的组合——产品（product）、价格（price）、渠道（place）和促销（promotion），即著名的"4P"理论。"4P"理论以企业为中心，着重考察企业生产什么产品、怎样合理制定产品价格、通过哪些渠道对产品进行销售以及如何进行产品的宣传和促销，并未考虑客户作为企业产品购买者的影响，且忽略了客户是营销服务的真正对象，忽略了客户管理是营销服务的重要环节。1990 年，美国学者罗伯特·劳特朋（Robert Lauterborn）在 *New Marketing Litany：Four P's Passé；C-Words Take Over* 一文中提出了以客户为导向的"4C"理论，重新确定了市场营销组合的四个基本要素，即客户（customer）、成本（cost）、便利性（convenience）和沟通（communication）。"4C"理论标志着传统的以产品为中心的营销观念向以客户为中心的营销观念的转变，强调企业应该把追求客户满意度放在首位，并且努力降低客户的购买成本，充分注意客户购买过程中的便利性，以及实施有效的营销沟通。在此基础上，客户关系管理逐渐作为一种独立的管理思想和管理技术发展起来。

而信息技术的快速发展则为实现客户关系管理奠定了基础，并提供了有力的技术支持。20 世纪 80 年代初开始出现“联系人管理”(contact management)[①]的概念，即专门收集客户与企业联系的所有相关信息，其代表性软件为 ACT。“联系人管理”软件作为单机软件，无法实现数据的有效共享，在此基础上，20 世纪 90 年代“销售自动化应用”(SFA)系统和“客户服务支持”(CSS)系统被开发出来。随后，一些企业开始把 SFA 和 CSS 系统结合起来，加入营销策划、现场服务，并应用计算机电话集成技术，形成集销售和服务于一体的呼叫中心(call center)。1990 年，Gartner Group[②] 公司提出了企业资源计划(enterprise resource planning，ERP)的概念。ERP 是指基于信息技术，以系统化的管理思想为企业决策层及员工提供决策运行手段的管理平台。为了降低成本，提高效率，增强竞争力，许多企业进行了业务流程的改造，应用了 ERP 系统。在实际应用中，人们逐渐发现 ERP 系统没有很好地实现对供应链下游(客户端)的管理。结合新技术的发展和企业实际需求，Gartner Group 公司于 1999 年首次提出了客户关系管理(CRM)的概念，并得到实务界与学术界的高度关注。

自 20 世纪 90 年代末期开始，客户关系管理开始发展起来，并逐渐成熟，广泛应用于金融、电信、餐饮、交通、旅游、医疗保健、制造业、房地产等多个领域和行业。客户关系管理的产生和发展，究其原因，可以归结为客户资源价值的重视、客户价值实现过程需求的拉动、信息技术的推动三个方面[③]，如图 13-1 所示。

图 13-1　CRM 产生与发展的原因

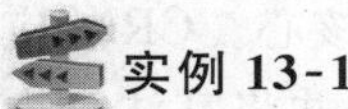

实例 13-1　　CRM 在中国银行业的应用

著名的科技产业市场咨询权威，国际数据公司(IDC)发布的《中国银行业 IT 解决方案市场 2014—2018 年预测与分析》数据显示，全球领先的咨询和科技服务提供商 Pactera(文思海辉)在银行业取得骄人成绩，成为中国本土第二大银行解决方案供应商、第三大金融行业解决方案供应商。其中在 CRM 领域，Pactera 延续了以往传统优势，凭借 1.28 亿元的行业创收以及 16.7%的市场份额，再次获得该领域排名桂冠。

根据不完全统计，按照正在开发和正在运行 CRM 的银行数量计算，包含 CRM 咨询

---

① Contact Management 有时也被译作“联系管理”或“接触管理”。

② Gartner Group 成立于 1979 年，是全球最具权威的 IT 研究与顾问咨询公司，总部设在美国康涅狄格州斯坦福。

③ 邵兵家. 客户关系管理[M]. 第 2 版. 北京：清华大学出版社，2010：2.

服务在内，Pactera 国内银行 CRM 的服务案例占比超过了 30%，而 CRM 的增值应用领域，如高端客户财富管理和私人银行，案例数量已经占到了近 70%，在以 CRM 为支撑的移动营销领域，Pactera 也是遥遥领先。Pactera 已为中国多家大型国有银行、商业银行等客户提供优质高效的客户关系管理服务，目前已拥有 60 多个银行成功案例，涵盖各种客户领域，深受银行认可好评。

Pactera 高级副总裁、金融营销专家况文川表示，在当今竞争激烈的市场中，客户关系管理是推动新业务，保护营利性关系的核心。CRM 解决方案能够帮助银行以更快的速度和更低的成本完成销售，提高客户价值，并改进客户服务。

据 IDC 官方数据显示，截至 2018 年，中国银行业客户关系管理解决方案的市场规模将达到 21.5 亿元，占总体市场份额的 5.1%，CRM 领域蕴藏价值日益凸显。

资料来源：文思海辉. 再次斩获中国银行 IT 解决方案 CRM 第一[OL]. 环球网，2014-08-06.

二、客户关系管理的内涵

（一）客户关系管理的不同定义

对于客户关系管理概念的界定，有着不同的表述，以下列举其中较有代表性的几种定义。

Gartner Group 认为，客户关系管理是一项企业的商业策略，按照客户的分群情况有效地组织企业资源，培养以客户为中心的经营行为以及实施以客户为中心的业务流程，并以此为手段来提高企业的获利能力、收入以及客户满意度，从而为企业提供全方位的管理视角，赋予企业更完善的客户交流能力，最大化客户的收益率。

著名研究机构 Hurwitz Group 认为，客户关系管理的焦点在于自动化并改善与销售、市场营销、客户服务和支持等领域的客户关系有关的商业流程。CRM 不仅是一套原则制度，还是一套软件和技术，其目标是缩减销售周期和销售成本、增加收入，寻找扩展业务所需的新市场和渠道，提高客户的价值、满意度、营利性和诚实度。CRM 应用软件将最佳的实践具体化，并使用先进的技术来协助各企业实现这些目标。CRM 在整个客户生命期中都以客户为中心，这意味着 CRM 应用软件将客户当作企业运作的核心。CRM 应用软件简化协调了各类业务功能（如销售、市场营销、服务和支持）的过程，并将其注意力集中于满足客户的需要上。CRM 的应用还将多种与客户交流的渠道，如面对面、电话接洽以及 Web 访问等协调为一体，这样，企业就可以按客户的喜好使用适当的渠道与之进行交流。

IBM（International Business Machines Corporation）①将客户关系管理定义为企业识别、挑选、获取、发展和保持客户的整个商业过程。IBM 把客户关系管理分为三类，即关系管理、流程管理和接入管理。

著名咨询公司 Gallup 则强调了 IT 技术在 CRM 管理战略中的地位，将客户关系管理定义为“策略＋管理＋IT”，从另一个角度强调了 CRM 的应用不仅仅是 IT 系统的应用，还和企业战略和管理实践密不可分。

---

① 国际商业机器公司，是全球性的信息技术和业务解决方案公司。

无论如何定义，不难看出，客户关系管理的核心是客户价值管理，从传统的以产品为中心的理念转变为以客户为中心的理念，通过满足不同价值客户的个性化需求，提高客户忠诚度和保有率，实现客户价值的持续贡献，从而全面提升企业的竞争实力和盈利能力。

（二）客户关系管理的内涵

虽然目前对客户关系管理的定义尚无统一表述，但对这些不同定义进行梳理，可以将客户关系管理的内涵归纳为理念、技术、实施三个层面[①]，如图 13-2 所示。

其中：理念是 CRM 实施应用的基础，是 CRM 成功的关键；信息技术是 CRM 成功实施的手段和方法；实施则是决定 CRM 成功与否、效果如何的直接因素。三者缺一不可，相互支撑，共同构成完整的客户关系管理体系。

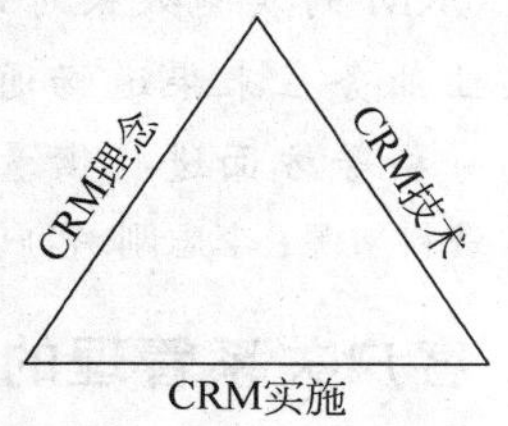

图 13-2 客户关系管理体系

CRM 理念体现为企业以客户为中心，整合企业资源，满足客户需求，建立和维护长期稳定的客户关系，确保客户满意的实现。CRM 技术是企业在客户关系管理中所应用的各项信息技术和软硬件系统的总和，包括电子商务、多媒体技术、数据挖掘、数据仓库、人工智能、专家系统、呼叫中心、Internet 等。CRM 实施是结合 CRM 软件在调研分析的基础上所做出的一套完整的企业业务解决方案，通过信息共享和商业化流程有效降低企业经营成本，随时发现和捕捉客户异常行为并及时启动适当的营销活动，合理规避风险，优化业务流程，提高客户满意度和忠诚度，最终实现企业经营目标。

专论 13-1　　CRM 实施的步骤

客户关系管理系统可以帮助企业实现销售、营销和客户服务等业务环节的自动化，并对这些环节进行管理和有效的整合。其实施步骤如下。

1. 拟定 CRM 战略目标

企业在实行客户关系管理之前，首先必须明确目标，其次才是如何实现这一目标，并策划实现的步骤和方法。

2. 确定阶段目标和实施路线

客户关系管理作为一个复杂的系统工程，其实施并非一蹴而就，而是需要分阶段来进行。就客户满意的一系列问题，定期组织销售、营销、客户服务等部门进行研究，确定客户关系管理的主要目标，进行需求调查分析，从而确定最佳的客户关系管理实施目标，确定实施路线，提供解决方案所需要的技术支持。

3. 分析组织结构

在“以客户为中心”的原则指导下对企业组织结构进行相应调整。企业可以根据自己的实际情况按客户行业、客户所在区域划分组织结构，确定需要增加哪些机构，哪些机构可以合并，然后再与客户共同分析每个组织单位的业务流程。

---

① 周贺来. 客户关系管理实务[M]. 北京：北京大学出版社，2011：7-8.

4. 设计客户关系管理架构

对于每个实施CRM的企业,CRM功能的实现需要结合企业的业务流程细化为不能的功能模块,然后设计相应的CRM架构,包括确定要选用哪些软件和硬件产品,这些产品要具有哪些功能等。设计的原则在于能够保障企业更具效率地发挥“经营市场”的优势。

5. 评估实施效果

CRM的实施效果可以从是否帮助企业实现了管理观念、结构、过程的转变,是否实现企业业务往来渠道畅通有序,能否对市场活动进行新的规划和评估,能否拥有对市场活动的分析等方面进行衡量。

资料来源:李志刚.客户关系管理原理与应用[M].北京:电子工业出版社,2011:220-222.

三、客户关系管理的主要内容

客户关系管理的目的在于使客户资源和客户关系能够最大限度地帮助企业实现经营目标。企业通过向客户提供个性化、创新性的产品和服务,建立长期稳定的客户关系,提高客户的忠诚度,最终实现利润持续增长的目的。客户关系管理的主要内容包括以下几个方面。

(一) 建立客户关系

客户关系是指企业为达到其经营目标,主动与客户建立的某种联系。企业应该积极主动地建立和培养客户关系,而不是消极地对待客户关系。建立客户关系包括对客户的识别、对客户的选择及对客户的开发。

(二) 维护客户关系

建立客户关系之后,更加重要的是如何维护客户关系,包括掌握客户信息、对客户进行合理分级、与客户进行互动与沟通、对客户满意度进行分析以及实现客户忠诚度的提高。

(三) 挽回客户关系

在客户关系破裂时,采取必要的措施恢复客户关系,积极挽回即将流失的客户。

(四) 建设和应用CRM系统

CRM系统的核心功能是实现客户数据的有效管理,因此,CRM系统的建设要充分发挥CRM系统的客户分析作用,充分实现客户数据的价值。

(五) 实现CRM战略

实现CRM战略,主要包括基于CRM理念的业务流程重组和人员机构设置,以及CRM软件系统与其他信息化技术管理手段的整合与协同。

实例13-2　润生保险签约客友CRM根据客户所需推陈出新

2014年9月26日,东营市润生保险代理有限公司(以下简称润生保险)签约客友软件,通过客友CRM系统,来整合自身拥有的保险资源体系、优化市场价值链条、打造保险的核心竞争能力。

润生保险成立于2008年5月28日，总部坐落于东营市。润生保险成立以来，依托地缘、管理优势在业务规模与经营效益稳步提高。在保险业务的销售、理赔服务等方面积累了丰富的经验，也形成了强大的优势，是山东地区最大的金融保险服务公司之一。

润生保险通过引进CRM管理体系，详细记录保户信息，对整个经营过程进行跟踪，并根据跟踪的结果来调整经营方向。过程管理是保险公司提升整体管理水平的客观要求。利用CRM提供的多维特征分析、保户行为分析，使保险公司更清晰、深入地了解自己的保户，并按行业（职业）、地区、消费习惯、年龄及性别等进行多角度的分析、论证，继而制定和改进相应的市场策略，并利用分析结果指导保险公司的市场行为。利用CRM使保险业务流程化、营销部分自动化，建立前台和后台运营之间平滑的相互链接与整合，跟踪、分析、驱动市场导向，为保险公司的运营提供决策支持。利用CRM对保户进行综合评价，准确判断其对保险的贡献度、忠诚度，从而实现按贡献度、忠诚度对保户进行分类，对重要保户提供更加方便、快捷、满意的服务，对其特殊要求给予更加快速的响应。

资料来源：润生保险签约客友CRM根据客户所需推陈出新[OL]. CTI论坛，2014-09-29.

第二节　金融服务企业客户满意度管理

一、客户满意度的概念

（一）客户满意

客户满意（customer satisfaction）的观点由美国学者Cardozo在1965年首次引入市场营销领域，并逐渐成为客户关系管理体系的重要组成部分。

营销管理大师Philip Kotler将客户满意定义为客户通过对一件产品的感知效果与其期望值相比较所形成的愉悦或失望的感觉状态。Richard Oliver则认为，客户满意是令客户感受到消费某种产品或服务能满足他们的需求、目标的愉快感觉，客户满意就是客户需要得到满足以后的一种心理反应，是客户对产品或服务本身或是其特性满足自己需要程度的一种评价。

虽然学者们对客户满意的定义有不同的理解，但都倾向于认为客户满意是一种心理活动，是客户在使用产品或服务之后的一种感觉，客户满意与客户的期望有关，具有个体性的特点。

专论 13-2　　客户满意对客户关系管理的重要性

客户满意对企业的客户关系管理而言至关重要。有数据表明，平均每个不满意的客户会将其不满意的经历告诉20个人以上，而且这些人都表示不愿意接受这种恶劣的服务；而平均每个满意的客户会将其满意的经历告诉12个人以上，这12个人中间在没有其他因素干扰的情况下，有超过10个人表示购买意愿。可见，客户满意不仅对企业客户关系管理战略有着重要影响，同时对企业未来发展也有着举足轻重的作用。

资料来源：邵兵家. 客户关系管理[M]. 第2版. 北京：清华大学出版社，2010：93.

（二）客户满意度

客户满意度是指客户需求被满足的程度，可以用以下公式表示：

$$C=b/a$$

其中，C 表示客户满意度；b 表示客户对产品或服务所感知的实际体验；a 表示客户对产品或服务的期望值。

当 C 小于 1 时，客户对产品或服务的感受为“不满意”。当 C 的值非常接近或等于 1 时，客户对产品或服务的感受为“比较满意”或“满意”。如果 C 的值为 0，则表明客户的期望值完全没有实现，客户对产品或服务的感受为“非常不满意”。在通常情况下，C 的值在 0～1，但在某些特殊情况下，客户满意度也可能大于 1，则表明客户获得了超过期望值的实际体验，客户对产品或服务的感受为“非常满意”。

客户满意度是对客户心理状态的量化与测量，是一个相对的概念，取决于客户对企业产品或服务的实际体验是否能够满足其预期。客户预期被满足的程度越高，客户今后继续购买产品或服务的可能性越大，对企业的忠诚也更持久。

专论 13-3　　客户满意度指数模型

ACSI 模型是目前影响最为广泛的客户满意度指数模型，由美国密歇根州立大学 Fornell、Johnson、Anderson 等于 1996 年建立。该模型通过 6 个结构变量构成了客户满意度因果互动系统，可以解释消费经过与整体满意度之间的关系，并能指示出客户满意度高低可能带来的后果。其结构模型如图 13-3 所示。其中，客户满意度是最终要求的目标变量，感知质量、感知价值和客户预期是原因变量，客户抱怨和客户忠诚是结果变量。

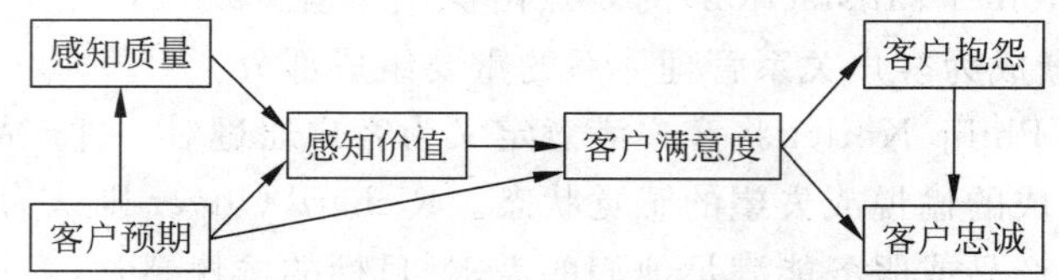

图 13-3　客户满意度指数模型

资料来源：付晓蓉，等. 金融业客户关系管理[M]. 北京：机械工业出版社，2010：101.

对金融企业来说，客户满意度是衡量金融服务成功的重要指标。提高客户满意度，最终体现在提高金融企业服务水平、从客户角度审视业务与服务流程、最大限度地满足客户需求方面。

实例 13-3　　提升客户满意度做老百姓身边的保险公司

安邦人寿成立于 2010 年，成立以来快速发展，服务京城。长期以来，安邦人寿北京分公司秉承客户第一、服务第一的经营理念，以市场为导向，以客户需求为出发点，深耕细作，固本强基，上下求索。

近年来，在国家颁布的保险“新国十条”政策指引下，北京分公司紧跟安邦保险集团全球化发展战略思想，接连推出针对不同群体打造的个性化、差异化的切近客户实际需求的保障类新型产品，并将“传统保险服务＋无限增值服务”的全新理念渗透于客户体验中，以真诚的态度和优质的服务赢得了客户的信赖。

2014 年，安邦人寿北京分公司保费规模首次突破百亿，排名北京寿险市场第二名，凸显行业实力。2015 年，在监管机关通报的前三季度北京地区保险消费投诉情况中，安邦人寿北京分公司投诉率在全市 60 余家寿险公司中处于极低水平，亿元保费投诉量仅为 0.05 件。

安邦人寿能够取得以上的好成绩，除了惠及于民的产品优势外，更多地在于公司一直严格履行着“为每一位客户提供全方位、专业化、个性化的贴心服务”的承诺。公司从制度上严格规范，采取“首问责任制”原则，要求客服人员必尽所能，为消费者提供最满意的服务，直至问题得到解决或给予明确的答复。

同时，公司本着“一个客户、综合服务”的方针，加强品质管理、提升服务质量、规范内部流程，不断提高客户满意度。对于到访客户，公司强调服务时效性和客户体验，第一时间为客户解决难题，客户好评率大幅提升。

2015 年，安邦人寿启用公众微信号，为产品服务提供一个多功能快捷平台，实现与客户的实时互联，将客户购买保险产品的整个过程融合在公众号平台上，满足了客户对“一站式服务”和“一对一服务”的需求。与此同时，公司还不断优化 APP、网站、电话、短信、邮件等五大电子化服务平台，打造全方位服务方式，提升客户体验。

资料来源：提升客户满意度　做老百姓身边的保险公司[N]. 京华时报，2015-12-17.

二、客户满意度调查

客户满意度调查通过研究客户满意度影响因素、客户满意度指标以及客户消费行为之间的关系，评价客户对企业产品或服务的满意程度，挖掘影响客户满意度的关键因素，对应地改善产品与服务质量，增强客户体验，进而提升客户的满意度和忠诚度。

客户满意度调查的基本流程通常包括以下步骤。

（一）构建客户满意度调查指标体系

确定影响客户满意度的各类因素，识别客户对企业产品与服务的基本要求与期望，并与企业产品与服务的质量标准进行对比，将影响客户满意度的因素转化为可测量的指标体系。

（二）指标测评

根据确定下来的指标体系设计调查问卷，采用科学的随机抽样调查方法选择调查对象进行问卷调查，收集客户满意度的相关数据。

（三）分析数据，提出建议

对所获取的客户满意度信息进行统计分析，了解客户对目前产品与服务的评价，找出企业产品与服务的优势和劣势，制订出合理、有效的改进方案。

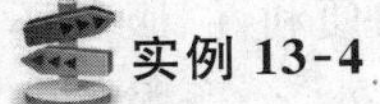

实例 13-4　　银行业客户满意度下滑

由中国质量协会于 2016 年 1 月至 3 月所做的一项覆盖北京、上海、深圳等 13 个城市近 3 000 名银行业客户的调查显示，银行业客户满意度较上一年度有所下降，48％银行业客户抱怨营业厅等候时间长。该项调查内容主要包括营业厅服务、热线、网银、手机银行、自助设备、理财等。调查结果采用百分制，分数越高代表满意度越高。

• **近四成业务等候时长超20分钟**

调查结果显示，银行业客户总体满意度为80.9分，与去年相比下降2.2分，招商银行、交通银行、民生银行的客户满意度水平位居15家银行前三位；四大行中，中国银行和建设银行的客户满意度水平高于行业水平。

结果还显示，客户抱怨率高达29%，原因主要集中在营业厅服务方面，其中48%因营业厅等候时间长而产生抱怨，16%因服务态度而抱怨，13%抱怨业务办理速度慢，11%抱怨营业厅网点少。

中国质量协会分析称，营业厅等候时间长仍是银行亟待解决的问题。尽管多家银行过去一年在渠道整合和自助设施建设等方面加大投入，但客户对营业厅服务的需求仍未有效满足。营业厅办理业务平均等候时长超过20分钟的比例为37%，与去年相比并没有明显改善。

• **超三成客户被理财电话骚扰过**

在近年大热的理财业务上，银行业理财得分75.6分，理财业务客户满意度同比小幅下降。全行业内，仍有36.8%的客户备受银行保险理财产品推销电话的骚扰。

• **电子银行已成为改变金融业竞争格局的新型服务渠道**

本次调查揭示，招商银行、民生银行、交通银行在网银和手机银行方面（界面友好、操作简便、功能齐全、安全性等）占有领先优势。四大行中，中国银行在网银和手机银行方面领先。调查结果同时显示，近九成受访者表示小额网上支付会用支付宝或微信支付。

有关专家表示，用户支付习惯的改变，已经动摇了银行在支付体系的地位。银行客户最不满意什么？最不满意营业厅等候时间长的客户占48%，最不满意服务态度不好的客户占16%，最不满意业务办理速度慢的客户占13%，最不满意营业厅网点少的客户则占11%。

资料来源：银行业客户满意度下滑　近半客户抱怨排队等候时间长[N]. 羊城晚报，2016-05-05.

三、金融服务企业客户满意度的影响因素

（一）金融产品与服务因素

就金融服务企业而言，金融产品的种类是否齐全和多样化对客户满意度具有较大影响。在金融产品全面的基础上，产品的实用性、收费的合理性及信息披露的充分性等都会对客户的满意度产生不同程度的影响。

金融产品与金融服务往往具有不可分割性，加之金融产品容易相互模仿，具有同质性的特征，因而使金融服务成为影响客户满意度的关键要素。为客户提供优质高效的服务，是任何一家金融服务企业持续发展的根本所在。金融服务的效率、获得的便利性、服务环境、服务的规范性、服务渠道的多样化等方面都会影响客户的满意度。此外，金融服务的非标准化决定了客户满意度的提升需要服务品质的个性化与差异化，还需要针对客户的不同需求，适时提供适合的金融服务。

实例 13-5　　招商银行把优质的服务落实到实际行动中

“这些年，从没见过一家银行客户服务做到如此，钱在你们这儿，我很踏实也很放心。”李老先生激动地说。

李老先生是招商银行北京分行的代发工资客户，家住东直门附近，高龄 94 岁，腿脚不便。由于单位为其统一办理了工资卡并发放退休金。按规定，需本人在柜台办理卡片激活后使用。李老先生的女儿考虑到老人高龄，希望从银行角度帮其想些方法，并致电招商银行服务人员，询问是否能协助办理激活手续。考虑到李老先生行动不便，该行决定为其提供延伸服务。

当日气温近 38℃，招商银行服务人员驱车一个小时来到李老先生家，老先生非常感动，十分配合地拿出身份证让客户经理核实，并亲笔签字，说：“这些年，从没见过一家银行客户服务做到如此，钱在你们这儿，我很踏实也很放心。”

李先生的女儿也对招商银行办理业务的效率做出了很高的评价，她说：“自己本是抱着试试看的想法，希望银行能够提供帮助，没想到你们在第一时间就上门服务，突然感觉你们招行特别亲近，特别贴近百姓的心。”次日，李先生所在企业的财务总监特意致电招行，感谢该行对其员工提供的优质服务，表示企业将代发工资放到招行的决定是非常正确的，对招行“因您而变”的服务理念连声赞许。

资料来源：招商银行把优质的服务落实到实际行动中[OL]. 新华网，2016-03-14.

（二）客户的期望

要想提高客户的满意度，金融服务企业应当准确把握客户的期望，不夸大宣传，不过度承诺，以免出现客户期望落空，产生不满。客户的期望往往取决于客户以往的购买经历、客户的价值观和偏好、他人的推荐或介绍、企业的宣传等方面。金融服务企业如果善于把握客户的期望，并根据具体情况适时提供超越客户期望的产品与服务，则更加容易打动客户，从而提高客户满意度。

（三）客户的体验与感知

金融服务的品质、品牌形象与价值、工作人员与服务人员的素质、时间成本、体力成本产品的价格等都会直接或间接影响客户体验与感知。提升客户的感知和体验，使其高于客户期望，是提高客户满意度的重要途径。

四、提高金融服务企业客户满意度的途径

（一）贯彻“以客户为中心”的理念，重视客户体验

金融服务企业的所有活动必须围绕客户需求展开，将“以客户为中心”的理念落到实处，重视客户体验。在保证服务质量的前提下，应合理组织业务流程，提高业务处理效率，缩短客户办理业务的等待时间；提供多样化的业务办理渠道，提高客户办理业务的便捷性；及时有效地处理客户投诉和抱怨，加强员工服务理念的灌输与培训，提升员工的服务意识，保证服务承诺的可靠性。通过公益广告、新闻宣传、赞助活动、庆典活动、形象广告等方式提升企业品牌与形象价值，提升客户对金融服务企业的感知价值。

（二）追踪客户需求，创新改进产品与服务

提高客户满意度必须使客户需求得到有效满足，甚至能够满足客户的潜在需求，否则客户就会寻找替代产品或服务。因此，需要关注、了解和分析客户需求，根据客户的金融产品偏好和购买习性有针对性地提供产品与服务，满足不同客户的合理需求。提高产品与服务质量是实现客户满意的基础，也是维系客户的有效手段。在制定金融服务企业经营策略、创新业务产品、改进服务质量时，要充分掌握客户信息，及时了解客户需求的变化，为不同客户提供差异化服务。

（三）加强与客户的交流与沟通

通过电话、上门拜访等方式对客户进行定期回访，了解客户对金融产品和服务的满意程度，掌握客户的潜在需求。经常与客户进行交流、沟通，有助于增加客户的信任度，增进与客户的感情，但要注意提高沟通的有效性。有效的客户沟通是实现企业与客户良好互动的主要手段。客户服务人员与客户沟通时，观点表达应有条理，应掌握有效的语言沟通技巧，同时注意照顾客户情绪，表达的内容应以客户感兴趣为前提，只有这样才能赢得客户的满意。

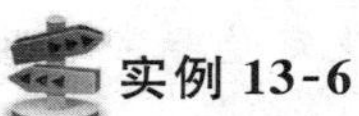

实例 13-6　　金融业缤纷活动提升客户满意度

随着同业竞争越来越激烈，金融机构以精彩活动为桥梁增强与客户的互动，以增强客户黏性，留住他们的心。

- **华夏保险缘聚七夕派对让“遇见”更美**

在此前的浪漫七夕节，华夏保险深圳分公司“‘遇见’华夏——缘聚七夕，幸福牵手”单身派对在胡桃里音乐酒馆中心城店举行，为鹏城高品质单身男女搭建联谊互动、寻觅真爱的优质交友平台。该公司总经理国磊表示，未来华夏保险将通过整合各行各业优质资源，搭建以华夏为中心的交际平台，打造“遇见”华夏系列活动，为深圳市民和保险客户献上投资理财、养生讲座等丰富多彩的活动。华夏保险相关负责人表示，深圳是座青春活动、充满朝气的城市，华夏保险希望通过搭建优质交友平台，让年轻人在深圳找到温暖、找到爱情、找到家，让更多的人在深圳这座移民城市落地生根，安居乐业，为城市发展添砖加瓦。

- **深圳中行举办“中银短信通”签约有礼活动**

为进一步提升民众金融安全意识，深圳中行在三季度举办“中银短信通”签约有礼活动。“中银短信通”是中国银行为市民提供的便民服务之一，该功能通过短信方式为客户提供各类账户资金变动通知服务，客户可实时掌握资金动态，存取投资消费全覆盖，让账户资金上多了一重保险。据了解，深圳中行客户通过柜台、网上银行、自助设备、VTM、移动 POS 机等渠道均可完成“中银短信通”功能签约。现在签约还有机会赢取价值 15 元的打车券，签约按年缴费形式，更有机会赢取 30 元话费。该行表示，未来将继续为客户提供更多安全周到的服务，切实保障客户的资金安全。

- **“农行汽车节”周六启动**

“农行汽车节”将于 8 月 20 日盛大开启，主办方深圳农行将为参与活动的客户送上全线车价优惠和精美礼品的双重惊喜。

此次“820 农行汽车节”活动设置两大会场，分别为位于福田汽车站东侧的鹏峰汽车城及位于大铲湾港区的佳鸿世界名车博览中心。活动当天，客户可享受分期手续费低至一年期 1.5%，两年期 5.25%，三年期 7.6%的优惠。参与活动的优质品牌包括广汽本田、广汽丰田、奔驰、奥迪、东风本田、北京现代、部分平行进口车、宝马、凯迪拉克、进口大众、捷豹、路虎、劳斯莱斯等。

- **创意油画活动在太平人寿绿树空间客户体验馆开课**

太平人寿深圳分公司在绿树空间客户体验馆举办主题为“画里七月色彩绽放”的创意油画教室活动，此次活动也是深圳分公司“2016 年客户服务节”系列活动之一。

活动前期，客户服务部通过引入客服系统活动二维码实现客户子女和业务人员的线上预报名，保障活动的有序性和智能化，让客户感受到不一样的客服体验。“画里七月·色彩绽放”创意油画教室活动也是绿树空间系列主题创意活动的一个篇章，邀请到“在画里 Art Studio”的海归美女老师为大小朋友们精彩授课，讲解线图结构、色彩搭配、立体渲染等多项绘画技巧。

资料来源：金融业缤纷活动提升客户满意度[N]. 深圳特区报，2016-08-17.

第三节　金融服务企业客户忠诚管理

忠诚的客户是金融服务企业最宝贵的财富。客户忠诚度越高，保持时间越长，给金融服务企业带来的利益就越多，具有积累效应。只有金融服务企业提供的产品和服务达到或超过客户的预期，使客户感到满意，比其他竞争对手更加能够满足客户需求，才有可能使客户忠诚。

一、客户忠诚的概念与类型

（一）客户忠诚的概念

客户忠诚（customer loyalty）理论是在市场营销组合理论和客户满意度理论的基础上产生并发展起来的。

Tucker 认为客户忠诚的最好表述就是客户行为，客户连续 3 次购买某一品牌的产品或服务，即可认为客户忠诚于该品牌。Hallowell 把客户忠诚视为对产品、服务、品牌或组织的一种特别偏爱的情感。Dick 和 Basu 则认为，只有当重复的购买行为伴随着较高的情感态度取向时才产生真正的客户忠诚。营销专家 Oliver Richard 对客户忠诚的定义较有代表性，认为客户忠诚是指客户长期购买自己偏好的产品或服务的强烈意愿，并因此产生对同一品牌或同一品牌系列产品或服务的重复购买行为，且不会因为市场环境的变化和竞争性产品营销活动的吸引而产生购买行为转移。

目前，国内外理论界对客户忠诚的定义尚未统一，但从客户忠诚的不同定义可以看出，客户忠诚包含三个方面的特征。一是客户长期对企业产品或服务重复购买；二是客户交叉购买该企业的其他产品或服务；三是客户对该企业的产品或服务具有高度依赖，并能抵御该企业竞争对手的营销策略。

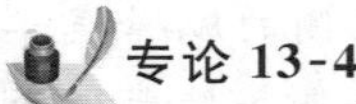

专论 13-4 **客户满意与客户忠诚概念的比较**

客户满意与客户忠诚概念的比较如表13-1所示。

表 13-1 客户满意与客户忠诚概念的比较

	客户满意	客户忠诚
比较对象	过去期望与现实感知的效果	现实期望与预期收益
表现形式	心理感受	行为选择
可观察程度	内隐的	外显的
受竞争对手的影响程度	影响大	影响小

资料来源：李玉刚.客户满意和客户忠诚的概念比较和营销实践[J].中国流通经济，2004，(6).

（二）客户忠诚的类型

按照客户重复购买行为产生的原因，可以将客户忠诚划分为以下类型。

1. 垄断忠诚

由于某种产品或服务在市场上形成垄断，只有一个供应商，因此，客户没有选择权或者选择权很小，只能选择这种产品或服务。垄断忠诚并非出于客户自愿，如果出现其他的供应商，客户很可能进行重新选择。

2. 激励忠诚

激励忠诚源于企业给予的额外利益，客户重复购买产品或服务的原因在于企业提供奖励计划，一旦企业不再提供奖励，这些客户就会转向其他提供奖励的企业。

3. 惰性忠诚

惰性忠诚也称为习惯忠诚，是指客户由于习惯原因而不愿意去寻找新的企业。

4. 方便忠诚

方便忠诚是指客户出于供应商地理位置等因素的考虑，总是在该处购买，但如果出现更为方便的供应商或更满意的目标后，这种忠诚就会减弱，甚至消失。

5. 亲缘忠诚

亲缘忠诚是指企业的员工或员工的亲属因为忠诚于企业而选择重复购买该企业的产品或服务。

6. 价格忠诚

价格忠诚是指客户由于供应商所提供的产品或服务的价格符合其期望而进行重复购买。价格是决定客户购买行为的关键因素。

7. 信赖忠诚

信赖忠诚是指客户在消费企业产品或服务过程中对企业产生某种感情上的联系，或者对企业形成总体趋于正面的评价，并逐渐建立信赖关系而形成的客户忠诚。

8. 潜在忠诚

潜在忠诚是客户虽然拥有，但尚未表现出来的忠诚。客户希望能够不断购买企业的产品或服务，但由于企业内部规定或者暂时没有支付能力等原因限制了客户的购买行为。

二、客户忠诚的衡量标准

客户对某企业产品或服务的忠诚可以通过(但不限于)下列指标来进行衡量和评价分析。

(一) 重复购买率

客户的重复购买率是指客户在一段时间内购买企业产品或服务的次数。在确定的时间内,客户对某种产品或服务的重复购买次数越多,说明客户对其的忠诚度越高。

(二) 购买持续时间和购买频率

客户忠诚具有时间特征,表现为客户在一段时间内关注、购买企业的产品或服务。忠诚度高的客户购买持续时间较长,而且购买频率较高。

(三) 购买支出占比

客户购买某种产品或服务的支出在消费总支出中占比越高,说明客户对该种产品或服务以及对该企业的忠诚度越高。

(四) 客户挑选时间

如果客户忠诚度较低,往往就会花费较长时间进行挑选和比较,最终才决定购买与否。相反,如果客户信任企业的产品或服务,用于挑选的时间就会缩短。

(五) 客户对价格的敏感程度

诸多研究和企业实践表明,客户对自己喜爱和信赖的产品或服务价格变动的承受能力较强,购买行为受价格波动的影响较少,即客户对价格的敏感度较低。相反,如果客户不喜爱或者缺乏信赖的产品或服务,客户对其价格变动的承受能力较弱,一旦价格上涨,立刻会减少购买行为,即客户对价格的敏感度较高。

(六) 潜在客户推荐数量与主动性

忠诚客户通常乐于主动向潜在客户推荐企业产品或服务。

(七) 对企业竞争对手的态度

一般而言,客户对企业忠诚度较高时,会减少对其竞争对手的关注。而如果客户对企业的竞争对手有较高的兴趣或好感,并且花费较多时间了解竞争对手的产品或服务,则表明客户忠诚度较低。

(八) 客户对产品质量的态度

当出现产品质量问题时,如果客户采取相对宽容、协商的解决态度,表明客户对企业的忠诚度较高;相反,如果客户表现出强烈不满,甚至通过法律途径解决问题,则表明客户对企业的忠诚度较低。

实例 13-7　平安信托:以 NPS 开创信托业财富管理新时代

经过数年快速发展,中国信托业在财富管理领域已经逐渐从粗放走向精细,服务方式也逐渐向专业化规范化迈进。平安信托率先在信托行业提出了“提升 NPS”的客户服务理念，以求打破信托公司长期以来“以产品为中心”的推销观念，强调“以客户为中心”的金融服务观念，以专业化、差异化的服务体验，打造前瞻性的客户服务标准。

据悉，NPS(net promoter score)即客户净推荐值，是由针对企业良性收益与用户增长所提出的用户忠诚度概念。该概念诞生于2003年，是目前国际上逐渐流行起来的客户体验考核重要指标。在某种程度上，可以说NPS系统代表了国际上最先进的客户体验考核体系。

根据平安信托日前披露的年报显示，平安信托在私人财富管理领域持续领先，高净值客户数实现稳步增长，截至2014年12月31日，活跃高净值客户数突破3万，较年初增长37.3%。信托计划资产管理规模同比大幅增长37.7%，至3 998.49亿元，其中，以个人客户为主的集合信托规模占比达70.0%。

而另一组更加引人关注的数据则是，2014年平安存续信托资产超过500万元的高净值客户数增长明显，其中存续信托资产在1 000万元以上超高净值客户数较年初增长46.9%；存续信托资产在500万～1 000万元的中高净值客户数较年初增长46.8%。高净值客户的续存率体现了平安信托客户对公司品牌的持续认可，这得益于平安信托专业的资产管理能力与不断优化的客户服务水平。

2014年，平安集团领先全国引入NPS体系，并将其作为企业文化建设和企业社会责任的重要组成部分，平安集团董事长马明哲曾在公开场合提到，“客户服务关系到品牌、关系到公司的竞争力，提升客户满意度、增加客户的忠诚度、增加客户的重复购买，实现客户推荐客户”。

业内人士表示，这种全新的开创性的管理理念符合平安信托的业务结构，在行业倡导“练好内功，实现转型”的当下，也在行业内树立起了客户服务的示范标杆。

资料来源：平安信托：以NPS开创信托业财富管理新时代[N].证券日报，2015-04-28.

三、金融服务企业客户忠诚的影响因素

客户忠诚往往不是由单一因素所决定，而是多个因素共同作用的结果。影响金融服务企业客户忠诚的因素通常包括客户满意程度、信任和情感联系、转换成本、获取的利益等。

（一）客户满意程度

诸多研究结果表明客户满意与客户忠诚之间存在正相关关系。客户满意是影响客户忠诚的重要因素，一般而言，客户满意程度越高，客户的忠诚度会相应提高；相反，客户满意程度越低，客户的忠诚度就越低。

需要注意的是，客户满意与客户忠诚之间并非简单地存在必然联系。根据一项调查显示，声称满意或非常满意的客户有65%～85%会转向其他企业的产品。获得客户忠诚，除了令客户满意之外，还受其他多种因素的影响，如竞争对手提供的产品更具诱惑力。

专论13-5　　客户满意与客户忠诚的关系

据营销专家Oliver Richard的研究，在客户忠诚的形成阶段，满意是必要的步骤，而当忠诚开始通过其他机制建立的时候，满意就变得不那么重要了。

通常，在测定客户满意度时，结果“满意或不满意”是一维的，只是在强度范围内连续变化的情感或认知状态。然而，给出相同满意分的客户，会因本身对服务提供者的感情不同，或性格、外部环境等不同，而表现出不同的忠诚度。

但是，完全客户满意是确保客户忠诚和产生长期利润的关键，客户满意与客户忠诚存在显著正相关关系。例如，在银行业，John Larson 就发现，完全满意的零售银行储户比基本满意的客户忠诚度高 42%。

资料来源：王艳君. 金融服务营销[M]. 北京：高等教育出版社，2014：178-179.

（二）信任和情感联系

客户忠诚的实现需要客户的信任和情感纽带联系。客户对金融服务企业的信任可能来源于交易过程中积累形成的满意，或者认同金融服务企业长期以来营造的品牌形象等。一旦客户对金融服务企业形成信任，并建立起情感联系，这意味着客户忠诚更加容易实现，并且不会轻易转向竞争对手。

（三）转换成本

转换成本是指客户从一个供应商转移到另一个供应商过程中所需要付出的成本，包括信息收集成本，所花费的时间、精力、人力成本，利益损失成本，熟悉新供应商产品或服务的学习成本等。

转换成本是阻止客户关系弱化的缓冲力，转换成本加大有利于客户关系的维系，客户会谨慎选择是否更换其他企业的产品或服务，从而有利于客户忠诚的提升。

（四）获取的利益

追求利益是客户选择企业产品或服务的基本价值取向。通常，客户与企业建立长期联系的主要原因在于希望通过忠诚获得优惠或者特殊关照。客户忠诚的动力在于能够获得预期或者更大的利益。

（五）其他因素

除了上述因素之外，还有一些其他因素也会影响客户忠诚。例如，客户需求发生变化，现有产品或服务不能满足需要，从而退出企业，转而选择其他企业的产品或服务。再如，客户由于搬迁，转而选择地理位置更近的其他企业。如果企业不重视客户投诉抱怨的处理，也可能影响客户忠诚。

实例 13-8　客户忠诚度　车险企业发展的“信心之钥”

- **人保电话车险以零距离服务提升客户忠诚度**

车险电销模式自进入中国市场以来，连续五年以令人惊叹的高增长势头成为了财险行业的最大亮点，作为行业老大的人保电话车险推出了以零距离服务为核心理念的一系列如“四项关怀、十项理赔承诺”等创新服务举措，全面覆盖售前售后的整个车险服务流程和日常用车救援提醒等环节，紧密贴近客户实际需求，致力于进一步提升客户忠诚度。

- **新增业务量放缓留住老客户成重点**

汽车销售进入“微增长”阶段成为了行业的共识。汽车新增数量的减少，无疑对于电话车险新业务的增长会产生巨大影响。业内人士显然已经认识到这个问题,据人保财险车险部总经理方仲友介绍,目前在人保财险车险保费收入中,约56%来自续保市场,44%来自新车市场。未来将会把车险业务的增长点放在续保率上。

• 创新服务提升忠诚度续保率增长潜力大

对保险公司而言,"续保率"意味着客户对保险产品及保险服务的最直接认可程度,甚至等同于客户忠诚度。近年来国内的车险企业开始逐步实施客户忠诚培养计划,以此来获得客户认可,并以服务为基础建立忠实客户群体。其中,贴身式人性化的主动式服务成为目前行业的趋势。

以人保电话车险为例,人保电话车险在"零距离"服务理念的基础上,推出了"四项关怀、十项理赔承诺"服务内容,该内容不仅涵盖车主车辆出险后的快速报案、快速理赔,还包含非事故道路救援服务及多项托管代办服务,真正从车险购买、车险理赔和日常用车等角度,无论是出险客户还是非出险客户都能充分满足其360°的现实需求,具有巨大的实用意义。

• 加强客户互动 "圈"出客户忠诚度

对以服务为核心产品的车险企业来说,提升服务质量,推出客户离不开的创新服务是打造客户忠诚度的重点,而除了落实服务承诺及可靠的服务执行力外,获得客户忠诚度的另一个重要方法就是建立"圈子文化"。

例如,人保财险的客户俱乐部模式、太平洋产险的"会员卡"服务等就是车险行业内的"圈子文化"的代表。中国人保财险电子商务事业部总经理蒋新伟表示:"设立客户俱乐部,可以加强与客户的非业务交流,有助于客户忠诚度的建立。人保电话车险在浙江嘉兴的客户俱乐部就做得非常成功,聚集的客户是嘉兴中高端客户,定期举办汽车沙龙,组织起来到上海参加汽车拉力赛,甚至在嘉兴建赛车道,一些有兴趣的客户,包括联系汽车厂家提供合适的车辆,在赛车道上比赛,很活跃,与客户进行深层次的沟通,所以嘉兴的客户忠诚度非常高。"

资料来源:客户忠诚度 车险企业发展的"信心之钥"[N]. 金融投资报,2012-07-12.

四、提高金融服务企业客户忠诚的途径

(一)努力实现客户满意

随着金融业竞争加剧和科学技术的发展,客户对金融产品和服务的期望也越来越高,客户需求也呈现出多样化的特征,因此,在设计金融产品和提供服务种类时,贯彻"以客户为中心"的理念尤为重要。通过提供合理、优质的产品与服务,及时、周到地满足客户需求,重视客户意见的反馈,努力实现客户满意,进而提升客户忠诚度。

(二)对客户忠诚进行奖励

金融服务企业的利益获得建立在客户群体稳定的基础之上,通过对忠诚客户进行奖励和特殊关照有助于留住忠诚客户,稳定客户群体。对重复购买的客户根据购买数量的多少和购买频率的高低进行价格优惠,或者赠送积分、礼品、贵宾服务等,降低客户重复购买的成本,建立金融服务企业与客户的长久关系。

（三）增进客户信任与感情联系

客户满意的积累逐渐会产生客户对企业的信任，长期的客户信任往往伴随客户忠诚。在与客户建立交易关系之后，只有取得客户信任、加强与客户的感情联系，才能巩固客户关系。例如，定期或不定期与客户进行沟通、拜访，在客户生日或结婚纪念日等特殊重要日子采取恰当方式予以祝贺，邀请客户参与企业决策，让客户感受到自己很受重视。

（四）提高客户的转换成本

在一般情况下，当客户在更换企业产品或服务时感到转移成本太高，或者原来所获得的利益全部或部分因为重新选择而损失，或者面临新的风险和负担，就可以增加客户忠诚。例如，为客户提供一些免费附加服务，经过一段时间当客户习惯之后，如果别的企业所提供的服务不能明显体现出优越性，客户就不会轻易流失。

（五）提供不可替代的特色产品与服务

金融产品和服务往往具有同质化的特点，因此个性化的产品或服务有助于帮助金融服务企业获得客户青睐，成为客户持久的选择。只有不断创新，利用高新技术成果，不断提供竞争对手难以模仿的个性化产品或服务，才能给客户留下深刻印象，从而增进客户忠诚。

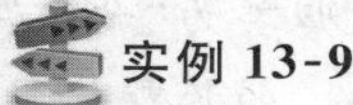

实例 13-9　　银行零售业务如何破解“忠诚”之困

据 J. D. Power 发布 2015 年中国零售银行客户满意度研究，中国零售银行客户满意度在 2015 年大幅上升，但随着可供选择的金融机构增加，消费者的忠诚度正逐渐降低。这一研究的样本是基于 30 个城市的 10 461 名零售银行客户的反馈，涵盖了在中国开展业务的 15 家银行。

坦诚来说，银行并非没有意识到零售业务客户忠诚度的重要性，相反，自 2006 年国有银行纷纷开始一线营业网点的服务转型之后，客户忠诚度就成为银行重点关注的指标之一。为此，无论是从物理设备的支持上，还是在考核指标的制订上，各大银行都力图将一线营业网点塑造成为顾客方便、快捷地获取金融服务的最佳终端。

那么，问题出在哪里呢？一方面，随着互联网金融的高速发展，以及金融行业自身的高度电子化，银行的销售渠道更为多样，所面临的竞争也更为激烈。由此，各大银行试图通过各种创新的销售渠道，来加强对客户的管理与维护。但实际上，由于银行在各个渠道上的行动策略仍是以产品为导向的，尤其各个分支行的基本定位仍是基于销售控制的任务、组织结构及其机制而设立的，所以直接导致了以产品为导向的客户服务理念，让一线营销人员更多以产品来匹配客户，而并非真正从客户的角度出发来进行服务于营销，导致绝大多数客户所接受的都是以拉动销售为主导的客户服务机制，并没有真正尊重客户的需求，使客户与银行的关系逐步僵化，直接影响了银行渠道的服务体验度与业务成交率。

另一方面，回顾我国银行业的发展历程，不难发现，政府对银行业一直“呵护有加”，使得以国有银行为代表的中国银行业具有某种意义上的垄断属性，并在国民经济中占据重要的战略地位。长期以来的高垄断性和低竞争性，使国内银行在面临接踵而至的市场化竞争时，已经形成了以品牌自居、以产品为导向的工作流程，使整个行业在进行渠道整合与转型的时候，多数不能摆正心态，真正站在客户的角度思考问题。银行间产品的同质化、银行产品与服务缺乏创新且不能匹配客户的真实需求等问题，由此日渐突出。

那么，应如何破解客户的“忠诚”之困，让银行真正成为客户值得信赖的伙伴？除了老生常谈的建立以客户为导向的企业文化与服务体系、加强对客户数据的收集与挖掘、调整对一线营销人员的绩效机制之外，还有以下四点值得特别注意。

第一，建立以事件为主导的客户服务机制。

所谓以事件为主导的客户服务机制，指的就是通过分析每位客户与银行产生联系的一系列关键节点，将客户生命周期理念与全渠道服务进行有机结合，寻求主动且适合的客户管理体系，并将其运用到对每一位客户的服务中去。

举例来说，马来西亚的RHB银行推出了一套“银行易”产品组合，其特色是产品的简单方便、无纸化申请和即时批准，而这套产品的核心便是基于不同事件的存款产品。客户可以为紧急事件、教育、度假、婚礼存入资金，并依此即时获得对应的授信额度，匹配不同的还款期限和还款额度。整个产品组合非常简单，客户10分钟之内可以办理完毕，并在预先约定的相关事件到来时使用。

第二，通过员工授权机制来激活一线的服务理念。

招商银行在2015年推出了“惊喜服务推广季”，从总行层面，对员工利用授权机制打造惊喜服务进行了持续的宣导和指引。在招商银行的实践中，这些事件被归类为“升级”“优先”“延伸”“惊喜”“特别奖励”“前置安慰”六类，分别应对VIP客户体验、弱势群体服务、上门服务、客户生日、客户建议、客户安慰这六种在网点常见的客户事件，并辅以相应的授权额度，鼓励一线员工主动为客户创造惊喜的客户服务，提升客户体验。

第三，各渠道精确定位，实现渠道服务功能最大化。

深圳建行在2015年推出的微银行，通过搭建统一的微银行社区微信互动平台，实现了线上、线下全渠道服务协同，并采取“一点一平台”的方式，对微银行客户群体进行“小而全面”的个性化服务，为线下的社区微银行网点打造了全方位的线上服务平台，提升了传统物理网点“最后一公里”的覆盖度。

另外，在实践中，很多银行为了实现渠道的精确定位，会成立统一的客户讯息管理部门，负责分析客户的相关信息并依据分析结论制定产品和渠道策略，通过持续地收集和分析客户信息，建立在所有客户接触点上的客户沟通策略，以便对应渠道的员工及时了解客户的真实需求与个人喜好。除了对客户行为的分析与研究之外，部分银行的客户讯息管理部门还会直接参与一线的销售管理与项目管理，监督相关任务的完成情况与客户信息的使用情况，识别新的市场机会与客户动向。

第四，基于客户需求，打造跨界合作平台。

过去，银行业通常习惯依靠自己的资金实力来实现业务的发展与客户规模的扩张，但这种扩张方式一方面并未能照顾广大零售客户的需求；另一方面也需要投入巨大的人力、物力、财力，并非所有银行可以承受。由此，基于客户需求，打造跨界合作平台的方式已经成为越来越多银行的选择。

比如，华夏银行与蚂蚁金服签订了合作计划，将蚂蚁金服的芝麻信用应用到华夏银行的信用卡、小微贷款等领域，实现业务效率和风险控制水平的提高，也扩大了芝麻信用的应用范围。

服务渠道的合作也不仅限于互联网，传统渠道的合作也是银行努力的方向。比如，以华润银行“店中店”为代表的，与大型连锁商超合作，在超市或便利店中开设小型网点或自助网点的做法。或是像平安集团与碧桂园的联姻那样，通过与地产商进行合作，在对应地产商的业务领域内，进行社区服务、投资理财、保险及健康养老业务展开多重合作。

还有一种比较深入的方式是完全跳脱银行的固有思维，以互联网思维来设计和运营产品。比如，招商银行近期推出的互联网金融产品“员企同心”，通过企业开通业务功能，员工扫码加入计划的方式实现。企业开通“员企同心”，可获得招商银行“小企业 E 家”平台专属的高收益理财项目，且收益随着加入计划的员工数量而正向增长；员工加入“员企同心”，扫码即可获得首次 5 元现金红包及企业每次投资带来的收益红包，同时，也可享受招商银行“小企业 E 家”高收益投资项目和信用消费等多重服务及优惠。

资料来源：银行零售业务如何破解“忠诚”之困[OL]. 零售银行，2015-12-25.

第四节　金融服务冲突与补救

一、如何面对客户拒绝

（一）客户拒绝的形式

面对日趋激烈的市场竞争，合理应对客户拒绝是金融服务企业营销产品和服务取得成功的关键环节之一。

客户拒绝主要包括以下三种形式。

(1) 拒绝产品。是指客户认为金融产品本身无法满足自己的需要而产生的一种反对意见。

(2) 拒绝价格。客户认为金融产品或服务的收费、投资的收益、存贷款利率等不合理而产生的拒绝。

(3) 拒绝服务方式。客户已经熟悉某金融服务企业或某位营销人员的服务，因此不愿意重新选择其他企业或人员提供的服务。或者客户对某种服务方式有排斥感，不希望自己被打扰。

（二）处理客户拒绝

在面对客户拒绝时，营销或服务人员要懂得分析客户拒绝的真正原因，站在客户的立场思考，用令客户信服的理由和方式解决拒绝，并非所有的客户拒绝都需要深究，根据实际情况进行判断，如果不会引发不良后果，在满足客户表达欲望后，可以选择忽略。

当客户对某种产品或服务拒绝时，可以通过权威机构的证明文件、其他客户的推荐、不同产品或服务的比较等方式说服客户，或者转换成其他产品或服务来满足客户需要，这样既没有回避客户拒绝，又没有直接正面反驳。

二、客户抱怨管理

当客户对企业提供的金融产品或服务不满意，就可能产生客户抱怨。客户抱怨对客户满意与客户忠诚都有负面影响，必须认真对待，否则会产生客户流失。

客户抱怨一般分为投诉型抱怨和非投诉型抱怨。投诉型抱怨是指客户不满意时向企业提出投诉。非投诉型抱怨是指客户不满意时不直接向企业表达，而是直接停止购买该企业的产品或服务，或者向他人传递不满信息。

（一）投诉型抱怨管理

投诉型抱怨管理的重点在于对投诉客户进行情绪安抚，并及时有效地解决投诉问题，最大限度地争取客户的理解，尽可能挽回企业形象，让客户感到满意。投诉型抱怨如果处理得当，有助于提升客户忠诚度，因此对企业而言至关重要。

专论 13-6　　银行如何应对客户投诉

应对银行客户投诉，是一项非常繁琐以及考验人的细心、耐心及恒心的工作。客户投诉看似简单，其实不及时化解和妥善处理，往往会给银行带来声誉风险。第一时间了解客户内心深处的想法，是解决客户投诉问题的最佳途径。

一是当好“消防员”。客户投诉是由于银行柜面工作出错或服务不周而致客户不满意才发生的。当客户出现误会或不理解时，柜员要用亲切和善的态度来聆听，以确定问题实质是什么，不要急着做解释，要表现出诚挚接受客户投诉的态度。特别是对情绪容易失控的客户更应保持冷静，适度引导客户宣泄心中的怒气和怨气，当好客户的“消防员”，给“火气”降温。

二是当好“服务员”。银行发展壮大离不开客户，员工理应以感恩姿态、优质服务来回报客户。当好客户“服务员”，要用自己的服务赢得客户的理解和支持。面对客户的投诉，要学会换位思考。对投诉客户要从思想上尊重，感情上贴近，满怀诚意地解决问题。要站在客户的立场上看待问题，公平和公正地解决客户的投诉问题。

三是当好“调解员”。柜面业务难免有出错的时候，当这些出错被投诉时，要及时采取有效的方法进行补救，真诚主动承认自己的工作失误。如能当场答复和解决的问题，就应当及时处理；需要请示领导或与其他部门协商的问题，要向客户详细说明并给出解决问题的时间表，充分取得客户的理解和谅解。

资料来源：银行应对客户投诉需当好“三员”[N]. 上海金融报，2015-08-11.

处理客户投诉型抱怨的流程一般包括以下步骤。

(1) 倾听客户投诉意见。让客户充分表达心中不满，让客户感受到自己备受重视，聆听过程中尽量避免向客户辩解或者挑剔客户错误，更不能与客户争吵或对客户不予理睬。

(2) 记录客户投诉要点，判断客户投诉是否成立。记录客户投诉的内容，分析客户投诉的具体原因，是企业本身的失误，还是客户自身的原因造成的。

(3) 提出可行的解决办法。如果证实确实是企业原因造成的，应避免推诿，及时提出切实可行的解决方案，必要时联系相关部门和人员共同解决问题。如果有两种以上可供客户选择的方案，需要向客户解释清楚每种方法的优劣，为客户提出建议。

如果是客户方面的错误，则需要引导客户认识自己的错误，并帮助客户纠正错误。

(4) 投诉后的跟踪服务。解决客户投诉之后，还需要进行跟踪服务，明确客户是否满意投诉解决方案，如果客户还存在不满意，则需要继续解决，直至客户满意为止。

实例 13-10　　证券公司妥善处理客户技术诉求案例

2014 年 9 月，G 证券公司接到大连金州营业部客户郭某来电投诉，反映因不会使用电脑，家里人也不在家，向营业部工作人员寻求软件升级帮助的需求无法得到满足，对营业部的答复和态度表示不满。

客服中心投诉岗专员在接到客户投诉后，首先向客户真诚道歉，安抚客户情绪，耐心倾听客户的诉求，提出问题解决的意见，并建议相关技术人员对其进行远程协助。通过积极的沟通，客户急躁情绪有所缓解，并同意投诉岗专员的处理意见。客户挂断电话后，投诉岗专员第一时间将投诉信息流转至营业部，要求了解事情的来龙去脉，建议营业部再次与客户进行沟通交流，并跟进事项的解决。营业部在接到客户投诉后，及时同客户进行了积极主动的电话沟通，并远程协助其解决了问题。

客服中心投诉岗专员在进行投诉处理结果满意度回访时，客户郭某对 G 证券公司工作人员的服务态度、处理结果等均表示满意，最终这起投诉纠纷得以圆满解决。

资料来源：证券公司妥善处理客户技术诉求案例一则[N]. 上海证券报，2015-06-09.

（二）非投诉型抱怨管理

美国著名的市场调研公司 TARP(technical assistance research programs)研究表明，只有 1%～5%的客户投诉反映到了企业高层管理者，45%的投诉反映到代理机构、分支机构和一线人员，50%的客户则遇到问题从不投诉。

由于非投诉型抱怨通常不易觉察，因此，需要金融服务企业对这类抱怨进行实时监控，针对未投诉客户抱怨进行调查。

非投诉客户抱怨调查方法一般采用客户满意度调查方法，该方法强调客户满意是衡量服务质量的最终标准。在调查前要确定客户满意度调查的范围及信息应用领域、调查的地区划分、抽样方案及调查报告的主要内容和提交时间，或者利用各种辅助调查方法，如利用专业咨询分析机构搜集和整理的信息或发布的研究报告等。最后，根据调查结果进行客户满意度相关分析，寻找客户不满意的原因，针对性地进行改进或调整金融产品和服务，从而提高客户满意度。

三、补救金融服务失误

（一）金融服务失误的原因

美国哈佛大学教授哈特在《哈佛商业评论》中发表文章指出，即使是最出色的服务机构也不能避免偶然的失误。无论金融服务企业如何努力，总是难以避免地出现服务失误。

金融服务失误的原因既可能来自技术方面，也可能来自服务过程。在有些情况下，随机因素也会造成服务失误。由于金融服务不仅取决于服务人员是否按照既定标准为客户提供服务，还取决于客户参与的有效性，因此在有些情况下，客户对于服务失误也具有不可推卸的责任。

（二）金融服务失误的补救措施

金融服务失误补救是在金融服务企业出现服务失误的情况下，对客户不满和抱怨所做出的补救性反应，目的在于将服务失误所带来的负面影响降到最低限度。服务失误如果处理得当，有助于客户与企业信任关系的建立，也会提高客户对企业的依赖程度。服务失误是服务提供者提高客户感知服务质量的第二次机遇。

1. 及时处理好客户抱怨

完善客户投诉和建议的渠道，鼓励客户投诉、抱怨，重视客户提出的问题，及时处理客户投诉。对服务人员进行必要的服务补救培训，赋予一线人员灵活解决客户问题的一定权限。进行服务补救的关键在于反应快速，反应速度越快补救效果越好，否则没有得到妥善解决的服务失误可能扩大并升级。

2. 从补救中吸取经验教训，改进产品或服务质量

尽可能避免服务失误，争取第一次就把事情做好。当发生服务失误时，从补救过程中要吸取经验教训，避免同样问题再次出现，并针对问题改进产品或服务质量。

3. 跟踪客户对补救的满意程度

对客户进行跟踪调查，了解客户对服务补救的满意程度。如果客户对补救结果不满意，就需要继续采取措施进行补救，直至客户对服务补救表示满意。

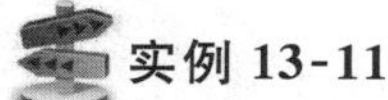**实例 13-11　　投诉客户的表扬电话**

西大街工行办公室接到了一位女士的电话，这位女士在电话里吞吞吐吐地说：“我犹豫再三，还是要打这个电话。”

原来，刘女士昨天去该行某网点办理灵通卡业务，接待她的是该网点负责人小王。刘女士说，小王利用新上的智能机很快便为她办理了灵通卡、开通了电子银行，不但业务特别熟练，办理时间短，而且在办理业务的过程中，她始终是面带微笑，百问不厌，小王耐心热情地为她介绍了许多关于灵通卡和电子银行的知识，讲解了使用电子银行业务的方便快捷和使用时注意事项和安全提示。

当天的这一幕，令刘女士特别感动，在电话里，她诚恳地说，“去年夏天，因为服务问题，我曾经投诉过这个银行。当时，因为他们的服务不好，我还将存款都转到他行去了。今天，同样的业务，这位女同志办起来就‘萨利’（快的意思），说出来的话让人听着就特舒服。这位同志的服务真好，其他同志相互间的工作配合也很好，态度也很友好，我非常满意！我看到了这个银行的变化。我家就在附近，我会多到这里来办业务，我还会给我的朋友介绍你们。”

群众的眼睛是雪亮的，客户的感受是敏锐的。从投诉客户变为诚心实意打来表扬电话的潜在忠实客户，让人们看到了这个网点的可喜变化，见证了文明优质服务的魅力所在！

资料来源：工行故事：投诉客户的表扬电话[OL]. 胶东在线，2016-06-21.

复习思考题

1. 什么是客户关系管理？金融企业实施客户关系管理有何意义？
2. 金融服务企业客户满意受哪些因素的影响？
3. 满意的客户一定是忠诚的客户吗？请说明理由。
4. 客户忠诚有哪些类型？如何判断客户忠诚？
5. 金融服务企业应如何赢得客户忠诚？
6. 当出现客户抱怨,金融服务企业该如何应对？
7. 简述金融服务失误的补救措施。

实训题

选择一家熟悉的金融服务企业(可以是某家商业银行、保险公司或者证券公司等),分析其客户关系状况,并制订提升该企业客户忠诚度的方案。

提示：可以通过实地走访、调查问卷、资料检索等方式全面了解该金融服务企业的客户关系状况。

要求：制订一份提升该金融服务企业客户忠诚度的方案。

案例讨论

商业银行服务营销

18 年来,凯瑟琳小姐一直是澳洲某家最大、历史最悠久的银行的忠实客户。有一年她收到银行寄来的通知,告诉她可以到墨尔本分行领取新的信用卡。但是,她已经在悉尼定居 8 年。其间,她起码通知他们四五次,要求更改地址,将服务转到悉尼分行。

她拨了银行通知信件上的服务电话,询问是否可以将在墨尔本分行的信用卡寄到悉尼分行,但服务员表示无能为力,告诉她必须自己打电话或是传真到墨尔本分行。凯瑟琳告诉服务员过去几年间已经好几次要求该分行修正资料,这次不应该再浪费她的时间、金钱了,因为这是银行延迟处理造成的错误。此时,服务员的声音开始有点不耐烦:“但这件事我无能为力。”于是凯瑟琳要求与其上司通话,没想到服务员竟然挂掉电话。凯瑟琳二话不说,直接走到那家银行,把自己的账户清一清,转到街角的另一家小银行去。

这件事发生数月之后,凯瑟琳突然对投资房地产产生兴趣,便打电话给这家小银行,询问相关贷款方案。由于当时不方便自己走一趟,所以只是简单地在电话里告诉她的资产、债务与收入状况。那时她其实只想收集一点相关信息,了解一下房地产投资市场而已。

服务小姐礼貌地告诉她,将会在 24 小时候得到想要的咨询。果然如她所承诺,凯瑟琳在一天后接到她的来电,告诉她一个远远超出原本预期之外的贷款金额,并说明计算方式:“希望您不介意,我向几家市内的房地产公司查询了符合您条件的方案,并以此计算最适合您需求的金额。”

作为这家小银行的客户，现在凯瑟琳真的感到十分愉快。这并不是因为他们给她较多的优惠，大部分银行在这方面其实大同小异，重要的是他们的服务让她有受到尊重的感觉。

资料来源：徐海洁.商业银行服务营销[M].北京：中国金融出版社，2008：158-159.

案例讨论题

1. 怎样提升客户满意度？
2. 应如何应对客户的合理投诉？
3. 客户满意度与客户忠诚之间有何关系？

参考文献

[1] [英]蒂娜·哈里森.金融服务营销[M].北京：机械工业出版社，2004.
[2] [英]吉莉恩·道兹·法夸尔，等.金融服务营销[M].第2版.北京：中国金融出版社，2014.
[3] [美]A.佩恩.服务营销精要[M].北京：中信出版社，2003.
[4] 克里斯托弗·洛夫洛克，等.服务营销[M].北京：中国人民大学出版社，2010.
[5] 威廉·G.齐克蒙德，小雷蒙德·迈克利奥德，等.客户关系管理——营销战略与信息技术的整合[M].胡左浩，贾崧，等译.北京：中国人民大学出版社，2010.
[6] 安贺新，张宏彦.服务营销[M].北京：清华大学出版社，2015.
[7] 杜朝运.金融营销学[M].厦门：厦门大学出版社，2015.
[8] 周晓明，唐小飞.金融服务营销[M].北京：机械工业出版社，2014.
[9] 王艳君.金融服务营销[M].北京：高等教育出版社，2014.
[10] 安贺新，张宏彦.商业银行营销实务[M].北京：清华大学出版社，2013.
[11] 袁长军.银行营销学[M].北京：清华大学出版社，2014.
[12] 罗军.银行营销管理[M].重庆：西南财经大学出版社，2010.
[13] 邹亚生.银行营销导论[M].北京：对外经济贸易大学出版社，2006.
[14] 吴世亮，黄冬萍.中国信托业与信托市场[M].北京：首都经济贸易大学出版社，2013.
[15] 叶万春.金融营销[M].北京：首都经济贸易大学出版社，2012.
[16] 杨米沙.金融营销[M].北京：中国人民大学出版社，2014.
[17] 张劲松.金融产品营销[M].北京：清华大学出版社，2014.
[18] 李小丽，段晓华.金融营销实务[M].天津：天津大学出版社，2012.
[19] 赵占波.金融营销学[M].北京：北京大学出版社，2014.
[20] 张雪兰，黄斌.金融营销学[M].北京：中国财政经济出版社，2014.
[21] 万后芬.金融营销学[M].北京：中国金融出版社，2011.
[22] 安贺新.服务营销管理[M].北京：化学工业出版社，2011.
[23] 陆剑青.金融营销学[M].北京：清华大学出版社，2013.
[24] 罗军，阮小莉，尹志超.银行营销管理[M].重庆：西南财经大学出版社，2010.
[25] 苏朝晖.服务营销管理[M].北京：清华大学出版社，2012.
[26] 周伟，黑岚，李静玉.金融营销学[M].北京：电子工业出版社，2014.
[27] 周建波，刘志梅.金融服务营销学[M].北京：中国金融出版社，2005.
[28] 安贺新.服务营销[M].上海：上海交通大学出版社，2010.
[29] 韦福祥.服务营销学[M].北京：对外经济贸易大学出版社，2009.
[30] 贝政新，王志明.金融营销学[M].北京：中国财政经济出版社，2004.
[31] 沈蕾，邓丽梅.金融服务营销[M].上海：上海财经大学出版社，2003.
[32] 杜芹平，张洪营.商业银行服务营销[M].上海：上海财经大学出版社，2005.
[33] 韩冀东，姚亚男，马钦海，等.服务营销[M].北京：中国人民大学出版社，2011.
[34] 付晓蓉，等.金融业客户关系管理[M].北京：机械工业出版社，2010.
[35] 邵兵家.客户关系管理[M].2版.北京：清华大学出版社，2010.
[36] 李志刚.客户关系管理原理与应用[M].北京：电子工业出版社，2011.
[37] 周贺来.客户关系管理实务[M].北京：北京大学出版社，2011.
[38] 韩宗英，王玮薇.金融服务营销[M].北京：化学工业出版社，2012.
[39] 徐海洁.商业银行服务营销[M].北京：中国金融出版社，2008.
[40] 马力行，蒋馥.客户忠诚的影响因素及其相互作用[J].商业研究，2004，(15).

[41] 张红英.中国银行业海外扩张的服务营销[J].中国集体经济,2010,(31).
[42] 王宏伟.商业银行个人理财业务的市场细分实践[J].洛阳师范学院学报,2012,(6).
[43] 王花毅、鲁爽.我国商业银行服务音效的策略研究[J].经济研究导刊,2013,(26).
[44] 高宇曦,赵宇华.新加坡星展银行国际化发展战略对我国商业银行的启示[J].辽宁经济管理干部学院学报,2013,(6).
[45]《商业银行理财产品销售管理办法》.
[46]《商业银行信用卡业务监督管理办法》.
[47]《关于规范商业银行代理保险业务销售行为的通知》.
[48]《证券经纪人管理暂行条例》.
[49]《保险营销员管理规定》.
[50]《中华人民共和国信托法》.

教学支持说明

扫描二维码在线填写
更快捷获取教学支持

尊敬的老师：

您好！为方便教学，我们为采用本书作为教材的老师提供教学辅助资源。鉴于部分资源仅提供给授课教师使用，请您填写如下信息，发电子邮件给我们，或直接手机扫描上方二维码在线填写提交给我们，我们将会及时提供给您教学资源或使用说明。

（本表电子版下载地址：http://www.tup.com.cn/subpress/3/jsfk.doc）

课程信息

书　　名			
作　　者		书号（ISBN）	
开设课程1		开设课程2	
学生类型	□本科　□研究生　□MBA/EMBA　□在职培训		
本书作为	□主要教材　□参考教材	学生人数	
对本教材建议			
有何出版计划			

您的信息

学　　校			
学　　院		系/专业	
姓　　名		职称/职务	
电　　话		电子邮件	
通信地址			

清华大学出版社客户服务：

E-mail: tupfuwu@163.com　　网址：http://www.tup.com.cn/

电话：010-62770175-4506/4903　　传真：010-62775511

地址：北京市海淀区双清路学研大厦 B 座 506 室　　邮编：100084